股权

实操手册

股权分配+激励+投融资+
转让+继承+法律风险防范

程 军 著

中国铁道出版社有限公司

CHINA RAILWAY PUBLISHING HOUSE CO., LTD.

图书在版编目(CIP)数据

股权实操手册:股权分配+激励+投融资+转让+继承+法律
风险防范/程军著.—北京:中国铁道出版社有限公司,2022.6
ISBN 978-7-113-28641-5

Ⅰ.①股… Ⅱ.①程… Ⅲ.①股权管理-手册 Ⅳ.①F271.2-62

中国版本图书馆 CIP 数据核字(2021)第 262271 号

书　　名:股权实操手册——股权分配+激励+投融资+转让+继承+法律风险防范
GUQUAN SHICAO SHOUCE:GUQUAN FENPEI + JILI + TOURONGZI +
ZHUANRANG + JICHENG + FALÜ FENGXIAN FANGFAN

作　　者:程　军

责任编辑:王　宏　　　编辑部电话:(010) 51873038　　　编辑邮箱:17037112@ qq.com
封面设计:仙　境
责任校对:孙　玫
责任印制:赵星辰

出版发行:中国铁道出版社有限公司(100054,北京市西城区右安门西街8号)
印　　刷:国铁印务有限公司
版　　次:2022 年 6 月第 1 版　　2022 年 6 月第 1 次印刷
开　　本:787 mm×1 092 mm 1/16　印张:18.5　字数:439 千
书　　号:ISBN 978-7-113-28641-5
定　　价:79.80 元

【序 言】>>>>

　　"不谋万世者,不足谋一时;不谋全局者,不足谋一域。"这是文人陈澹然(1859—1930)的名言,也被视为国家战略思想的诠释。战略与战术是一对概念,"万世"与"一时","全局"与"一域"就属于战略与战术的关系。战略指导战术,战略也需要通过战术来实现;战术反映战略,战术的目的是实现战略。国家如此,公司亦然,将股权安排上升到战略高度,实际上是突出了股权安排对于公司长远发展的重要意义,决定了公司的"万世"与"全局"。因此,应当引起创业者们的足够重视。

　　鉴于创业公司多以有限责任公司的形式出现,故而,全书内容主要针对有限责任公司的股权安排展开分析与阐述。

　　本书以创业者创业时的股权分配为起点,历经公司治理、股权激励、公司控制、股权投融资、公司重组、股东退出、股权继承,全景式地描绘了一幅完整的创业画卷,几乎涵盖了针对公司股权所应当了解和掌握的全部知识。

　　由于时间仓促,作者水平有限,错漏之处在所难免,诚恳希望各位同仁、朋友提出宝贵意见。

编　者

【目 录】>>>>

第一章
什么是股权

本书主要讲公司的股权战略,首先从创业公司的股权安排说起,本章我们就要对什么是股权以及与股权相关的法律知识做一个了解。

第一节 股权概述

一、股权的概念

股权,股东权利的简称,又称股东权。股权的概念有广义和狭义之分。广义的股权,是指股东可以向公司主张的各种权利,甚至包括股东依据合同①、侵权②、无因管理③、不当得利④等法律关系对公司享有的债权;狭义的股权,是指股东基于股东资格,依据《公司法》和公司章程的规定而享有的,从公司获取经济利益并参与公司治理的权利。我们经常谈到的股权是指狭义的股权,本书所说的股权也是指狭义的股权。

二、股权的内容

从股权的概念来看,股权包含两个方面的内容,一是指从公司获取经济利益的权利,二是指参与公司治理的权利。《公司法》第四条规定:"公司股东依法享有资产收益、参与重大决策和选择管理者等权利。"就是体现了股权所包含的这两个方面的内容。

(1)从公司获取经济利益的权利,也就是《公司法》第四条中提到的"享有资产收益"的权利。这是股东持有股权的价值追求,是股东持有股权的终极目的,也是股东之所以愿意放弃财产所有权,并将财产作为出资投入公司,从而换取公司股权的动力所在。股东对诸项股东权利的行使无不是为了获取经济利益。

(2)参与公司治理的权利,也就是《公司法》第四条中提到的"参与重大决策和选择管理者"的权利。这是股东为了获取经济利益而采取的手段,或者叫实现的渠道,也是股东以放弃财产所有权,并将财产作为出资投入公司为代价,从而换取公司股权所获得的主人翁地位。

股权所包含的"从公司获取经济利益的权利"与"参与公司治理的权利"是相辅相成、相互成就的关系,是"一体两面"的关系。参与公司治理的目的是更好地获取经济利益,而正是为了能够更好地获取经济利益,股东才需要参与到公司治理中去。

三、股权与股份、出资额的异同

在《公司法》中,与股权相关的概念还有股份、出资额,为了更好地理解股权的法律含义,需要厘清这三个概念。

(一)股权与股份的异同

1. 股份的概念

股份的概念存在于股份有限公司,是指股份有限公司资本的构成单位与计算单位。股

---

① 《中华人民共和国民法典》第一百一十九条:依法成立的合同,对当事人具有法律约束力。

② 《中华人民共和国民法典》第一百二十条:民事权益受到侵害的,被侵权人有权请求侵权人承担侵权责任。

③ 《中华人民共和国民法典》第一百二十一条:没有法定的或者约定的义务,为避免他人利益受损失而进行管理的人,有权请求受益人偿还由此支出的必要费用。

④ 《中华人民共和国民法典》第一百二十二条:因他人没有法律根据,取得不当利益,受损失的人有权请求其返还不当利益。

份有限公司的资本划分为股份,每一股的金额相等。股份有限公司的股份采取股票的形式。股票是股份有限公司签发的证明股东所持股份的凭证。股份的发行,实行公平、公正的原则,同种类的每一股份应当具有同等权利。同次发行的同种类股票,每股的发行条件和价格应当相同;任何单位或者个人所认购的股份,每股应当支付相同价额。

2. 股权与股份的相同点

从股东角度来看,股份有限公司的"股份"与有限责任公司的"股权"都具有"股东权利"的含义。比如,"股份转让"与"股权转让"的含义就是一致的,在此种语境下,"股份"与"股权"是可以互换使用的。

3. 股权与股份的不同点

(1)"股权"作为"股东权利"或者"股东权"的简称,主要反映的是有限责任公司股东享有的股东权利;"股份"则主要反映的是股份有限公司的资本构成单位与计算单位。

(2)"股权"所反映的"股东权利"可以与出资比例不一致。《公司法》第四十二条规定:"股东会会议由股东按照出资比例行使表决权;但是,公司章程另有规定的除外。"即有限责任公司股东会的表决权可以实行"同股不同权";而"股份"所反映的"股东权利"往往遵循"一股一权"的"股份平等"原则。《公司法》第一百零三条第一款规定:"股东出席股东大会会议,所持每一股份有一表决权。"即股份有限公司股东大会的表决权应当实行"同股同权"。

(3)"股权"的计算往往以百分比的形式出现,比如,A 有限责任公司注册资本 1 000 万元,某股东认缴出资 100 万元,则该股东持有 A 公司 10% 的股权;"股份"的计算往往以具体数字的形式出现,比如,B 股份有限公司注册资本 1 000 万元,股本总额 1 000 万元,股份总数 1 000 万股,每股金额 1 元,某股东认购 100 万股,则该股东持有 B 公司股份数为 100 万股。

(二)股权与出资额的异同

1. 出资额的概念

出资额,从公司角度来讲,是指公司的注册资本,也就是公司成立时,所有股东认缴的资金总额;从股东角度来讲,是指股东认缴的资金,也就是公司成立时,每个股东认缴的资金金额。

公司注册资本与公司全体股东认缴的出资额是同一概念。《公司法》第二十六条第一款规定:"有限责任公司的注册资本为在公司登记机关登记的全体股东认缴的出资额"。实践中,出资额的概念经常会被区分为认缴出资额、应缴出资额、实缴出资额、未缴出资额等。一般来说,认缴出资额,是指公司股东承诺缴纳的出资金额;应缴出资额,是指公司股东到期应当缴纳的出资金额;实缴出资额,是指公司股东已经缴纳的出资金额;未缴出资额,是指公司股东尚未缴纳的出资金额。为了便于理解,举例如下:

A 公司的股东甲认缴出资 100 万元,按照公司章程的规定,其缴纳出资的时间为第一期 2021 年 1 月 1 日缴纳 40 万元,第二期 2022 年 1 月 1 日缴纳 30 万元,第三期 2023 年 1 月 1 日缴纳 20 万元,第四期 2024 年 1 月 1 日缴纳 10 万元。在甲正常履行出资义务的情况下,以 2022 年 1 月 2 日为坐标,则甲的认缴出资额应为 100 万元,应缴出资额为 70 万元,实缴出资额为 70 万元,未缴出资额为 30 万元。

股东对公司的债务承担有限责任,该责任的承担以其认缴出资额为限,与应缴出资额、实缴出资额或者未缴出资额无关。仍如前例,股东甲向 A 公司认缴出资额 100 万元,那么,甲对 A 公司债务的承担就以 100 万元为限,与其应缴出资额 70 万元、实缴出资额 70 万元或者未缴出资额 30 万元无关。《公司法》第三条第二款规定："有限责任公司的股东以其认缴的出资额为限对公司承担责任；股份有限公司的股东以其认购的股份为限对公司承担责任。"

2. 股权与出资额的相同点

从"股权"背后所代表的资金属性来讲，"股权"与"出资额"往往体现同一特质。比如，某有限责任公司注册资本 100 万元，某股东认缴出资额 30 万元，持有该公司 30% 股权，这里的出资额 30 万元与 30% 股权就是统一的，即出资额 30 万元必然体现其股权比例为 30%；而股权比例 30% 必然体现了其认缴出资额为 30 万元。

3. 股权与出资额的不同点

（1）股权主要体现的是"股东权利"，而股东权利的范围是十分广泛的，不但体现了股东与公司之间的资金关系，还体现了股东参与公司治理的关系等；而出资额主要体现的是股东与公司之间的资金关系。

（2）根据《公司法》的规定，在有限责任公司中，严格来讲，并不存在大家通常所提到的"股权比例"或者"持股比例"等概念，仅有"出资比例"与"表决权比例"的概念。出资比例往往与股东获取经济利益相关联，例如以下规定：

①《公司法》第三十四条规定："股东按照实缴的出资比例分取红利；公司新增资本时，股东有权优先按照实缴的出资比例认缴出资。但是，全体股东约定不按照出资比例分取红利或者不按照出资比例优先认缴出资的除外。"

②《公司法》第七十一条第三款规定："两个以上股东主张行使优先购买权的，协商确定各自的购买比例；协商不成的，按照转让时各自的出资比例行使优先购买权。"

③《公司法》第一百六十六条第四款规定："公司弥补亏损和提取公积金后所余税后利润，有限责任公司依照本法第三十四条的规定分配"。

④《公司法》第一百八十六条第二款规定："公司财产在分别支付清算费用、职工的工资、社会保险费用和法定补偿金，缴纳所欠税款，清偿公司债务后的剩余财产，有限责任公司按照股东的出资比例分配"。

表决权比例往往与股东参与公司治理相关联，例如以下规定：

①《公司法》第十六条第三款规定："前款规定的股东或者受前款规定的实际控制人支配的股东，不得参加前款规定事项的表决。该项表决由出席会议的其他股东所持表决权的过半数通过。"

②《公司法》第三十九条第二款规定：代表十分之一以上表决权的股东……提议召开临时会议的，应当召开临时会议。

③《公司法》第四十条第三款规定："董事会或者执行董事不能履行或者不履行召集股东会会议职责的，由监事会或者不设监事会的公司的监事召集和主持；监事会或者监事不召集和主持的，代表十分之一以上表决权的股东可以自行召集和主持。"

④《公司法》第四十三条第二款规定："股东会会议作出修改公司章程、增加或者减少注册资本的决议，以及公司合并、分立、解散或者变更公司形式的决议，必须经代表三分之二以上表决权的股东通过。"

⑤《公司法》第一百八十一条第二款规定："依照前款规定修改公司章程，有限责任公司须经持有三分之二以上表决权的股东通过"。

⑥《公司法》第一百八十二条规定："公司经营管理发生严重困难，继续存续会使股东利

益受到重大损失,通过其他途径不能解决的,持有公司全部股东表决权百分之十以上的股东,可以请求人民法院解散公司。"

(3)根据《公司法》第四十二条的规定,在有限责任公司中,"出资比例"与"表决权比例"往往是一致的,但公司法允许公司章程可以规定二者不一致。也就是说,如果公司章程没有就"出资比例"与"表决权比例"是否一致作出规定,则二者是一致的;如果公司章程作出了"出资比例"与"表决权比例"不一致的规定,则以公司章程的规定为准。

四、股权与物权、债权的联系与区别

(一)股权与物权的联系与区别

1. 什么是物权

物权,是指权利人直接支配特定的物,享受其权益并排斥他人干涉的权利。

2. 物权的法律特征

(1)物权的主体。物权的权利主体是特定的,但义务主体是不特定的。比如,房屋所有权的权利主体是特定的,即房屋所有权人。但房屋所有权义务主体是不特定的,除了房屋所有权人以外的其他人均负有不得侵犯房屋所有权人享有的房屋所有权的义务。这就是我们常说的物权的对世权①。

(2)物权的客体。物权的客体是特定的物。比如,房屋所有权的客体就是特定的房屋。

(3)物权的内容。物权的内容是直接支配特定的物。比如,房屋所有权的内容就是对该房屋的直接支配行为。

3. 物权的种类

物权,包括所有权、用益物权和担保物权。

(1)所有权,根据《民法典》第二百四十条的规定,是指权利人对自己的不动产或者动产,依法享有占有②、使用③、收益④和处分⑤的权利。

(2)用益物权,根据《民法典》第三百二十三条的规定,是指权利人对他人所有的不动产或者动产,依法享有占有、使用和收益的权利。

(3)担保物权,根据《民法典》第三百八十六条的规定,是指权利人在债务人不履行到期债务或者发生当事人约定的实现担保物权的情形,依法享有就担保财产优先受偿的权利。

4. 股权与物权的联系

(1)物权是股权产生的前提。股权的取得是源于股东向公司的出资,根据《公司法》第二十七条第一款的规定,股东的出资可以用货币,也可以用实物、知识产权、土地使用权等非货币财产。其中货币、实物、知识产权等往往体现了股东的财产所有权;而土地使用权则体现了股东的用益物权。从这个意义上来讲,没有物权,股权也就无从谈起。

(2)股权是取得物权的手段。股东向公司出资获得股权,目的是获取经济利益,而经济

---

① 对世权,是指义务人是不特定的人的民事权利。比如,物权。对世权的实现是通过不特定义务人消极不作为实现的。

② 占有,是指对财产的实际管领和控制。

③ 使用,是指对财产的运用,以便发挥财产的使用价值。

④ 收益,是指通过对财产的占有、使用取得的经济效益。

⑤ 处分,是指对财产在事实上和法律上的最终处置。

利益主要体现为股东有权分取红利;同时在公司解散时,股东还有权分得公司剩余财产。无论红利,还是公司剩余财产,无不体现了所有权。从这个意义上来讲,物权通过股权的手段得以实现。

(3)股权是让渡物权的结果。股东向公司出资,将自己的物权让渡于公司,成为公司的财产,由公司享有所有权,而股东由此获得了公司的股权。正是由于物权的这种让渡产生了股权。从这个意义上来讲,没有物权的让渡行为,也不会有股权的产生;股权的产生正是物权让渡的结果。

5. 股权与物权的区别

(1)股权与物权体现的社会关系不同。股权体现的是公司与股东之间的内部社员关系;物权体现的是权利人对特定物的占有与支配关系。

(2)股权与物权的产生原因不同。股权的权利来源包括法律来源,比如《公司法》,还包括公司章程、股东协议、股东会决议等;物权的权利来源只有法律,如《民法典》。

(3)股权与物权的义务主体不同。股权只能由股东向公司、其他股东,以及依据《公司法》、公司章程或者股东协议承担义务的当事人主张,不能向除此之外的其他人主张,因此股权具有保护的相对性,属于对人权①;物权的义务主体是除了权利人之外的所有人,物权的所有义务主体均负有不得侵犯物权的消极义务,故此,物权具有保护的绝对性,属于对世权。

(4)股权与物权的内容不同。股权虽有财产性内容,比如,股利分配请求权、新增资本认缴优先权、股权(份)转让权、股东优先购买权、异议股东股权(份)回购请求权、公司剩余财产分配请求权,但股权内容更多的是非财产性的。比如,股东名册变更请求权、股东表决权、股东代表诉讼提起权、股东(大)会临时会议召开提议(请求)权、股东(大)会会议自行召集和主持权、股东大会临时提案权、建议和质询权、公司决议确认无效请求权、公司决议撤销请求权、公司决议确认不成立请求权、股东知情权、公司解散请求权、累积投票权;物权的内容则完全是财产性的。

(5)股权与物权的保护不同。股权大部分为请求权,需要义务人的配合方能实现。比如,股利分配请求权、股东名册变更请求权、异议股东股权(份)回购请求权、公司剩余财产分配请求权、股东(大)会临时会议召开提议(请求)权、公司决议确认无效请求权、公司决议撤销请求权、公司决议确认不成立请求权、公司解散请求权;物权则主要表现为直接的支配权,也就是说,多数物权无须义务人配合即可行使。

(二)股权与债权的联系与区别

1. 什么是债权

债权,是指基于合同、侵权、无因管理和不当得利等法律关系而在当事人之间产生的特定权利义务,其中享有权利者为债权人,承担义务者为债务人。

2. 债权的法律特征

(1)债权的主体。债权的权利主体与义务主体都是特定的。比如,因买卖合同而产生的拖欠货款的合同之债,债权人是出卖人,债务人是买受人。出卖人将货物交付买受人之后,买受人负有支付货款的合同义务,出卖人享有收取货款的合同权利。

---

① 对人权,是指义务人是特定的人的民事权利。比如,债权。对人权的实现是通过特定义务人积极履行义务实现的。

（2）债权的客体。债权的客体是特定行为。比如，因买卖合同而产生的拖欠货款的合同之债的客体就是债务人为支付货款的特定行为。

（3）债权的内容。债权的内容是为特定行为。比如，因买卖合同而产生的拖欠货款的合同之债的内容就是债务人要支付货款。

3. 债权的种类

债权根据产生的原因不同，可以分为四类，即合同之债、侵权之债、无因管理之债和不当得利之债。

（1）合同之债，是指因订立的合同而产生的债权债务。

（2）侵权之债，是指因侵权行为而产生的债权债务。

（3）无因管理之债，是指因无因管理而产生的债权债务。

（4）不当得利之债，是指因不当得利而产生的债权债务。

其中，合同之债是债的主要形式。

4. 股权与债权的联系

（1）股权与债权均多为请求权。股权多数表现为请求权，比如，股利分配请求权、股东名册变更请求权、异议股东股权（份）回购请求权、公司剩余财产分配请求权、股东（大）会临时会议召开提议（请求）权、公司决议确认无效请求权、公司决议撤销请求权、公司决议确认不成立请求权、公司解散请求权等；债权也主要表现为请求权，比如，债权人请求债务人履行特定义务等。

（2）股权与债权均属于对人权。股权只能由股东向公司、其他股东，以及依据《公司法》、公司章程或者股东协议承担义务的当事人主张，不能向除此之外的其他人主张；债权也只能是由债权人向债务人，或者债务人的保证人，或者债务人的继承人主张，无法向除此之外的其他人主张。债权与股权都具有权利保护的相对性。

（3）股权可以成为债权的标的。股权作为一项独立的民事权利，可以进行买卖，股权转让合同就是以股权为标的物的买卖合同，并由此在买卖双方之间产生债权债务。

（4）债权可以转化为股权。这就是通常所说的"债转股"。债权人将其对公司的债权转化为其对公司的股权；或者债权人将其对某公司的债权作为其向另一公司的出资，在满足法律要求的前提下是完全合法有效的。

5. 股权与债权的区别

（1）股权与债权体现的社会关系不同。股权体现的是公司与股东之间的内部社员关系；债权体现的是债务人向债权人承担特定义务的关系。

（2）股权与债权的产生原因不同。股权的产生源于双方或多方的法律行为，具体表现为双方或多方签订的公司章程、股东协议等；债权的产生不但源于双方或多方的法律行为，如合同；还可能源于违法行为，如侵权；也可能源于法律事实，如无因管理、不当得利。

（3）股权与债权的义务主体不同。股权的义务主体只能是公司、其他股东，以及依据《公司法》、公司章程或者股东协议承担义务的当事人；债权的义务主体即债务人，可以是包括自然人、法人和其他组织在内的任何民事主体。

（4）股权与债权的内容不同。股权的内容包括自益权和共益权，自益权主要是股东为了满足自身利益而行使的权利，共益权主要是股东为了公司利益和全体股东利益而行使的参与公司治理的权利；债权的内容主要表现为债权人请求债务人为特定的给付的权利，债权人并不参与债务人的内部事务,不参与债务人的经营管理。

(5)股权与债权的保护不同。当公司股东与公司债权人同时向公司主张权利时,债权要优先于股权得到实现。比如,当公司对外存在债务时,必须先偿还债务,然后才可能对股东进行分红;又如,当公司解散时,也必须首先偿还对外债务,然后才能考虑剩余财产在股东间如何分配。

第二节　股权的种类

股权所包含的内容十分广泛,根据不同的标准,可以有不同的分类。

一、单独股东权和少数股东权

根据行使股权所需股东人数为标准,股权分为单独股东权和少数股东权。

(1)单独股东权,是指不论持股多少均可以行使的股东权利。包括如下内容。

①股利分配请求权。

②新增资本认缴优先权。

③股权(份)转让权。

④股东优先购买权。

⑤股东名册变更请求权。

⑥异议股东股权(份)回购请求权。

⑦公司剩余财产分配请求权。

⑧股东表决权。

⑨有限责任公司的股东代表诉讼提起权。

⑩股份有限公司股东的建议和质询权。

⑪公司决议确认无效请求权。

⑫公司决议撤销请求权。

⑬公司决议确认不成立请求权。

⑭股东知情权。

⑮累积投票权。

(2)少数股东权,是指持股须达到一定的比例才能行使的股东权利。包括如下内容。

①股份有限公司的股东代表诉讼提起权。(《公司法》第一百五十一条规定股份有限公司连续一百八十日以上单独或者合计持有公司百分之一以上股份的股东有权提起股东代表诉讼)

②有限责任公司股东会临时会议召开提议权。(《公司法》第三十九条第二款规定代表十分之一以上表决权的股东有权提议召开股东会临时会议)

③股份有限公司股东大会临时会议召开请求权。(《公司法》第一百条规定单独或者合计持有公司百分之十以上股份的股东有权请求召开股东大会临时会议)

④有限责任公司股东会会议自行召集和主持权。(《公司法》第四十条第三款规定代表十分之一以上表决权的股东有权自行召集和主持股东会会议)

⑤股份有限公司股东大会会议自行召集和主持权。(《公司法》第一百零一条第二款规

定连续九十日以上单独或者合计持有公司百分之十以上股份的股东有权自行召集和主持股东大会会议)

⑥股份有限公司股东大会临时提案权。(《公司法》第一百零二条第二款规定单独或者合计持有公司百分之三以上股份的股东,有权在股东大会召开十日前提出临时提案)

⑦公司解散请求权(《公司法》第一百八十二条规定持有公司全部股东表决权百分之十以上的股东有权请求人民法院解散公司)

二、法定股东权和章定股东权

根据股东权利的来源不同,可以将股权分为法定股东权和章定股东权。法定股东权,是指股东权利来源于《公司法》等法律的规定;章定股东权,是指股东权利来源于公司章程的规定。

三、固有权和非固有权

根据股东权利受到的法律强制程度不同,可以将股权分为固有权和非固有权。固有权,是指法律赋予股东享有的,不得以任何形式予以剥夺的股东权利;非固有权,是指公司可以通过公司章程、股东协议、股东会决议等方式予以限制或者剥夺的股东权利。后文提到的共益权多属于固有权,自益权多属于非固有权。

四、自益权与共益权

根据权利行使目的不同为标准,可以将股权分为自益权与共益权,这是最重要的股权类型划分方式。

第三节　自 益 权

自益权,是指股东为维护自身利益而行使的权利。股东自益权主要包括:①股利分配请求权;②新增资本认缴优先权;③股权(份)转让权;④股东优先购买权;⑤股东名册变更请求权;⑥异议股东股权(份)回购请求权;⑦公司剩余财产分配请求权。共 7 项权利,以下进行逐一介绍。

一、股利分配请求权

(一)股利分配请求权的概念

股利分配请求权在有限责任公司语境下表述为"红利分取请求权";在股份有限公司语境下表述为"税后利润分配请求权"。为了叙述的便利,我们将其统称为"股利分配请求权"。

股利分配请求权,是指公司股东有权请求公司依照法律规定,或者公司章程规定分配股利的权利。股利分配请求权是股东各项权利的核心,是股东投资公司,成为公司股东的最主要目的。

(二)股利分配请求权的分类

一般可以将股利分配请求权分为抽象的股利分配请求权和具体的股利分配请求权。

1. 抽象的股利分配请求权

抽象的股利分配请求权,是指公司股东基于其股东资格而享有的一种股东固有权利,不允许被剥夺或限制。获取股利是股东投资公司,成为公司股东的最主要目的。但是由于公司经营具有的风险性,股东能否分得股利?能够分得多少股利?均存在不确定性。故抽象的股利分配请求权为一种期待权。

2. 具体的股利分配请求权

具体的股利分配请求权,是指当公司存在可供分配的税后利润时,公司股东根据股东会或者股东大会决议而享有的请求公司按照一定比例向其支付股利的权利。具体的股利分配请求权具有债权性,也就是说,只要股东会或者股东大会决议确定了具体的股利分配方案,公司就负有按照该分配方案向股东支付股利的义务。

一般情况下所谈到的股利分配请求权都是指具体的股利分配请求权。

(三)股利分配请求权的行使

公司股东行使股利分配请求权必须具备以下条件。

1. 公司必须有可供分配的税后利润

根据《公司法》第一百六十六条的规定,公司分配税后利润应当按以下各项依次进行。

(1)弥补亏损。公司的法定公积金不足以弥补以前年度亏损的,应当先用当年利润弥补亏损。

(2)提取法定公积金。公司的税后利润在弥补亏损后,应当提取额度为弥补亏损后税后利润的百分之十的公司法定公积金。当公司法定公积金累计额达到公司注册资本百分之五十以上的,可以不再提取。

(3)提取任意公积金。公司提取法定公积金后,经股东会或者股东大会决议,可以从税后利润中提取任意公积金。

(4)分配股利。公司在弥补亏损和提取公积金后所余税后利润,可以分配股利。

2. 公司的税后利润分配方案必须得到股东会或者股东大会的通过

公司董事会负责"制订公司的利润分配方案"(《公司法》第四十六条、第一百零八条第四款),而公司股东会或者股东大会负责"审议批准公司的利润分配方案"(《公司法》第三十七条第一款、第九十九条)。

3. 公司未按利润分配方案执行

至此,公司股东可以依据利润分配方案向公司主张分配股利。《最高人民法院关于适用〈中华人民共和国公司法〉若干问题的规定(四)》第十四条规定:"股东提交载明具体分配方案的股东会或者股东大会的有效决议,请求公司分配利润,公司拒绝分配利润且其关于无法执行决议的抗辩理由不成立的,人民法院应当判决公司按照决议载明的具体分配方案向股东分配利润。"

(四)股利分配请求权的诉讼

(1)案由。案由名称为"公司盈余分配纠纷"。(《民事案件案由规定》第二百七十四条)

(2)管辖。《民事诉讼法》第二十七条规定:"因公司设立、确认股东资格、分配利润、解散等纠纷提起的诉讼,由公司住所地人民法院管辖。"据此,公司盈余分配纠纷"由公司住所地人民法院管辖。"而公司住所地的确定则依据《最高人民法院关于适用〈中华人民共和国民事诉讼法〉的解释》第三条的规定:"法人或者其他组织的住所地是指法人或者其他组织的主要办事机构所在地。法人或者其他组织的主要办事机构所在地不能确定的,法人或者其他组织的注册地或者登记地为住所地。"

（3）当事人。根据《最高人民法院关于适用〈中华人民共和国公司法〉若干问题的规定(四)》第十三条的规定,公司盈余分配纠纷案件的原告系公司股东;一审法庭辩论终结前,其他股东基于同一分配方案请求分配利润并申请参加诉讼的,为共同原告;公司为被告。

（五）股利分配的依据

根据《公司法》第三十四条、第一百六十六条,《最高人民法院关于适用〈中华人民共和国公司法〉若干问题的规定(三)》第十六条的规定,股利分配遵循以下依据。

（1）公司弥补亏损和提取公积金后所余税后利润,有限责任公司全体股东对分取红利有约定的,按照约定进行。这里的"全体股东约定"既可以是"公司章程",也可以是全体股东一致通过的"公司章程修正案",又可以是全体股东签订的"股东协议",还可以是得到全体股东一致通过的"股东会决议"。非全体股东一致通过的"公司章程修正案",非全体股东签订的"股东协议",非全体股东一致通过的"股东会决议",因不符合"全体股东约定"的条件,故不能作为股利分配比例的依据。

（2）如果有限责任公司全体股东对分取红利没有一致约定的,则按照股东实缴的出资比例进行分配。需要注意的是,这里规定的分配依据是"实缴的出资比例",并非"认缴的出资比例",也不是"应缴的出资比例",更不是"未缴的出资比例"。

（3）股份有限公司按照股东持有的股份比例分配,但股份有限公司章程规定不按持股比例分配的除外。

（4）股东会、股东大会或者董事会违反规定,在公司弥补亏损和提取法定公积金之前向股东分配利润的,股东必须将违反规定分配的利润退还公司。

（5）公司持有的本公司股份不得分配利润。

（6）股东未履行或者未全面履行出资义务或者抽逃出资,公司有权根据公司章程或者股东会决议对其利润分配请求权作出相应的合理限制。

（六）股利分配的时间

根据《最高人民法院关于适用〈中华人民共和国公司法〉若干问题的规定(五)》第四条的规定,股利分配遵循以下时间要求。

（1）分配利润的股东会或者股东大会决议作出后,公司应当在决议载明的时间内完成利润分配。

（2）股东会或者股东大会决议没有载明时间的,以公司章程规定的为准。

（3）股东会或者股东大会决议、公司章程中均未规定时间或者时间超过一年的,公司应当自决议作出之日起一年内完成利润分配。

（4）股东会或者股东大会决议中载明的利润分配完成时间超过公司章程规定时间的,股东可以请求人民法院撤销决议中关于该时间的规定。

（七）公司股东会或者股东大会未就税后利润分配方案作出决议,股东能否请求公司分配税后利润

根据《最高人民法院关于适用〈中华人民共和国公司法〉若干问题的规定(四)》第十五条的规定,公司股东会或者股东大会未就税后利润分配方案作出决议,股东请求公司

分配税后利润的,人民法院应当依照以下原则处理。

(1)一般情况下,股东会或者股东大会就税后利润分配作出"载明具体分配方案"的决议,是股东有权请求公司分配利润的前提。若股东会或者股东大会未就税后利润分配作出"载明具体分配方案"的决议,股东起诉至人民法院请求公司分配利润的,人民法院应当驳回其诉讼请求。

(2)如果存在"违反法律规定滥用股东权利导致公司不分配利润,给其他股东造成损失"的情形,即使没有股东会或者股东大会作出的"载明具体分配方案"的决议,遭受损失的股东也可以向人民法院起诉,请求公司分配利润,人民法院应当支持其诉讼请求。

(3)所谓"违反法律规定滥用股东权利导致公司不分配利润,给其他股东造成损失"的情形有以下四种①。

①给在公司任职的股东或者其指派的人发放与公司规模、营业业绩、同行业薪酬水平明显不符的过高薪酬,变相给该股东分配利润。这里的"在公司任职的股东或者其指派的人"一般指:在公司任职的股东或者其指派的董事、高级管理人员等。"薪酬水平明显不符的过高薪酬"一般指:薪酬的发放不符合公司章程规定的薪酬发放的条件;给某些股东发放的薪酬不合理的远高于其他股东的薪酬的;薪酬的绝对金额过高,明显超过正常水准的。

②购买与经营不相关的服务或者财产供股东消费或者使用,变相分配利润。比如,公司不分配利润,而控股股东操纵公司购买车辆、房产等财产或者服务,用于自己使用或者消费。

③为了不分配利润隐瞒或者转移公司利润。比如:虚增资本、关联交易、推迟确认收入、过度计提资产减值、过度预计负债、虚增库存等。

④滥用股东权利不分配利润的其他行为。比如,违反了公司章程等股东签订的有关公司事务的协议的行为;对股东享有的固有权利构成了不公正对待的行为;由董事会越权作出或者由董事会以实现非法目的或不可告人的目的作出的行为。

(4)最高人民法院公报2018年第8期裁判文书选登"甘肃居立门业有限责任公司与庆阳市太一热力有限公司、李某军公司盈余分配纠纷案"的裁判摘要:"在公司盈余分配纠纷中,虽请求分配利润的股东未提交载明具体分配方案的股东会或股东大会决议,但当有证据证明公司有盈余且存在部分股东变相分配利润、隐瞒或转移公司利润等滥用股东权利情形的,诉讼中可强制盈余分配,且不以股权回购、代位诉讼等其他救济措施为前提。在确定盈余分配数额时,要严格公司举证责任以保护弱势小股东的利益,但还要注意优先保护公司外部关系中债权人、债务人等的利益,对于有争议的款项因涉及案外人实体权利而不应在公司盈余分配纠纷中作出认定和处理。有盈余分配决议的,在公司股东会或股东大会作出决议时,在公司与股东之间即形成债权债务关系,若未按照决议及时给付则应计付利息,而司法干预的强制盈余分配则不然,在盈余分配判决未生效之前,公司不负有法定给付义务,故不应计付利息。盈余分配义务的给付主体是公司,若公司的应分配资金因被部分股东变相分配利润、隐瞒或转移公司利润而不足以现金支付时,不仅直接损害了公司的利益,也损害到其他股东的利益,利益受损的股东可直接依据《公司法》第二十条第二款的规定向

---

① 详见《最高人民法院公司法司法解释(四)理解与适用》,最高人民法院民事审判第二庭,人民法院出版社,2017年8月第1版,第328~331页。

滥用股东权利的公司股东主张赔偿责任,或依据《公司法》第二十一条的规定向利用其关联关系损害公司利益的控股股东、实际控制人、董事、监事、高级管理人员主张赔偿责任,或依据《公司法》第一百四十九条的规定向违反法律、行政法规或者公司章程的规定给公司造成损失的董事、监事、高级管理人员主张赔偿责任。"

（八）全体股东约定不按照出资比例分取红利的,对后加入公司的股东是否有约束力

回答这个问题要区分以下几种情况。

（1）如果该约定是以公司章程、公司章程修正案的形式出现的,则对后加入公司的股东有约束力。因为既然加入公司就视为其认可公司章程,包括认可公司章程的修改,这样也就满足了"全体股东约定"这一法定条件。

（2）如果该约定是以公司章程以外的其他形式,比如,股东协议、股东会决议出现的,除非后加入公司的股东明确表示认可,才对其产生约束力。否则,后加入公司的股东不受股东协议、股东会决议的约束。因为不满足"全体股东约定"这一法定条件。

（3）山东省高级人民法院于 2006 年 12 月 26 日发布的《关于审理公司纠纷案件若干问题的意见(试行)》第六十七条规定:"有限责任公司全体股东约定不按照出资比例分配利润的,该约定有效。该约定对于形成约定后新加入的股东没有约束力,但新加入的股东明确表示认可的除外。"

（4）江西省高级人民法院于 2007 年 12 月 6 日发布的《关于审理公司纠纷案件若干问题的指导意见》第五十六条规定:"有限责任公司全体股东在公司章程外以协议方式约定不按照出资比例分配利润的,该约定有效。该约定对于形成约定后的新加入的股东没有约束力,但新加入的股东明确表示认可的除外。章程中约定不按出资比例分配利润的,视为新加入的股东认可该约定。"

（九）因股权转让引发的股利分配该如何处理

因股权转让引发的股利分配问题包括两种情形。

（1）股权转让前,公司股东会、股东大会已经形成利润分配决议的,转让人在股权转让后有权向公司要求给付相应利润。（《山东省高级人民法院关于审理公司纠纷案件若干问题的意见(试行)》第七十一条第一款、《江西省高级人民法院关于审理公司纠纷案件若干问题的指导意见》第五十八条第一款）

（2）转让人因股权转让丧失股权后,股东会、股东大会就转让前的公司利润形成分配决议,转让人无权要求公司给付相应利润。（《山东省高级人民法院关于审理公司纠纷案件若干问题的意见(试行)》第七十一条第二款、《江西省高级人民法院关于审理公司纠纷案件若干问题的指导意见》第五十八条第二款）

（3）转让人或受让人不得以其相互之间的约定对抗公司的利润分配行为。（《山东省高级人民法院关于审理公司纠纷案件若干问题的意见(试行)》第七十一条第三款、《江西省高级人民法院关于审理公司纠纷案件若干问题的指导意见》第五十八条第三款）

二、新增资本认缴优先权

（一）新增资本认缴优先权的概念

新增资本认缴优先权,是指公司新增资本时,公司股东可以基于自己的股东资格,按照一定的比例优先于其他人认缴出资的权利。《公司法》第三十四条规定:"(有限责任)公司

新增资本时,股东有权优先按照实缴的出资比例认缴出资。但是,全体股东约定……不按照出资比例优先认缴出资的除外。"

(二)新增资本认缴优先权的行使

公司股东行使新增资本认缴优先权应当把握以下几个原则。

(1)有限责任公司股东主张新增资本认缴优先权的,优先认缴的比例以公司"全体股东约定"为准。这里的"全体股东约定"既可以是"公司章程",也可以是全体股东一致通过的"公司章程修正案",又可以是全体股东签订的"股东协议",还可以是得到全体股东一致通过的"股东会决议"。非全体股东一致通过的"公司章程修正案",非全体股东签订的"股东协议",非全体股东一致通过的"股东会决议",因不符合"全体股东约定"的法定条件,故不能作为新增资本优先认缴比例的依据。

(2)有限责任公司"全体股东"未对新增资本优先认缴比例作出约定的,以股东"实缴的出资比例"为准。需要注意的是,这里规定的分配依据是"实缴的出资比例",并非"认缴的出资比例",也不是"应缴的出资比例",更不是"未缴的出资比例"。

(3)根据《最高人民法院关于适用〈中华人民共和国公司法〉若干问题的规定(三)》第十六条的规定,股东未履行或者未全面履行出资义务或者抽逃出资,公司有权根据公司章程或者股东会决议对其新股优先认购权作出相应的合理限制。

(4)根据《公司法》第一百三十三条的规定,股份有限公司的新股认购优先权适用的前提是,股份有限公司股东大会对"向原有股东发行新股的种类及数额"作出决议。

(三)新增资本认缴优先权的诉讼

(1)案由。案由名称为"新增资本认购纠纷"。(《民事案件案由规定》第二百六十六条)

(2)管辖。《最高人民法院关于适用〈中华人民共和国民事诉讼法〉的解释》第二十二条规定:"因股东名册记载、请求变更公司登记、股东知情权、公司决议、公司合并、公司分立、公司减资、公司增资等纠纷提起的诉讼,依照民事诉讼法第二十七条规定确定管辖。"《民事诉讼法》第二十七条规定:"因公司设立、确认股东资格、分配利润、解散等纠纷提起的诉讼,由公司住所地人民法院管辖。"据此,新增资本认购纠纷"由公司住所地人民法院管辖。"而公司住所地的确定则依据《最高人民法院关于适用〈中华人民共和国民事诉讼法〉的解释》第三条的规定:"法人或者其他组织的住所地是指法人或者其他组织的主要办事机构所在地。法人或者其他组织的主要办事机构所在地不能确定的,法人或者其他组织的注册地或者登记地为住所地。"

三、股权(份)转让权

详见本书第十章第一节。

四、股东优先购买权

详见本书第十章第一节。

五、股东名册变更请求权

(一)股东名册变更请求权的概念

股东名册,是指公司记载股东信息及其股权状况的簿册。根据《公司法》第三十二条第一款的规定,有限责任公司应当置备股东名册,记载下列事项:①股东的姓名或者名称及住所;②股东的出资额;③出资证明书编号。根据《公司法》第一百三十条第一款的规定,股份有限公司发行记名股票的,应当置备股东名册,记载下列事项:①股东的姓名或者名称及住所;②各股东所持股份数;③各股东所持股票的编号;④各股东取得股份的日期。

记载于股东名册的股东,可以依股东名册主张行使股东权利。发生股权转让的,公司应当修改股东名册中有关股东及其出资额的记载。公司拒绝或者怠于修改股东名册记载信息的,股东有权请求公司进行修改。这就是股东名册变更请求权。

（二）股东名册的法律效力

1. 推定效力

《公司法》第三十二条第二款规定:"记载于股东名册的股东,可以依股东名册主张行使股东权利。"这就赋予了股东名册对股东身份的推定效力,即在股东名册上记载为股东的,推定其为公司股东。股东仅凭该记载就可以主张自己为股东,并以此为依据行使股东权利,而无须再另行证明自己的股东资格。如果有人否认股东名册记载的股东的资格,则其应当承担举证责任。

2. 免责效力

由于股东名册具有权利推定效力,股东名册上记载的股东推定为公司的股东,因此,公司按照股东名册的记载向推定的公司股东发出诸如股东会会议通知的,只要没有恶意或者重大过失,即使股东名册记载的股东并非公司真正股东,公司也应被免责。另外,股东名册记载的股东地址也被视为有效送达地址,公司据此向股东送达通知或者其他法律文件,无论股东能否事实收到,公司也应免责。

3. 对抗效力

公司仅以股东名册上记载的股东为其股东。因此,股权转让后,应由公司将受让人记载于股东名册。如果股权转让后,受让人未记载于股东名册,则不得对抗公司。

4. 内部效力

根据《公司法》第三十二条第一款的规定,有限责任公司应当置备股东名册,并未规定股东名册须向公司登记机关备案,因此,股东名册仅属于公司内部文件,不具备公示效力,效力仅及于公司内部。当事人不得以股东名册的记载对抗公司以外的第三人。

（三）股东名册与出资证明书

1. 出资证明书的概念

出资证明书,是有限责任公司签发的证明股东已经履行出资义务的法律文件。《公司法》第三十一条规定:"有限责任公司成立后,应当向股东签发出资证明书。出资证明书应当载明下列事项:(一)公司名称;(二)公司成立日期;(三)公司注册资本;(四)股东的姓名或者名称、缴纳的出资额和出资日期;(五)出资证明书的编号和核发日期。出资证明书由公司盖章。"

2. 出资证明书的法律特征

（1）出资证明书为证权证券。所谓"证权证券"是与"设权证券"相对的概念。"设权证券",是指权利因证券的产生而得以创设,比如,汇票、本票、支票等;"证权证券",是指权利得以创设并非因证券的产生,而是在证券产生之前已然存在,证券只不过是权利的证明,比如,股票、债券、仓单、提单等,也包括出资证明书。

(2)出资证明书为要式证券。所谓"要式证券"是与"非要式证券"相对的概念。"要式证券",是指必须具备一定的形式和内容才能产生法律效力的证券,比如,《公司法》第一百二十八条规定:"股票采用纸面形式或者国务院证券监督管理机构规定的其他形式。股票应当载明下列主要事项:(一)公司名称;(二)公司成立日期;(三)股票种类、票面金额及代表的股份数;(四)股票的编号。股票由法定代表人签名,公司盖章。"据此,股票就属于"要式证券",同理,出资证明书也属于"要式证券"。

(3)出资证明书为有价证券。所谓"有价证券",是指标有票面金额,用于证明持有人或该证券指定的特定主体对特定财产拥有所有权或债权的凭证。有价证券是虚拟资本的一种形式,它本身没有价值,但有价格。股票、出资证明书皆属于有价证券。

(4)出资证明书为有限责任公司特有。股份有限公司的股票与有限责任公司的出资证明书具有相同的法律性质,与股票为股份有限公司特有一样,出资证明书为有限责任公司所特有。

(5)出资证明书是有限责任公司成立后所签发。出资证明书由有限责任公司向股东签发,并由公司盖章,因此,出资证明书只能产生于公司成立后,在公司成立前不可能出现。

3. 出资证明书与股票的联系与区别

(1)票面金额不一样。股票的票面金额是相同的、统一的;出资证明书则有可能是不同的、不统一的。

(2)是否记名不一样。根据《公司法》第一百二十九条的规定,股票可以为记名股票,也可以为无记名股票。但出资证明书一定是记名的。

(3)能否转让不一样。股票可以依法转让,具有较强的流通性;出资证明书无法转让,不具有流通性。根据《公司法》第七十三条的规定,依法转让股权后,公司应当注销原股东的出资证明书,向新股东签发出资证明书。

4. 股东名册与出资证明书的联系与区别

(1)股东名册与出资证明书的联系。

①股东名册与出资证明书都可以成为股东证明自己股东资格的依据。在股东资格确认纠纷案件中,股东名册与出资证明书都可以成为证明自己是公司股东,相对人不是公司股东的依据。

②股东名册上记载有股东出资证明书的编号。根据《公司法》第三十一条、第三十二条的规定,有限责任公司成立后,应当先向股东签发出资证明书,后置备股东名册,并在置备的股东名册上记载出资证明书的编号。

③持有出资证明书的股东,在公司拒绝将其载入股东名册的,股东可以依据出资证明书向公司主张变更股东名册。根据《公司法》第七十三条的规定,依法转让股权后,公司应当注销原股东的出资证明书,向新股东签发出资证明书,并相应修改公司章程和股东名册中有关股东及其出资额的记载。因此,如果公司拒绝修改股东名册中的相应记载,股东有权提起股东名册变更之诉。

(2)股东名册与出资证明书的区别。

①股东名册与出资证明书的法律意义不同。股东名册的意义在于证明谁是公司的股东;出资证明书的意义在于证明股东履行出资义务的事实。

②股东名册与出资证明书的持有人不同。根据《公司法》第三十二条"有限责任公司应当置备股东名册"的规定,股东名册由公司持有;根据《公司法》第三十一条"有限责任公司成立后,应当向股东签发出资证明书"的规定,出资证明书由股东持有。

③股东名册与出资证明书虽然都具有证明股东资格的法律效力,但效力的大小存在一定差异。根据《公司法》第三十二条第二款"记载于股东名册的股东,可以依股东名册主张行使股东权利"的规定,股东名册在证明股东资格的法律效力上要高于出资证明书。

(四)股东名册变更请求权的行使

根据《公司法》第七十三条、第一百三十九条,《最高人民法院关于适用〈中华人民共和国公司法〉若干问题的规定(三)》第二十三条、第二十四条的规定,股东名册变更请求权的行使遵循以下几个原则。

(1)当事人依法履行出资义务后,有权请求公司签发出资证明书、记载于股东名册并办理公司登记机关登记。

(2)公司股东依法转让股权后,公司应当注销原股东的出资证明书,向新股东签发出资证明书,并相应修改公司章程和股东名册中有关股东及其出资额的记载。需要注意的是,对公司章程的该项修改不需再由股东会表决。

(3)当事人依法继受取得股权后,有权请求公司签发出资证明书、记载于股东名册并办理公司登记机关登记。

(4)实际出资人请求公司变更股东、签发出资证明书、记载于股东名册、记载于公司章程并办理公司登记机关登记的,应经公司其他股东半数以上同意。

(5)股份有限公司记名股票,由股东以背书方式或者法律、行政法规规定的其他方式转让;转让后由公司将受让人的姓名或者名称及住所记载于股东名册。需要注意的是,股东大会召开前 20 日内或者公司决定分配股利的基准日前 5 日内,不得进行股东名册的变更登记。但是,法律对上市公司股东名册变更登记另有规定的,从其规定。

(五)股东名册变更请求权的诉讼

(1)案由。案由名称为"股东名册记载纠纷"。(《民事案件案由规定》第二百六十三条)

(2)管辖。《最高人民法院关于适用〈中华人民共和国民事诉讼法〉的解释》第二十二条规定:"因股东名册记载、请求变更公司登记、股东知情权、公司决议、公司合并、公司分立、公司减资、公司增资等纠纷提起的诉讼,依照民事诉讼法第二十七条规定确定管辖。"《民事诉讼法》第二十七条规定:"因公司设立、确认股东资格、分配利润、解散等纠纷提起的诉讼,由公司住所地人民法院管辖。"据此,股东名册记载纠纷"由公司住所地人民法院管辖。"而公司住所地的确定则依据《最高人民法院关于适用〈中华人民共和国民事诉讼法〉的解释》第三条的规定:"法人或者其他组织的住所地是指法人或者其他组织的主要办事机构所在地。法人或者其他组织的主要办事机构所在地不能确定的,法人或者其他组织的注册地或者登记地为住所地。"

(六)股东名册应当置备于公司哪个机构

公司机构一般包括股东会或者股东大会、董事会、监事会。《公司法》第三十二条规定:"有限责任公司应当置备股东名册",《公司法》第一百三十条规定:"公司发行记名股票的,应当置备股东名册",但均未规定由公司的哪个机构置备股东名册。笔者认为,董事会应当作为置备股东名册的机构,其具体原因如下:

（1）监事会作为公司监督机构，主要行使监督职权，与置备股东名册的职权不相匹配，不宜作为置备股东名册的机构。

（2）股东会或者股东大会作为公司权力机构，仅在会议召开期间行使相关职权，也不宜作为股东名册的置备机构。

（3）董事会作为公司的执行机构，行使着具体的公司经营管理职权，同时作为不同于股东会或者股东大会的公司常设机构，将股东名册置备于董事会是最合适的选择。

（4）鉴于公司法毕竟未对置备股东名册的机构作出明确规定，为了避免不必要的争议，公司章程对将股东名册置备于公司董事会作出明确规定是十分必要的。

六、异议股东股权（份）回购请求权

详见本书第十章第三节。

七、公司剩余财产分配请求权

（一）公司剩余财产分配请求权的概念

根据《公司法》第一百八十六条的规定，公司剩余财产分配请求权，是指公司财产在分别支付各项费用后的剩余财产，有限责任公司股东有权要求按照出资比例进行分配，股份有限公司股东有权要求按照持有的股份比例进行分配的权利。这里的各项费用包括：①清算费用；②职工的工资；③社会保险费用；④法定补偿金；⑤所欠税款；⑥其他公司债务。

（二）公司剩余财产分配请求权的行使

公司股东行使公司剩余财产分配请求权应遵循以下原则。

（1）公司财产首先用于支付"各项费用"包括：①清算费用；②职工的工资；③社会保险费用；④法定补偿金；⑤所欠税款；⑥其他公司债务。

（2）公司财产用于支付"各项费用"时，应按照以下顺序依次进行。

首先，支付清算费用。

其次，支付职工的工资、社会保险费用和法定补偿金。

再次，缴纳所欠税款。

最后，清偿其他公司债务。

（3）公司财产在支付"各项费用"后尚有剩余财产的，有限责任公司按照股东的出资比例分配，股份有限公司按照股东持有的股份比例分配。

（4）公司财产在未依法清偿前，不得分配给公司股东。

（5）根据《最高人民法院关于适用〈中华人民共和国公司法〉若干问题的规定（三）》第十六条的规定，股东未履行或者未全面履行出资义务或者抽逃出资，公司有权根据公司章程或者股东会决议对其剩余财产分配请求权作出相应的合理限制。

（三）有限责任公司在支付"各项费用"后的剩余财产是否一定要按照出资比例分配

《公司法》第一百八十六条第二款规定："剩余财产，有限责任公司按照股东的出资比例分配"，这是否决定了有限责任公司必须按照出资比例分配剩余财产？不得按照其他标准分配剩余财产呢？对此，笔者认为应做如下理解。

（1）有限责任公司剩余财产的分配比例可以由公司股东自主决定，这是因为，公司剩余财产分配请求权属于自益权，应当也属于非固有权。根据公司法一般法理，股东的自益权

应当允许股东自由决定其行使,而股东的非固有权也应当允许通过公司章程、股东协议、股东会决议等方式加以限制或者剥夺。

(2)《最高人民法院关于适用〈中华人民共和国公司法〉若干问题的规定(三)》第十六条对未履行或者未全面履行出资义务或者抽逃出资的股东进行限制的权利包括利润分配请求权、新股优先认购权、剩余财产分配请求权等。列举的这三项权利具有相同的法律性质,均属于股东的自益权、非固有权,而《公司法》第三十四条允许利润分配、新股优先认购均可以不依据出资比例进行,故而剩余财产分配也应允许可以不依据出资比例进行。

(3)根据《公司法》第三十四条有关"全体股东约定"的要求,公司剩余财产分配比例的依据也应当满足"全体股东约定"这一法定条件。这里的"全体股东约定"既可以是"公司章程",也可以是全体股东一致通过的"公司章程修正案",又可以是全体股东签订的"股东协议",还可以是得到全体股东一致通过的"股东会决议"。非全体股东一致通过的"公司章程修正案",非全体股东签订的"股东协议",非全体股东一致通过的"股东会决议",因不符合"全体股东约定"的法定条件,故不能作为公司剩余财产分配比例的依据。

(4)如果没有"全体股东约定"这一法定条件,有限责任公司则应当依据出资比例分配,但这里的"出资比例"究竟应当理解为是"认缴的出资比例",还是"实缴的出资比例"呢?同样根据《公司法》第三十四条的"实缴的出资比例"的规定,公司剩余财产分配的依据也应当是"实缴的出资比例",并非"认缴的出资比例",也不是"应缴的出资比例",更不是"未缴的出资比例"。

(四)对于公司已经解散,但未清算的,股东能否直接起诉请求分配剩余财产

对于此问题,上海市高级人民法院于 2004 年 3 月 18 日发布的《关于审理涉及公司诉讼案件若干问题的处理意见(三)》第(八)条"处理少数股东剩余分配请求权纠纷的问题"给出了如下答案。

(1)公司解散,并依法清算后,股东才有权获得对公司剩余财产的分配。

(2)如果公司经清算确有剩余财产而不分配,股东有权请求按自己的出资比例获得相应份额财产。

(3)股东直接要求分配未经清算的公司财产的,人民法院不予支持。

(4)对于已经解散而未清算的公司,股东无权要求法院先予清算、后再分配。

(五)公司清算过程中,股东提起剩余财产分配给付之诉的,以谁为被告

对于此问题,江苏省高级人民法院于 2003 年 6 月 3 日发布的《关于审理适用公司法案件若干问题的意见(试行)》第十一条给出了以下答案。

(1)公司清算过程中,股东提起剩余财产分配给付之诉的,应列清算组为被告。

(2)公司未解散或未清算的,股东以公司为被告提起公司剩余财产分配诉讼的,应当不予受理。

(六)股东在公司注销后,取得公司在清算中遗漏的债权或财产权益,其他股东提起诉讼,要求对该财产权益进行分配,法院应如何处理

对于此问题,上海市高级人民法院于 2006 年 5 月 25 日发布的《关于公司被依法注销后其享有的财产权益应如何处理的若干问题的解答》第三条给出了以下答案。

股东在公司注销后,取得公司在清算中遗漏的债权或财产权益,该债权或财产权益原属于公司财产,应当归属于全体股东,由全体股东按照公司章程或法律的规定进行分配。

因此,股东在公司注销后,取得公司在清算中遗漏的债权或财产权益,其他股东有权提起诉讼,要求获得财产利益的股东对该财产进行分配。

第四节 共益权

共益权,是指公司股东为维护公司利益和包括自己利益在内的公司全体股东共同利益而行使的权利。股东共益权主要包括:股东表决权、股东代表诉讼提起权、股东(大)会临时会议召开提议(请求)权、股东(大)会自行召集和主持权、股东大会临时提案权、建议和质询权、公司决议确认无效请求权、公司决议撤销请求权、公司决议确认不成立请求权、股东知情权、公司解散请求权和累积投票权共12项权利,以下进行逐一介绍。

一、股东表决权

(一)股东表决权的概念

股东表决权,是指在有限责任公司股东会会议或者股份有限公司股东大会会议上,出席会议的股东依其持有的股权或者股份对会议决议事项进行表决的权利。股东表决权的大小,一般取决于股东所掌握的股权或者股份的多少。

(二)有限责任公司股东表决权是由股东按照实缴出资比例行使,还是由股东按照认缴出资比例行使

《公司法》第四十二条规定:"股东会会议由股东按照出资比例行使表决权",没有明确究竟是按照实缴出资比例行使表决权,还是按照认缴出资比例行使表决权,笔者认为,对于该条的理解,应遵循以下原则。

(1)公司章程对于股东表决权的行使有明确规定的,比如,公司章程明确规定股东按照实缴出资比例行使表决权的,或者明确规定股东按照认缴出资比例行使表决权的,或者明确规定既不按照实缴出资比例行使表决权,也不按照认缴出资比例行使表决权的,以公司章程的规定为准。

(2)公司章程对于股东表决权的行使没有明确规定的,比如,公司章程没有规定股东是按照实缴出资比例行使表决权,还是按照认缴出资比例行使表决权的,应当按照认缴出资比例行使表决权。

(3)根据最高人民法院于2019年11月8日发布的《全国法院民商事审判工作会议纪要》第7条的规定,如果公司股东会作出不按认缴出资比例而按实缴出资比例或者其他标准确定表决权的决议的,只要该决议符合修改公司章程所要求的表决程序,即经代表三分之二以上表决权的股东通过的,则合法有效,应据此执行。

(4)公司既有履行了出资义务的股东,也有未履行或者未全面履行出资义务的股东,表决权仍应按照认缴出资比例行使。若履行了出资义务的股东认为自己权利因此受损的,可以选择以下方式保护自己的合法权益。

①履行了出资义务的股东可以根据《公司法》第二十八条第二款的规定,要求未依法履行出资义务的股东向公司履行出资义务并向自己承担违约责任。

②履行了出资义务的股东可以根据《最高人民法院关于适用〈中华人民共和国公司法〉若干问题的规定(三)》第十六条的规定,要求公司对未履行或者未全面履行出资义务或者

抽逃出资的股东的利润分配请求权、新股优先认购权、剩余财产分配请求权等股东权利作出相应的合理限制。

③履行了出资义务的股东可以根据《最高人民法院关于适用〈中华人民共和国公司法〉若干问题的规定(三)》第十七条第一款的规定,要求公司解除未履行出资义务或者抽逃全部出资的股东的股东资格。

(三)股东表决权的"多数决原则"

(1)"多数决原则",是指股东会或者股东大会会议作出决议须经代表多数表决权的股东通过方可。根据《公司法》第一百零三条第二款的规定:股东大会作出决议,必须经出席会议的股东所持表决权过半数通过。这里的"过半数通过"体现的就是"多数决原则"。

(2)《公司法》第一百零三条第二款是针对股份有限公司作出的"多数决原则"的规定,《公司法》并未针对有限责任公司作出"多数决原则"的规定。笔者认为,《公司法》之所以没有针对有限责任公司明确规定"多数决原则",主要原因在于《公司法》针对有限责任公司的表决程序规定了"除本法有规定的外,由公司章程规定。"

(3)《公司法》虽然没有针对有限责任公司明确规定"多数决原则",但这不妨碍有限责任公司对该原则的遵守与适用。同时,《公司法》在其他场合,针对有限责任公司还是规定了"多数决原则"的适用。比如,《公司法》第十六条规定的"该项表决由出席会议的其他股东所持表决权的过半数通过。"这里的"过半数通过"体现的就是"多数决原则";又如,《公司法》第七十一条规定的"应当经其他股东过半数同意。"这里的"过半数同意"体现的也是"多数决原则"。不同的是,《公司法》第十六条规定的是"表决权多数决原则";《公司法》第七十一条规定的是"人数多数决原则"。

(四)如何理解"多数决原则"中的"过半数通过"

实践中,公司股东(大)会会议上,可能会出现三种投票,一是赞成票,二是反对票,三是弃权票。那么,"多数决原则"中的"过半数通过"是指"赞成票过半数"?还是"赞成票加弃权票过半数"也算作"过半数通过"?比如,A有限责任公司有股东5人,现A公司召开股东会会议,5名股东悉数出席,针对某待决议事项,出现以下三种投票结果。

① 3票赞成,2票反对。

② 2票赞成,3票反对。

③ 2票赞成,2票反对,1票弃权。

其中,第①种情形当属"过半数通过"不容置疑;第②种情形当属"未通过"也毫无疑问。问题是第③种情形,究竟属于"过半数通过"?还是"未通过"?如果认为第③种情形属于"未通过",毕竟只有2票反对,反对票未达到"过半数";如果认为第③种情形属于"过半数通过",毕竟也只有2票赞成,赞成票也未达到"过半数"。而弃权票的法律意义应该是股东对该决议事项不置可否,对于该决议事项谈不上赞成,也说不上反对,没有意见,无论通过或不通过,弃权股东均能接受。如果我们基于此种对弃权票法律意义的理解,"弃权"虽不能算作"未通过",但也不应算作"通过",故而"过半数通过"就不能包含"弃权票"。因此,"过半数通过"一定是指"赞成票过半数",而并不包括"赞成票加弃权票过半数"。

(五)"特别事项"的股东表决权

如果说,"过半数通过"或者"过半数同意"指的是"简单多数决原则",那么在股东会或者股东大会会议就"特别事项"进行决议时,遵守的却是"绝对多数决原则",须由代表三分之二以上表决权的股东通过方可。

（1）无论有限责任公司，还是股份有限公司，"特别事项"均是指：①修改公司章程；②增加注册资本；③减少注册资本；④公司合并；⑤公司分立；⑥公司解散；⑦变更公司形式。（《公司法》第四十三条第二款、《公司法》第一百零三条第二款）

（2）有限责任公司股东会会议针对"特别事项"的决议必须经代表三分之二以上表决权的股东通过，这里的三分之二是指公司全体股东所代表表决权的三分之二，不是指出席会议的股东所代表表决权的三分之二。（《公司法》第四十三条第二款）

（3）股份有限公司股东大会会议针对"特别事项"的决议必须经出席会议的股东所持表决权的三分之二以上通过，这里的三分之二是指出席会议的股东所持表决权的三分之二，不是指公司全体股东所代表表决权的三分之二。（《公司法》第一百零三条第二款）

（4）除了以上提到的"特别事项"决议须由代表三分之二以上表决权的股东通过外，《公司法》还规定了其他须由代表三分之二以上表决权的股东通过的决议。比如，《公司法》第一百二十一条规定："上市公司在一年内购买、出售重大资产或者担保金额超过公司资产总额百分之三十的，应当由股东大会作出决议，并经出席会议的股东所持表决权的三分之二以上通过。"

（六）有限责任公司股东表决权能否采用"一人一票"制

实践中，有的公司为了突出股东平等，枉顾股权平等，摈弃"一股一票"的做法，采用"一人一票"的做法，即公司股东会在决议时，不按照出资比例行使表决权，不考虑股东的出资多少，而是采用一人一票的表决方式。对于这种做法应当做如下理解。

（1）首先必须明确的是，股东会决议采取"一人一票"的方式是完全合法的，完全符合《公司法》第四十二条确定的"公司章程另有规定的除外"之精神。

（2）由股东按照出资比例行使表决权，采取"一股一票"的方式，是基于以下几个原因。

①"一股一票"体现了股权平等原则。这里的平等不是人与人之间的绝对平等，而是根据公司资合性特质，基于公司有限责任而形成的平等。

②"一股一票"体现了股东权利与义务的对等，收益与风险的对等。股东出资额的多少与此成正比例关系，出资多的股东，权利享有的多，义务承担的也多；出资多的股东，获得的收益多，面临的风险也大。

③"一股一票"符合决策效率的原则，有利于公司快速作出决策，从而提高公司运营效率。

（3）基于以上原因，笔者不赞成"一人一票"的方式，"一人一票"表面上实现了股东平等，却背离了股权平等，可以说是一种为平等而平等的做法，实不足取。公司股东在制定公司章程时应贯彻"一股一票"的股权平等原则，应摈弃"一人一票"的所谓股东平等原则。

二、股东代表诉讼提起权

（一）股东代表诉讼提起权的概念

股东代表诉讼，又称股东派生诉讼。股东代表诉讼提起权，是指公司利益受到公司董事、监事、高级管理人员以及其他人侵害，而公司拒绝或者怠于通过诉讼追究公司董事、监事、高级管理人员以及其他人的法律责任的，符合法定条件的股东有权为了公司的利益以自己的名义直接向人民法院提起诉讼。

（二）股东代表诉讼的法律特征

（1）股东代表诉讼是针对公司利益受到损害的行为提起，并非针对自己利益受到损害的行为提起。也就是说，股东的诉讼权利来源于公司，而非自己。股东是代表公司，而非代表自己提起诉讼，因此称之为股东代表诉讼，或者股东派生诉讼。

（2）公司股东是以自己的名义提起诉讼，这一点是与股东直接诉讼相同的。但不同的是，股东直接诉讼的诉讼利益归于原告股东，与公司无关。股东代表诉讼的利益归于公司，而不是归于原告股东。因此，《最高人民法院关于适用〈中华人民共和国公司法〉若干问题的规定（四）》第二十五条规定："股东依据公司法第一百五十一条第二款、第三款规定直接提起诉讼的案件，胜诉利益归属于公司。股东请求被告直接向其承担民事责任的，人民法院不予支持。"第二十六条规定："股东依据公司法第一百五十一条第二款、第三款规定直接提起诉讼的案件，其诉讼请求部分或者全部得到人民法院支持的，公司应当承担股东因参加诉讼支付的合理费用。"

（3）公司股东在提起诉讼前，应履行前置程序。根据《公司法》第一百五十一条的规定，股东在对公司董事、高级管理人员提起诉讼前，应书面请求监事会或者不设监事会的有限责任公司的监事向人民法院提起诉讼；股东在对公司监事提起诉讼前，应书面请求董事会或者不设董事会的有限责任公司的执行董事向人民法院提起诉讼。

（4）只有在公司、董事会或者不设董事会的有限责任公司的执行董事、监事会或者不设监事会的有限责任公司的监事拒绝提起诉讼的情况下，股东才可以提起股东代表诉讼。根据《公司法》第一百五十一条的规定，监事会、不设监事会的有限责任公司的监事，或者董事会、执行董事收到股东书面请求后拒绝提起诉讼；或者自收到请求之日起三十日内未提起诉讼；或者情况紧急、不立即提起诉讼将会使公司利益受到难以弥补的损害的，原告股东才可以直接向人民法院提起诉讼。

（5）《全国法院民商事审判工作会议纪要》第二十五条规定："股东提起代表诉讼的前置程序之一是，股东必须先书面请求公司有关机关向人民法院提起诉讼。一般情况下，股东没有履行该前置程序的，应当驳回起诉。但是，该项前置程序针对的是公司治理的一般情况，即在股东向公司有关机关提出书面申请之时，存在公司有关机关提起诉讼的可能性。如果查明的相关事实表明，根本不存在该种可能性的，人民法院不应当以原告未履行前置程序为由驳回起诉。"

（三）股东代表诉讼中的当事人

（1）原告。股东代表诉讼的原告是有限责任公司股东、股份有限公司连续一百八十日以上单独或者合计持有公司百分之一以上股份的股东。需要注意的是，根据《最高人民法院关于适用〈中华人民共和国公司法〉若干问题的规定（一）》第四条的规定，这里的一百八十日以上连续持股期间，应为股东向人民法院提起诉讼时，已期满的持股时间；这里的合计持有公司百分之一以上股份，是指两个以上股东持股份额的合计。对于有限责任公司的股东来讲，股东代表诉讼提起权属于单独股东权；对于股份有限公司的股东来讲，股东代表诉讼提起权则属于少数股东权。

还需要注意的是，股东提起代表诉讼，与其何时成为股东无关。《全国法院民商事审判工作会议纪要》第二十四条规定："股东提起股东代表诉讼，被告以行为发生时原告尚未成为公司股东为由抗辩该股东不是适格原告的，人民法院不予支持。"同样，如果提起代表诉讼的股东在诉讼期间丧失股东资格,因其已不具备代表资格,人民法院应裁定驳回起诉。

(2)共同原告。根据《最高人民法院关于适用〈中华人民共和国公司法〉若干问题的规定(四)》第二十四条第二款的规定,一审法庭辩论终结前,符合公司法规定条件的其他股东,以相同的诉讼请求申请参加诉讼的,应当列为共同原告。

(3)被告。股东代表诉讼的被告是侵犯公司利益的当事人。比如,根据《公司法》第二十一条、第一百五十一条第一款、第二款,《最高人民法院关于适用〈中华人民共和国公司法〉若干问题的规定(五)》第一条的规定,利用关联关系损害公司利益的公司控股股东、实际控制人、董事、监事、高级管理人员均可以成为股东代表诉讼的被告;又如,根据《公司法》第一百八十九条,《最高人民法院关于适用〈中华人民共和国公司法〉若干问题的规定(二)》第二十三条的规定,清算组成员因故意或者重大过失给公司造成损失的,从事清算事务时,违反法律、行政法规或者公司章程给公司造成损失的,也可以成为股东代表诉讼的被告;再如,根据《公司法》第一百五十一条第三款的规定,他人侵犯公司合法权益,给公司造成损失的,还可以成为股东代表诉讼的被告;还如,根据《最高人民法院关于适用〈中华人民共和国公司法〉若干问题的规定(五)》第二条的规定,关联交易合同存在无效或者可撤销情形的,合同相对人同样可以成为股东代表诉讼的被告。

(4)第三人。根据《最高人民法院关于适用〈中华人民共和国公司法〉若干问题的规定(四)》第二十四条第一款的规定,符合公司法规定条件的股东,直接对董事、监事、高级管理人员或者他人提起股东代表诉讼的,应当列公司为第三人参加诉讼。

(四)股东代表诉讼与股东直接诉讼的区别

根据诉讼利益的归属不同,可以将股东诉讼分为股东直接诉讼与股东代表诉讼。股东直接诉讼,是指股东基于股权,为自己的利益,向人民法院提起的诉讼。

为了更好地理解股东代表诉讼,笔者将股东代表诉讼与股东直接诉讼的主要区别归纳如下:

1. 诉讼的性质不同

股东代表诉讼是股东为了公司的利益提起的诉讼,诉讼的结果归于公司,因而,股东代表诉讼的权利本质属于共益权;股东直接诉讼是股东为了自己的利益提起的诉讼,诉讼的结果归于股东,因而,股东直接诉讼的权利本质属于自益权。实践中,绝大多数的民事诉讼都属于直接诉讼。

2. 诉讼的原因不同

股东代表诉讼主要是基于侵权关系,比如,根据《公司法》第二十一条的规定,公司的控股股东、实际控制人、董事、监事、高级管理人员利用其关联关系损害公司利益,给公司造成损失的,股东有权提起代表诉讼,要求侵权的控股股东、实际控制人、董事、监事、高级管理人员承担赔偿责任;股东提起直接诉讼的原因,既可能是基于侵权关系,比如,根据《公司法》第二十条第二款的规定,公司股东滥用股东权利给其他股东造成损失的,受损失股东可以提起直接诉讼要求侵权的股东承担赔偿责任;也可能是基于合同关系,比如,根据《公司法》第二十八条第二款的规定,股东不按照法律规定缴纳出资的,已按期足额缴纳出资的股东有权提起直接诉讼要求未按规定缴纳出资股东承担违约责任。

3. 诉讼的主体不同

股东代表诉讼本应由公司向人民法院提起,由于公司拒绝或者怠于提起诉讼,才由符合法定条件的股东以自己的名义提起诉讼;股东直接诉讼本就应由股东以自己的名义向人民法院提起,与公司无关。

4. 诉讼的条件不同

根据《公司法》第一百五十一条的规定,股东代表诉讼的提起须履行法定的前置程序;股东直接诉讼的提起没有设置前置程序。

5. 权利的处分不同

股东代表诉讼中,由于诉讼结果归于公司,涉及公司和其他股东的利益,因此,原告股东在处分自己的诉讼权利时,包括承认、放弃、变更诉讼请求,进行和解等,均受到一定的限制。《全国法院民商事审判工作会议纪要》第二十七条规定:“公司是股东代表诉讼的最终受益人,为避免因原告股东与被告通过调解损害公司利益,人民法院应当审查调解协议是否为公司的意思。只有在调解协议经公司股东(大)会、董事会决议通过后,人民法院才能出具调解书予以确认。至于具体决议机关,取决于公司章程的规定。公司章程没有规定的,人民法院应当认定公司股东(大)会为决议机关”;股东直接诉讼中,由于诉讼结果只归于原告股东,只涉及原告股东自己的个人利益,因此,原告股东可以自由处分自己的诉讼权利,包括可以任意承认、放弃、变更诉讼请求,进行和解等。

6. 诉讼结果的归属不同

股东代表诉讼中,诉讼是为了公司的利益,股东只是名义上的原告,因此,基于《最高人民法院关于适用〈中华人民共和国公司法〉若干问题的规定(四)》第二十五条的规定,判决结果的利益和不利益均归于公司;股东直接诉讼中,诉讼是为了原告股东个人的利益,无论原告股东胜诉与否,一切利益和不利益均归于原告股东。

7. 其他股东的诉权不同

无论股东代表诉讼的结果如何,其他股东均不得就相同的事实和理由再次向人民法院提起诉讼;无论股东直接诉讼的结果如何,均不影响其他股东就相同的事实和理由向人民法院提起诉讼。

(五)股东代表诉讼中,如何确定公司的诉讼地位

《最高人民法院关于适用〈中华人民共和国公司法〉若干问题的规定(四)》第二十四条第一款将公司列为股东代表诉讼的第三人①,但并未明确是有独立请求权的第三人②,还是无独立请求权的第三人③。笔者认为,股东代表诉讼中,公司的诉讼地位应是无独立请求权的第三人。理由如下:

(1)股东代表诉讼中,股东并非真正意义上的原告,并不具有实体诉权和程序诉权,只是代位行使本属于公司的诉权。公司既是实际上的权益受损者,也是胜诉后利益的真正归

---

① 民事诉讼第三人是指对于已经开始的诉讼,有自己独立于原告和被告的诉讼请求或与案件的处理结果有法律上的利害关系,而辅助诉讼一方进行诉讼活动的人。民事诉讼第三人包括有独立请求权的第三人和无独立请求权的第三人。

② 有独立请求权的第三人是指对于他人正在进行的诉讼,有独立于原告和被告的诉讼请求的第三方当事人。

③ 无独立请求权的第三人是指对当事人双方的诉讼标的没有独立请求权,但是案件处理结果同他有法律上的利害关系,而申请参加诉讼或者由人民法院通知他参加诉讼的第三方当事人。

属者。因此,公司与所进行的诉讼有直接的利害关系,公司应作为当事人加入诉讼。

(2)公司虽然可以加入诉讼,但是其身份不能是原告或者被告。因为股东代表诉讼之所以得以提起,就是因为公司不行使诉权,故公司无法作为原告;而被告是损害公司利益的主体,将公司列为被告又不符合逻辑。因此,公司的法律地位只能是第三人。

(3)公司参与诉讼后可以不主张任何实体权利,只是提供证据,协助法院查清案件事实,承受诉讼后果,同时防止原告股东的不当诉讼行为。因此,公司应该以无独立请求权第三人身份参与股东代表诉讼。

(六)股份有限公司股东的持股比例在诉讼过程中发生变化该如何处理

根据《公司法》第一百五十一条的规定,股份有限公司的股东代表诉讼中,可以作为原告的是"连续一百八十日以上单独或者合计持有公司百分之一以上股份的股东"。如果原告股东在起诉时不具备以上条件,人民法院不予受理。但是如果原告股东在起诉时符合该条件,在诉讼过程中持股比例发生了变化,应当如何处理呢?

(1)如果原告股东的持股比例虽然发生变化,但仍然达到公司股份总数的百分之一以上,原告的诉讼资格不受影响,诉讼程序继续进行。

(2)如果原告股东的持股比例下降至低于公司股份总数百分之一,原告的诉讼资格将丧失,人民法院应裁定驳回起诉。

(3)如果原告股东的股东资格丧失,失去了公司股东身份,人民法院应裁定驳回其起诉。山东省高级人民法院《关于审理公司纠纷案件若干问题的意见(试行)》第七十五条第二款,江西省高级人民法院《关于审理公司纠纷案件若干问题的指导意见》第六十一条第二款均规定:"诉讼中,原告丧失股东资格的,人民法院应裁定驳回起诉。"

(七)股东代表诉讼中应当如何分担举证责任

《民事诉讼法》第六十七条第一款规定:"当事人对自己提出的主张,有责任提供证据。"《最高人民法院关于适用〈中华人民共和国民事诉讼法〉的解释》第九十条也规定:"当事人对自己提出的诉讼请求所依据的事实或者反驳对方诉讼请求所依据的事实,应当提供证据加以证明,但法律另有规定的除外。在作出判决前,当事人未能提供证据或者证据不足以证明其事实主张的,由负有举证证明责任的当事人承担不利的后果。"

由此可见,我国民事诉讼举证责任分担的基本原则是"谁主张,谁举证",但是在股东代表诉讼中该规则的适用应当得到修正,否则,可能造成股东代表诉讼制度的价值丧失。

《公司法》中提起股东代表诉讼的股东往往是公司的中小股东,对于公司的经营管理并不清楚,可能无法向法庭提供公司的相关资料。因此,要求原告股东承担举证责任将增大原告股东的败诉风险,股东代表诉讼制度的作用将无法发挥。

但是,股东代表诉讼中也无法直接实行"举证责任倒置"的规则,因为,股东代表诉讼中的被告不但可能是公司的内部人,比如,《公司法》第一百五十一条第一款、第二款规定的公司董事、监事、高级管理人员;还有可能是公司的外部人,比如,《公司法》第一百五十一条第三款规定的"他人",《最高人民法院关于适用〈中华人民共和国公司法〉若干问题的规定(五)》第二条规定的"合同相对方"。当公司内部人作为被告时,由其承担相当的举证责任是可行的;但当公司外部人作为被告时,其举证能力可能还不如原告股东。

因此,在股东代表诉讼中,究竟如何分配举证责任,应由人民法院根据具体情况而定,当被告是公司内部人时,应当由被告承担举证责任;当被告是公司外部人时,仍然应坚持

"谁主张,谁举证"的原则。

（八）股东代表诉讼的反诉

反诉,是指在已经开始的本诉的民事诉讼程序中,本诉的被告以其原告为被告向受诉人民法院提出的与本诉有牵连的独立的反请求。股东代表诉讼的被告与其他民事诉讼的被告一样,具有提起反诉的权利。但鉴于股东代表诉讼的特殊性,其反诉也具有自身的特别之处。

《全国法院民商事审判工作会议纪要》第二十六条针对股东代表诉讼的反诉作出了如下规定:"股东依据《公司法》第一百五十一条第三款的规定提起股东代表诉讼后,被告以原告股东恶意起诉侵犯其合法权益为由提起反诉的,人民法院应予受理。被告以公司在案涉纠纷中应当承担侵权或者违约等责任为由对公司提出的反诉,因不符合反诉的要件,人民法院应当裁定不予受理;已经受理的,裁定驳回起诉。"

（九）股东代表诉讼的调解

调解,是指在民事诉讼活动中,在人民法院审判组织的主持下,当事人双方就争议的事项,经过平等协商,自愿达成一致的调解协议,以终结民事纠纷的活动。当事人达成的调解协议经人民法院确认并出具民事调解书,与民事判决书具有同等的法律效力,承担民事义务的一方拒不履行的,另一方可以向人民法院申请强制执行。诉讼调解是人民法院诉讼制度的重要组成部分,是人民法院行使审判权的重要方式,是和谐司法的重要内容。目的是面对复杂的社会矛盾和纠纷,妥善协调各方利益,有效实现定纷止争,促进社会和谐稳定。

《民事诉讼法》第九条规定了法院调解原则:"人民法院审理民事案件,应当根据自愿和合法的原则进行调解;调解不成的,应当及时判决。"股东代表诉讼与其他民事诉讼一样,不但可以,而且也应当适用调解。不过由于股东代表诉讼的特殊性,人民法院在组织调解时,遵循与其他民事诉讼调解不一样的规则。《全国法院民商事审判工作会议纪要》第二十七条针对股东代表诉讼的调解作出了这样的规定:"公司是股东代表诉讼的最终受益人,为避免因原告股东与被告通过调解损害公司利益,人民法院应当审查调解协议是否为公司的意思。只有在调解协议经公司股东（大）会、董事会决议通过后,人民法院才能出具调解书予以确认。至于具体决议机关,取决于公司章程的规定。公司章程没有规定的,人民法院应当认定公司股东（大）会为决议机关。"

三、股东（大）会临时会议召开提议（请求）权

（一）股东（大）会临时会议召开提议（请求）权的概念

股东（大）会会议分为定期会议（股份有限公司称之为"年会"）和临时会议。定期会议的召开一般都有固定的时间,根据《公司法》第三十九条第二款的规定,有限责任公司股东会定期会议按照公司章程规定的时间召开;根据《公司法》第一百条的规定,股份有限公司的年会是每年召开一次,也有确定的召开时间。

股东（大）会的临时会议,是指公司遇到公司法或者公司章程规定的特殊情况时,依照公司法或者公司章程的规定,在股东（大）会定期会议之外临时召开的股东（大）会会议。

股东（大）会临时会议召开提议（请求）权,是指符合法定条件的公司股东享有的提议（请求）召开股东（大）会临时会议的权利。根据《公司法》第三十九条第二款的规定,有限

责任公司中代表十分之一以上表决权的股东有权提议召开股东会临时会议;根据《公司法》第一百条的规定,股份有限公司中单独或者合计持有公司百分之十以上股份的股东有权请求召开股东大会临时会议。

(二)股东(大)会临时会议的法律特征

1)股东(大)会临时会议的召开是因为公司遇到了《公司法》或者公司章程规定的特殊情况。

(1)对于有限责任公司来讲,应当召开临时股东会的特殊情况是指以下三种情形:①代表十分之一以上表决权的股东提议的;②三分之一以上的董事提议的;③监事会或者不设监事会的公司的监事提议的。

(2)对于股份有限公司来讲,应当召开临时股东大会的特殊情况是指以下六种情形:①董事人数不足公司法规定人数或者公司章程所定人数的三分之二时;②公司未弥补的亏损达实收股本总额三分之一时;③单独或者合计持有公司百分之十以上股份的股东请求时;④董事会认为必要时;⑤监事会提议召开时;⑥公司章程规定的其他情形。

2)股东(大)会临时会议召开有一定的时间要求。

《公司法》对于有限责任公司出现特殊情形后多长时间召开股东会临时会议未做具体规定;但对于股份有限公司明确规定了出现特殊情况后,应当在两个月内召开股东大会临时会议。

3)有限责任公司只要出现了应当召开股东会临时会议的情形,股份有限公司只要出现了应当召开股东大会临时会议的情形,就必须召开股东(大)会临时会议。若公司拒绝召开,符合法定条件的公司股东可以自行召集和主持。

(三)公司应当召开股东(大)会会议却拒绝召开的,股东可否向人民法院起诉请求判令公司召开

(1)公司应当按照《公司法》和公司章程的规定,按时召开股东会定期会议或股东大会年会;公司也应当按照《公司法》和公司章程的规定,及时召开股东会或者股东大会临时会议。

(2)公司拒绝召开股东会或者股东大会会议的,公司股东可以按照公司法和公司章程的规定自行召集和主持。

(3)《全国法院民商事审判工作会议纪要》第二十九条明确规定:"公司召开股东(大)会本质上属于公司内部治理范围。股东请求判令公司召开股东(大)会的,人民法院应当告知其按照《公司法》第四十条或者第一百零一条规定的程序自行召开。股东坚持起诉的,人民法院应当裁定不予受理;已经受理的,裁定驳回起诉。"

(4)山东省高级人民法院《关于审理公司纠纷案件若干问题的意见(试行)》第八十四条,江西省高级人民法院《关于审理公司纠纷案件若干问题的指导意见》第六十九条,均规定:"公司董事会、监事会未依照《公司法》和公司章程有关规定按时召集股东会或股东大会的,股东提起诉讼要求召开股东会或股东大会的,人民法院不予受理。"

(5)北京市高级人民法院于 2008 年 4 月 21 日发布的《关于审理公司纠纷案件若干问题的指导意见》第七条也规定:"股东请求判令公司召开股东会或股东大会的,人民法院不予受理。"

（四）有限责任公司章程能否在《公司法》第三十九条第二款规定的情形之外规定其他应当召开股东会临时会议的情形

《公司法》第三十九条第二款规定了应当召开股东会临时会议的三种情形：①代表十分之一以上表决权的股东提议的；②三分之一以上的董事提议的；③监事会或者不设监事会的公司的监事提议的。虽然公司法没有明确公司章程是否有权作出其他规定，但笔者认为，有限责任公司章程应当可以在《公司法》第三十九条第二款规定的情形之外规定其他应当召开股东会临时会议的情形。

（1）《公司法》第一百条针对股份有限公司股东大会临时会议的召开规定了"公司章程规定的其他情形。"既然股份有限公司允许公司章程作出其他规定，作为公众性远低于股份有限公司的有限责任公司没有理由无权作出其他规定。

（2）公司法虽然仅在第三十九条第二款规定了三种情形，但也并没有明确禁止公司章程作出其他规定。根据"法无禁止即可为"的法律原则，有限责任公司完全可以作出其他规定。

（3）针对应当召开股东会临时会议的情形作出其他规定，完全符合公司自治、股东自治的精神，不损害其他民事主体的权利，公司法不但不应禁止，还应当给予高度的尊重。

（4）需要注意的是，与股利分配请求权、新增资本认缴优先权、公司剩余财产分配请求权一样，公司章程在规定其他应当召开股东会临时会议的情形时，也应当满足"全体股东约定"这一法定条件。因此，这里的"公司章程"，包括全体股东一致通过的"公司章程修正案"，但非全体股东一致通过的"公司章程修正案"，因不符合"全体股东约定"的法定条件，故无权就其他应当召开股东会临时会议的情形作出规定。

（5）全体股东签订的"股东协议"，全体股东一致通过的"股东会决议"，均满足"全体股东约定"这一法定条件，都有权就其他应当召开股东会临时会议的情形作出规定。非全体股东签订的"股东协议"，非全体股东一致通过的"股东会决议"，因不符合"全体股东约定"的法定条件，均无权就其他应当召开股东会临时会议的情形作出规定。

四、股东（大）会会议自行召集和主持权

（一）股东（大）会会议自行召集和主持权的概念

股东（大）会会议自行召集和主持权，是指当董事会或者执行董事不能履行或者不履行股东（大）会会议，包括临时会议的召集和主持权；监事会或者不设监事会的公司的监事也不召集和主持的，代表十分之一以上表决权的股东可以自行召集和主持的权利。

（二）股东（大）会召集和主持权的行使顺序

为了让读者更加清晰地了解股东（大）会召集和主持权的行使顺序，笔者按照公司类型的不同分别介绍如下：

（1）有限责任公司股东会会议，包括临时会议的召集和主持权的行使顺序如下：

①由董事会召集，董事长主持。

②由董事会召集，董事长不能履行职务或者不履行职务的，由副董事长主持。

③由董事会召集，董事长、副董事长不能履行职务或者不履行职务的，由半数以上董事共同推举一名董事主持。

④董事会不能履行或者不履行召集股东会会议职责的，由监事会或者不设监事会的公司的监事召集和主持。

⑤监事会或者监事不召集和主持的,代表十分之一以上表决权的股东可以自行召集和主持。

(2)有限责任公司不设董事会,仅设执行董事的,股东会会议,包括临时会议的召集和主持权的行使顺序如下:

①由执行董事召集和主持。

②执行董事不能履行或者不履行召集和主持股东会会议职责的,由监事会或者不设监事会的公司的监事召集和主持。

③监事会或者监事不召集和主持的,代表十分之一以上表决权的股东可以自行召集和主持。

(3)股份有限公司股东大会会议,包括临时会议的召集和主持权的行使顺序如下:

①由董事会召集,董事长主持。

②由董事会召集,董事长不能履行职务或者不履行职务的,由副董事长主持。

③由董事会召集,董事长、副董事长不能履行职务或者不履行职务的,由半数以上董事共同推举一名董事主持。

④董事会不能履行或者不履行召集股东大会会议职责的,由监事会召集和主持。

⑤监事会不召集和主持的,连续九十日以上单独或者合计持有公司百分之十以上股份的股东可以自行召集和主持。

五、股东大会临时提案权

(一)股东大会临时提案权的概念

根据《公司法》第一百零二条第二款的规定,股东大会临时提案权,是指单独或者合计持有股份有限公司百分之三以上股份的股东,有在股东大会召开十日前提出临时提案并书面提交董事会的权利。董事会应当在收到提案后二日内通知其他股东,并将该临时提案提交股东大会审议。临时提案的内容应当属于股东大会职权范围,并有明确议题和具体决议事项。

需要注意的是,《公司法》仅对股份有限公司股东的临时提案权做了规定,并未对股份有限公司股东的提案权作出规定,也没有对有限责任公司股东的提案权和临时提案权作出规定。

(二)股东大会临时提案权的法律特征

(1)有权向股东大会提出临时提案的股东必须是单独或者合计持有股份有限公司百分之三以上股份的股东。

(2)临时提案必须在股东大会召开十日前提出并书面提交董事会。

(3)临时提案的内容应当属于股东大会职权范围,并有明确议题和具体决议事项。

(三)为什么《公司法》就股东(大)会会议只规定了监事(会)的提案权,而没有规定其他的提案权行使主体

根据《公司法》第五十三条、第一百一十八条第一款的规定,监事会、不设监事会的公司的监事有"向股东(大)会会议提出提案"的职权,《公司法》并未规定其他提案主体,比如,有限责任公司的股东的提案权,或者有限责任公司董事会、执行董事的提案权,或者股份有限公司的股东的提案权,或者股份有限公司董事会的提案权等。笔者认为,对此应做如下

理解。

(1)《公司法》之所以只规定了监事(会)的提案权,应是认为公司股东、董事会或者执行董事具有当然提案权,无须画蛇添足;而监事会或者监事作为监督机构,赋予其提案权,更能强化其监督职能,具有明确规定的必要性。

(2)有限责任公司的股东、董事会或者执行董事应当享有提案权;股份有限董事会也应当享有提案权,至于股份有限公司的股东也应在达到一定股份持有比例的情况下享有提案权,比如,比照临时提案权的规定,单独或者合计持有股份有限公司百分之三以上股份的股东享有提案权。

(3)为了避免不必要的争议,公司章程还是应当对提案权,包括临时提案权的行使主体作出明确规定。

六、建议和质询权

(一)建议和质询权的概念

建议和质询权,是指公司股东有权对公司的经营提出建议或者质询;列席股东会或者股东大会会议的公司董事、监事、高级管理人员有义务接受股东的质询。这里的建议,是指股东对公司提出的有关经营管理方面的意见、改善措施、方案;这里的质询,是指股东对公司的决策失误、管理不当、高级管理人员的不尽职或者失职行为提出质疑,要求其改正。

(二)建议和质询权的行使

(1)根据《公司法》第九十七条的规定,股份有限公司的股东有权对公司的经营提出建议或者质询。

(2)根据《公司法》第一百五十条的规定,出席有限责任公司股东会或者股份有限公司股东大会的股东有权对列席会议的董事、监事、高级管理人员提出质询。

七、公司决议确认无效请求权

(一)公司决议确认无效请求权的概念

根据《公司法》第二十二条第一款、《最高人民法院关于适用〈中华人民共和国公司法〉若干问题的规定(四)》第一条的规定,公司决议确认无效请求权,是指公司股东会或者股东大会、董事会的决议内容违反法律、行政法规的,公司股东、董事、监事等可以请求人民法院确认该决议无效的权利。

公司决议确认无效请求权可以分为以下三种。

(1)(有限责任公司)股东会决议确认无效请求权。

(2)(股份有限公司)股东大会决议确认无效请求权。

(3)董事会决议确认无效请求权。

(二)公司决议确认无效请求权的法律特征

(1)公司决议无效的原因是内容违法。《民法典》第一百五十三条规定:"违反法律、行政法规的强制性规定的民事法律行为无效。"《公司法》第二十二条第一款规定:"公司股东会或者股东大会、董事会的决议内容违反法律、行政法规的无效。"

(2)公司决议确认无效后,根据该决议形成的民事法律关系不受影响。《最高人民法院关于适用〈中华人民共和国公司法〉若干问题的规定(四)》第六条规定:"股东会或者股东大会、董事会决议被人民法院判决确认无效或者撤销的,公司依据该决议与善意相对人形成的民事法律关系不受影响。"

(3)公司决议确认无效之诉被驳回,他人再次起诉的,人民法院不予受理。山东省高级人民法院《关于审理公司纠纷案件若干问题的意见(试行)》第五十八条、江西省高级人民法院《关于审理公司纠纷案件若干问题的指导意见》第四十九条均规定:"当事人对股东会、股东大会、董事会决议申请确认无效或撤销,人民法院驳回其诉讼请求的,他人以相同的事实和理由再次起诉的,人民法院不予受理。"

(三)公司决议确认无效请求权的诉讼

(1)案由。案由名称为"公司决议效力确认纠纷"。(《民事案件案由规定》第二百七十条第一项)

(2)管辖。《最高人民法院关于适用〈中华人民共和国民事诉讼法〉的解释》第二十二条规定:"因股东名册记载、请求变更公司登记、股东知情权、公司决议、公司合并、公司分立、公司减资、公司增资等纠纷提起的诉讼,依照民事诉讼法第二十七条规定确定管辖。"《民事诉讼法》第二十七条规定:"因公司设立、确认股东资格、分配利润、解散等纠纷提起的诉讼,由公司住所地人民法院管辖。"据此,公司决议效力确认纠纷"由公司住所地人民法院管辖。"而公司住所地的确定则依据《最高人民法院关于适用〈中华人民共和国民事诉讼法〉的解释》第三条的规定"法人或者其他组织的住所地是指法人或者其他组织的主要办事机构所在地。法人或者其他组织的主要办事机构所在地不能确定的,法人或者其他组织的注册地或者登记地为住所地。"

(3)当事人。根据《最高人民法院关于适用〈中华人民共和国公司法〉若干问题的规定(四)》第一条、第三条的规定,公司决议效力确认之诉的原告系公司股东、董事、监事等,一审法庭辩论终结前,其他有原告资格的人以相同的诉讼请求申请参加诉讼的,可以列为共同原告;公司为被告;对决议涉及的其他利害关系人,可以依法列为第三人。

(四)公司法定代表人起诉公司确认公司决议无效的,由谁代表公司参加诉讼

一般情况下,在公司对外诉讼中,公司的法定代表人即是公司的诉讼代表人,由公司法定代表人代表公司参加诉讼活动,或者由其代表公司委托诉讼代理人参加诉讼活动;但在公司内部诉讼中,情况可能就不太一样了,特别是当公司的法定代表人与公司之间发生纠纷时,如果还是由法定代表人作为公司的诉讼代表人,则会出现"自己告自己"的现象。比如,公司法定代表人以股东或者董事的身份向人民法院起诉公司要求确认公司决议无效。此时,在法定代表人之外给公司另寻诉讼代表人就显得极为必要。

这种情况下,该如何另寻诉讼代表人呢?

(1)山东省高级人民法院《关于审理公司纠纷案件若干问题的意见(试行)》第五十六条第二款规定:"公司法定代表人对公司股东会、股东大会或董事会决议申请确认无效或撤销的,由公司推荐认可上述决议效力的其他股东、董事或者监事代表公司参加诉讼。"据此,山东省高级人民法院给出的方案是,由公司推荐认可决议效力的其他股东、董事或者监事作为公司诉讼代表人。

(2)江西省高级人民法院《关于审理公司纠纷案件若干问题的指导意见》第四十七条第二款规定:"公司法定代表人以股东身份对公司股东会、股东大会或董事会决议申请确认无效或撤销的,由董事会推荐认可上述决议效力的其他股东、董事或者监事代表公司参加诉

讼。"据此,江西省高级人民法院给出的方案与山东省高级人民法院的方案相同。

(3)上海市高级人民法院于 2007 年 3 月 16 日发布的《关于担任公司法定代表人的股东、董事与公司之间引发诉讼应如何确定公司诉讼代表人问题的解答》给出的方案如下:

①公司章程对公司诉讼代表权的人选确定有约定,按照章程约定。

②建议公司召开临时股东会,或以股东协商方式选定公司诉讼代表人。

③公司不能通过股东会或协议方式确定诉讼代表人的,对设有董事会的公司,通知副董事长代表公司参加诉讼。对未设董事会的公司,通知其他董事代表公司参加诉讼。其他董事有两人以上的,可协商确定其中之一。协商不成的,法院可予以指定。

④公司董事会或董事中无合适人选的,基于公司监事会的法定职责,法院可指定公司监事会主席或执行监事代表公司参加诉讼。

⑤通过以上途径仍不能确定,法院可指定与担任法定代表人的股东、董事提起的诉讼没有明显利害关系的其他股东作为公司诉讼代表人。

据此,上海市高级人民法院确定公司诉讼代表人的原则是公司章程有规定的,依照章程的规定;公司章程没有规定的,由股东会决定或者股东协商决定;股东会无法决定或者股东协商不成的,在董事中选定;董事中无合适人选的,可以选定监事担任;监事中无合适人选的,在股东中选定。

(五)公司股东、董事、监事等能否提起公司决议确认有效之诉

笔者认为,公司股东、董事、监事等不能提起公司决议确认有效之诉,理由如下:

(1)提起公司决议确认有效之诉对于原告不存在诉讼利益。在公司决议确认有效之诉中,原告对于决议的有效性是没有争议的,原告并无请求人民法院确认该决议有效的必要性。尤其是在没有当事人就该公司决议向人民法院提起确认无效之诉或者确认不成立之诉,也没有当事人就该公司决议向人民法院请求撤销时,对该公司决议提起确认有效之诉更是毫无意义。

(2)任何一种民事行为一经作出,即具有法律效力,无须司法机关加以确认。这就如同两个民事主体之间签订了一份民事合同,在合同双方未就该合同的履行产生争议的情况下,其中一个民事主体向人民法院起诉,要求确认该民事合同是有效的,这个诉显然是不应该得到法院受理的。

(3)公司决议一经作出,如果义务人拒绝履行该决议确定的义务,权利人可以依据该决议要求义务人履行义务;义务人仍拒绝履行的,权利人可以向人民法院提起诉讼,由人民法院判令义务人履行相应义务,以保障该公司决议所确定的权利义务的落实。这就如同民事合同的一方拒绝履行该民事合同的,合同的另一方完全可以向人民法院起诉要求其继续履行,而无须起诉要求确认该合同有效。

(4)公司决议一经作出,据此将形成新的法律关系,如果该决议还要通过诉讼才能确认有效,不但增加了讼累,更主要的是使据此决议形成的法律关系处于不确定状态,不利于社会关系的稳定。尤其是在没有原告向人民法院起诉要求确认公司决议无效、不成立,或者要求撤销公司决议的情况下,单纯地要求确认公司决议有效,只能是画蛇添足。

(5)需要注意的是,如果诉讼请求中股东会决议仅是其他诉讼请求的依据,并非单纯为确认决议有效才提起的诉讼,则应当允许原告提起确认股东会决议有效之诉。比如,股东会决议确认的义务人拒绝履行义务,原告就可以起诉请求人民法院确认股东会决议的效

力,并请求判令义务人按照决议履行义务。北京市高级人民法院《关于审理公司纠纷案件若干问题的指导意见》第十条规定:"股东仅请求确认股东会决议、董事会决议有效的,人民法院应裁定不予受理。"其中一个"仅"字应该就是体现了这种理念。

当然,原告也可以无须请求确认决议有效,仅诉请人民法院判令义务人履行义务。如果义务人认为决议有瑕疵,义务人可以提出反诉,或者另行起诉,请求确认该决议无效、不成立或者撤销该决议。

八、公司决议撤销请求权

(一)公司决议撤销请求权的概念

根据《民法典》第八十五条,《公司法》第二十二条第二款,《最高人民法院关于适用〈中华人民共和国公司法〉若干问题的规定(四)》第二条的规定,公司决议撤销请求权,是指股东会或者股东大会、董事会的会议召集程序、表决方式违反法律、行政法规或者公司章程,或者决议内容违反公司章程的,公司股东可以请求人民法院撤销该决议的权利。

公司决议撤销请求权可以分为如下几种。

(1)有限责任公司股东会决议撤销请求权。

(2)股份有限公司股东大会决议撤销请求权。

(3)董事会决议撤销请求权。

(二)公司决议撤销请求权的法律特征

(1)公司决议撤销的原因:①召集程序违反法律、行政法规或公司章程,即召集程序违法、违规或者违章;②表决方式违反法律、行政法规或公司章程,即表决方式违法、违规或者违章;③决议内容违反公司章程,即决议内容违章。

《公司法》第二十二条第二款规定:"股东会或者股东大会、董事会的会议召集程序、表决方式违反法律、行政法规或者公司章程,或者决议内容违反公司章程的,股东可以自决议作出之日起六十日内,请求人民法院撤销。"

(2)公司决议撤销后,根据该决议形成的民事法律关系不受影响。

《最高人民法院关于适用〈中华人民共和国公司法〉若干问题的规定(四)》第六条规定:"股东会或者股东大会、董事会决议被人民法院判决确认无效或者撤销的,公司依据该决议与善意相对人形成的民事法律关系不受影响。"

(3)公司决议撤销之诉被驳回,他人再次起诉的,人民法院不予受理。

山东省高级人民法院《关于审理公司纠纷案件若干问题的意见(试行)》第五十八条,江西省高级人民法院《关于审理公司纠纷案件若干问题的指导意见》第四十九条均规定:"当事人对股东会、股东大会、董事会决议申请确认无效或撤销,人民法院驳回其诉讼请求的,他人以相同的事实和理由再次起诉的,人民法院不予受理。"

(4)公司决议撤销之诉必须在"自决议作出之日起六十日内"向人民法院提起。

《公司法》第二十二条第二款规定了"股东可以自决议作出之日起六十日内,请求人民法院撤销。"据此,超过六十日的人民法院不予受理。而且,该"六十日"系除斥期间[①],不适

---

① 除斥期间,是指法律规定的某种权利预定存在的期间,权利人在此期间不行使权利,预定期间届满,便发生该权利消灭的法律后果。

用诉讼时效①的中止②、中断③、延长④等规定。

(三)公司决议撤销请求权的诉讼

(1)案由。案由名称为"公司决议撤销纠纷"。(《民事案件案由规定》第二百七十条第二项)

(2)管辖。《最高人民法院关于适用〈中华人民共和国民事诉讼法〉的解释》第二十二条规定:"因股东名册记载、请求变更公司登记、股东知情权、公司决议、公司合并、公司分立、公司减资、公司增资等纠纷提起的诉讼,依照民事诉讼法第二十七条规定确定管辖。"《民事诉讼法》第二十七条规定:"因公司设立、确认股东资格、分配利润、解散等纠纷提起的诉讼,由公司住所地人民法院管辖。"据此,公司决议撤销纠纷"由公司住所地人民法院管辖。"而公司住所地的确定则依据《最高人民法院关于适用〈中华人民共和国民事诉讼法〉的解释》第三条的规定"法人或者其他组织的住所地是指法人或者其他组织的主要办事机构所在地。法人或者其他组织的主要办事机构所在地不能确定的,法人或者其他组织的注册地或者登记地为住所地。"

(3)当事人。根据《最高人民法院关于适用〈中华人民共和国公司法〉若干问题的规定(四)》第二条、第三条的规定,公司决议撤销之诉的原告系公司股东;一审法庭辩论终结前,其他有原告资格的人以相同的诉讼请求申请参加诉讼的,可以列为共同原告;公司为被告;对决议涉及其他利害关系人,可以依法列为第三人。

(4)担保。《公司法》第二十二条第三款规定:"股东依照前款规定提起诉讼的,人民法院可以应公司的请求,要求股东提供相应担保。"这是公司决议撤销之诉的独特之处。

①担保仅适用于公司决议撤销之诉,并不适用于公司决议确认无效之诉和公司决议确认不成立之诉。这是因为,《公司法》第二十二条第三款明确规定担保的适用情形是"股东依照前款规定提起诉讼的",而《公司法》第二十二条第二款规定的是公司决议撤销之诉。

---

① 诉讼时效,是指权利人在法定期间内不行使权利,即丧失请求人民法院依法保护其民事权利的法律制度。该法定期间即诉讼时效期间。

② 《民法典》第一百九十四条:在诉讼时效期间的最后六个月内,因下列障碍,不能行使请求权的,诉讼时效中止:

(一)不可抗力;

(二)无民事行为能力人或者限制民事行为能力人没有法定代理人,或者法定代理人死亡、丧失民事行为能力、丧失代理权;

(三)继承开始后未确定继承人或者遗产管理人;

(四)权利人被义务人或者其他人控制;

(五)其他导致权利人不能行使请求权的障碍。

自中止时效的原因消除之日起满六个月,诉讼时效期间届满。

③ 《民法典》第一百九十五条:有下列情形之一的,诉讼时效中断,从中断、有关程序终结时起,诉讼时效期间重新计算:

(一)权利人向义务人提出履行请求;

(二)义务人同意履行义务;

(三)权利人提起诉讼或者申请仲裁;

(四)与提起诉讼或者申请仲裁具有同等效力的其他情形。

④ 《民法典》第一百八十八条:向人民法院请求保护民事权利的诉讼时效期间为三年。法律另有规定的,依照其规定。

诉讼时效期间自权利人知道或者应当知道权利受到损害以及义务人之日起计算。法律另有规定的,依照其规定。但是,自权利受到损害之日起超过二十年的,人民法院不予保护,有特殊情况的,人民法院可以根据权利人的申请决定延长。

故而,担保应仅适用于公司决议撤销之诉。

②原告股东提供担保的前提是公司提出请求,人民法院应公司的请求,要求股东提供相应担保。如果公司并未提出请求,人民法院不能主动要求股东提供担保。

③公司向人民法院提出请求的,人民法院并不是必须要求股东提供担保,而是"可以"要求股东提供担保。因此,人民法院在决定是否要求公司提供担保,必须综合考虑公司利益与股东利益的平衡,做到既能遏制股东的恶意捣乱的行为,保护公司的合法权益;也能保护股东的合法诉讼权利,对公司的违法、违规、违章行为坚决予以否定。

(四)股东会或者股东大会、董事会的会议程序有瑕疵是否必然导致公司决议撤销

回答这个问题,应该遵循以下原则:

(1)符合《公司法》第二十二条第二款规定的决议,应当予以撤销。《最高人民法院关于适用〈中华人民共和国公司法〉若干问题的规定(四)》第四条规定:股东请求撤销股东会或者股东大会、董事会决议,符合公司法第二十二条第二款规定的,人民法院应当予以支持……

(2)会议召集程序有瑕疵的决议,应当予以撤销。比如,北京市高级人民法院《关于审理公司纠纷案件若干问题的指导意见》第八条规定:"董事长未经董事会决议而召集股东会会议,股东以该股东会召集程序违法为由,请求撤销该会议决议的,人民法院应予支持。"

(3)会议通知程序有瑕疵的决议,应当予以撤销。比如,浙江省高级人民法院民二庭于2004年发布的《关于公司法适用若干疑难问题的理解》第十三条规定:"股东(大)会的决议是根据'资本多数决'或'人数多数决'原则作出的,是少数股份服从多数股份的制度,因此决议内容和程序必须合法、公正。如果决议内容和程序有瑕疵,其效力就会受影响。股东(大)会由非召集权人召集,未通知部分股东,或通知时间、通知方法不合法,或通知内容不齐全,属召集程序的瑕疵,也称形式上的瑕疵或程序上的瑕疵。根据国外的立法例,程序违法之诉属于撤销之诉。《公司法》第四十二条、第四十三条、第一百零五条对股东(大)会的召集程序作了具体的规定,召集人应在《公司法》第四十四条、第一百零五条规定的时间内通知股东出席股东(大)会。如未履行通知义务,则股东(大)会通过的决议在程序上违反公司法的规定,侵犯了股东的合法权益,股东可向人民法院提起要求撤销股东(大)会决议之诉。"

(4)会议程序仅有轻微瑕疵的决议,不应当撤销。《最高人民法院关于适用〈中华人民共和国公司法〉若干问题的规定(四)》第四条规定:股东请求撤销股东会或者股东大会、董事会决议……但会议召集程序或者表决方式仅有轻微瑕疵,且对决议未产生实质影响的,人民法院不予支持。

(5)全体股东出席会议并参加表决的决议,不应当撤销。北京市高级人民法院《关于审理公司纠纷案件若干问题的指导意见》第九条规定:"公司召开股东会会议未依法定或章程规定的通知期限通知股东,但全体股东均出席了会议并参加了表决,则相应的股东会视为依法召开。股东以会议通知程序违法或违反章程规定为由请求撤销决议的,人民法院不予支持。"

(五)公司决议撤销与公司决议无效的区别

1. 利益保护的重点不同

公司决议撤销意味着决议存在不公正因素,据此授予受害者自我救济的权利,但法律

并不主动干预,侧重保护的是受害者的利益;公司决议无效意味着法律对决议的否定性评价,且与当事人的意志无关,侧重保护的是法律的严肃性与交易安全。

2. 法律后果的严重程度不同

公司决议撤销前的效力是存在的,一经撤销自始无效;公司决议无效意味决议存在严重瑕疵,法律对其效力的否定是根本的、全面的、彻底的自始无效。

3. 诉讼类型不同

公司决议撤销之诉属于形成之诉,也称变更之诉,只能通过提起决议撤销之诉方能实现撤销决议的目的;公司决议无效属于确认之诉,对其效力的否定,除了提起确认无效之诉外,还可以通过诉讼上的抗辩方式提出。

4. 原告不同

《最高人民法院关于适用〈中华人民共和国公司法〉若干问题的规定(四)》第一条对公司决议确认无效之诉的原告规定为"公司股东、董事、监事等";第二条对公司决议撤销之诉的原告规定为"在起诉时具有公司股东资格"。

九、公司决议确认不成立请求权

(一)公司决议确认不成立请求权的概念

根据《最高人民法院关于适用〈中华人民共和国公司法〉若干问题的规定(四)》第一条、第五条的规定,公司决议确认不成立请求权,是指股东会或者股东大会、董事会的会议召集程序、表决方式存在重大瑕疵,公司股东、董事、监事等可以请求人民法院确认该决议不成立的权利。与公司决议确认无效和公司决议撤销不同,这里的"公司决议"因为会议程序的重大瑕疵,事实上从未真正形成。

公司决议确认不成立请求权可以分为以下三种:

(1)有限责任公司股东会决议确认不成立请求权。

(2)股份有限公司股东大会决议确认不成立请求权。

(3)董事会决议确认不成立请求权。

(二)公司决议确认不成立请求权的诉讼

(1)案由。案由名称为"公司决议纠纷"。(《民事案件案由规定》第二百七十条)

(2)管辖。《最高人民法院关于适用〈中华人民共和国民事诉讼法〉的解释》第二十二条规定:"因股东名册记载、请求变更公司登记、股东知情权、公司决议、公司合并、公司分立、公司减资、公司增资等纠纷提起的诉讼,依照民事诉讼法第二十七条规定确定管辖。"《民事诉讼法》第二十七条规定:"因公司设立、确认股东资格、分配利润、解散等纠纷提起的诉讼,由公司住所地人民法院管辖。"据此,公司决议确认不成立之诉"由公司住所地人民法院管辖。"而公司住所地的确定则依据《最高人民法院关于适用〈中华人民共和国民事诉讼法〉的解释》第三条的规定"法人或者其他组织的住所地是指法人或者其他组织的主要办事机构所在地。法人或者其他组织的主要办事机构所在地不能确定的,法人或者其他组织的注册地或者登记地为住所地。"

(3)当事人。根据《最高人民法院关于适用〈中华人民共和国公司法〉若干问题的规定(四)》第一条、第三条的规定,公司决议确认不成立之诉的原告系公司股东、董事、监事等;一审法庭辩论终结前,其他有原告资格的人以相同的诉讼请求申请参加诉讼的,可以列为共同原告;公司为被告;对决议涉及的其他利害关系人,可以依法列为第三人。

(三)公司决议存在哪些情形可以确认不成立

根据《最高人民法院关于适用〈中华人民共和国公司法〉若干问题的规定(四)》第五条的规定,公司决议存在以下情形之一的,可以确认不成立。

(1)公司未召开会议的,可以确认公司决议不成立。

公司并没有召开股东会或者股东大会会议、董事会会议,也就不可能产生公司决议。既然没有决议存在,也就不存在决议有无效力或者能否撤销的问题。这种情形下,公司决议只有一种可能,就是被伪造出来的。因此,在没有召开股东会或者股东大会会议,没有召开董事会会议的情况下,伪造出来的股东会或者股东大会会议决议、董事会会议决议,因缺乏公司决议的基本成立要件,应当确认公司决议不成立。

但这里有个例外情况,依据《公司法》第三十七条第二款①或者公司章程的规定,可以不召开股东会而直接作出决定,并由全体股东在决定文件上签名、盖章的除外。需要注意的是,该情形仅适用于有限责任公司。

(2)会议未对决议事项进行表决的,可以确认公司决议不成立。

公司虽然召开了股东会或者股东大会会议、董事会会议,但并没有在会议上对决议事项进行表决。既然没有对决议进行表决,也就不存在决议有无效力或者能否撤销的问题。这种情形下,公司决议只有一种可能,就是被伪造出来的。因此,在股东会或者股东大会会议未对决议事项进行表决,董事会会议未对决议事项进行表决的情况下,伪造出来的股东会或者股东大会会议决议、董事会会议决议,因缺乏公司决议成立的基本要件,应当确认公司决议不成立。

(3)出席会议的人数或者股东所持表决权不符合公司法或者公司章程规定的,可以确认公司决议不成立。

一般来讲,出席股东会或者股东大会的股东人数或者所持表决权数应该达到一定的比例,这样的股东会或者股东大会才能合法召开,通过的决议才能具有法律效力。《公司法》虽然未对出席股东会或者股东大会的股东人数或者所持表决权数作出相关规定,但实践中,公司章程完全可以对此加以规定。如果出席股东会或者股东大会的股东人数或者所持表决权数低于公司章程规定的,应当视为股东会或者股东大会会议未召开,由此产生的股东会或者股东大会会议决议可以确认不成立。需要注意的是,《公司法》虽然未对出席股份有限公司股东大会的股东人数或者所持股份数作出相关规定,但《公司法》第九十条第一款针对股份有限公司创立大会的召开规定了"创立大会应有代表股份总数过半数的发起人、认股人出席,方可举行。"

与股东会或者股东大会的情形一样,一般来讲,出席董事会的董事人数也应该达到一定的比例,董事会才能合法召开,通过的决议才能具有法律效力。《公司法》没有针对有限责任公司董事会会议的出席人数比例作出规定,但《公司法》第一百一十一条第一款针对股份有限公司董事会会议的出席人数做出了明确规定,即"董事会会议应有过半数的董事出

---

① 《公司法》第三十七条第二款:对前款所列事项股东以书面形式一致表示同意的,可以不召开股东会会议,直接作出决定,并由全体股东在决定文件上签名、盖章。

席方可举行。"同时,公司章程也可以针对有限责任公司董事会会议的出席人数做出比例规定。因此,如果出席董事会会议的董事人数低于《公司法》或者公司章程规定的,视为董事会会议未召开,由此产生的董事会会议决议可以确认不成立。

(4)会议的表决结果未达到《公司法》或者公司章程规定的通过比例的,可以确认公司决议不成立。

根据《公司法》第四十三条的规定,有限责任公司股东会的议事方式和表决程序,除《公司法》有规定的外,由公司章程规定。同时,有限责任公司股东会会议作出修改公司章程、增加或者减少注册资本的决议,以及公司合并、分立、解散或者变更公司形式的决议,必须经代表三分之二以上表决权的股东通过。根据《公司法》第一百零三条的规定,股份有限公司股东大会作出决议,必须经出席会议的股东所持表决权过半数通过。但是,股东大会作出修改公司章程、增加或者减少注册资本的决议,以及公司合并、分立、解散或者变更公司形式的决议,必须经出席会议的股东所持表决权的三分之二以上通过。如果股东会或者股东大会会议决议未达到《公司法》或者公司章程的规定的,股东会或者股东大会会议决议可以确认不成立。

根据《公司法》第四十八条第一款的规定,有限责任公司董事会的议事方式和表决程序,除《公司法》有规定的外,由公司章程规定。根据《公司法》第一百一十一条第一款的规定,股份有限公司董事会作出决议,必须经全体董事的过半数通过。如果董事会会议决议未达到《公司法》或者公司章程的规定的,董事会会议决议可以确认不成立。

(5)导致决议不成立的其他情形,可以确认公司决议不成立。

这是关于公司决议可以确认不成立的情形的兜底条款。实践中,涉及公司决议,包括股东会或者股东大会会议决议、董事会会议决议的情形是复杂而多样的,这就需要我们不断地通过司法实践,个案分析,个案认定,让司法活动在固化与灵动之间实现和谐统一。

(四)公司决议不成立与公司决议无效的区别

1. 产生原因不同

公司决议不成立因程序瑕疵而产生;公司决议无效因内容违法而产生。

2. 能否重新作出不同

公司决议不成立的,决议机关还可以依照合法程序就同一事项重新作出决议;公司决议无效的,决议机关不得就同一事项再次作出决议。

3. 决议是否真的存在不同

公司决议不成立的,是由于程序瑕疵导致决议事实上并不存在;公司决议无效的,决议还是依照法定程序作出的,决议真实存在,程序不存在瑕疵。

(五)公司决议不成立与公司决议撤销的区别

公司决议不成立与公司决议撤销存在一定的相似之处。比如,二者均是决议程序存在瑕疵,但二者的区别还是显著的。

1. 程序瑕疵的程度不同

公司决议不成立的程序瑕疵比公司决议撤销的程序瑕疵的严重程度要大;公司决议撤销的程序瑕疵比公司决议不成立的程序瑕疵的严重程度要小。

2. 程序瑕疵可否补正不同

公司决议不成立的程序瑕疵无法补正,若想使决议有效,只能重新作出决议;公司决议撤销的程序瑕疵可以补正,比如股东可以对可撤销公司决议予以追认。

3. 决议是否真的存在不同

不成立的公司决议因程序瑕疵导致决议事实上并不存在;可撤销的公司决议虽然程序也有瑕疵,但决议还是真实存在的。

十、股东知情权

(一)股东知情权的概念

股东知情权,是指公司股东了解公司信息的权利。按照公司类型不同,股东知情权可分为有限责任公司股东知情权和股份有限公司股东知情权。

广西壮族自治区高级人民法院民二庭于 2020 年 7 月 27 日发布的《关于审理公司纠纷案件若干问题的裁判指引》第十三条对股东知情权的性质表述为"股东知情权是股东行使其他权利的基础,在法律性质上属于共益权,旨在方便股东了解公司情况,参与股东大会的表决,监督公司的运营。赋予股东知情权的立法目的并非直接满足股东个人利益需要,而是维护和促进公司及全体股东的整体利益,故股东知情权应限于一定的权利边界,即以不损害公司合法利益为前提。"

(二)有限责任公司的股东知情权的内容

根据《公司法》第三十三条的规定,有限责任公司股东的知情权包括如下方面内容。

(1)公司章程查阅权。

(2)公司章程复制权。

(3)股东会会议记录查阅权。

(4)股东会会议记录复制权。

(5)董事会会议决议查阅权。

(6)董事会会议决议复制权。

(7)监事会会议决议查阅权。

(8)监事会会议决议复制权。

(9)财务会计报告查阅权。《会计法》第二十条第二款规定:"财务会计报告由会计报表、会计报表附注和财务情况说明书组成。"

(10)财务会计报告复制权。

(11)公司会计账簿查阅权。《会计法》第十五条第一款规定:"会计账簿包括总账、明细账、日记账和其他辅助性账簿。"

(三)股份有限公司的股东知情权的内容

根据《公司法》第九十七条的规定,股份有限公司股东的知情权包括如下方面内容。

(1)公司章程查阅权。

(2)股东名册查阅权。

(3)公司债券存根查阅权。

(4)股东大会会议记录查阅权。

(5)董事会会议决议查阅权。

（6）监事会会议决议查阅权。

（7）财务会计报告查阅权。

（四）股份有限公司的股东知情权与有限责任公司的股东知情权的不同

（1）有限责任公司的股东知情权包括有"复制权"，股份有限公司的股东知情权没有"复制权"。例如：①有限责任公司股东知情权包括查阅与复制公司章程，股份有限公司的股东知情权则只有查阅公司章程；②有限责任公司股东知情权包括查阅与复制股东会会议记录，股份有限公司的股东知情权则只有查阅股东大会会议记录；③有限责任公司股东知情权包括查阅与复制董事会会议决议，股份有限公司的股东知情权则只有查阅董事会会议决议；④有限责任公司股东知情权包括查阅与复制监事会会议决议，股份有限公司的股东知情权则只有查阅监事会会议决议；⑤有限责任公司股东知情权包括查阅与复制财务会计报告，股份有限公司的股东知情权则只有查阅财务会计报告。

（2）有限责任公司的股东知情权包括有"公司会计账簿查阅权"，股份有限公司的股东知情权没有"公司会计账簿查阅权"。也就是说，股份有限公司的股东无权查阅"公司会计账簿"。

（3）有限责任公司没有将"股东名册"纳入股东知情权的范畴；股份有限公司则明确规定股东知情权包括"查阅股东名册"。

（4）关于财务会计报告知情权的行使。根据《公司法》第一百六十五条的规定：①有限责任公司应当依照公司章程规定的期限将财务会计报告送交各股东；②股份有限公司的财务会计报告应当在召开股东大会年会的二十日前置备于本公司，供股东查阅；③公开发行股票的股份有限公司必须公告其财务会计报告。

（五）股东知情权的法律特征

（1）股东向公司申请查阅、复制相关文件资料的，公司应当予以满足，并及时提供。若公司在合理期限内未予答复，或者明确表示拒绝的，股东可以向人民法院提起诉讼，请求人民法院判令公司保障股东的知情权。

需要注意的是，对于查阅、复制公司章程、股东会会议记录、董事会会议决议、监事会会议决议和财务会计报告，并无"正当目的"的要求。换句话说，只要股东提出了查阅、复制这些文件资料的要件，公司必须不问缘由的无条件提供。

山东省高级人民法院《关于审理公司纠纷案件若干问题的意见（试行）》第六十二条规定："股东要求公司提供《公司法》第三十四条第一款、第九十八条规定之文件材料供其查阅或复制，公司予以拒绝的，股东可以请求人民法院要求公司提供查阅或复制。公司以股东有不正当目的为由进行抗辩的，人民法院不予支持。"

（2）有限责任公司股东主张会计账簿查阅权的，应向公司提出书面请求，并说明查阅的目的。公司同意的，应当在十五日内提供。公司拒绝提供的，也应当在十五日内书面答复并说明拒绝的理由。拒绝的理由应是"股东查阅会计账簿有不正当目的，可能损害公司合法利益"。

（3）有限责任公司拒绝提供会计账簿供股东查阅的，股东可以向人民法院提起诉讼，请求人民法院判令公司保障股东的会计账簿查阅权。而公司应当就"股东查阅会计账簿有不正当目的，可能损害公司合法利益"进行举证，公司不能举证或者公司的举证无法证明"股东查阅会计账簿有不正当目的，可能损害公司合法利益"这一事实的，人民法院应当支持股东的诉讼请求。

(4)股东知情权不可通过公司章程、股东协议、股东(大)会决议予以剥夺。《最高人民法院关于适用〈中华人民共和国公司法〉若干问题的规定(四)》第九条明确规定:"公司章程、股东之间的协议等实质性剥夺股东依据公司法第三十三条、第九十七条规定查阅或者复制公司文件材料的权利,公司以此为由拒绝股东查阅或者复制的,人民法院不予支持。"

(5)股东行使知情权可以由第三方辅助进行。《最高人民法院关于适用〈中华人民共和国公司法〉若干问题的规定(四)》第十条第二款规定:"股东依据人民法院生效判决查阅公司文件材料的,在该股东在场的情况下,可以由会计师、律师等依法或者依据执业行为规范负有保密义务的中介机构执业人员辅助进行。"

(六)股东知情权的诉讼

(1)案由。案由名称为"股东知情权纠纷"。(《民事案件案由规定》第二百六十七条)

(2)管辖。《最高人民法院关于适用〈中华人民共和国民事诉讼法〉的解释》第二十二条规定:"因股东名册记载、请求变更公司登记、股东知情权、公司决议、公司合并、公司分立、公司减资、公司增资等纠纷提起的诉讼,依照民事诉讼法第二十七条规定确定管辖。"《民事诉讼法》第二十七条规定:"因公司设立、确认股东资格、分配利润、解散等纠纷提起的诉讼,由公司住所地人民法院管辖。"据此,股东知情权纠纷"由公司住所地人民法院管辖。"而公司住所地的确定则依据《最高人民法院关于适用〈中华人民共和国民事诉讼法〉的解释》第三条的规定"法人或者其他组织的住所地是指法人或者其他组织的主要办事机构所在地。法人或者其他组织的主要办事机构所在地不能确定的,法人或者其他组织的注册地或者登记地为住所地。"

(3)当事人。股东知情权之诉的原告系公司股东,公司为被告。

(4)判决。股东提起的知情权诉讼得到人民法院支持的,人民法院作出的民事判决书应当明确知情权行使的时间、地点、文件材料。《最高人民法院关于适用〈中华人民共和国公司法〉若干问题的规定(四)》第十条第一款规定:"人民法院审理股东请求查阅或者复制公司特定文件材料的案件,对原告诉讼请求予以支持的,应当在判决中明确查阅或者复制公司特定文件材料的时间、地点和特定文件材料的名录。"

(七)公司股东丧失股东资格后,能否对公司主张股东知情权

股东知情权,顾名思义是公司股东基于其股东资格享有的知情权,股东知情权的行使不能与公司股东身份相分离。公司股东一旦丧失股东资格,也就失去了行使知情权的身份。因此,公司股东丧失股东资格后,不能再向公司主张公司相关信息的知情权。但笔者认为,丧失股东资格的股东应仅对其股东资格丧失后的公司相关信息没有知情权,但对于其股东资格丧失前的公司信息仍应享有知情权,理由如下:

(1)股东资格丧失前的公司信息与该股东当时基于股东身份应获得的利益是密切相关的。特别是《公司法》第一百六十五条第一款规定了"有限责任公司应当依照公司章程规定的期限将公司财务会计报告送交各股东。"如果公司当时没有及时履行这些义务,即使股东已经丧失了股东资格,但公司仍应有义务履行。

(2)假设在股东丧失股东资格前,公司向其提供了虚假信息或隐瞒了真实信息,那么,公司的行为已经构成侵权,侵犯了股东的知情权。如果此时否认该退出股东对于其丧失股东资格前的公司信息享有的股东知情权,显然是对公司侵权行为的纵容,更是损害了该退

出股东的合法权益。

（3）《最高人民法院关于适用〈中华人民共和国公司法〉若干问题的规定（四）》第七条第二款规定：公司有证据证明……原告在起诉时不具有公司股东资格的，人民法院应当驳回起诉，但原告有初步证据证明在持股期间其合法权益受到损害，请求依法查阅或者复制其持股期间的公司特定文件材料的除外。

需要注意的是，根据最高人民法院的该司法解释，原告向人民法院主张其对股东资格存续期间公司特定文件材料的知情权的，人民法院有权要求其提供"初步证据证明在持股期间其合法权益受到损害"的事实。也就是说，只有原告持股期间合法利益受到损害，才有权向公司主张知情权；如果原告不能证明其持股期间合法权益受到损害，人民法院对其知情权的请求不予受理，这一点与公司在任股东向公司主张知情权无须任何理由是不同的。

（八）如何认定股东要求查阅公司会计账簿的目的具有不正当性

根据《公司法》第三十三条第二款的规定，股东要求查阅公司会计账簿的，应当向公司提出书面请求，说明目的。公司有合理根据认为股东查阅会计账簿有不正当目的，可能损害公司合法利益的，可以拒绝提供查阅。可见，股东查阅公司会计账簿的目的正当与否，将直接关系到该查阅权能否实现。那么，在司法实践中该如何认定查阅权的正当性呢？作为公司来讲，该如何证明原告股东主张查阅权具有不正当的目的呢？根据《最高人民法院关于适用〈中华人民共和国公司法〉若干问题的规定（四）》第八条的规定，公司股东存在以下四种情形之一的，人民法院应当认定具有"不正当目的"。

（1）股东自营或者为他人经营与公司主营业务有实质性竞争关系业务的，应当认定具有"不正当目的"。这里的"自营"，是指股东自己经营的业务；这里的"主营业务"，是指公司利润主要来源的业务；这里的"实质性竞争关系"，是指股东与公司之间直接的利益冲突关系。不过，如果股东与公司虽然存在此类关系，但公司章程另有规定或者全体股东另有约定的，按照规定的或者约定的处理，不一定认定为"不正当目的"。

广西壮族自治区高级人民法院民二庭《关于审理公司纠纷案件若干问题的裁判指引》第十四条针对"股东知情权与公司利益冲突时实质性竞争关系的判定方法"规定："股东向公司主张知情权，而公司认为股东行使该权利会损害公司利益的，人民法院应当注意在双方之间分配举证责任。首先，股东应举证证明自己的股东身份及有权行使知情权。其次，公司一方在拒绝股东行使知情权时应就公司合法利益是否受损进行举证，其中一种受损情形是股东自营或者为他人经营与公司主营业务有实质性竞争关系，公司一方应当就此提供证据予以证明。再次，当公司一方已初步证明双方经营业务存在实质性竞争关系且公司利益可能受损时，应转由主张知情权的股东承担反证义务，就其不具有不正当目的以及行使查阅权不会损害公司利益进一步举证，以自证清白。"

（2）股东为了向他人通报有关信息查阅公司会计账簿，可能损害公司合法利益的，应当认定具有"不正当目的"。这里的"有关信息"，是指公司会计账簿所包含的信息。股东查阅公司会计账簿的目的不是为了行使自己的股东权利，而是为了向他人通报查阅到的有关信息，而这些信息只要具有损害公司合法权益的可能性，就应当认定股东具有"不正当目的"。

（3）股东在向公司提出查阅请求之日前的三年内，曾通过查阅公司会计账簿，向他人通报有关信息损害公司合法利益的，应当认定具有"不正当目的"。这里的"三年内"，是指股东向公司提出查阅请求之日前的三年内，而不是股东向人民法院起诉之日前的三年内。股东在向公司提出查阅请求之日前的三年内有过"查阅公司会计账簿,向他人通报有关信息损害公司合法利益的"情形,此时再次提出查阅请求的,应当认定为具有"不正当目的"。

(4)股东有不正当目的的其他情形。这是一个兜底条款,由于现实情况的纷繁复杂,立法不可能穷尽"不正当目的"的所有情形,故而将更多的事实交由人民法院据实认定。

(九)公司股东能否主张查阅公司会计凭证

回答这个问题,首先需要搞清楚什么是会计凭证。《会计法》第十三条规定:"会计凭证、会计账簿、财务会计报告和其他会计资料,必须符合国家统一的会计制度的规定。使用电子计算机进行会计核算的,其软件及其生成的会计凭证、会计账簿、财务会计报告和其他会计资料,也必须符合国家统一的会计制度的规定。任何单位和个人不得伪造、变造会计凭证、会计账簿及其他会计资料,不得提供虚假的财务会计报告。"第十四条规定:"会计凭证包括原始凭证和记账凭证。"第十五条规定:"会计账簿包括总账、明细账、日记账和其他辅助性账簿。"据此,会计凭证与会计账簿处于并列状态,互不包容,分属两个不同类别。会计账簿不包括会计凭证,会计凭证也不包括会计账簿。根据《公司法》第三十三条第二款的规定,股东只能要求查阅公司会计账簿,显然无权要求查阅会计凭证,以及会计凭证所包括的原始凭证和记账凭证。

江西省高级人民法院《关于审理公司纠纷案件若干问题的指导意见》第五十三条第二款规定:"股东有权查询的会计账簿包括会计报表、记账凭证、原始凭证、审计报告、评估报告等。"北京市高级人民法院《关于审理公司纠纷案件若干问题的指导意见》第十九条规定:"有限责任公司股东有权查阅的公司会计账簿包括记账凭证和原始凭证。"显然与《会计法》的规定相冲突。

十一、公司解散请求权

(一)公司解散请求权的概念

根据《公司法》第一百八十二条的规定,公司解散请求权,是指公司经营管理发生严重困难,继续存续会使股东利益受到重大损失,通过其他途径不能解决的,持有公司全部股东表决权百分之十以上的股东,可以请求人民法院解散公司的权利。

(二)公司解散请求权的法律特征

(1)原告提起公司解散之诉应当符合《公司法》第一百八十二条的规定,并且具备《最高人民法院关于适用〈中华人民共和国公司法〉若干问题的规定(二)》第一条规定的四个事由之一。

(2)根据《最高人民法院关于适用〈中华人民共和国公司法〉若干问题的规定(二)》第六条的规定,人民法院关于解散公司诉讼作出的判决,对公司全体股东具有法律约束力。人民法院判决驳回解散公司诉讼请求后,提起该诉讼的股东或者其他股东又以同一事实和理由提起解散公司诉讼的,人民法院不予受理。

(3)公司章程不得剥夺股东的公司解散请求权,或者设定比《公司法》第一百八十二条更严苛的解散条件。山东省高级人民法院《关于审理公司纠纷案件若干问题的意见(试行)》第九十条,江西省高级人民法院《关于审理公司纠纷案件若干问题的指导意见》第七十六条均规定:"公司章程规定股东不得请求解散公司,或对解散条件做出较《公司法》第一百八十三条规定更严格的限制的,该规定无效。"

（三）公司解散请求权的诉讼

（1）案由。案由名称为"公司解散纠纷"。（《民事案件案由规定》第二百八十三条）

（2）管辖。《民事诉讼法》第二十七条规定："因公司设立、确认股东资格、分配利润、解散等纠纷提起的诉讼,由公司住所地人民法院管辖。"据此,公司解散纠纷"由公司住所地人民法院管辖。"而公司住所地的确定则依据《最高人民法院关于适用〈中华人民共和国民事诉讼法〉的解释》第三条的规定"法人或者其他组织的住所地是指法人或者其他组织的主要办事机构所在地。法人或者其他组织的主要办事机构所在地不能确定的,法人或者其他组织的注册地或者登记地为住所地。"

（3）当事人。根据《公司法》第一百八十二条,《最高人民法院关于适用〈中华人民共和国公司法〉若干问题的规定（二）》第四条的规定,公司解散之诉的原告系"持有公司全部股东表决权百分之十以上的股东";被告是公司;其他股东或者有关利害关系人可以作为共同原告或者第三人参与诉讼。

（4）调解。《最高人民法院关于适用〈中华人民共和国公司法〉若干问题的规定（二）》第五条规定："人民法院审理解散公司诉讼案件,应当注重调解。当事人协商同意由公司或者股东收购股份,或者以减资等方式使公司存续,且不违反法律、行政法规强制性规定的,人民法院应予支持。当事人不能协商一致使公司存续的,人民法院应当及时判决。经人民法院调解公司收购原告股份的,公司应当自调解书生效之日起六个月内将股份转让或者注销。股份转让或者注销之前,原告不得以公司收购其股份为由对抗公司债权人。"

《最高人民法院关于适用〈中华人民共和国公司法〉若干问题的规定（五）》第五条也规定："人民法院审理涉及有限责任公司股东重大分歧案件时,应当注重调解。当事人协商一致以下列方式解决分歧,且不违反法律、行政法规的强制性规定的,人民法院应予支持:（一）公司回购部分股东股份;（二）其他股东受让部分股东股份;（三）他人受让部分股东股份;（四）公司减资;（五）公司分立;（六）其他能够解决分歧,恢复公司正常经营,避免公司解散的方式。"

（四）公司解散请求权的行使

原告在行使公司解散请求权时,必须同时满足《公司法》第一百八十二条规定的以下三个条件。

1. 公司经营管理发生严重困难

《最高人民法院关于适用〈中华人民共和国公司法〉若干问题的规定（二）》第一条规定了"公司经营管理发生严重困难"的四种情形。

①公司持续两年以上无法召开股东会或者股东大会的;②股东表决时无法达到法定或者公司章程规定的比例,持续两年以上不能作出有效的股东会或者股东大会决议的;③公司董事长期冲突,且无法通过股东会或者股东大会解决的;④经营管理发生其他严重困难,公司继续存续会使股东利益受到重大损失的。

"公司经营管理发生严重困难"实际是指公司权力运行发生严重困难,股东会、董事会等权力机构和管理机构无法正常运行,无法对公司的任何事项作出任何决议,也就是公司权力运行发生严重困难,即公司僵局情形。并非指公司业务经营发生严重困难。如果公司仅业务经营发生严重困难,不存在权力运行严重困难的,不符合公司解散的条件。公司解散诉讼的目的是破解公司僵局,而不是为了保护股东利益。

广西壮族自治区高级人民法院民二庭《关于审理公司纠纷案件若干问题的裁判指引》第十六条针对"在公司解散纠纷中如何判断公司经营管理发生严重困难"作出了这样的规定:"股东请求解散公司的,在认定'公司经营管理发生严重困难'这一要件时,应注意从两个维度判断:①从公司的股东会、董事会或执行董事等机构的运行现状进行综合分析,侧重点在于股东会或董事会是否因矛盾激化而处于僵持状态,造成公司管理层无法有效开展经营管理。②注意排除一种特殊情形:即使股东会或董事会发生运行困难,但执行董事或经理层等仍然能够正常做出经营管理指示,使得公司日常经营实际上也能够正常运行。公司应当同时存在公司内部机关(股东会或董事会)僵局以及日常经营完全瘫痪,方符合'经营管理发生严重困难'的要件。"

股东因与其他股东分歧而被排斥参与公司日常管理的,不必然意味着公司经营管理发生严重困难,股东的股权并不当然包含管控公司的权能,某些股东无法参与日常管理的情况属于股东之间的自治范畴,如果涉及侵害股东权利,例如参会权、表决权、知情权等,则另有法律救济制度或异议股东退出机制,但股东无权直接请求解散公司。

2. 继续存续会使股东利益受到重大损失

"公司经营管理发生严重困难"的情形持续存在,必然导致"股东利益受到重大损失"。这是完全可以预见的结果。而这种结果显然对于公司股东,对于公司,对于社会都是不利的。这样的公司继续存在必然成了社会的负资产,将其解散成为最有利的选择。

3. 通过其他途径不能解决

由于公司解散请求权的行使目的是破除公司僵局,而破除公司僵局可能还存在其他途径,解散公司是其中最激烈、后果最严重的方式,不到万不得已不宜采用。故此,股东在行使公司解散请求权前,应当穷尽其他途径,只有仍无法破解公司僵局的,才不得已而采用请求解散公司。正如,最高人民法院公报2014年第2期裁判文书选登"仕丰科技有限公司与富钧新型复合材料(太仓)有限公司、第三人永利集团有限公司解散纠纷案"的裁判摘要指出:"公司僵局并不必然导致公司解散,司法应审慎介入公司事务,凡有其他途径能够维持公司存续的,不应轻易解散公司。当公司陷入持续性僵局,穷尽其他途径仍无法化解,且公司不具备继续经营条件,继续存续将使股东利益受到重大损失的,法院可以依据公司法第一百八十三条的规定判决解散公司。"

(五)如何理解"通过其他途径不能解决"

一般认为,对于"通过其他途径不能解决"的理解应遵循以下几个原则。

(1)人民法院在受理公司解散之诉时,应审查通过其他途径解决公司经营困难的现实可能性。事实上,在公司出现僵局时,公司法对于股东权益的保障,在股东可以行使公司解散请求权之外,还设置了其他救济途径。比如,公司长时间未召开股东会的,可以由监事会或者不设监事会的公司的监事召集和主持。监事会或者不设监事会的公司的监事不召集和主持的,代表10%以上表决权的股东可以自行召集和主持;又如,股东认为股东会或者董事会的决议内容违反法律、行政法规的,或认为股东会、董事会的会议召集程序、表决方式违反法律、行政法规或者公司章程,或者决议内容违反公司章程的,股东可以提起股东会、董事会决议无效或者撤销之诉;再如,股东还可以通过协商或者通过寻求股权转让、公司分立等措施来解决公司僵局。

(2)公司解散诉讼应当注重调解。调解原则是民事诉讼制度的基本原则之一,调解方式对于化解社会矛盾具有判决方式不可替代的作用。在公司解散诉讼中，更应该强调调解工作。人民法院在受理公司解散纠纷案件后，应依据《最高人民法院关于适用〈中华人民共和国公司法〉若干问题的规定（二）》第五条，《最高人民法院关于适用〈中华人民共和国公司法〉若干问题的规定（五）》第五条的规定，积极谋求通过调解方式结案，避免公司解散。

（3）原告股东在提起解散公司之诉时，应向法庭提供其采取过相应旨在打破公司僵局行为的相关证据，该类证据要体现原告股东为此采取了哪些实际行动，这些行动是否产生了影响，其他股东对此是否有所回应等。在其他途径确实不可能进行时，视为"通过其他途径不能解决。"

（六）如何理解"持有公司全部股东表决权 10% 以上的股东"

（1）这里的股东既可以是指某个股东，也可以是指某些股东。说得更具体一点，有权提起公司解散之诉的股东既可以是一个持有的表决权达到 10% 以上的股东，也可以是两个以上的股东，只要他们持有的表决权合计达到 10% 以上，也符合原告的条件。

（2）这里的"10%"是指表决权比例，不是指出资比例。例如：某公司有三位股东，甲股东持股 80%，乙股东持股 15%，丙股东持股 5%。一般情况下，丙股东无权提起解散公司的诉讼，因为丙股东的股权比例只有 5%，达不到 10% 的门槛；甲股东与乙股东均有权提起公司解散之诉。但若该公司章程规定：表决权的分配是甲股东 80%，乙股东 5%，丙股东 15%。则丙股东就具备了提起解散公司诉讼的权利。因为丙股东符合"持有公司全部股东表决权 10% 以上"的法律规定。反而乙股东的表决权比例只有 5%，达不到 10%，乙股东无权提起解散公司的诉讼。

（3）这里的"10% 以上"包括 10% 本数。

（七）哪些因素不是公司解散所应考虑的条件

（1）股东知情权、利润分配请求权等权益是否受到损害不是公司解散诉讼考虑的条件。

《最高人民法院关于适用〈中华人民共和国公司法〉若干问题的规定（二）》第一条第二款规定：股东以知情权、利润分配请求权等权益受到损害……提起解散公司诉讼的，人民法院不予受理。

（2）公司是否亏损、财产是否足以偿还全部债务不是公司解散诉讼考虑的条件。

《最高人民法院关于适用〈中华人民共和国公司法〉若干问题的规定（二）》第一条第二款规定：股东以……公司亏损、财产不足以偿还全部债务……提起解散公司诉讼的，人民法院不予受理。

（3）公司被吊销企业法人营业执照是否进行清算不是公司解散诉讼考虑的条件。

《最高人民法院关于适用〈中华人民共和国公司法〉若干问题的规定（二）》第 条第二款规定：股东以……公司被吊销企业法人营业执照未进行清算……提起解散公司诉讼的，人民法院不予受理。

（4）公司盈利与否不是公司解散诉讼中考虑的条件。

最高人民法院 2012 年 4 月 9 日发布的指导案例 8 号"林某清诉常熟市凯莱实业有限公司、戴某明公司解散纠纷案"的裁判要点指出："公司法第一百八十三条将'公司经营管理发生严重困难'作为股东提起解散公司之诉的条件之一。判断'公司经营管理是否发生严重困难'，应从公司组织机构的运行状态进行综合分析。公司虽处于盈利状态，但其股东会机制长期失灵，内部管理有严重障碍，已陷入僵局状态，可以认定为公司经营管理发生严重困难。对于符合公司法及相关司法解释规定的其他条件的,人民法院可以依法判决公司解散。"

（八）原告的持股比例在诉讼过程中发生变化该如何处理

根据《公司法》第一百八十二条的规定,有权提起公司解散诉讼的原告是"持有公司全部股东表决权百分之十以上的股东"。如果原告股东在起诉时不具备以上条件,人民法院不予受理。但是如果原告股东在起诉时符合该条件,在诉讼过程中持股比例发生了变化,应当如何处理呢?

（1）如果原告股东的持股比例虽然发生变化,但仍然达到公司全部股东表决权百分之十以上,原告的诉讼资格不受影响,诉讼程序继续进行。

（2）如果原告股东的持股比例下降至低于公司全部股东表决权百分之十,原告的诉讼资格将丧失,人民法院应裁定驳回起诉。山东省高级人民法院《关于审理公司纠纷案件若干问题的意见（试行）》第八十九条第二款,江西省高级人民法院《关于审理公司纠纷案件若干问题的指导意见》第七十五条第二款均规定:"诉讼中,原告丧失股东资格或实际享有的表决权达不到百分之十的,人民法院应裁定驳回起诉。"

（九）原告提起公司解散诉讼的同时,申请对公司清算的,该如何处理

（1）股东提起解散公司诉讼的同时申请对公司清算的,人民法院对其清算申请不予受理。

《最高人民法院关于适用〈中华人民共和国公司法〉若干问题的规定（二）》第二条规定:"股东提起解散公司诉讼,同时又申请人民法院对公司进行清算的,人民法院对其提出的清算申请不予受理。人民法院可以告知原告,在人民法院判决解散公司后,依据民法典第七十条、公司法第一百八十三条和本规定第七条的规定,自行组织清算或者另行申请人民法院对公司进行清算。"

（2）人民法院判决解散公司的,公司应当成立清算组,开始清算。

根据《公司法》第一百八十三条,《最高人民法院关于适用〈中华人民共和国公司法〉若干问题的规定（二）》第七条第一款的规定,公司因法院判决解散的,应当在解散事由出现之日起十五日内成立清算组,开始自行清算。有限责任公司的清算组由股东组成,股份有限公司的清算组由董事或者股东大会确定的人员组成。

（3）公司不依法进行清算的,有关民事主体可以申请人民法院指定清算组进行清算。

根据《公司法》第一百八十三条,《最高人民法院关于适用〈中华人民共和国公司法〉若干问题的规定（二）》第七条第二款的规定,有下列情形之一,债权人、公司股东、董事或其他利害关系人申请人民法院指定清算组进行清算的,人民法院应予受理:①公司解散逾期不成立清算组进行清算的;②虽然成立清算组但故意拖延清算的;③违法清算可能严重损害债权人或者股东利益的。

十二、累积投票权

（一）累积投票权的概念

累积投票权,是指股东大会选举董事或者监事时,每一股份拥有与应选董事或者监事人数相同的表决权,股东拥有的表决权可以集中使用。比如,股东大会选举 5 名董事,某股东拥有 100 股份,这样他就有 500（5×100）个表决权。他可以将这 500 个表决权分开使用,

去投多名候选人;也可以将这500个表决权集中使用,去投某一名候选人。

(二)累积投票权的法律特征

(1)《公司法》仅对股份有限公司适用累积投票制作出了规定,并未对累积投票制在有限责任公司的适用作出规定。

(2)累积投票制适用于股份有限公司股东大会选举董事或者监事时,不适用于股东大会的其他决议事项。

(3)累积投票制并不当然适用于股份有限公司,累积投票制的适用以股份有限公司章程的规定或者股东大会的决议为前提。

(三)有限责任公司能否实行累积投票制

根据《公司法》第一百零五条的规定,累积投票制适用于股份有限公司,那么,有限责任公司能否实行累积投票制呢?

笔者认为,有限责任公司可以实行累积投票制。根据《公司法》第四十二条的规定,有限责任公司股东会会议由股东按照出资比例行使表决权;但是,公司章程另有规定的除外。这就给有限责任公司适用累积投票制预留了法律空间。同时,累积投票制在有限责任公司的适用也并不损害公司、公司其他股东、公司债权人等民事主体的利益。而且,考虑到累积投票制在保护中小股东权益方面具有独特优势,因此,累积投票制在有限责任公司的适用不但不应禁止,还应得到鼓励。

第五节 股东的出资

股权的获得源于股东的出资,这是股权背后资金属性的必然。即使在有的情况下,股东获得股权似乎并不是源于出资行为。比如,夫妻一方因离婚分割共同财产而分得股权;债权人因法院判决得到执行而获得股权;股东死亡,其继承人因继承而取得股权等。虽然从表面上看,这些股权的获取与出资并无直接关系,但究其根源,这些股权的产生,无一不是与出资紧密相关的。比如,作为夫妻共同财产的公司股权,一定是源于将夫妻共同财产用于向公司的出资;债权人之所以能够通过执行获得债务人所有的公司股权,一定是因为债务人向公司的出资;继承人能够继承死亡股东的股权,也一定是死亡股东生前向公司履行了出资义务等。

一、股东出资的方式

根据《公司法》第二十七条的规定,股东可以采取多种方式出资,包括货币出资和非货币出资。

(一)货币出资

货币具有支付、结算等功能。公司设立时需要一定数量的货币来支付设立时的开支和生产经营费用。股东可以用货币进行出资。我国的法定货币为人民币。股东可以用人民币出资,也可以用外币出资。比如,根据《外商投资法实施条例》第三十七条第二款的规定,外商投资企业的注册资本可以用人民币表示,也可以用可自由兑换货币表示。股东以货币出资的,应当将货币出资足额存入公司在银行开设的账户。

需要注意的是,《最高人民法院关于适用〈中华人民共和国公司法〉若干问题的规定

(三)》第七条第二款规定:"以贪污、受贿、侵占、挪用等违法犯罪所得的货币出资后取得股权的,对违法犯罪行为予以追究、处罚时,应当采取拍卖或者变卖的方式处置其股权。"

(二)非货币出资

非货币出资,是指用实物、知识产权、土地使用权等可以用货币估价并可以依法转让的非货币财产作价出资。根据财产形态的不同,又可以将非货币出资分为有形资产出资和无形资产出资。

1. 有形资产出资

有形资产,即实物,主要是指房屋、机器设备、原材料、工具、零部件等。这些有形资产均可用于出资。

2. 无形资产出资

无形资产,包括知识产权、土地使用权、土地承包经营权、采矿权、探矿权、企业承包经营权、企业租赁权、股权、债权等。这些无形资产均可用于出资。

(1)知识产权,主要指专利权、商标专用权、著作权等。专利又包括发明专利、实用新型专利和外观设计专利。股东以知识产权出资的,须办理知识产权属变更手续,将知识产权过户至公司名下,并将知识产权交付公司。

(2)土地使用权,是指国有土地和农民集体所有的土地,依法确定给单位或者个人使用的权利①。股东以土地使用权出资的,须办理土地使用权属变更手续,将土地使用权过户至公司名下,并将土地交付公司。

(3)土地承包经营权,是指农村土地②实行由农村集体经济组织内部家庭承包经营的制度;不宜采取家庭承包方式的荒山、荒沟、荒丘、荒滩等农村土地,可以采取招标、拍卖、公开协商等方式承包;农村集体经济组织成员有权依法承包由本集体经济组织发包的农村土地。承包方承包土地后,享有土地承包经营权,可以自己经营,也可以保留土地承包权,流转其承包地的土地经营权,并将其作为出资③。农业农村部、国家发展和改革委员会、财政部、中国人民银行、国家税务总局、国家市场监督管理总局于 2018 年 12 月 24 日发布的《关于开展土地经营权入股发展农业产业化经营试点的指导意见》,对土地经营权入股的基本原则、入股的实现形式、运行机制、风险防范等作了详细规定。

(4)探矿权,根据《矿产资源法实施细则》第六条的规定,是指在依法取得的勘查许可证规定的范围内,勘查矿产资源的权利。取得勘查许可证的单位或者个人称为探矿权人。根据财政部、国土资源部于 2004 年 8 月 17 日发布的《探矿权采矿权价款转增国家资本管理办法》第三条的规定,国有企业或国有控股企业(以下简称国有企业)以及国有地勘单位,在申请出让或国有企业拟转让由国家出资勘查形成矿产地的探矿权采矿权时,有下列情况之一的,可以申请将应缴纳的探矿权采矿权价款部分或全部转增国家资本金(国家基金):因国有企业合并或分立、与他人合资、合作经营或改制等,以探矿权或采矿权价款出资或入股

---

① 《中华人民共和国土地管理法》第十条:国有土地和农民集体所有的土地,可以依法确定给单位或者个人使用。使用土地的单位和个人,有保护、管理和合理利用土地的义务。

② 《中华人民共和国农村土地承包法》第二条:本法所称农村土地,是指农民集体所有和国家所有依法由农民集体使用的耕地、林地、草地,以及其他依法用于农业的土地。

③ 《中华人民共和国民法典》第三百三十九条:土地承包经营权人可以自主决定依法采取出租、入股或者其他方式向他人流转土地经营权。

的。该管理办法确立了探矿权作为公司出资的法律地位。

（5）采矿权，根据《矿产资源法实施细则》第六条的规定，是指在依法取得的采矿许可证规定的范围内，开采矿产资源和获得所开采的矿产品的权利。取得采矿许可证的单位或者个人称为采矿权人。《探矿权采矿权价款转增国家资本管理办法》的发布同样也确立了采矿权作为公司出资的法律地位。

（6）企业承包经营权，是指企业的主管机关作为发包方，将企业的生产资料与企业、集体或公民个人达成承包协议，承包人依据依法签订的承包合同而享有的经营权。

（7）企业租赁权，是指企业的主管机关作为出租方，将企业有期限地交给承租方经营并收取租金，而承租方依照合同约定所享有的对企业实行的自主经营权。

（8）股权。根据《公司注册资本登记管理规定》第六条的规定，股东或者发起人以其持有的在中国境内设立的公司股权出资的，该股权应当权属清楚、权能完整、依法可以转让。具有下列情形的股权不得用作出资：①已被设立质押；②股权所在公司章程约定不得转让；③法律、行政法规或者国务院决定规定，股权所在公司股东转让股权应当报经批准而未经批准；④法律、行政法规或者国务院决定规定不得转让的其他情形。

股权出资应当注意以下几点：①作为出资的股权须是在中国境内设立的公司的股权；②作为出资的股权应当权属清楚；③作为出资的股权应当权能完整；④作为出资的股权应当依法可以转让。

（9）债权。根据《公司注册资本登记管理规定》第七条的规定，债权人可以将其依法享有的对在中国境内设立的公司的债权，转为公司股权。转为公司股权的债权应当符合下列情形之一：①债权人已经履行债权所对应的合同义务，且不违反法律、行政法规、国务院决定或者公司章程的禁止性规定；②经人民法院生效裁判或者仲裁机构裁决确认；③公司破产重整或者和解期间，列入经人民法院批准的重整计划或者裁定认可的和解协议。

债权出资应当注意以下几点：①用以转为公司股权的债权有两个以上债权人的，债权人对债权应当已经作出分割；②债权转为公司股权的，公司应当增加注册资本。

3. 作为出资的"非货币资产"必须具有合法性、可转让性和可评估性

（1）合法性，是指作为出资的"非货币资产"必须是依法可以用于出资的财产。比如，《公司法》第二十七条规定的"实物""知识产权""土地使用权"等；又如，《公司注册资本登记管理规定》第六条规定的"股权"，第七条规定的"债权"。

（2）可转让性，是指作为出资的"非货币资产"可以进行交易、转让。股东以非货币财产出资的，应当依法办理其财产权的转移手续。比如，《公司法》第二十七条规定的"可以依法转让"。

（3）可评估性，是指作为出资的"非货币资产"可以评估确定价值并以此作价。根据《公司法》第二十七条规定，对作为出资的非货币财产应当评估作价，核实财产，不得高估或者低估作价。

4. 非货币出资财产评估的规定

（1）股东以非货币财产出资，必须依法进行评估。

股东以实物、知识产权、土地使用权等非货币财产出资的，为了确定公司注册资本总额，同时也为了确定各股东出资在公司全部注册资本中所占的比例，以明确他们各自取得收益、承担风险责任的依据，对于非货币财产出资的，必须评估作价，核实财产。评估作价，

核实财产,必须依法进行,不得高估作价,也不得低估作价。

根据《最高人民法院关于适用〈中华人民共和国公司法〉若干问题的规定(三)》第十五条的规定,出资人以符合法定条件的非货币财产出资后,因市场变化或者其他客观因素导致出资财产贬值,公司、其他股东或者公司债权人请求该出资人承担补足出资责任的,人民法院不予支持。但是,当事人另有约定的除外。

(2)非货币出资财产的评估方式。

对非货币财产的评估,应严格按照法律、行政法规的要求执行。由于实物、知识产权、土地使用权等的财产形态各异,其评估作价的方法、要求、规则以及主管部门等也都有区别。

比如,根据《国有资产评估管理办法》第九条的规定,国有资产的评估,应当委托持有国务院或者省、自治区、直辖市人民政府国有资产管理行政主管部门颁发的国有资产评估资格证书的资产评估公司、会计师事务所、审计事务所、财务咨询公司,以及经国务院或者省、自治区、直辖市人民政府国有资产管理行政主管部门认可的临时评估机构进行。

又如,根据《专利资产评估管理暂行办法》第十九条的规定,专利资产的评估,应当委托从事专利资产评估业务的评估机构进行专利资产评估,并提交专利管理机关出具的有效专利证明文件;如果不能提交有效证明文件的,应按专利管理的有关规定,到所在地的省、自治区、直辖市专利管理机关或主管部委的专利管理机关办理确权手续。

(三)不得作为出资的财产

根据《公司登记管理条例》第十四条,《公司注册资本登记管理规定》第五条的规定,不得作价出资的有:①劳务;②信用;③自然人姓名;④商誉;⑤特许经营权;⑥设定担保的财产。由于这六项不具备《公司法》第二十七条规定的合法性、可转让性与可评估性,故此不得作价出资。

二、股东出资的缴纳

股东应当按期足额缴纳公司章程中规定的各自所认缴的出资额。股东以货币出资的,应当将货币出资足额存入公司在银行开设的账户;以非货币财产出资的,应当依法办理其财产权的转移手续。

(1)股东以货币出资的,应将货币资金存入拟设立的公司在银行开设的临时账户,已经成立公司,则存入公司的账户。公司章程规定一次性缴纳货币出资的,股东必须一次性足额将货币出资存入公司账户;公司章程规定分期缴纳货币出资的,股东必须按期足额将货币出资存入公司账户。

(2)股东以实物、知识产权、土地使用权等非货币财产出资的,应当依法办理转移财产权的手续:以动产出资的,移交实物;以不动产所有权出资的,办理所有权转让的登记手续,如股东以房产出资的,必须到房屋管理部门办理房屋所有权转移的手续,将房屋所有权人由股东改为公司;以知识产权出资的,向公司提交该项知识产权的技术文件资料和权属文件,需要办理登记手续的,必须到专利管理机关、商标注册机关办理权属变更登记手续;以土地使用权出资的,必须到土地管理部门办理土地使用权转让登记手续。

三、股东出资的诉讼

1)案由。案由名称为"股东出资纠纷"。(《民事案件案由规定》第二百六十五条)

2）管辖。《民事诉讼法》第二十二条规定："对公民提起的民事诉讼,由被告住所地人民法院管辖;被告住所地与经常居住地不一致的,由经常居住地人民法院管辖。对法人或者其他组织提起的民事诉讼,由被告住所地人民法院管辖。同一诉讼的几个被告住所地、经常居住地在两个以上人民法院辖区的,各该人民法院都有管辖权。"第二十三条规定:"下列民事诉讼,由原告住所地人民法院管辖;原告住所地与经常居住地不一致的,由原告经常居住地人民法院管辖:(一)对不在中华人民共和国领域内居住的人提起的有关身份关系的诉讼;(二)对下落不明或者宣告失踪的人提起的有关身份关系的诉讼;(三)对被采取强制性教育措施的人提起的诉讼;(四)对被监禁的人提起的诉讼。"

股东出资纠纷应依据以上规定确定管辖法院。

3）股东出资纠纷为何不能根据《民事诉讼法》第二十七条,《最高人民法院关于适用〈中华人民共和国民事诉讼法〉的解释》第二十二条的规定确定管辖法院?

（1）《最高人民法院关于适用〈中华人民共和国民事诉讼法〉的解释》第二十二条规定:"因股东名册记载、请求变更公司登记、股东知情权、公司决议、公司合并、公司分立、公司减资、公司增资等纠纷提起的诉讼,依照民事诉讼法第二十七条规定确定管辖。"《民事诉讼法》第二十七条规定:"因公司设立、确认股东资格、分配利润、解散等纠纷提起的诉讼,由公司住所地人民法院管辖。"以上规定均未提到对股东出资纠纷的适用。

（2）《民事诉讼法》第二十七条,《最高人民法院关于适用〈中华人民共和国民事诉讼法〉的解释》第二十二条列举的由公司所在地人民法院管辖的这12类案件:股东名册记载纠纷、请求变更公司登记纠纷、股东知情权纠纷、公司决议纠纷、公司合并纠纷、公司分立纠纷、公司减资纠纷、公司增资纠纷、公司设立纠纷、确认股东资格纠纷、分配利润纠纷、公司解散纠纷,要么原告是公司,要么被告是公司,这是与股东出资纠纷存在明显区别的,当股东之间就出资发生纠纷时,公司并非案件当事人,因而不适用《民事诉讼法》第二十七条,《最高人民法院关于适用〈中华人民共和国民事诉讼法〉的解释》第二十二条的规定。

（3）如果公司根据《公司法》第二十八条的规定,起诉未依法缴纳出资的股东向公司履行足额缴纳义务的,则此类股东出资纠纷的原告是公司,被告是股东,案件当事人的情形与《民事诉讼法》第二十七条,《最高人民法院关于适用〈中华人民共和国民事诉讼法〉的解释》第二十二条列举的由公司所在地人民法院管辖的十二类案件当事人的情形相同,此时,又该如何确定管辖法院呢?是由公司住所地人民法院管辖?还是依据《民事诉讼法》第二十二条、第二十三条的规定确定管辖法院?笔者认为,公司起诉股东的出资纠纷案件,还是应当由公司住所地人民法院管辖。具体原因如下:

①此类案件与前面提到的十二类案件在当事人情形上一致,属于一方是公司,一方是股东。

②无论是《民事诉讼法》第二十七条,还是《最高人民法院关于适用〈中华人民共和国民事诉讼法〉的解释》第二十二条,在列举案件类型时都在结尾处有一个"等"字,这应该就是赋予人民法院在针对具体案件时,有权根据具体情况选择具体的适用。

③《民事诉讼法》第二十七条,《最高人民法院关于适用〈中华人民共和国民事诉讼法〉的解释》第二十二条虽然没有将股东出资纠纷纳入规定,但也没有明确规定股东出资纠纷案件不可以适用该条规定。

④《民事诉讼法》第二十七条,《最高人民法院关于适用〈中华人民共和国民事诉讼法〉的解释》第二十二条之所以将这十二类案件规定由公司住所地人民法院管辖,是为了方便

诉讼、提高诉讼效率。因为在公司作为原告,被告是公司的股东、董事、监事、高级管理人员等的情况下,如果案件由被告住所地的人民法院管辖,人民法院在审理案件时,需要到公司住所地调阅有关资料,可能不便利。据此,公司起诉股东的出资纠纷也应当有同样的考虑。

⑤当然,毕竟民事诉讼法没有就股东出资纠纷案件的法院管辖作出明确的规定,最高人民法院也没有对此作出明确的解释,这也就造成了司法实践中的争执。面对此尴尬局面的不仅是股东出资纠纷,新增资本认购纠纷、请求公司收购股份纠纷、股权转让纠纷、公司证照返还纠纷、发起人责任纠纷、损害股东利益责任纠纷、损害公司利益责任纠纷、损害公司债权人利益责任纠纷、公司关联交易损害责任纠纷、清算责任纠纷、上市公司收购纠纷等,《民事案件案由规定》规定的其他"与公司有关的纠纷"也都会在不同状况下,或多或少地面临此类问题。这些都有待民事诉讼法的进一步规定,以及最高人民法院的进一步解释。

四、出资人以不享有处分权的财产出资的,该如何处理

《最高人民法院关于适用〈中华人民共和国公司法〉若干问题的规定(三)》第七条第一款规定:"出资人以不享有处分权的财产出资,当事人之间对于出资行为效力产生争议的,人民法院可以参照民法典第三百一十一条①的规定予以认定。"

根据最高人民法院的该司法解释,出资人以不享有处分权的财产出资,遵循以下原则处理。

(1)出资人以不享有处分权的财产出资的,财产所有权人有权追回。

(2)出资人以善意取得的财产出资的,财产原所有权人无权追回。

(3)出资人以合理的价格购得的财产出资的,财产的原所有权人无权追回。

(4)出资人以依法应当登记的已经登记,不需要登记的已经交付的财产出资的,财产的原所有权人无权追回。

(5)财产的原所有权人无权追回的,有权向无处分权人主张损害赔偿。

---

① 《民法典》第三百一十一条:无处分权人将不动产或者动产转让给受让人的,所有权人有权追回;除法律另有规定外,符合下列情形的,受让人取得该不动产或者动产的所有权:

(一)受让人受让该不动产或者动产时是善意;

(二)以合理的价格转让;

(三)转让的不动产或者动产依照法律规定应当登记的已经登记,不需要登记的已经交付给受让人。

受让人依据前款规定取得不动产或者动产的所有权的,原所有权人有权向无处分权人请求损害赔偿。

当事人善意取得其他物权的,参照适用前两款规定。

第二章
创业者股权如何分配

　　公司创立之初,创业者如何确定各自所持的股权比例,这点至关重要。股权分配得好,有利于公司长期稳定发展;股权分配得不好,会成为公司稳定发展的障碍。股权分配的优劣或许在公司刚刚创立时表现的并不明显,因为这时创业者们更多地考虑是公司如何起步。无暇顾及更长远的事情。一旦公司发展起来后,特别是发展势头还不错的时候,创业者们彼此的矛盾也会逐渐显现,对公司的分歧也会逐渐表露。这时候,好的股权分配会对创业者们的矛盾形成制约,使其处在可控范围之内,不会对公司产生实质伤害。但不好的股权分配则会使这种矛盾无法抑制,直至最终彻底爆发,使公司陷入万劫不复的境地。从而宣告创业者的创业失败。

第一节　创业者股权分配"三原则"

对于创业者来讲,创业的第一步就是寻找志同道合者,成立属于自己的公司,从而大显身手,一展抱负。在这一过程中,遇到的首要问题就是如何在创业者之间进行股权分配。笔者认为,好的股权分配方案,不但可以保证创业的良好开端,更能保障创业的持续势头,可以说是公司发展的基石,在一定意义上决定了创业的成败。

关于创业者的股权分配,笔者认为不外乎以下三句话。

一、"亲兄弟明算账"——要明确发起人的责、权、利

创业者在创设公司时,一般都要考虑签订一份发起人协议,针对创业者关心的问题,包括彼此的权利、义务作出规定,以便分工协作,将公司设立并将业务开展起来。在这一过程中,笔者认为一定要做到"亲兄弟明算账",所谓"亲兄弟明算账"应该怎么去理解呢?这句话其实又包含两层含义,一是"亲兄弟",二是"明算账"。

(一)"亲兄弟"——有限责任公司的人合性特质

所谓"亲兄弟",是指创业者们在创业初期所应当具备的凝聚力。创业者们彼此之间不单单是资本上的结合、智力上的结合,更是人身上的相互依附,甚至达到一种亲情的程度,这也就是我们所强调的有限责任公司的人合性。

有限责任公司的"人合性"主要体现在以下几个方面。

(1)股东人数的限制。根据《公司法》第二十四条的规定,有限责任公司的股东人数不得超过五十人。

(2)股权转让的限制。根据《公司法》第七十一条的规定,有限责任公司股东之间可以相互转让股权,但当有限责任公司股东向股东以外的人转让股权时,要事先征得公司其他股东的同意,并在同等条件下,公司其他股东有优先购买权。

(3)资本认缴的限制。有限责任公司的资本只限于发起人股东的认缴,不向社会募集。

(二)"明算账"——发起人协议

所谓"明算账",是指即使是亲兄弟之间,也需要将彼此的权利义务说清楚、明确好,包括彼此负责的工作,享受的利益都要讲清楚、说明白,最好形成文字。比如,签订详细的发起人协议。这样才能为公司的和谐有序、持续发展打下良好的基础。

"明算账",也包含两层意思,一是"怎么算"?二是"算什么"?

(1)所谓"怎么算",是指用什么工具来算账。在公司设立中,算账工具就是发起人协议。《公司法》第七十九条规定:"股份有限公司发起人承担公司筹办事务。发起人应当签订发起人协议,明确各自在公司设立过程中的权利和义务"。发起人协议的概念仅出现在股份有限公司的立法中,在有限责任公司的立法中并不存在。且无论有限责任公司的设立,还是股份有限公司的设立,发起人协议均非必备文件。有限责任公司立法中没有发起人协议,并不意味着发起人协议对于有限责任公司就没有意义。事实上,发起人签订发起人协议对于有限责任公司的顺利设立,以及后续的公司运营与发展都是具有相当的作用。

(2)所谓"算什么",是指算账的内容。在公司设立中,算账内容就是指发起人协议的内容。一般理解,发起人协议的内容包括以下几个方面。

①发起人的基本信息。发起人是自然人的,包括自然人的姓名、性别、民族、年龄、住址、居民身份证号码、联系方式等;发起人是法人的,包括名称、住所、法定代表人、注册资本、统一社会信用代码、联系方式等。

②拟设立公司的注册资本及各发起人的出资金额与方式。包括拟设立公司的注册资本金额,各个发起人的认缴金额、出资比例,各个发起人的出资方式、出资缴纳的时间等。

③拟设立公司的营业范围、营业期限、经营地址、法定代表人等。

④发起人的权利义务。包括各个发起人在公司发起设立阶段的具体工作,费用承担,各个发起人的工作有无报酬,以及报酬的领取等。

⑤发起人的违约责任。包括各个发起人在公司设立阶段违反发起人协议的约定,而向其他发起人应否承担违约责任,以及如何承担违约责任等。

⑥其他内容。发起人认为应当在发起人协议中列名的内容,包括保密条款、争议解决条款等。

二、"火车跑得快,全靠车头带"——要有核心股东

任何一个组织都要有一个核心人物,这个核心人物对于该组织的成立、发展、壮大起到决策核心的作用。就公司而言,要有核心股东这句话的理解包含如下几层意思。

(一)几个股东的股权比例应当存在差异

尤其是当公司只有两个股东时,不能股权相等,即绝不可以每人50%股权,这是公司治理的大忌。在现实商业活动中,有很多公司存在两个股东,每人50%股权的情形,这一般是因为,两个股东为了突出彼此的平等,营造和谐的氛围。但这样做的结果是,没有了核心股东,一旦两位股东意见相左,公司将走入死循环。

(二)强调存在核心股东并不意味着不要企业民主

强调核心股东的意义,并不是弃企业民主于不顾,忽视其他股东的权益。而是要在企业民主之上,赋予核心股东的决定性作用,尤其是公司需要在千变万化的市场环境中果断决策时,更不能因为强调民主而贻误战机,造成企业利益受损,这样的企业民主可能是全体股东都不愿看到的。

(三)强调核心股东就是为了避免公司陷入僵局

在《公司法》理论与实践中,有一个概念叫"公司僵局"。包括股东会僵局和董事会僵局两种情况。股东会僵局,是指公司在存续运行中由于股东之间矛盾激化而处于僵持状况,导致股东会不能按照法定程序作出决策,从而使公司陷入无法正常运转,甚至瘫痪的状况;董事会僵局,是指公司在存续运行中由于董事之间矛盾激化而处于僵持状况,导致董事会不能按照法定程序作出决策,从而使公司陷入无法正常运转,甚至瘫痪的状况。强调核心股东,避免股权相等,是有效避免股东会僵局的手段。

三、股东人数不宜过多——股权不应过于分散

根据《公司法》第二十四条的规定,有限责任公司的股东为一人以上、五十人以下;根据《公司法》第七十八条的规定,股份有限公司的发起人为两人以上、二百人以下。那么,对于一个创业公司来讲,无论有限责任公司,抑或股份有限公司,究竟多少股东最合适呢?

对于这个问题,可能无法给出一个准确的量化结果。但是有一点是可以肯定的,那就

是,股东人数不应过多,其原因如下:

(一)股东人数过多将导致公司决策效率下降

过多的股东人数必然会造成股权过于分散,而过于分散的股权,意味着决策权的分散,而决策权的分散必然导致决策效率的下降,决策效率的下降,就会使公司在面对市场的瞬息万变时,无法作出及时的反应。

(二)股东人数过多将导致股东积极性下降

股东的积极性无非源自两点,一是决策权,就是说了算;二是收益权,就是挣到钱。股东人数过多,必然导致某个股东的话语权不足以对公司的决策产生实质性的影响,也就是"说了不算";股东人数过多,必然导致某个股东的收益与公司的收益关联度下降,公司挣钱与否,或公司挣钱的多少,与某个股东无太大关系,也就是"挣不到钱"。既"说了不算",又"挣不到钱",必然导致股东参与公司事务的积极性下降。这就类似于上市公司的广大散户股民,由于他们对公司几乎没有任何决策权,公司收益与其个人收益也不存在相当的关联性。故此这些散户股民对公司的经营毫无兴趣,甚至觉得与自己也没多大关系,他们只从投机的角度去关心股价的涨跌与否。

(三)股东人数过多将导致公司运营稳定性下降

股东人数过多,意味着股东之间产生矛盾的可能性增大,股东之间矛盾的可能性增大,股东之间产生冲突的可能性也就增大,公司运营的稳定性必然下降。

所以,对于创业公司来讲,虽然无法就股东人数究竟多少合适给出准确的量化标准,但是"股东人数不宜过多"是应该遵循的原则,各个公司也应当据此,再结合创业公司的具体情况确定有利于公司长期发展的股东人数。

第二节 发起人、设立中公司与发起人协议

一、发起人的概念

根据《最高人民法院关于适用〈中华人民共和国公司法〉若干问题的规定(三)》第一条的规定:发起人,是指为设立公司而签署公司章程、向公司认购出资或者股份并履行公司设立职责的人,包括股份有限公司的发起人和有限责任公司设立时的股东。

《民法典》第七十五条规定:"设立人为设立法人从事的民事活动,其法律后果由法人承受;法人未成立的,其法律后果由设立人承受,设立人为二人以上的,享有连带债权,承担连带债务。设立人为设立法人以自己的名义从事民事活动产生的民事责任,第三人有权选择请求法人或者设立人承担。"这里的"设立人"对于公司来讲,是与发起人同一的概念。

二、设立中公司的概念

设立中公司,是指自发起人签订发起人协议或者达成发起合意时起,至公司设立登记完成,或者设立失败前的状态。设立中公司已经具备未来公司的成员及机构的一部分或全部内容,也具备了一定的人、财、物基础。但是,设立中公司尚未取得法人资格,并非真正的"公司"。

三、发起人的法律特征

根据发起人的概念,可以归纳出发起人具备的以下三大法律特征:①为设立公司"签署公司章程";②"向公司认购出资或者股份";③"履行公司设立职责"。这三大法律特征也可以视为公司发起人应当具备的三个法定条件。

(一)发起人是为设立公司而签署公司章程的人

公司章程的制定包括起草、讨论、协商、签署等多个环节,其中"起草""讨论""协商"等环节的参与者对公司章程的通过没有决定效力,只有公司章程的签署人,才能对公司章程的制定和通过具有实质性影响。因此,只有公司章程的签署人才是公司的发起人。《公司法》第二十三条规定的"设立有限责任公司,应当具备下列条件:(三)股东共同制定公司章程";第二十五条规定的"股东应当在公司章程上签名、盖章";第六十条规定的"一人有限责任公司章程由股东制定";第七十六条规定的"设立股份有限公司,应当具备下列条件:(四)发起人制订公司章程。"这些条款体现了发起人"是为设立公司而签署公司章程的人"这一法律特征。

(二)发起人是向公司认购出资或者股份的人

这里的认购,是指有限责任公司股东认缴出资和股份有限公司股东认购股份的行为。认购人只要作出了认购行为,无论其是否已经实际缴纳出资或者缴纳股款,均可认定为公司发起人。《公司法》第二十三条规定的"设立有限责任公司,应当具备下列条件:(二)有符合公司章程规定的全体股东认缴的出资额";第二十六条第一款规定的"有限责任公司的注册资本为在公司登记机关登记的全体股东认缴的出资额";第七十六条规定的"设立股份有限公司,应当具备下列条件:(二)有符合公司章程规定的全体发起人认购的股本总额或者募集的实收股本总额";第八十条第一款规定的"股份有限公司采取发起设立方式设立的,注册资本为在公司登记机关登记的全体发起人认购的股本总额。"这些条款体现了发起人"是向公司认购出资或者股份的人"这一法律特征。

(三)发起人是履行公司设立职责的人

公司设立职责是指发起人基于其发起人身份,依照法律的规定和合同的约定而应该享有的权利、负有的义务和承担的责任。履行公司设立职责,并非要求发起人实际参与、经办筹办事务。发起人可以授权其他发起人代表自己为实际的具体行为,不论发起人是否参与具体的筹办事务,都需要对公司设立事务承担责任。《公司法》第二十九条规定的"股东认足公司章程规定的出资后,由全体股东指定的代表或者共同委托的代理人向公司登记机关报送公司登记申请书、公司章程等文件,申请设立登记";第七十九条规定的"股份有限公司发起人承担公司筹办事务。发起人应当签订发起人协议,明确各自在公司设立过程中的权利和义务。"这些条款体现了发起人"是履行公司设立职责的人"这一法律特征。

四、发起人的法律关系

(一)发起人之间的法律关系

各个发起人因为设立公司的共同目的,并根据发起人协议确定彼此的权利义务,发起人之间是一种民事合伙关系。比如,《最高人民法院关于适用〈中华人民共和国公司法〉若干问题的规定（三）》第四条第一款规定："公司因故未成立，债权人请求全体或者部分发起人对设立公司行为所产生的费用和债务承担连带清偿责任的，人民法院应予支持。"第五条第一款规定："发起人因履行公司设立职责造成他人损害……公司未成立，受害人请求全体发起人承担连带赔偿责任的，人民法院应予支持。"这些条款就是该法律关系的体现。

（二）发起人与设立中公司的法律关系

一般认为，发起人可以视为设立中公司的事务执行机关，发起人因执行事务产生的权利义务，随着公司的成立，由公司承担。比如，《最高人民法院关于适用〈中华人民共和国公司法〉若干问题的规定（三）》第二条规定："发起人为设立公司以自己名义对外签订合同……公司成立后合同相对人请求公司承担合同责任的，人民法院应予支持。"第三条规定："发起人以设立中公司名义对外签订合同，公司成立后合同相对人请求公司承担合同责任的，人民法院应予支持。公司成立后有证据证明发起人利用设立中公司的名义为自己的利益与相对人签订合同，公司以此为由主张不承担合同责任的，人民法院应予支持，但相对人为善意的除外。"第五条第一款规定："发起人因履行公司设立职责造成他人损害，公司成立后受害人请求公司承担侵权赔偿责任的，人民法院应予支持。"这些条款就是该法律关系的体现。

（三）发起人与成立后的公司的法律关系

发起人与成立后的公司并不存在直接的法律关系，发起人只存在于设立中公司；随着公司成立，发起人的身份也转变为公司股东。

五、发起人的特殊限制

（一）公司作为发起人的特殊限制

《公司法》第十五条规定："公司可以向其他企业投资；但是，除法律另有规定外，不得成为对所投资企业的债务承担连带责任的出资人。"

（二）一人公司的特殊限制

《公司法》第五十八条规定："一个自然人只能投资设立一个一人有限责任公司。该一人有限责任公司不能投资设立新的一人有限责任公司。"

（三）发起人人数的特殊限制

《公司法》第二十四条规定："有限责任公司由五十个以下股东出资设立。"第七十八条规定："设立股份有限公司，应当有二人以上二百人以下为发起人。"

（四）发起人住所的特殊限制

《公司法》第七十八条规定："设立股份有限公司，应当有二人以上二百人以下为发起人，其中须有半数以上的发起人在中国境内有住所。"

六、设立中公司的法律性质

设立中公司的法律性质接近于"非法人组织[①]"，具有非法人组织的某些法律特征，与合

[①] 《中华人民共和国民法典》第一百零二条：非法人组织是不具有法人资格，但是能够依法以自己的名义从事民事活动的组织。

非法人组织包括个人独资企业、合伙企业、不具有法人资格的专业服务机构等。

伙企业等存在某些相似之处。

（1）设立中公司与非法人组织一样,不具有法人资格。

（2）设立中公司与非法人组织类似,发起人也可能以设立中公司的名义从事民事活动。

（3）设立中公司与非法人组织一样,是一个组织,不是个人之间的简单合作。

（4）设立中公司与非法人组织类似,具有相对独立的财产、机构,有初步确定的名称等。

七、设立中公司的法律特征

（1）设立中公司并非真正意义上的"公司",仅是公司成立前的一种法律状态,只是为了表述的方便,而将其称之为"公司"。基于此,将"设立中公司"称为"公司设立中"似乎更贴切。

（2）发起人为设立公司往往要签订发起人协议,发起人基于发起人协议,制定公司章程,履行相关义务。发起人协议从性质上属于合伙协议,所以发起人之间的关系属于合伙关系。因此,如果公司设立失败,发起人须对由此产生的费用和债务承担连带清偿责任。正如《最高人民法院关于适用〈中华人民共和国公司法〉若干问题的规定（三）》第四条第一款规定的:"公司因故未成立,债权人请求全体或者部分发起人对设立公司行为所产生的费用和债务承担连带清偿责任的,人民法院应予支持。"

（3）设立中公司存在两种结果,一种是公司成立,这是发起人设立公司行为所积极追求的结果;另一种是公司设立失败,这并非发起人设立公司行为所积极追求的结果,但考虑到各种不确定的主客观因素的存在,公司设立失败完全可能发生。

八、发起人为设立公司以自己名义对外签订合同的,合同相对人可以向谁主张权利

发起人为设立公司以自己名义对外签订合同的,合同相对人可以向发起人主张权利,也可以向成立后的公司主张权利。公司未成立的,合同相对人可以向发起人主张权利。

（1）发起人以自己的名义对外签订合同,不论其是为了设立公司,还是为了其他目的,合同相对人当然均可以向发起人主张权利;同时,在发起人为设立公司目的对外签订合同的,也允许合同相对人向成立后的公司主张权利,这不但保护了合同相对人的利益,也保护了发起人的利益,同时也并未损害公司和公司其他股东的利益。

（2）《最高人民法院关于适用〈中华人民共和国公司法〉若干问题的规定（三）》第二条规定:"发起人为设立公司以自己名义对外签订合同,合同相对人请求该发起人承担合同责任的,人民法院应予支持。"这就是赋予了合同相对人向发起人主张权利的权利;该条还规定:"公司成立后合同相对人请求公司承担合同责任的,人民法院应予支持。"这就是赋予了合同相对人向成立后的公司主张权利的权利。

（3）《民法典》第七十五条第二款规定:"设立人为设立法人以自己的名义从事民事活动产生的民事责任,第三人有权选择请求法人或者设立人承担。"显然,这里的"设立人"可以理解为"发起人",第三人也可以理解为"合同相对人"。

（4）发起人以设立中公司名义对外签订合同,公司因故未成立,根据《最高人民法院关于适用〈中华人民共和国公司法〉若干问题的规定（三）》第四条第一款的规定,合同相对人可以请求全体或者部分发起人对设立公司行为所产生的费用和债务承担连带清偿责任。

九、发起人以设立中公司名义对外签订合同的,合同相对人可以向谁主张权利

发起人以设立中公司名义对外签订合同的,合同相对人可以向成立后的公司主张权利,即使公司成立后有证据证明发起人利用设立中公司的名义为自己的利益签订合同,只要合同相对人为善意,公司仍应承担合同责任。公司未成立的,合同相对人可以向发起人主张权利。

(1)《最高人民法院关于适用〈中华人民共和国公司法〉若干问题的规定(三)》第三条第一款规定:"发起人以设立中公司名义对外签订合同,公司成立后合同相对人请求公司承担合同责任的,人民法院应予支持。"这就是赋予了合同相对人向成立后的公司主张权利的权利。

(2)《最高人民法院关于适用〈中华人民共和国公司法〉若干问题的规定(三)》第三条第二款规定:"公司成立后有证据证明发起人利用设立中公司的名义为自己的利益与相对人签订合同,公司以此为由主张不承担合同责任的,人民法院应予支持,但相对人为善意的除外。"这就是说,即使公司成立后有证据证明发起人利用设立中公司的名义为自己的利益签订合同,只要合同相对人为善意,公司仍应承担合同责任。

(3)发起人利用设立中公司的名义为自己的利益与相对人签订合同的,若合同相对人并非善意,公司当然有权以此为由主张不承担合同责任。

(4)发起人以设立中公司名义对外签订合同,公司因故未成立,根据《最高人民法院关于适用〈中华人民共和国公司法〉若干问题的规定(三)》第四条第一款的规定,合同相对人可以请求全体或者部分发起人对设立公司行为所产生的费用和债务承担连带清偿责任。

十、发起人协议

(一)发起人协议的概念

发起人协议,也就是公司的设立协议,是指在公司设立过程中,由发起人订立的关于公司设立事项的协议,性质上属于合伙协议。

(二)发起人协议的法律特征

(1)发起人协议的目的是成立公司。

公司设立与公司成立是两个既有联系,又有区别的概念。公司设立,是指为了成立公司而进行的一系列法律行为的总称;公司成立,则是指经过设立公司的一系列法律行为,公司最终获得法人资格。公司设立是为了公司成立,而公司成立则是公司设立活动的结果。发起人进行设立公司的活动,目的就是为了成立公司,基于此发起人签订的发起人协议,目的自然也是以公司成立为目的。

(2)发起人协议的内容是发起人之间在设立公司过程中,就设立公司事宜,而明确的彼此之间的权利义务。

既然发起人协议是为了公司成立,其内容必然也是围绕着该目的而展开。《公司法》第七十九条规定的"股份有限公司发起人承担公司筹办事务。发起人应当签订发起人协议,明确各自在公司设立过程中的权利和义务。"该条就是对发起人协议内容的最好规范。

(3)发起人协议的效力存在于公司设立阶段。

公司设立阶段,始于公司发起人开始设立公司的工作,终于公司成立。发起人协议是

为了成立公司,自然随着公司的成立,发起人协议也就寿终正寝了。当然,发起人对于协议的效力期限另有约定的,还是要从其约定。

第三节　公司章程

对于公司来讲,公司章程是最重要的法律文件。《公司法》与公司章程彼此配合、相得益彰,对保障公司有序运营,保护公司、股东、债权人利益,规范公司、股东、董事、监事、高级管理人员的行为,无不具有重要意义。

在实践中,很多创业者往往不重视公司章程的制定,习惯于复制公司登记机关提供的公司章程范本,绝少进行内容的调整,更谈不上委托专业人士进行个性化的条款设计,导致章程千篇一律,失去了章程的生命力,无法起到应有的法律作用,无法发挥应有的法律价值。一旦遇到法律困惑,才会意识到当初的草率是需要付出代价的。笔者认为,创业活动虽然谈不上步步惊心,但也决不能漫不经心,更不能漠不关心,应有着一定的谨慎小心,委托专业人士煞费苦心地设计出独具匠心的公司章程,才能避免遇到问题时的抓心挠肝,化解矛盾时的力不从心。

一、公司章程的概念

公司章程,是指公司必备的由公司股东或者发起人共同制定的,对公司、股东、董事、监事、高级管理人员具有约束力的,调整公司内部关系和对外经营行为的自治规则,它是反映公司全体股东共同意思表示的,以书面形式固定下来的法律文件。

二、公司章程的法律特征

根据公司章程的概念,可以归纳出公司章程具有以下法律特征。

(一)公司章程是公司必备的法律文件

所谓必备的法律文件,是指不可或缺,必不可少,不得不有的法律文件。公司章程是公司得以成立的必备条件之一,没有章程,公司就无法成立。比如,《民法典》第七十九条规定:"设立营利法人应当依法制定法人章程";《公司法》第十一条规定:"设立公司必须依法制定公司章程";第二十三条规定:"设立有限责任公司,应当具备下列条件:(三)股东共同制定公司章程";第七十六条规定:"设立股份有限公司,应当具备下列条件:(四)发起人制订公司章程。"

(二)公司章程由公司发起人共同制定

公司章程制定的主体必须是公司的发起人。比如,《公司法》第二十三条将"股东共同制定公司章程"规定为设立有限责任公司的必备条件之一,这里的"股东"即"发起人";第七十六条将"发起人制订公司章程"规定为设立股份有限公司的必备条件之一。另外,《公司法》第六十条规定:"一人有限责任公司章程由股东制定";第六十五条规定:"国有独资公司章程由国有资产监督管理机构制定,或者由董事会制订报国有资产监督管理机构批准。"

(三)公司章程对公司、股东、董事、监事、高级管理人员具有约束力

《公司法》第十一条规定:"公司章程对公司、股东、董事、监事、高级管理人员具有约束力。"公司章程的约束对象体现了公司章程的自治规则性质,这一点不同于平等民事主体之

间签订的民事合同。一般的民事合同只对参与合同签订的各方当事人产生约束力,但公司章程不但对参与章程签署的公司股东产生约束力,还对未参与公司章程签署的公司、董事、监事、高级管理人员也产生约束力。

(四)公司章程的内容是调整公司的内部关系和公司的对外经营行为

公司章程的内容大体可以分为两大类别,一是调整公司内部关系的内容;一是调整公司对外经营行为的内容。《公司法》第二十五条、第八十一条分别就有限责任公司章程与股份有限公司章程的应当载明内容做了规定,同时允许公司股东(大)会根据需要规定其他事项。

(五)公司章程反映的是公司全体股东的共同意思表示

公司全体股东的共同意思表示通过股东(大)会决议的形式做出。《公司法》第二十三条规定的有限责任公司章程由股东共同制定,第七十六条规定的股份有限公司章程由发起人制订。同时,《公司法》第四十三条第二款规定的股东会决议修改公司章程必须经代表三分之二以上表决权的股东通过;《公司法》一百零三条第二款规定的股东大会决议修改公司章程必须经出席会议的股东所持表决权的三分之二以上通过。这些条款反映了公司章程的制定与修改均是公司全体股东的共同意思表示。

(六)公司章程必须采用书面形式

《公司法》虽然没有明确要求公司章程必须采用书面形式,但是《公司法》第二十五条第二款规定的“股东应当在公司章程上签名、盖章”;第三十三条第一款规定的“股东有权查阅、复制公司章程”;第九十六条规定的“股份有限公司应当将公司章程……置备于本公司”;第九十七条规定的“股东有权查阅公司章程”等内容,无一不决定了公司章程必须采用书面形式。

三、公司章程的内容

公司章程的内容是调整公司的内部关系和公司的对外经营行为。具体来说,根据是否由法律明确规定,公司章程的内容可以分为必要记载事项和任意记载事项。所谓必要记载事项,是指由法律明确规定的,公司章程必须载明的内容,没有该类事项,有可能导致公司章程无效;所谓任意记载事项,是指法律没有明确规定的,由公司章程制定人任意决定载入公司章程的内容,该类事项的有无并不影响公司章程的效力。

(一)有限责任公司章程的内容

1. 有限责任公司章程的必要记载事项

根据《公司法》第二十五条第一款的规定,有限责任公司章程应当载明下列事项:(1)公司名称和住所;(2)公司经营范围;(3)公司注册资本;(4)股东的姓名或者名称;(5)股东的出资方式、出资额和出资时间;(6)公司的机构及其产生办法、职权、议事规则;(7)公司法定代表人。

2. 有限责任公司章程的任意记载事项

《公司法》第二十五条第一款规定“股东会会议认为需要规定的其他事项”可以载入公司章程。

(二)股份有限公司章程的内容

1. 股份有限公司章程的必要记载事项

根据《公司法》第八十一条的规定,股份有限公司章程应当载明下列事项:①公司名称和住所；②公司经营范围；③公司设立方式；④公司股份总数、每股金额和注册资本；⑤发起人的姓名或者名称、认购的股份数、出资方式和出资时间；⑥董事会的组成、职权和议事规则；⑦公司法定代表人；⑧监事会的组成、职权和议事规则；⑨公司利润分配办法；⑩公司的解散事由与清算办法；⑪公司的通知和公告办法。

2. 股份有限公司章程的任意记载事项

《公司法》第八十一条规定"股东大会会议认为需要规定的其他事项"可以载入公司章程。

四、公司章程的制定与修改有什么不同

公司章程制定后，出于种种原因，可能需要对章程做出修改。章程的制定与修改存在着相当的不同，集中体现在以下几个方面：

（一）主体不同

(1) 根据《公司法》第二十三条、第七十六条的规定，公司章程的制定主体是公司的发起人。有限责任公司与股份有限公司的不同仅在于，股份有限公司采用募集方式设立的，章程须经创立大会通过，有限责任公司则无类似要求。

(2) 公司章程的修改主体是公司。《公司法》第三十七条第一款、第九十九条规定了股东（大）会有"修改公司章程"的职权。《公司法》第四十三条第二款、第一百零三条第二款分别针对有限责任公司股东会与股份有限公司股东大会决议修改公司章程所需表决权作出了规定。据此，作出修改章程决议的是公司股东会或者股东大会，股东会或者股东大会作为公司权力机构，其作出的决议属于公司的意思表示。

（二）表决权要求不同

(1) 公司章程的制定是经公司发起人的一致同意。因为不同意的发起人可以选择退出，放弃参与设立公司。因此，只要发起人选择参与设立公司，就是选择了同意公司章程。

(2) 公司章程的修改则无须公司股东一致同意。《公司法》第四十三条第二款规定有限责任公司章程的修改经"代表三分之二以上表决权的股东通过"即可；第一百零三条第二款规定股份有限公司章程的修改经"出席会议的股东所持表决权的三分之二以上通过"即可。

（三）约束力不同

(1) 公司章程一经制定，根据《公司法》第十一条的规定，即对公司全体股东产生约束力。

(2) 公司章程的修改对于反对股东原则上也应产生约束力，这是由公司章程的法律性质决定的。但在某些特殊情况下，反对股东可以不受该修改的约束。

五、公司章程的何种修改对反对股东不一定有约束力

正如前文所述，公司章程的修改，在实践中往往体现为章程修正案，原则上对包括反对股东在内的公司全体股东，均产生约束力。但在某些特殊情况下，反对股东可以不受该章程修正案的约束。一般认为，如果公司章程修正案明显损害反对股东的合法权益，反对股东不应受该修正案的约束。为了更直观地说明这个问题，举例如下：

(1) 关于异议股东股权回购问题的修正案。

A 公司注册资金 100 万元。有甲、乙、丙三个股东，其中甲股东持股 60%，乙股东持股

30%,丙股东持股10%。就异议股东股权回购事宜,A公司章程的规定与《公司法》第七十四条的规定一致。后来,丙股东以"公司连续五年不向股东分配利润,而公司该五年连续盈利,并且符合公司法规定的分配利润条件的"向人民法院提起诉讼,请求公司按照合理的价格回购其股权。A公司随即召开股东会,在公司章程中增加以下内容:异议股东向公司主张股权回购的,公司可以按照股东的原出资金额回购该股权。

经评估A公司的市值为1 000万元,如果按照市值回购,丙股东将获得100万元(1 000万元×10%)的价款;如果按照原出资金额回购,丙股东只能获得10万元(100万元×10%)的价款。股东会上,丙股东就该议案投了反对票,但由于丙股东的表决权只有10%,因此,该议案仍然得以通过,并成为公司章程修正案,在公司登记机关进行了登记。此种情况下,丙股东的股权回购价款究竟是100万元呢?还是10万元呢?

笔者认为,鉴于该修正案完全是为了损害丙股东的合法权益而量身打造的规定,丙股东不应受该修正案的约束。

(2)关于离职员工股权转让问题的修正案。

还如前例,A公司章程规定,因股权激励计划而获得股权的员工,在其离职时,必须将其持有的股权以合理的价格转让给原股东或者原股东指定的人。后来,A公司实施股权激励计划,将甲股东的5%股权无偿转让给丁员工。一段时间后,丁员工提出离职,A公司随即召开股东会,修改公司章程如下:因股权激励计划而获得股权的员工,在其离职时,必须将其持有的股权无偿转让给原股东或者原股东指定的人。

经评估A公司的市值为1 000万元,如果按照市值进行股权转让,丁员工将获得50万元(1 000万元×5%)的价款;如果按照修正案的规定,丁员工只能无偿转让。股东会上,丁员工就该议案投了反对票,但由于丁员工的表决权只有5%,因此,该议案仍然得以通过,并成为公司章程修正案,在公司登记机关进行了登记。此种情况下,丁员工的股权转让价款究竟是50万元呢?还是0元呢?

笔者认为,鉴于该修正案完全是为了损害丁员工的合法权益而量身打造的规定,丁员工不应受该修正案的约束。

(3)反对股东可以不受其约束的章程修正案,其内容往往是损害了反对股东的自益权。如以上两个案例中,受损害的是反对股东的股权回购权和股权转让权。除了以上两个权利,股东的股利分配权、新股优先认缴权、公司剩余财产分配权等其他自益权也都可能成为章程修正案的侵害对象。基于同样的法理,这些损害股东自益权的章程修正案对反对股东均不应产生约束力。而对于有关股东共益权的章程修正案,尽管有股东反对,但由于反对股东并非自身合法利益直接受损,故此,还是应受该修正案的约束。

六、认为公司章程的修改侵犯了自己利益的反对股东该如何维护自己的合法权益

正如前文所述,公司章程修正案侵犯了反对股东的合法权益,反对股东不应受其约束,但反对股东该如何进行自我救济呢?笔者认为,反对股东至少可以采取以下几种方式维护自己的合法权益。

(1)反对股东可以向人民法院提起诉讼,请求确认股东(大)会决议无效、不成立或者请求撤销股东(大)会决议。《公司法》第二十二条、《最高人民法院关于适用〈中华人民共和国公司法〉若干问题的规定(四)》第一条、第二条、第三条、第四条、第五条对于该类诉讼做了明确的规定。

(2)反对股东可以向人民法院提起诉讼,要求同意章程修正案的公司股东承担赔偿责任。《公司法》第二十条规定:"公司股东应当遵守法律、行政法规和公司章程,依法行使股东权利,不得滥用股东权利损害公司或者其他股东的利益……公司股东滥用股东权利给公司或者其他股东造成损失的,应当依法承担赔偿责任。"

(3)反对股东可以向人民法院提起诉讼,请求公司按照合理的价格收购其股权。根据《公司法》第七十四条的规定,符合一定情形的反对股东有权请求公司按照合理的价格收购其股权;公司拒绝的,反对股东可以向人民法院提起诉讼。

七、公司章程规定的股东会决议的表决权比例能否不同于《公司法》的规定

《公司法》第四十三条分为两款,第一款规定:"股东会的议事方式和表决程序,除本法有规定的外,由公司章程规定。"第二款规定:"股东会会议作出修改公司章程、增加或者减少注册资本的决议,以及公司合并、分立、解散或者变更公司形式的决议,必须经代表三分之二以上表决权的股东通过"。这里的"修改公司章程、增加或者减少注册资本的决议,以及公司合并、分立、解散或者变更公司形式"等决议事项通常被称之为"特别事项"。那么,公司章程能否规定特别事项的决议所需表决权的比例高于《公司法》第四十三条的规定呢?或者公司章程能否规定特别事项的决议所需表决权的比例低于《公司法》第四十三条的规定呢?笔者认为,对此应做如下分析。

(1)《公司法》第四十三条第一款的规定传递了两个信息:一是,公司章程可以规定"股东会的议事方式和表决程序",当然也包括股东会决议时所需的表决权比例。二是,公司章程只有在"本法有规定的外",才可以对"股东会的议事方式和表决程序"作出规定,也就是说,如果《公司法》对"股东会的议事方式和表决程序"有规定的,还是应当依据《公司法》的规定;《公司法》没有规定的,才允许公司章程作出规定。

(2)《公司法》第四十三条第二款规定了股东会会议对特别事项的决议必须经代表三分之二以上表决权的股东通过。结合该条第一款的规定,第二款的规定显然属于"本法有规定"的情形。按照前面的分析,属于"本法有规定"的情形的,还是应当适用《公司法》的规定,不应当允许公司章程另做规定。基于此,《公司法》第四十三条第二款规定的特别事项所需表决权比例不得通过公司章程予以改变。无论公司章程中规定的表决权比例高于《公司法》的该规定,还是低于《公司法》的该规定,都是无效的。

(3)根据《公司法》第四十三条第一款与第二款的前后次序来看,第一款首先规定了公司章程可以在《公司法》规定之外另行作出相关规定;第二款才规定了特别事项的表决权所需比例。基于一般的立法规范,第二款应该看作是第一款的例外情形。也就是说,第二款的情形是排除适用第一款情形的。说得更直白一点,针对第二款的情形,《公司法》就不允许公司章程作出不同的另行规定。同时,通过该条第一款与第二款的先后次序,还可以看出,就"股东会的议事方式和表决程序",《公司法》是以公司章程规定为原则,以《公司法》规定为补充的。并且将特别事项予以特别规定,也表明了《公司法》对特别事项的特别关注,也体现了《公司法》对公司自治的适度干预。

八、公司章程可以自由约定的事项

经过笔者的梳理,公司章程可以自由约定的事项有如下方面内容。

(一)公司的经营范围

公司的经营范围由公司章程规定,并依法登记。需要注意的是,公司的经营范围用语应当参照国民经济行业分类标准。

法律依据:

(1)《公司法》第十二条第一款:"公司的经营范围由公司章程规定,并依法登记。公司可以修改公司章程,改变经营范围,但是应当办理变更登记。"

(2)《公司登记管理条例》第十五条:"公司的经营范围由公司章程规定,并依法登记。公司的经营范围用语应当参照国民经济行业分类标准。"

(二)公司的法定代表人

公司的法定代表人由公司章程规定,并依法登记。需要注意的是,公司的法定代表人只能由董事长、执行董事或者经理担任,其他人不得担任。具体由谁担任,交由公司章程规定。

法律依据:

《公司法》第十三条:"公司法定代表人依照公司章程的规定,由董事长、执行董事或者经理担任,并依法登记。公司法定代表人变更,应当办理变更登记。"

(三)公司的营业期限

公司的营业期限由公司章程规定。

法律依据:

(1)《公司法》第七十四条第一款:"有下列情形之一的,对股东会该项决议投反对票的股东可以请求公司按照合理的价格收购其股权:(三)公司章程规定的营业期限届满或者章程规定的其他解散事由出现,股东会会议通过决议修改章程使公司存续的。"

(2)《公司法》第一百八十条:"公司因下列原因解散:(一)公司章程规定的营业期限届满或者公司章程规定的其他解散事由出现。"

(3)《公司登记管理条例》第四十二条:"有下列情形之一的,公司清算组应当自公司清算结束之日起 30 日内向原公司登记机关申请注销登记:(二)公司章程规定的营业期限届满或者公司章程规定的其他解散事由出现,但公司通过修改公司章程而存续的除外。"

(四)公司向其他企业投资或者为他人提供担保

(1)公司向其他企业投资或者为他人提供担保,依照公司章程的规定,由董事会或者股东会、股东大会决议。需要注意的是,公司向其他企业投资或者为他人提供担保,只能由董事会或者股东会、股东大会决议,其他机构无权决定。具体由谁决议,由公司章程规定。

(2)公司章程可以对公司向其他企业的投资或者为他人提供的担保的总额及单项投资或者担保的数额作出限额规定。有限额规定的,不得超过规定的限额。

法律依据:

《公司法》第十六条第一款:"公司向其他企业投资或者为他人提供担保,依照公司章程的规定,由董事会或者股东会、股东大会决议;公司章程对投资或者担保的总额及单项投资或者担保的数额有限额规定的,不得超过规定的限额。"

（五）限制未履行或者未全面履行出资义务或者抽逃出资的公司股东的股东权利

公司章程可以对未履行或者未全面履行出资义务或者抽逃出资的公司股东的利润分配请求权、新股优先认购权、剩余财产分配请求权等股东权利作出相应的合理限制。

法律依据：

《最高人民法院关于适用〈中华人民共和国公司法〉若干问题的规定（三）》第十六条："股东未履行或者未全面履行出资义务或者抽逃出资，公司根据公司章程或者股东会决议对其利润分配请求权、新股优先认购权、剩余财产分配请求权等股东权利作出相应的合理限制，该股东请求认定该限制无效的，人民法院不予支持。"

（六）股东认缴的出资未届履行期限，未缴纳部分的出资是否享有以及如何行使表决权

股东认缴的出资未届履行期限，公司章程可以对未缴纳部分的出资是否享有以及如何行使表决权等问题作出规定。

法律依据：

《全国法院民商事审判工作会议纪要》第七条："【表决权能否受限】股东认缴的出资未届履行期限，对未缴纳部分的出资是否享有以及如何行使表决权等问题，应当根据公司章程来确定。公司章程没有规定的，应当按照认缴出资的比例确定。如果股东（大）会作出不按认缴出资比例而按实际出资比例或者其他标准确定表决权的决议，股东请求确认决议无效的，人民法院应当审查该决议是否符合修改公司章程所要求的表决程序，即必须经代表三分之二以上表决权的股东通过。符合的，人民法院不予支持；反之，则依法予以支持。"

（七）出资人用于出资的非货币财产贬值的，该出资人是否应当承担补足出资责任

出资人以符合法定条件的非货币财产出资后，因市场变化或者其他客观因素导致出资财产贬值，一般情况下，公司、其他股东或者公司债权人不得请求该出资人承担补足出资责任。但是，公司章程可以作出不同的规定。

法律依据：

《最高人民法院关于适用〈中华人民共和国公司法〉若干问题的规定（三）》第十五条："出资人以符合法定条件的非货币财产出资后，因市场变化或者其他客观因素导致出资财产贬值，公司、其他股东或者公司债权人请求该出资人承担补足出资责任的，人民法院不予支持。但是，当事人另有约定的除外。"

（八）公司股东请求查阅或者复制公司特定文件材料

《公司法》第三十三条、第九十七条赋予了公司股东查阅或者复制公司特定文件材料的权利，公司章程也可以就此作出相应规定。

法律依据：

《最高人民法院关于适用〈中华人民共和国公司法〉若干问题的规定（四）》第七条："股东依据公司法第三十三条、第九十七条或者公司章程的规定，起诉请求查阅或者复制公司特定文件材料的，人民法院应当依法予以受理。"

（九）股东自营或者为他人经营与公司主营业务有实质性竞争关系的业务是否属于具有"不正当目的"的情形

股东自营或者为他人经营与公司主营业务有实质性竞争关系的业务的，通常认为属于《公司法》第三十三条第二款规定的"不正当目的"的情形，但是允许公司章程作出不同规定。

法律依据：

《最高人民法院关于适用〈中华人民共和国公司法〉若干问题的规定(四)》第八条："有限责任公司有证据证明股东存在下列情形之一的,人民法院应当认定股东有公司法第三十三条第二款规定的'不正当目的':(一)股东自营或者为他人经营与公司主营业务有实质性竞争关系业务的,但公司章程另有规定或者全体股东另有约定的除外。"

(十)有限责任公司股东分取红利和认缴新增资本

通常情况下,有限责任公司股东按照实缴的出资比例分取红利;公司新增资本时,有限责任公司股东有权优先按照实缴的出资比例认缴出资。但是,《公司法》允许公司章程作出不按照出资比例分取红利或者不按照出资比例优先认缴出资的规定。需要注意的是,这里的公司章程的规定是得到全体股东一致同意的规定。公司章程的该项规定未经公司全体股东一致同意的,不产生法律效力。

法律依据：

《公司法》第三十四条："股东按照实缴的出资比例分取红利;公司新增资本时,股东有权优先按照实缴的出资比例认缴出资。但是,全体股东约定不按照出资比例分取红利或者不按照出资比例优先认缴出资的除外。"

(十一)有限责任公司股东会的职权

有限责任公司股东会行使的职权包括:①决定公司的经营方针和投资计划;②选举和更换非由职工代表担任的董事、监事,决定有关董事、监事的报酬事项;③审议批准董事会的报告;④审议批准监事会或者监事的报告;⑤审议批准公司的年度财务预算方案、决算方案;⑥审议批准公司的利润分配方案和弥补亏损方案;⑦对公司增加或者减少注册资本作出决议;⑧对发行公司债券作出决议;⑨对公司合并、分立、解散、清算或者变更公司形式作出决议;⑩修改公司章程。另外,公司法允许公司章程规定股东会可以行使的其他职权。需要注意的是,公司章程只能就有限责任公司股东会的职权,在前述第①至⑩项的基础上补充规定其他职权,不得将前述第①至⑩项的任一职权予以剥夺。

法律依据：

《公司法》第三十七条第一款："股东会行使下列职权:(十一)公司章程规定的其他职权。"

(十二)公司未召开股东会、股东大会会议,当事人也不得主张股东会、股东大会决议不成立

公司未召开股东会、股东大会会议的,当事人可以主张股东会、股东大会决议不成立,但公司章程规定可以不召开股东会、股东大会而直接作出决定,并由全体股东在决定文件上签名、盖章的除外。

法律依据：

《最高人民法院关于适用〈中华人民共和国公司法〉若干问题的规定(四)》第五条："股东会或者股东大会、董事会决议存在下列情形之一,当事人主张决议不成立的,人民法院应当予以支持:(一)公司未召开会议的,但依据公司法第三十七条第二款或者公司章程规定可以不召开股东会或者股东大会而直接作出决定,并由全体股东在决定文件上签名、盖章的除外。"

(十三)公司股东会或者股东大会、董事会的出席人数,或者股东所持表决权

公司章程可以对公司股东会或者股东大会、董事会的出席人数,或者股东所持表决权

作出规定,出席会议的人数或者股东所持表决权不符合公司章程规定的,当事人可以主张股东会或者股东大会、董事会决议不成立。

法律依据:

《最高人民法院关于适用〈中华人民共和国公司法〉若干问题的规定(四)》第五条:"股东会或者股东大会、董事会决议存在下列情形之一,当事人主张决议不成立的,人民法院应当予以支持:(三)出席会议的人数或者股东所持表决权不符合公司法或者公司章程规定的。"

(十四)公司股东会或者股东大会、董事会的表决结果的通过比例

公司章程可以对公司股东会或者股东大会、董事会的表决结果的通过比例作出规定,会议的表决结果未达到公司章程规定的通过比例,当事人可以主张股东会或者股东大会、董事会决议不成立。

法律依据:

《最高人民法院关于适用〈中华人民共和国公司法〉若干问题的规定(四)》第五条:"股东会或者股东大会、董事会决议存在下列情形之一,当事人主张决议不成立的,人民法院应当予以支持:(四)会议的表决结果未达到公司法或者公司章程规定的通过比例的。"

(十五)有限责任公司股东会定期会议的召开

有限责任公司股东会定期会议依照公司章程的规定召开。

法律依据:

《公司法》第三十九条第二款:"定期会议应当依照公司章程的规定按时召开。"

(十六)有限责任公司股东会会议的通知

一般情况下,有限责任公司召开股东会会议,应当于会议召开十五日前通知全体股东,但是公司法允许公司章程作出不同的规定。需要注意的是,公司章程作出规定时,应当保证能够将会议通知有效送达股东,以及能够保证股东有足够时间为参加股东会会议做好准备。

法律依据:

《公司法》第四十一条第一款:"召开股东会会议,应当于会议召开十五日前通知全体股东;但是,公司章程另有规定或者全体股东另有约定的除外。"

(十七)有限责任公司股东会会议股东表决权的行使

有限责任公司股东会会议通常由股东按照出资比例行使表决权,但是允许公司章程作出不依据出资比例行使表决权的其他规定。

法律依据:

《公司法》第四十二条:"股东会会议由股东按照出资比例行使表决权;但是,公司章程另有规定的除外。"

(十八)有限责任公司股东会的议事方式和表决程序

《公司法》对有限责任公司股东会的议事方式和表决程序有规定的,按照规定执行,除此之外,则由公司章程规定。

法律依据:

《公司法》第四十三条第一款:"股东会的议事方式和表决程序,除本法有规定的外,由公司章程规定。"

（十九）有限责任公司董事长、副董事长的产生办法

有限责任公司设董事长、副董事长的，董事长、副董事长的产生办法由公司章程规定。

法律依据：

《公司法》第四十四条第三款："董事会设董事长一人，可以设副董事长。董事长、副董事长的产生办法由公司章程规定。"

（二十）有限责任公司董事的任期

有限责任公司董事的任期由公司章程规定。需要注意的是，公司章程规定的董事任期只能短于或者等于三年，不得超过三年。

法律依据：

《公司法》第四十五条第一款："董事任期由公司章程规定，但每届任期不得超过三年。董事任期届满，连选可以连任。"

（二十一）有限责任公司董事会的职权

有限责任公司董事会的职权包括：①召集股东会会议，并向股东会报告工作；②执行股东会的决议；③决定公司的经营计划和投资方案；④制订公司的年度财务预算方案、决算方案；⑤制订公司的利润分配方案和弥补亏损方案；⑥制订公司增加或者减少注册资本以及发行公司债券的方案；⑦制订公司合并、分立、解散或者变更公司形式的方案；⑧决定公司内部管理机构的设置；⑨决定聘任或者解聘公司经理及其报酬事项，并根据经理的提名决定聘任或者解聘公司副经理、财务负责人及其报酬事项；⑩制定公司的基本管理制度。另外，《公司法》允许公司章程规定董事会可以行使的其他职权。需要注意的是，公司章程只能对有限责任公司董事会的职权，在前述第①至⑩项的基础上补充规定其他职权，不得将前述第①至⑩项的任一职权予以剥夺。

法律依据：

《公司法》第四十六条："董事会对股东会负责，行使下列职权：（十一）公司章程规定的其他职权。"

（二十二）有限责任公司董事会的议事方式和表决程序

有限责任公司董事会的议事方式和表决程序，《公司法》有规定的，遵照《公司法》的规定执行，《公司法》没有规定的，由公司章程规定。

法律依据：

《公司法》第四十八条第一款："董事会的议事方式和表决程序，除本法有规定的外，由公司章程规定。"

（二十三）公司经理的职权

公司经理的职权包括：①主持公司的生产经营管理工作，组织实施董事会决议；②组织实施公司年度经营计划和投资方案；③拟订公司内部管理机构设置方案；④拟订公司的基本管理制度；⑤制定公司的具体规章；⑥提请聘任或者解聘公司副经理、财务负责人；⑦决定聘任或者解聘除应由董事会决定聘任或者解聘以外的负责管理人员；⑧董事会授予的其他职权；⑨列席董事会会议。公司章程对经理职权可以另有规定。

法律依据：

《公司法》第四十九条第二款："公司章程对经理职权另有规定的，从其规定。"

（二十四）有限责任公司执行董事的职权

股东人数较少或者规模较小的有限责任公司可以设一名执行董事，不设董事会。执行董事可以兼任公司经理。执行董事的职权由公司章程规定。需要注意的是，在只设执行董事，不设董事会的情况下，执行董事实际履行董事会的职权；在执行董事兼任经理的情况下，还实际履行经理的职权。因此，公司章程在规定执行董事的职权时，应充分考虑到这些因素。

法律依据：

《公司法》第五十条第二款："执行董事的职权由公司章程规定。"

（二十五）有限责任公司监事会中职工代表的比例

有限责任公司设监事会的，监事会应当包括股东代表和适当比例的公司职工代表，其中职工代表的比例由公司章程规定。需要注意的是，公司章程规定的职工代表比例可以高于或者等于三分之一，但不得低于三分之一。

法律依据：

《公司法》第五十一条第二款："监事会应当包括股东代表和适当比例的公司职工代表，其中职工代表的比例不得低于三分之一，具体比例由公司章程规定。"

（二十六）有限责任公司监事会、不设监事会的有限责任公司的监事的职权

有限责任公司监事会、不设监事会的有限责任公司的监事行使职权包括：①检查公司财务；②对董事、高级管理人员执行公司职务的行为进行监督，对违反法律、行政法规、公司章程或者股东会决议的董事、高级管理人员提出罢免的建议；③当董事、高级管理人员的行为损害公司的利益时，要求董事、高级管理人员予以纠正；④提议召开临时股东会会议，在董事会不履行《公司法》规定的召集和主持股东会会议职责时召集和主持股东会会议；⑤向股东会会议提出提案；⑥依照《公司法》第一百五十一条的规定，对董事、高级管理人员提起诉讼；⑦公司章程规定的其他职权。其中第⑦项职权就是允许公司章程对有限责任公司监事会、不设监事会的有限责任公司的监事的职权进行补充规定。需要注意的是，公司章程只能就有限责任公司监事会、不设监事会的有限责任公司的监事的职权，在前述第①至⑥项的基础上补充规定其他职权，不得将前述第①至⑥项的任一职权予以剥夺。

法律依据：

《公司法》第五十三条："监事会、不设监事会的公司的监事行使下列职权：（七）公司章程规定的其他职权。"

（二十七）有限责任公司监事会的议事方式和表决程序

有限责任公司监事会的议事方式和表决程序，《公司法》有规定的，遵照《公司法》的规定执行，《公司法》没有规定的，由公司章程规定。

法律依据：

《公司法》第五十五条第二款："监事会的议事方式和表决程序，除本法有规定的外，由公司章程规定。"

（二十八）国有独资公司监事会中职工代表的比例

国有独资公司的监事会应当有职工代表，职工代表的比例由公司章程规定。需要注意的是，公司章程规定的职工代表比例可以高于或者等于三分之一，但不得低于三分之一。

法律依据：

《公司法》第七十条第一款："国有独资公司监事会成员不得少于五人，其中职工代表的

比例不得低于三分之一,具体比例由公司章程规定。"

(二十九)有限责任公司股权转让中其他股东优先购买权的行使期间

有限责任公司的股东主张优先购买转让股权的,应当在收到通知后的行使期间内提出购买请求,该行使期间由公司章程规定。

法律依据:

《最高人民法院关于适用〈中华人民共和国公司法〉若干问题的规定(四)》第十九条:"有限责任公司的股东主张优先购买转让股权的,应当在收到通知后,在公司章程规定的行使期间内提出购买请求。公司章程没有规定行使期间或者规定不明确的,以通知确定的期间为准,通知确定的期间短于三十日或者未明确行使期间的,行使期间为三十日。"

(三十)有限责任公司的自然人股东因继承发生变化时,其他股东能否行使优先购买权

一般情况下,有限责任公司的自然人股东因继承发生变化时,其他股东不得主张行使优先购买权,但公司章程可以作出不同的规定。需要注意的是,公司章程虽然可以对其他股东的优先购买权作出不同的规定,可以规定死亡股东的继承人不得当然成为公司股东,但不得剥夺死亡股东继承人应当继承的股权中的财产性权益。

法律依据:

《最高人民法院关于适用〈中华人民共和国公司法〉若干问题的规定(四)》第十六条:"有限责任公司的自然人股东因继承发生变化时,其他股东主张依据公司法第七十一条第三款规定行使优先购买权的,人民法院不予支持,但公司章程另有规定或者全体股东另有约定的除外。"

(三十一)有限责任公司的股权转让

有限责任公司的股东之间可以相互转让其全部或者部分股权;股东向股东以外的人转让股权,应当经其他股东过半数同意。其他股东半数以上不同意转让的,不同意的股东应当购买该转让的股权;不购买的,视为同意转让。经股东同意转让的股权,在同等条件下,其他股东有优先购买权。《公司法》允许公司章程作出与前述不一致的规定。需要注意的是,公司章程不得禁止股权转让,也不得对股权转让作出事实上造成转让不能的规定。

法律依据:

《公司法》第七十一条第四款:"公司章程对股权转让另有规定的,从其规定。"

(三十二)有限责任公司的转让股东,在其他股东主张优先购买后又不同意转让股权

有限责任公司的转让股东,在其他股东主张优先购买后又不同意转让股权的,一般情况下,其他股东无权继续主张优先购买。但是如果公司章程作出不同于此的其他规定的,按照公司章程的规定处理。

法律依据:

《最高人民法院关于适用〈中华人民共和国公司法〉若干问题的规定(四)》第二十条:"有限责任公司的转让股东,在其他股东主张优先购买后又不同意转让股权的,对其他股东优先购买的主张,人民法院不予支持,但公司章程另有规定或者全体股东另有约定的除外。其他股东主张转让股东赔偿其损失合理的,人民法院应当予以支持。"

(三十三)自然人股东死亡后的股东资格的继承

通常情况下,公司的自然人股东死亡后,其股东资格由死亡股东的合法继承人继承,但《公司法》允许公司章程作出不同的规定。需要注意的是,公司章程可以规定死亡股东的继

承人不得当然成为公司股东,但不得剥夺死亡股东继承人应当继承的股权中的财产性权益。

法律依据:

《公司法》第七十五条:"自然人股东死亡后,其合法继承人可以继承股东资格;但是,公司章程另有规定的除外。"

(三十四)股份有限公司股东大会的职权

股份有限公司股东大会行使的职权包括:①决定公司的经营方针和投资计划;②选举和更换非由职工代表担任的董事、监事,决定有关董事、监事的报酬事项;③审议批准董事会的报告;④审议批准监事会或者监事的报告;⑤审议批准公司的年度财务预算方案、决算方案;⑥审议批准公司的利润分配方案和弥补亏损方案;⑦对公司增加或者减少注册资本作出决议;⑧对发行公司债券作出决议;⑨对公司合并、分立、解散、清算或者变更公司形式作出决议;⑩修改公司章程。另外,《公司法》允许公司章程规定股东大会可以行使的其他职权。需要注意的是,公司章程只能就股份有限公司股东大会的职权,在前述第①至⑩项的基础上补充规定其他职权,不得将前述第①至⑩项的任一职权予以剥夺。

法律依据:

《公司法》第九十九条:"本法第三十七条第一款关于有限责任公司股东会职权的规定,适用于股份有限公司股东大会。"

(三十五)股份有限公司临时股东大会的召开

股份有限公司出现以下情况之一时应当召开临时股东大会:①董事人数不足公司法规定人数或者公司章程所定人数的三分之二时;②公司未弥补的亏损达实收股本总额三分之一时;③单独或者合计持有公司百分之十以上股份的股东请求时;④董事会认为必要时;⑤监事会提议召开时;⑥公司章程规定的其他情形。其中第⑥项就是《公司法》允许公司章程对股份有限公司应当召开临时股东大会的情形作出其他规定。需要注意的是,公司章程只能就股份有限公司应当召开临时股东大会的情形,在前述第①至⑤项的基础上补充规定其他情形,不得将前述第①至⑤项的任一情形予以排除。

法律依据:

《公司法》第一百条:"股东大会应当每年召开一次年会。有下列情形之一的,应当在两个月内召开临时股东大会:(六)公司章程规定的其他情形。"

(三十六)股份有限公司的董事人数

股份有限公司章程应对股份有限公司董事人数作出规定。

法律依据:

《公司法》第一百条:"股东大会应当每年召开一次年会。有下列情形之一的,应当在两个月内召开临时股东大会:(一)董事人数不足本法规定人数或者公司章程所定人数的三分之二时。"

(三十七)股份有限公司转让、受让重大资产或者对外提供担保等事项

股份有限公司章程可以规定股份有限公司转让、受让重大资产或者对外提供担保等事项必须经股东大会作出决议。

法律依据:

《公司法》第一百零四条:"本法和公司章程规定公司转让、受让重大资产或者对外提供

担保等事项必须经股东大会作出决议的,董事会应当及时召集股东大会会议,由股东大会就上述事项进行表决。"

(三十八)股份有限公司股东大会选举董事、监事时实行累积投票制

股份有限公司章程可以规定股份有限公司股东大会选举董事、监事时实行累积投票制。

法律依据:

《公司法》第一百零五条第一款:"股东大会选举董事、监事,可以依照公司章程的规定或者股东大会的决议,实行累积投票制。"

(三十九)股份有限公司董事的任期

股份有限公司董事的任期由公司章程规定。需要注意的是,公司章程规定的董事任期只能短于或者等于三年,不得超过三年。

法律依据:

《公司法》第一百零八条第三款:"本法第四十五条关于有限责任公司董事任期的规定,适用于股份有限公司董事。"

(四十)股份有限公司董事会的职权

股份有限公司董事会的职权包括:①召集股东大会会议,并向股东大会报告工作;②执行股东大会的决议;③决定公司的经营计划和投资方案;④制订公司的年度财务预算方案、决算方案;⑤制订公司的利润分配方案和弥补亏损方案;⑥制订公司增加或者减少注册资本以及发行公司债券的方案;⑦制订公司合并、分立、解散或者变更公司形式的方案;⑧决定公司内部管理机构的设置;⑨决定聘任或者解聘公司经理及其报酬事项,并根据经理的提名决定聘任或者解聘公司副经理、财务负责人及其报酬事项;⑩制定公司的基本管理制度。另外,《公司法》允许公司章程规定董事会可以行使的其他职权。需要注意的是,公司章程只能对股份有限公司董事会的职权,在前述第①至⑩项的基础上补充规定其他职权,不得将前述第①至⑩项的任一职权予以剥夺。

法律依据:

《公司法》第一百零八条第四款:"本法第四十六条关于有限责任公司董事会职权的规定,适用于股份有限公司董事会。"

(四十一)股份有限公司监事会职工代表的比例

股份有限公司监事会应当包括股东代表和适当比例的公司职工代表,其中职工代表的比例由公司章程规定。需要注意的是,公司章程规定的职工代表比例可以高于或者等于三分之一,但不得低于三分之一。

法律依据:

《公司法》第一百一十七条第二款:"监事会应当包括股东代表和适当比例的公司职工代表,其中职工代表的比例不得低于三分之一,具体比例由公司章程规定。"

(四十二)股份有限公司监事会的职权

股份有限公司监事会行使的职权包括:①检查公司财务;②对董事、高级管理人员执行公司职务的行为进行监督,对违反法律、行政法规、公司章程或者股东大会决议的董事、高级管理人员提出罢免的建议;③当董事、高级管理人员的行为损害公司的利益时,要求董事、高级管理人员予以纠正;④提议召开临时股东大会会议,在董事会不履行《公司法》规定

的召集和主持股东大会会议职责时召集和主持股东大会会议;⑤向股东大会会议提出提案;⑥依照《公司法》第一百五十一条的规定,对董事、高级管理人员提起诉讼;⑦公司章程规定的其他职权。其中第⑦项职权就是允许公司章程对股份有限公司监事会的职权进行补充规定。需要注意的是,公司章程只能对股份有限公司监事会的职权,在前述第①至⑥项的基础上补充规定其他职权,不得将前述第①至⑥项的任一职权予以剥夺。

法律依据:

《公司法》第一百一十八条第一款:"本法第五十三条、第五十四条关于有限责任公司监事会职权的规定,适用于股份有限公司监事会。"

(四十三)股份有限公司监事会的议事方式和表决程序

股份有限公司监事会的议事方式和表决程序,《公司法》有规定的,遵照《公司法》的规定执行,《公司法》没有规定的,由公司章程规定。

法律依据:

《公司法》第一百一十九条第二款:"监事会的议事方式和表决程序,除本法有规定的外,由公司章程规定。"

(四十四)股份有限公司董事、监事、高级管理人员转让其所持有的本公司股份

《公司法》第一百四十一条规定了股份有限公司董事、监事、高级管理人员转让其所持有的本公司股份应当遵守的限制性规定,同时允许公司章程作出其他限制性规定。

法律依据:

《公司法》第一百四十一条:"发起人持有的本公司股份,自公司成立之日起一年内不得转让。公司公开发行股份前已发行的股份,自公司股票在证券交易所上市交易之日起一年内不得转让。

公司董事、监事、高级管理人员应当向公司申报所持有的本公司的股份及其变动情况,在任职期间每年转让的股份不得超过其所持有本公司股份总数的百分之二十五;所持本公司股份自公司股票上市交易之日起一年内不得转让。上述人员离职后半年内,不得转让其所持有的本公司股份。公司章程可以对公司董事、监事、高级管理人员转让其所持有的本公司股份作出其他限制性规定。"

(四十五)公司董事、高级管理人员将公司资金借贷给他人,或者以公司财产为他人提供担保

公司董事、高级管理人员不得违反公司章程的规定,将公司资金借贷给他人,或者以公司财产为他人提供担保。

法律依据:

《公司法》第一百四十八条:"董事、高级管理人员不得有下列行为:(三)违反公司章程的规定,未经股东会、股东大会或者董事会同意,将公司资金借贷给他人或者以公司财产为他人提供担保。"

(四十六)公司董事、高级管理人员与本公司订立合同或者进行交易

公司董事、高级管理人员不得违反公司章程的规定,与本公司订立合同或者进行交易。

法律依据:

《公司法》第一百四十八条:"董事、高级管理人员不得有下列行为:(四)违反公司章程

的规定或者未经股东会、股东大会同意,与本公司订立合同或者进行交易。"

(四十七)股东代表诉讼中调解协议的决议机关

股东代表诉讼中的调解协议须由人民法院审查是否为公司的意思。只有在调解协议经公司股东(大)会、董事会决议通过后,人民法院才能出具调解书予以确认。至于具体决议机关,取决于公司章程的规定。

法律依据:

《全国法院民商事审判工作会议纪要》第二十七条:"【股东代表诉讼的调解】公司是股东代表诉讼的最终受益人,为避免因原告股东与被告通过调解损害公司利益,人民法院应当审查调解协议是否为公司的意思。只有在调解协议经公司股东(大)会、董事会决议通过后,人民法院才能出具调解书予以确认。至于具体决议机关,取决于公司章程的规定。公司章程没有规定的,人民法院应当认定公司股东(大)会为决议机关。"

(四十八)有限责任公司财务会计报告送交股东的期限

有限责任公司应当将财务会计报告按照公司章程规定的期限送交各股东。这是股东知情权的重要组成部分。

法律依据:

《公司法》第一百六十五条第一款:"有限责任公司应当依照公司章程规定的期限将财务会计报告送交各股东。"

(四十九)股份有限公司税后利润的分配

股份有限公司弥补亏损和提取公积金后所余税后利润,通常按照股东持有的股份比例分配,但股份有限公司章程可以规定不按持股比例分配。

法律依据:

《公司法》第一百六十六条第四款:"公司弥补亏损和提取公积金后所余税后利润,有限责任公司依照本法第三十四条的规定分配;股份有限公司按照股东持有的股份比例分配,但股份有限公司章程规定不按持股比例分配的除外。"

(五十)公司完成利润分配的时间

分配利润的股东会或者股东大会决议作出后,公司应当在决议载明的时间内完成利润分配。股东会或者股东大会决议没有载明时间的,以公司章程规定的为准。股东会或者股东大会决议、公司章程中均未规定时间或者时间超过一年的,公司应当自决议作出之日起一年内完成利润分配。股东会或者股东大会决议中载明的利润分配完成时间超过公司章程规定时间的,股东可以依据公司法第二十二条第二款规定请求人民法院撤销决议中关于该时间的规定。

法律依据:

《最高人民法院关于适用〈中华人民共和国公司法〉若干问题的规定(五)》第四条:"分配利润的股东会或者股东大会决议作出后,公司应当在决议载明的时间内完成利润分配。决议没有载明时间的,以公司章程规定的为准。决议、章程中均未规定时间或者时间超过一年的,公司应当自决议作出之日起一年内完成利润分配。决议中载明的利润分配完成时间超过公司章程规定时间的,股东可以依据民法典第八十五条公司法第二十二条第二款规定请求人民法院撤销决议中关于该时间的规定。"

（五十一）公司聘用、解聘承办公司审计业务的会计师事务所

公司聘用、解聘承办公司审计业务的会计师事务所，可以由股东会、股东大会决定或者董事会决定，究竟由谁决定依照公司章程的规定。需要注意的是，承办公司审计业务的会计师事务所的聘用、解聘只能要么由股东会、股东大会决定，要么由董事会决定，公司章程不能规定由其他机构或个人决定。

法律依据：

《公司法》第一百六十九条第一款："公司聘用、解聘承办公司审计业务的会计师事务所，依照公司章程的规定，由股东会、股东大会或者董事会决定。"

（五十二）公司的解散事由

公司因下列原因解散：①公司章程规定的营业期限届满或者公司章程规定的其他解散事由出现；②股东会或者股东大会决议解散；③因公司合并或者分立需要解散；④依法被吊销营业执照、责令关闭或者被撤销；⑤人民法院依照《公司法》第一百八十二条的规定予以解散。其中第①项就是《公司法》允许公司章程规定其他的解散事由。需要注意的是，公司章程只能在前述第①至⑤项事由之外补充规定其他解散公司的事由，不允许公司章程将第①至⑤项解散公司事由予以排除。

法律依据：

(1)《公司法》第七十四条第一款："有下列情形之一的，对股东会该项决议投反对票的股东可以请求公司按照合理的价格收购其股权：(三)公司章程规定的营业期限届满或者章程规定的其他解散事由出现，股东会会议通过决议修改章程使公司存续的。"

(2)《公司法》第一百八十条："公司因下列原因解散：(一)公司章程规定的营业期限届满或者公司章程规定的其他解散事由出现。"

(3)《公司登记管理条例》第四十二条："有下列情形之一的，公司清算组应当自公司清算结束之日起 30 日内向原公司登记机关申请注销登记：(二)公司章程规定的营业期限届满或者公司章程规定的其他解散事由出现，但公司通过修改公司章程而存续的除外。"

（五十三）可以提起解散公司诉讼所依据的股东表决时无法达到的比例

单独或者合计持有公司全部股东表决权百分之十以上的股东，以"股东表决时无法达到法定或者公司章程规定的比例，持续两年以上不能做出有效的股东会或者股东大会决议，公司经营管理发生严重困难的。"为由，并符合《公司法》第一百八十二条规定的，可以向人民法院提起解散公司诉讼。

法律依据：

《最高人民法院关于适用〈中华人民共和国公司法〉若干问题的规定(二)》第一条："单独或者合计持有公司全部股东表决权百分之十以上的股东，以下列事由之一提起解散公司诉讼，并符合公司法第一百八十二条规定的，人民法院应予受理：(二)股东表决时无法达到法定或者公司章程规定的比例，持续两年以上不能做出有效的股东会或者股东大会决议，公司经营管理发生严重困难的。"

（五十四）公司的高级管理人员

公司的高级管理人员包括公司的经理、副经理、财务负责人，上市公司董事会秘书和公司章程规定的其他人员。需要注意的是，《公司法》允许公司章程在"公司的经理、副经理、财务负责人，上市公司董事会秘书"之外，规定其他人员也为公司的高级管理人员，但不能

将"公司的经理、副经理、财务负责人,上市公司董事会秘书"规定为非高级管理人员。

法律依据:

《公司法》第二百一十六条:"(一)高级管理人员,是指公司的经理、副经理、财务负责人,上市公司董事会秘书和公司章程规定的其他人员。"

九、公司章程与发起人协议的联系与区别

(一)公司章程与发起人协议的联系

1. 内容上有联系

公司章程与发起人协议一般都包含有公司名称、注册资本、经营范围、股东、出资形式、出资数额等内容。

2. 形式上有联系

发起人协议通常早于公司章程产生,因此,发起人在起草公司章程时一般是以发起人协议为基础,公司章程一般会将发起人协议的部分内容吸收进来。

3. 目的上有联系

公司章程与发起人协议都是以规范公司设立、发展为目的,都是以包括发起人在内的公司股东的权利义务为重要内容。

4. 产生阶段相同

公司章程与发起人协议通常都是产生于公司的设立阶段。签订发起人协议就是为了公司的设立,而公司章程则为公司成立的必备文件。

5. 制定主体相同

由于公司的发起人就是公司股东,尤其是在有限责任公司情形下,股东也就是发起人,因此,公司章程与发起人协议的制定主体是同一的。

(二)公司章程与发起人协议的区别

1. 效力对象不同

公司章程对公司、股东、董事、监事、高级管理人员有约束力;发起人协议仅对参与签约的当事人产生约束力。

2. 修改程序不同

公司章程修改须依据《公司法》或者公司章程的规定进行,具有法定程序,有限责任公司章程修改须经代表三分之二以上表决权的股东通过,股份有限公司章程修改须经出席股东大会会议的股东所持表决权的三分之二以上通过;发起人协议修改则依据协议各方协商一致通过。

3. 目的不同

公司章程目的是调整公司的内部关系和公司的对外经营行为;发起人协议目的是调整公司设立中的发起人的权利义务关系。

4. 内容不同

公司章程一方面是体现了发起人股东的主观意志,另一方面还体现了法律对公司内外关系的强制性要求,如果公司章程缺少了法定记载事项,将导致无效;发起人协议内容是发起股东在公司设立过程中的各自的权利义务,属于发起人之间的任意性约定,不存在法定记载事项。

5. 必要性不同

公司章程是公司成立的必备文件,没有公司章程将导致公司无法成立;发起人协议并非公司成立的必备文件,发起人协议的有无与公司能否成立无关。

6. 性质不同

公司章程属于要式法律文件,《公司法》对公司章程的内容有具体要求,公司章程须依照《公司法》的规定制定;发起人协议属于非要式法律文件,发起人协议的内容完全取决于签约各方。

7. 效力期间不同

公司章程效力始于公司成立,及于公司存续期间,终于公司终止;发起人协议效力始于协议签订,一般情况下终于公司成立。

8. 反映的意志不同

公司章程反映的是公司意志;发起人协议反映的是发起人的意志。

9. 违反的法律后果不同

违反公司章程的,可能承担违约责任,也可能承担侵权责任,主要适用《公司法》的相关规定进行调整;违反发起人协议的,一般承担的是违约责任,主要适用《民法典》的相关规定进行调整。

第四节　股东协议

从创业者签订发起人协议,开始创立公司;到发起人制定公司章程,着手设立公司;再到根据公司治理的需要,签订股东协议,运营管理公司。这三个环节一般认为是创业者在公司治理过程中通常需要经历的三个阶段。这里除了发起人协议,一般来讲随着公司的成立就失去了法律作用,但是公司章程与股东协议往往是共生共存、交互出现,在同一阶段发挥着不同的作用。比如,在公司运营过程中,根据公司治理的不同需要,可能同时或者先后出现公司章程(修正案)与股东协议。因此,准确把握公司章程与股东协议的异同,对于更好地发挥二者在公司治理中的作用有着特别的意义。

一、股东协议的概念

股东协议有广义和狭义之分,广义的股东协议,泛指股东之间签署的各种协议;狭义的股东协议,仅指股东之间签署的关涉股东权利义务、公司治理、职责分配等事项的协议,通常存在于有限责任公司股东之间。我们通常所提到的股东协议就是指狭义的股东协议,本书所提到的股东协议也是指狭义的股东协议。与公司章程相较,股东协议更具有灵活性,这种灵活性既体现在制定的程序上,也体现在协议的内容上,因此,股东协议往往可以在公司治理中发挥公司章程无法起到的独特作用。

鉴于公司发起人往往就是公司股东,因此,发起人协议也可以视为股东协议;另外,公司股东出于一致行动的需要签订的一致行动协议也属于股东协议。

二、股东协议的种类

以股东协议约定的内容为标准,大致可以将股东协议分为以下三类。

（一）就表决权行使而达成的股东协议

此类股东协议的目的就是公司股东之间约定如何行使股东表决权。比如，协议约定共同选举某人为公司董事；又如，协议约定就某项议题在股东会会议上共同投赞成票或者反对票等。本书第五章第三节中谈到的"一致行动协议"即属于此类。

（二）就公司内部事务调整而达成的股东协议

此类股东协议的目的就是公司股东之间针对公司内部事务调整作出约定。比如，协议约定限制或取消公司董事会的某些职权；又如，协议约定股利分配的原则、方式；再如，协议约定股东某些权利的行使有无限制或禁止等。

（三）就公司股权转让而达成的股东协议

此类股东协议的目的就是公司股东之间就股权转让作出约定。比如，协议约定限制股权转让；又如，协议约定股东如何能够退出公司。

考虑到股东协议内容的灵活性，以上三个种类无法涵盖所有的股东协议，之所以还要对股东协议作类型化研究，还是为了能够更好地理解与掌握股东协议，以服务于创业者的创业活动。

三、股东协议与发起人协议的联系与区别

（一）股东协议与发起人协议的联系

（1）发起人协议属于股东协议的一种。由于发起人往往就是公司股东，因此，发起人协议可以视为股东协议的一种。

（2）发起人协议与股东协议在内容上有重叠。这两类协议都不可避免的涉及股东权利义务、公司治理、职责分配等事项，因此，在内容上必然存在重叠。

（3）与公司章程相较，发起人协议与股东协议均属于"民事主体之间设立、变更、终止民事法律关系的协议①"，属于合同的范畴，法律效力及与参与协议签署的各方当事人。

（二）股东协议与发起人协议的区别

（1）适用阶段不同。发起人协议适用于公司设立阶段，一般在公司成立后就失去了法律作用；股东协议作用于公司成立后的整个公司运营阶段。

（2）目的不同。发起人协议以设立公司为目的；股东协议以在公司运营中，如何调整股东间的行为为目的。

（3）内容不同。发起人协议内容以在设立公司过程中，各发起人如何行使权利，承担义务为主；股东协议内容以调整股东权利义务，规范公司治理，明确职责为主。

四、股东协议与公司章程的联系与区别

（一）股东协议与公司章程的联系

（1）股东协议与公司章程都可以作为公司治理的工具。

公司章程作为公司全体股东共同意志的体现，是全体股东协商一致的结果，或者是全体股东依据表决权多数确定的结果，对公司、股东、董事、监事、高级管理人员有约束力；股东协议经由公司全体股东签署，同样是全体股东共同意志的体现，也是全体股东协商一致

---

① 《中华人民共和国民法典》第四百六十四条：合同是民事主体之间设立、变更、终止民事法律关系的协议。

的结果,对公司股东有约束力。在《公司法》没有规定的情况下,公司股东可以依据公司章程进行规定;在公司章程也没有规定的情况下,公司股东还可以通过股东协议进行约定,以实现对公司的有效治理。

(2)股东协议与公司章程在内容上会有重叠。

公司章程的内容既有必要记载事项,也有任意记载事项;股东协议的内容则完全是签约股东自由协商的结果。由于二者均是公司股东针对公司治理而协商确定的结果,内容上不可避免地存在重叠。股东协议与公司章程的内容一致的,自无问题。若股东协议与公司章程的内容不一致的,极易引发纠纷。因此,公司股东在签订股东协议和公司章程时,应就二者矛盾时如何选择适用进行明确。

(3)股东协议可以作为公司章程的补充。

由于公司章程的公示性,出于保密的需求,公司股东认为不宜出现在公司章程中的内容,可以选择通过股东协议的形式确定下来。同时股东协议中还可以就有关保密事项与保密责任等进行约定。另外,由于公司章程的制定与修改须满足一定的法定程序,相较而言,股东协议的制定与修改则便捷许多。据此,股东协议成为公司章程的有效补充,可以弥补公司章程在公司治理方面的不足。

(4)股东协议与公司章程在法律上不存在从属与被从属的关系,不存在相互之间的权利义务承继关系。股东协议与公司章程是公司股东就公司治理问题作出的不同制度安排。因此,在具体适用时,应充分考虑股东的真实意思与第三人合法权益的保护。尤其是股东协议与公司章程发生矛盾与冲突时,更应如此。

(二)股东协议与公司章程的区别

(1)效力对象不同。公司章程对公司、股东、董事、监事、高级管理人员有约束力;股东协议仅对参与签约的股东产生约束力。

(2)修改程序不同。公司章程修改须依据《公司法》或者公司章程的规定,依法定程序进行,有限责任公司章程修改须经代表三分之二以上表决权的股东通过,股份有限公司章程修改须经出席股东大会会议的股东所持表决权的三分之二以上通过;股东协议修改由签订协议的各方股东协商一致进行。

(3)目的不同。公司章程目的是调整公司的内部关系和公司的对外经营行为;股东协议目的是调整公司存续中的股东权利义务、公司治理、职责分配等关系。

(4)内容不同。公司章程一方面是体现了发起人股东的主观意志,另一方面还体现了法律对公司内外关系的强制性要求,如果公司章程缺少了法定记载事项,将导致无效;股东协议内容是公司股东在公司运营过程中的各自的权利义务、公司治理、职责分配等事项,属于股东之间的任意性约定,不存在法定记载事项。

(5)必要性不同。公司章程是公司成立的必备文件,没有公司章程将导致公司无法成立;股东协议并非公司成立的必备文件,股东协议的有无与公司能否成立无关。

(6)性质不同。公司章程属于要式法律文件,《公司法》对公司章程的内容有具体要求,公司章程须依照《公司法》的规定制定,同时,公司章程须在公司登记机关备案登记,具有对世性,公司的交易相对人可以通过查询公司章程,了解交易对手的交易信息,并可以据此决定自己的交易行为;股东协议属于非要式法律文件,且股东协议无须在公司登记机关备案登记,不具有对世性,只存在于股东之间,具有对人性,公司的交易对手也无法从公示渠道获取股东协议,因此,股东协议的内容无法作为判断交易对手交易信息,以决定自己交易行为的依据。

(7)效力期间不同。公司章程效力始于公司成立,及于公司存续期间,终于公司终止;股东协议效力期间在于股东的自由约定。

(8)反映的意志不同。公司章程反映的是公司意志;股东协议反映的是股东意志。

(9)违反的法律后果不同。违反公司章程的,可能承担违约责任,也可能承担侵权责任,主要适用《公司法》的相关规定进行调整;违反股东协议的,一般承担的是违约责任,主要适用《民法典》的相关规定进行调整。

五、股东协议与股东会决议的联系与区别

(一)股东协议与股东会决议的联系

(1)股东协议与股东会决议都是股东意思表示的结果,都反映了股东的意志。

股东协议,是股东经过平等协商,达成一致,自由签署的结果,充分反映了股东的意志;股东会决议是根据《公司法》或者公司章程规定的议事方式和表决程序产生的结果,也是股东参与表决的结果,反映的也是股东的意志。

(2)股东协议与股东会决议在外观上都表现有股东参与签章。

股东协议,由股东经过平等协商,达成一致后,自股东签名、盖章发生法律效力;而股东会决议同样也需要出席股东会会议股东在决议文件上签章确认。另外,根据《公司法》第三十七条第二款的规定,对股东会决议事项,股东以书面形式一致表示同意的,可以不召开股东会会议,直接作出决定,并由全体股东在决定文件上签名、盖章。此种情形下,股东会决议与股东协议在外观上更具有高度的相似性。

(3)股东协议与股东会决议在内容上存在一定的重合。

股东协议的内容与股东会决议的内容,必然都会涉及公司治理、股东权利义务等内容。当出现这种内容重合时,必须考虑如何克服与解决因内容重合可能存在的矛盾与冲突,避免和消弭由此引发的纠纷。

(二)股东协议与股东会决议的区别

(1)履行主体不同。股东协议履行主体是签约股东,股东协议的履行表现为股东行为;股东会决议执行一般是公司的执行机构,股东会决议的履行表现为公司行为。

(2)涉及内容不同。股东协议内容随意性比较大,只要是股东认为必要的问题都可以通过股东协议进行约定;股东会决议内容一般是根据《公司法》和公司章程的规定,属于股东会职权范围的事项。

(3)形成规则不同。股东协议由参与股东经平等协商,达成一致意见而形成;股东会决议依据股东多数决规则形成,对特别事项决议,经三分之二以上表决权通过形成。

(4)效力范围不同。股东协议效力及于签约股东;股东会决议效力则可能及于公司、股东,甚至董事、监事、高级管理人员。

六、股东协议与公司章程不一致的该如何处理

股东协议与公司章程保持内容不矛盾、不冲突是十分必要的,作为公司和公司的股东,都有义务对此作出保障,以避免不必要的麻烦。但现实中,基于各种原因,股东协议与公司

章程无法避免出现矛盾与冲突的现象。笔者认为,当这种矛盾与冲突出现时,应当遵循以下原则处理。

(1)严格区分内部事务与外部事务。当涉及公司内部事务处理时,应当依据股东真实意思作出处理。比如,针对分红问题,公司章程与股东协议约定不同,就可以考察股东协议与公司章程究竟哪个是在后签署的,在后签署的视为对在前文件的变更,因此以在后签署的文件为准。

(2)当涉及公司外部事务处理时,应当依据公司章程的规定为准。因为公司章程是在公司登记机关登记并公示的文件,而股东协议仅存在于股东之间或者公司内部留存,无须公司登记机关备案,不具有公示的效力,因此,一旦发生争议,应以公司章程为准。比如,股东协议与公司章程就对外担保问题做了不同的规定,当第三人要求公司承担担保责任时就应以公司章程的规定为准,若公司或股东以股东协议的内容进行抗辩,则抗辩不成立。

(3)基于以上原因,笔者建议应该如下处理。

①公司章程应尽可能吸收股东协议的内容。

②当股东协议做出了不同于公司章程的规定时,应当及时办理章程变更及登记手续,以尽可能避免股东协议与公司章程的不一致。

③当股东签署在后形成的文件时,应当注明"当股东协议与公司章程不一致的,以股东协议为准"等字样,以克服适用时的困扰。

第五节　有限责任公司与其他企业形态的比较

一、有限责任公司与股份有限公司的不同

本书主要介绍有限责任公司的相关内容,但也不可避免的涉及一些股份有限公司的相关内容,而且,股份有限公司中的非上市公司在外观上更接近于有限责任公司,而不是上市公司。为了让大家对有限责任公司与股份有限公司有个较为直观的认识与了解。现将二者之间的主要区别罗列如下:

(一)股东人数的区别

(1)有限责任公司由五十个以下股东出资设立。(《公司法》第二十四条)

(2)股份有限公司有二人以上二百人以下为发起人。(《公司法》第七十八条)

(二)股东知情权的区别

(1)有限责任公司股东有权查阅、复制公司章程、股东会会议记录、董事会会议决议、监事会会议决议和财务会计报告。股东可以要求查阅公司会计账簿。股东要求查阅公司会计账簿的,应当向公司提出书面请求,说明目的。公司有合理根据认为股东查阅会计账簿有不正当目的,可能损害公司合法利益的,可以拒绝提供查阅,并应当自股东提出书面请求之日起十五日内书面答复股东并说明理由。公司拒绝提供查阅的,股东可以请求人民法院要求公司提供查阅。(《公司法》第三十三条)

有限责任公司应当依照公司章程规定的期限将财务会计报告送交各股东。(《公司法》第一百六十五条第一款)

（2）股份有限公司应当将公司章程、股东名册、公司债券存根、股东大会会议记录、董事会会议记录、监事会会议记录、财务会计报告置备于本公司。（《公司法》第九十六条）

股份有限公司股东有权查阅公司章程、股东名册、公司债券存根、股东大会会议记录、董事会会议决议、监事会会议决议、财务会计报告，对公司的经营提出建议或者质询。（《公司法》第九十七条）

股份有限公司的财务会计报告应当在召开股东大会年会的二十日前置备于本公司，供股东查阅；公开发行股票的股份有限公司必须公告其财务会计报告。（《公司法》第一百六十五条第二款）

（三）股利分配比例的区别

（1）有限责任公司按照实缴的出资比例分配股利；或者按照全体股东约定的其他比例分配股利。（《公司法》第三十四条、《公司法》第一百六十六条第四款）

（2）股份有限公司按照持有的股份比例分配股利；或者按照公司章程规定的其他比例分配股利。（《公司法》第一百六十六条第四款）

（四）新股认购的区别

（1）有限责任公司新增资本时，股东有权优先认缴出资。（《公司法》第三十四条）

（2）股份有限公司的新股认购优先权适用的前提是，股份有限公司股东大会对"向原有股东发行新股的种类及数额"作出决议。（《公司法》第一百三十三条）

（五）股东（大）会职权行使的区别

（1）有限责任公司股东以书面形式一致表示同意的，可以不召开股东会会议，直接作出决定，并由全体股东在决定文件上签名、盖章。（《公司法》第三十七条第二款）

（2）股份有限公司股东不能仅以书面形式表示同意，不可以不召开股东大会会议，而直接作出决定。

（六）股东（大）会定期会议的区别

（1）有限责任公司依照公司章程的规定按时召开股东会定期会议。（《公司法》第三十九条第二款）

（2）股份有限公司应当每年召开一次股东大会年会。（《公司法》第一百条）

（七）股东（大）会临时会议的区别

（1）有限责任公司代表十分之一以上表决权的股东，三分之一以上的董事，监事会或者不设监事会的公司的监事提议召开临时会议的，应当召开临时会议。（《公司法》第三十九条第二款）

（2）股份有限公司有下列情形之一的，应当在两个月内召开临时股东大会：①董事人数不足公司法规定人数或者公司章程所定人数的三分之二时；②公司未弥补的亏损达实收股本总额三分之一时；③单独或者合计持有公司百分之十以上股份的股东请求时；④董事会认为必要时；⑤监事会提议召开时；⑥公司章程规定的其他情形。（《公司法》第一百条）

（八）股东自行召集和主持股东（大）会会议的区别

（1）有限责任公司可以自行召集和主持股东会会议的股东，必须是代表十分之一以上表决权的股东。（《公司法》第四十条第三款）

（2）股份有限公司可以自行召集和主持股东大会会议的股东，必须是连续九十日以上单独或者合计持有公司百分之十以上股份的股东。（《公司法》第一百零一条第二款）

（九）股东（大）会会议通知的区别

（1）有限责任公司召开股东会会议，应当于会议召开十五日前通知全体股东；但是，公司章程另有规定或者全体股东另有约定的除外。（《公司法》第四十一条第一款）

（2）股份有限公司召开股东大会会议，应当将会议召开的时间、地点和审议的事项于会议召开二十日前通知各股东；临时股东大会应当于会议召开十五日前通知各股东；发行无记名股票的，应当于会议召开三十日前公告会议召开的时间、地点和审议事项。（《公司法》第一百零二条第一款）

（十）股东（大）会临时提案的提出及审议的区别

（1）有限责任公司并无关于股东会临时提案的提出及审议的规定。

（2）股份有限公司单独或者合计持有公司百分之三以上股份的股东，可以在股东大会召开十日前提出临时提案并书面提交董事会；董事会应当在收到提案后两日内通知其他股东，并将该临时提案提交股东大会审议。临时提案的内容应当属于股东大会职权范围，并有明确议题和具体决议事项。（《公司法》第一百零二条第二款）

（十一）股东表决权的区别

（1）有限责任公司股东会会议由股东按照出资比例行使表决权；但是，公司章程另有规定的除外。（《公司法》第四十二条）

（2）股份有限公司股东出席股东大会会议，所持每一股份有一表决权。但是，公司持有的本公司股份没有表决权。（《公司法》第一百零三条第一款）

（十二）股东（大）会议事方式的区别

（1）有限责任公司股东会的议事方式和表决程序，除公司法有规定的外，由公司章程规定。股东会会议作出修改公司章程、增加或者减少注册资本的决议，以及公司合并、分立、解散或者变更公司形式的决议，必须经代表三分之二以上表决权的股东通过。（《公司法》第四十三条）

（2）股份有限公司股东出席股东大会会议，所持每一股份有一表决权。但是，公司持有的本公司股份没有表决权。股东大会作出决议，必须经出席会议的股东所持表决权过半数通过。但是，股东大会作出修改公司章程、增加或者减少注册资本的决议，以及公司合并、分立、解散或者变更公司形式的决议，必须经出席会议的股东所持表决权的三分之二以上通过。（《公司法》第一百零三条）

（十三）累积投票制的区别

（1）有限责任公司并无关于累积投票制的规定。

（2）股份有限公司股东大会选举董事、监事，可以依照公司章程的规定或者股东大会的决议，实行累积投票制。（《公司法》第一百零五条）

（十四）董事会人数的区别

（1）有限责任公司董事会成员为三至十三人。（《公司法》第四十四条第一款）

（2）股份有限公司董事会成员为五至十九人。（《公司法》第一百零八条第一款）

（十五）董事长、副董事长的产生办法的区别

（1）有限责任公司董事长、副董事长的产生办法由公司章程规定。（《公司法》第四十四条第三款）

（2）股份有限公司董事长和副董事长由董事会以全体董事的过半数选举产生。（《公司

法》第一百零九条第一款)

（十六）董事会召开次数的区别

（1）有限责任公司并无关于召开董事会次数的规定。

（2）股份有限公司每年度至少召开两次董事会会议。（《公司法》第一百一十条第一款)

（十七）董事会的议事方式的区别

（1）有限责任公司董事会的议事方式和表决程序,除公司法有规定的外,由公司章程规定。董事会应当对所议事项的决定作成会议记录,出席会议的董事应当在会议记录上签名。（《公司法》第四十八条第一款、第二款)

（2）股份有限公司董事会会议应有过半数的董事出席方可举行。董事会作出决议,必须经全体董事的过半数通过。（《公司法》第一百一十一条第一款)

（十八）董事赔偿责任的区别

（1）公司法并未对有限责任公司董事出席董事会会议行使表决权应承担的赔偿责任作出专门规定。

（2）股份有限公司董事应当对董事会的决议承担责任。董事会的决议违反法律、行政法规或者公司章程、股东大会决议,致使公司遭受严重损失的,参与决议的董事对公司负赔偿责任。但经证明在表决时曾表明异议并记载于会议记录的,该董事可以免除责任。（《公司法》第一百一十二条第三款)

（十九）经理设置的区别

（1）有限责任公司可以设经理。（《公司法》第四十九条第一款)

（2）股份有限公司必须设经理。（《公司法》第一百一十三条第一款)

（二十）执行董事设置的区别

（1）股东人数较少或者规模较小的有限责任公司,可以设一名执行董事,不设董事会。（《公司法》第五十条第一款)

（2）股份有限公司必须设董事会。（《公司法》第一百零八条第一款)

（二十一）向董监高提供借款的区别

（1）公司法并未对有限责任公司向董事、监事、高级管理人员提供借款作出专门规定。

（2）股份有限公司不得直接或者通过子公司向董事、监事、高级管理人员提供借款。（《公司法》第一百一十五条)

（二十二）披露董监高报酬情况的区别

（1）公司法并未对有限责任公司披露董事、监事、高级管理人员的报酬情况作出专门规定。

（2）股份有限公司应当定期向股东披露董事、监事、高级管理人员从公司获得报酬的情况。（《公司法》第一百一十六条)

（二十三）监事（会）设置的区别

（1）股东人数较少或者规模较小的有限责任公司,可以设一至两名监事,不设监事会。（《公司法》第五十一条第一款)

（2）股份有限公司必须设监事会。（《公司法》第一百一十七条第一款)

（二十四）监事会会议召开的区别

（1）有限责任公司监事会每年度至少召开一次会议。（《公司法》第五十五条第一款)

(2)股份有限公司监事会每六个月至少召开一次会议。(《公司法》第一百一十九条第一款)

(二十五)股权转让中其他股东优先购买权的区别

(1)有限责任公司股东向股东以外的人转让股权,在同等条件下,其他股东有优先购买权。(《公司法》第七十一条第三款)

(2)股份有限公司并无关于股东优先购买权的规定。

(二十六)股权转让中其他股东同意权的区别

(1)有限责任公司股东向股东以外的人转让股权,应当经其他股东过半数同意。(《公司法》第七十一条第二款)

(2)股份有限公司并无关于其他股东过半数同意的规定。

(二十七)异议股东请求公司收购其股权情形的区别

(1)有限责任公司对股东会以下决议投反对票的股东可以请求公司按照合理的价格收购其股权:①公司连续五年不向股东分配利润,而公司该五年连续盈利,并且符合本法规定的分配利润条件的;②公司合并、分立、转让主要财产;③公司章程规定的营业期限届满或者章程规定的其他解散事由出现,股东会会议通过决议修改章程使公司存续的。(《公司法》第七十四条第一款)

(2)股份有限公司股东因对股东大会作出的公司合并、分立决议持异议,有权要求公司收购其股份。(《公司法》第一百四十二条第一款)

(二十八)对发起人、董监高转让股权(份)限制的区别

(1)有限责任公司并无关于发起人、董事、监事、高级管理人员转让股权(份)限制的规定。

(2)股份有限公司发起人持有的本公司股份,自公司成立之日起一年内不得转让。公司公开发行股份前已发行的股份,自公司股票在证券交易所上市交易之日起一年内不得转让。公司董事、监事、高级管理人员应当向公司申报所持有的本公司的股份及其变动情况,在任职期间每年转让的股份不得超过其所持有本公司股份总数的百分之二十五;所持本公司股份自公司股票上市交易之日起一年内不得转让。上述人员离职后半年内,不得转让其所持有的本公司股份。公司章程可以对公司董事、监事、高级管理人员转让其所持有的本公司股份作出其他限制性规定。(《公司法》第一百四十一条)

(二十九)收购本公司股权(份)的限制的区别

(1)有限责任公司除《公司法》第七十四条规定的公司收购异议股东的股权情形外,《公司法》没有规定其他公司收购股权的情形。

(2)《公司法》一百四十二条除了规定股份有限公司收购异议股东的股权情形,还规定了其他公司收购股权的情形:①减少公司注册资本;②与持有本公司股份的其他公司合并;③将股份用于员工持股计划或者股权激励;④将股份用于转换上市公司发行的可转换为股票的公司债券;⑤上市公司为维护公司价值及股东权益所必需。

(三十)有权提起股东代表诉讼原告的区别

(1)有限责任公司的股东有权提起股东代表诉讼。(《公司法》第一百五十一条)

(2)股份有限公司连续一百八十日以上单独或者合计持有公司百分之一以上股份的股东有权提起股东代表诉讼。(《公司法》第一百五十一条)

二、有限责任公司与合伙企业的不同

（一）什么是合伙企业

根据《合伙企业法》第二条的规定，合伙企业，是指自然人、法人和其他组织依照合伙企业法在中国境内设立的普通合伙企业和有限合伙企业。普通合伙企业由普通合伙人组成，合伙人对合伙企业债务承担无限连带责任。合伙企业法对普通合伙人承担责任的形式有特别规定的，从其规定。有限合伙企业由普通合伙人和有限合伙人组成，普通合伙人对合伙企业债务承担无限连带责任，有限合伙人以其认缴的出资额为限对合伙企业债务承担责任。

（二）有限责任公司与合伙企业的不同

（1）有限责任公司是基于公司章程成立的股权式企业；合伙企业则是基于合伙协议成立的契约式企业。

（2）根据《民法典》第七十六条的规定，有限责任公司系营利法人；根据《民法典》第一百零二条的规定，合伙企业系非法人组织。

（3）有限责任公司的投资人名"股东"；合伙企业的投资人名"合伙人"。

三、一人有限责任公司与个人独资企业的不同

（一）什么是个人独资企业

根据《个人独资企业法》第二条的规定，个人独资企业，是指依照个人独资企业法在中国境内设立，由一个自然人投资，财产为投资人个人所有，投资人以其个人财产对企业债务承担无限责任的经营实体。

（二）一人有限责任公司与个人独资企业的不同

（1）根据《公司法》第五十七条第二款的规定，一人有限责任公司的投资人可以是一个自然人，也可以是一个法人；个人独资企业的投资人只能是一个自然人。

（2）根据《民法典》第七十六条的规定，一人有限责任公司系营利法人；根据《民法典》第一百零二条的规定，个人独资企业系非法人组织。

（3）一人有限责任公司的股东对公司债务承担有限责任；个人独资企业的投资人对企业债务承担无限责任。

四、一人有限责任公司与个体工商户的不同

（一）什么是个体工商户

根据《民法典》第五十四条的规定，自然人从事工商业经营，经依法登记，为个体工商户。个体工商户可以起字号。

（二）一人有限责任公司与个体工商户的不同

（1）根据《公司法》第五十七条第二款的规定，一人有限责任公司的投资人可以是一个自然人，也可以是一个法人；个体工商户的投资人只能是自然人。

（2）根据《民法典》第七十六条的规定，一人有限责任公司系营利法人；个体工商户既不是法人，也不是非法人组织，而是包含在自然人这种民事主体中。

（3）一人有限责任公司的股东对公司债务承担有限责任；根据《民法典》第五十六条的

规定,个体工商户的债务,个人经营的,以个人财产承担;家庭经营的,以家庭财产承担;无法区分的,以家庭财产承担。

五、子公司与分公司的不同

（一）什么是子公司

子公司与母公司是一组概念,二者彼此共存,有此即有彼。母子公司是指一个公司是另一个公司的股东或者控股股东,前者即为母公司,后者即为子公司。

（二）什么是分公司

分公司与总公司是一组概念,二者彼此共存,有此即有彼。分公司是总公司的分支机构。

（三）子公司与分公司的不同

根据《公司法》第十四条的规定,子公司与分公司存在以下不同。

（1）子公司具有法人资格;分公司不具有法人资格。

（2）子公司依法独立承担民事责任,分公司的民事责任由总公司承担。

（3）母子公司关系从外观上不易识别,子公司的名称中通常没有"子公司"字样,需要考察其股权关系才能确认;总分公司关系从外观上容易识别,分公司的名称中往往就带有"分公司"字样。

第三章

如何规范公司治理

公司治理,是指通过公司权力的合理分配,不断完善公司的管理运营与监督控制,促进公司良性发展,实现公司经营目标,并最终实现股东利益的最大化。

公司治理与公司组织机构密不可分,公司治理以权力分立为前提,以权力制衡为基础,以公司组织机构为根本。公司组织机构在公司治理中处于核心地位。

第一节　股东、股东会或者股东大会

一、股东

(一)股东的概念

股东,是指公司股权或者股份的所有人。对于有限责任公司而言,股东是股权的所有人;对于股份有限公司而言,股东是股份的所有人。《公司法》第三条第二款规定:"有限责任公司的股东以其认缴的出资额为限对公司承担责任;股份有限公司的股东以其认购的股份为限对公司承担责任。"无论有限责任公司,还是股份有限公司,股东对公司债务承担的都是有限责任,这是股东的核心法律特征。在某些特定条件下,股东须对公司债务承担连带责任的,均为有限责任承担的例外,并未改变股东承担有限责任的基本法律属性。

(二)股东的类型

(1)按照公司的类型不同,可以将股东分为:有限责任公司股东和股份有限公司股东。

有限责任公司,简称有限公司,是指股东以其认缴的出资额为限对公司承担责任,公司以其全部财产对公司的债务承担责任的公司。根据《公司法》第八条第一款的规定,有限责任公司的名称中的必须标明有限责任公司或者有限公司字样。

股份有限公司,简称股份公司,是指股东以其认购的股份为限对公司承担责任,公司以其全部财产对公司的债务承担责任的公司。根据《公司法》第八条第二款的规定,股份有限公司的名称中必须标明股份有限公司或者股份公司字样。

(2)按照股东的类型不同,可以将股东分为自然人股东和法人股东。

自然人股东,是指公司股东是自然人。这里的自然人既可以是完全民事行为能力人,也可以是限制民事行为能力人,还可以是无民事行为能力人[①]。需要指出的是,限制民事行为能力人和无民事行为能力人不能担任公司的发起人。

法人股东,是指公司股东是法人。这里的法人既可以是营利法人,包括有限责任公司、股份有限公司和其他企业法人,也可以是非营利法人,包括事业单位、社会团体、基金会、社会服务机构等,还可以是特别法人中的农村集体经济组织法人、城镇农村的合作经济组织法人、基层群众性自治组织法人。需要指出的是,特别法人中的机关法人[②]一般是不能作为

[①] 《国家工商行政管理总局关于未成年人能否成为公司股东问题的答复》:广东省工商行政管理局:你局《关于未成年人是否具备公司股东资格问题的请示》(粤工商企字〔2006〕247号)收悉。经请示全国人大常委会法制工作委员会同意,现答复如下:《公司法》对未成年人能否成为公司股东没有作出限制性规定。因此,未成年人可以成为公司股东,其股东权利可以由法定代理人代为行使。

[②] 机关法人,是指依法行使国家权力,并因行使国家权力的需要而享有相应的民事权利能力和民事行为能力的国家机关。机关法人包括政党机关、人大机关、政协机关、行政机关、监察机关、司法机关、军事机关等。具体指各级中国共产党委员会及其所属各部门,各级人民代表大会机关,各级人民政府及其所属各工作部门,各级政治协商会议机关,各级监察机关,各级人民法院、检察院机关,各民主党派机关,军事机关等。

公司股东的[①],但特殊情况除外,比如国有独资公司的股东就可以是机关法人。中国国家铁路集团有限公司的股东就是国务院。

(3)按照股东加入公司的时间与方式不同,还可以将股东分为以下三种。

①发起设立公司的原始股东。原始股东包括出资设立有限责任公司的股东和认购股份有限公司首次发行股份的发起人。一般统称为公司发起人。

②公司成立后的继受股东。继受股东是指在公司成立后因转让、继承、赠与或人民法院强制执行等原因而取得股权或者股份的股东。

③公司成立后因公司增资而加入的新股东。公司增资可以向公司原股东筹集,也可向公司股东以外的人筹集。公司向公司股东以外的人筹集增资的,这些人因其向公司的投资而成为公司的新股东。

(三)股东与合伙人的联系与区别

我们常常在坊间听到很多创业者习惯将自己的创业伙伴称为合伙人,应该指出的是,这种称谓在法律层面上来讲是不准确的。虽然有部分创业企业采取的是合伙企业形式,基于此将创业伙伴称为合伙人并没有问题。但现实中,毕竟多数创业企业采用的是公司形式,创业者的身份基本都是公司股东,基于此,将创业伙伴称为合伙人,显然就不准确了,甚至是错误的。

为了消弭创业者对于合伙人概念的误认,也为了更好地理解股东的概念,下面就股东与合伙人的联系与区别进行一下梳理。

1. 股东与合伙人的联系

(1)股东与合伙人既可以是自然人,也可以是法人。

①股东可以是自然人,也可以是法人。

②合伙人也可以是自然人,也可以是法人。(《合伙企业法》第二条)

(2)股东与合伙人可能承担有限责任,也可能承担无限责任。

①股东以承担有限责任为原则,但也可能承担无限责任。比如,"公司股东滥用公司法人独立地位和股东有限责任,逃避债务,严重损害公司债权人利益的,应当对公司债务承担连带责任"。(《公司法》第二十条第三款)

②合伙人以承担无限责任为原则,但也可能承担有限责任。比如,"有限合伙企业由普通合伙人和有限合伙人组成,普通合伙人对合伙企业债务承担无限连带责任,有限合伙人以其认缴的出资额为限对合伙企业债务承担责任"。(《合伙企业法》第二条第三款)

(3)股东与合伙人人数都规定有五十人的上限。

①有限责任公司由五十个以下股东出资设立。(《公司法》第二十四条)

②有限合伙企业由两个以上五十个以下合伙人设立。(《合伙企业法》第六十一条第一款)

---

① 《中共中央 国务院关于严禁党政机关和党政干部经商、办企业的决定》第一条第一款:党政机关不得使用公款(包括行政经费、党团费、老干部特需经费等)、贷款以及在职干部自筹资金,自办企业或与群众合办企业,不得在经济利益上与群众兴办的企业挂在一起。

《中共中央 国务院关于进一步制止党政机关和党政干部经商、办企业的规定》第一条:党政机关,包括各级党委机关和国家权力机关、行政机关、审判机关、检察机关以及隶属这些机关编制序列的事业单位,一律不准经商、办企业。

《中共中央办公厅 国务院办公厅关于军队武警部队政法机关不再从事经商活动的通知》:军队、武警部队和政法机关不再从事经商活动。

（4）股东与合伙人都是企业的出资人。

①设立有限责任公司，应当"有符合公司章程规定的全体股东认缴的出资额"；设立股份有限公司，应当"有符合公司章程规定的全体发起人认购的股本总额或者募集的实收股本总额"。（《公司法》第二十三条、第七十六条）

②设立合伙企业，应当"有合伙人认缴或者实际缴付的出资"。（《合伙企业法》第十四条）

（5）对外转让股权或者财产份额，其他股东或者合伙人有优先购买权。

①有限责任公司股东向股东以外的人转让股权，在同等条件下，其他股东有优先购买权。（《公司法》第七十一条第三款）

②合伙人向合伙人以外的人转让其在合伙企业中的财产份额的，在同等条件下，其他合伙人有优先购买权。（《合伙企业法》第二十三条）

（6）股权或者财产份额都可以继承。

①自然人股东死亡后，其合法继承人可以继承股东资格。（《公司法》第七十五条）

②合伙人死亡或者被依法宣告死亡的，对该合伙人在合伙企业中的财产份额享有合法继承权的继承人，按照合伙协议的约定或者经全体合伙人一致同意，从继承开始之日起，取得该合伙企业的合伙人资格。（《合伙企业法》第五十条第一款）

（7）股东或者合伙人都可以被除名。

①有限责任公司的股东未履行出资义务或者抽逃全部出资，经公司催告缴纳或者返还，其在合理期间内仍未缴纳或者返还出资，公司有权以股东会决议解除该股东的股东资格。（《最高人民法院关于适用〈中华人民共和国公司法〉若干问题的规定（三）》第十七条第一款）

②合伙人有下列情形之一的，经其他合伙人一致同意，可以决议将其除名：未履行出资义务；因故意或者重大过失给合伙企业造成损失；执行合伙事务时有不正当行为；发生合伙协议约定的事由。（《合伙企业法》第四十九条第一款）

2. 股东与合伙人的区别

（1）法律范畴不同。

①股东是公司法的概念。（《公司法》第一条：为了规范公司的组织和行为，保护公司、股东和债权人的合法权益，维护社会经济秩序，促进社会主义市场经济的发展，制定本法）

②合伙人是合伙企业法的概念。（《合伙企业法》第一条：为了规范合伙企业的行为，保护合伙企业及其合伙人、债权人的合法权益，维护社会经济秩序，促进社会主义市场经济的发展，制定本法）

（2）责任承担不同。

①有限责任公司的股东以其认缴的出资额为限对公司承担有限责任；股份有限公司的股东以其认购的股份为限对公司承担有限责任。（《公司法》第三条第二款）

②普通合伙企业的合伙人对合伙企业债务承担无限连带责任。有限合伙企业的普通合伙人对合伙企业债务承担无限连带责任。（《合伙企业法》第二条第二款、第三款）

（3）进入机制不同。

①新股东进入公司，须借助股权转让，或者股权继承，或者股权赠与，或者增资扩股等方式。

②新合伙人入伙，除合伙协议另有约定外，应当经全体合伙人一致同意，并依法订立书

面入伙协议。(《合伙企业法》第四十三条)

(4)退出机制不同。

①股东退出公司,须借助股权转让,或者股权回购,或者公司减资等方式。

②合伙协议约定合伙期限的,在合伙企业存续期间,有下列情形之一的,合伙人可以退伙:合伙协议约定的退伙事由出现;经全体合伙人一致同意;发生合伙人难以继续参加合伙的事由;其他合伙人严重违反合伙协议约定的义务。(《合伙企业法》第四十五条)

合伙协议未约定合伙期限的,合伙人在不给合伙企业事务执行造成不利影响的情况下,可以退伙,但应当提前三十日通知其他合伙人。(《合伙企业法》第四十六条)

合伙人有下列情形之一的,当然退伙:作为合伙人的自然人死亡或者被依法宣告死亡;个人丧失偿债能力;作为合伙人的法人或者其他组织依法被吊销营业执照、责令关闭撤销,或者被宣告破产;法律规定或者合伙协议约定合伙人必须具有相关资格而丧失该资格;合伙人在合伙企业中的全部财产份额被人民法院强制执行。合伙人被依法认定为无民事行为能力人或者限制民事行为能力人的,经其他合伙人一致同意,可以依法转为有限合伙人,普通合伙企业依法转为有限合伙企业。其他合伙人未能一致同意的,该无民事行为能力或者限制民事行为能力的合伙人退伙。(《合伙企业法》第四十八条第一款、第二款)

(5)参与事务不同。

①股东对于公司事务的执行不享有直接的权利,需要通过股东会决定公司的各项事务。公司事务的执行机构是董事会,或者不设董事会的执行董事。

②合伙人对执行合伙事务享有同等的权利。按照合伙协议的约定或者经全体合伙人决定,可以委托一个或者数个合伙人对外代表合伙企业,执行合伙事务。(《合伙企业法》第二十六条第一款、第二款)

(6)竞业限制不同。

①股东没有严格的竞业限制。

②合伙人不得自营或者同他人合作经营与本合伙企业相竞争的业务。(《合伙企业法》第三十二条第一款)

(7)出资形式不同。

①股东的出资方式应当符合《公司法》第二十七条的规定,但是股东不得以劳务、信用、自然人姓名、商誉、特许经营权或者设定担保的财产等作价出资。(《公司登记管理条例》第十四条)

②合伙人可以用货币、实物、知识产权、土地使用权或者其他财产权利出资,也可以用劳务出资。(《合伙企业法》第十六条第一款)

(8)继承条件不同。

①根据《公司法》第七十五条的规定,自然人股东死亡后,其合法继承人可以直接继承股东资格。

②根据《合伙企业法》第五十条的规定,合伙人死亡或者被依法宣告死亡的,其合法继承人,须按照合伙协议的约定或者经全体合伙人一致同意,取得合伙人资格。

(9)除名原因不同。

①根据《最高人民法院关于适用〈中华人民共和国公司法〉若干问题的规定(三)》第十七条第一款的规定,有限责任公司有权以股东会决议解除股东资格的是"未履行出资义

务或者抽逃全部出资,经公司催告缴纳或者返还,其在合理期间内仍未缴纳或者返还出资的股东"。

②根据《合伙企业法》第四十九条的规定,可以决议将合伙人除名的情形是:未履行出资义务;或者因故意或者重大过失给合伙企业造成损失;或者执行合伙事务时有不正当行为;或者发生合伙协议约定的事由。

(四)股东资格确认

股东之所以有权行使股东权利,前提是其股东资格得以确认,在通常情况下,对公司认缴出资或者认购股份被视为是确认股东身份的核心标准。但实践中,由于各种因素的存在,导致确认股东资格并非都是那么简单与直接。面对争议,如何确认股东资格就成了困难且复杂的问题。

1. 股东资格确认纠纷的概念

股东资格确认纠纷,是指当事人之间或者当事人与公司之间就股东资格是否存在发生争议而引起的纠纷。

2. 股东资格确认纠纷的种类

根据产生争议的主体不同,可以将股东资格确认纠纷分为以下三类。

(1)当事人与公司之间的股东资格确认纠纷。

当事人与公司之间的股东资格确认纠纷,是指当事人与公司之间就当事人是否为公司股东发生争议而引发的纠纷。

(2)当事人之间的股东资格确认纠纷。

当事人之间的股东资格确认纠纷,是指当事人之间就谁是公司股东发生争议而引发的纠纷。

(3)当事人与第三人之间的股东资格确认纠纷。

当事人与第三人之间的股东资格确认纠纷,是指当事人与公司以外的其他人之间就当事人是否为公司股东发生争议而引发的纠纷。

3. 股东资格确认的一般原则

据以确认股东资格的信息主要有公司章程、公司登记机关的登记信息、股东名册、出资证明书、出资情况、行使股东权利的情况、履行股东义务的情况等。这些信息在通常情况下应该是一致的,但由于多种原因的存在,这些信息之间可能并不一致,由于这些信息不一致的情形多种多样,我们很难一一列明。在这些信息不一致时,如何确认股东资格就成了无法回避的问题。面对可能存在的各种情形,笔者认为,确认股东资格应遵循以下几个原则。

(1)在涉及当事人与公司之间就股东资格发生争议的,应以股东名册为主要依据。这是因为,根据法律要求,公司成立后应当置备股东名册,记载股东及其相关信息。记载于股东名册的股东,可以依据股东名册主张行使股东权利。既然股东名册由公司置备,公司对记载于股东名册的股东一般不能否认其股东资格。

(2)在涉及当事人之间就股东资格发生争议的,应以出资情况、行使股东权利的情况及履行股东义务的情况为主要依据。这是因为,履行包括出资在内的股东义务,行使股东权利,是作为一名股东最基本的法律属性。

(3)在涉及当事人与第三人之间就股东资格发生争议的,应以公司登记机关的登记信息为主要依据。这是因为,根据法律要求,公司登记机关的登记信息具有公示的作用,第三人往往是通过公司登记机关的登记信息来了解自己的交易对手,第三人有理由相信公司登记机关的登记信息的真实性,并以此作为自己与公司交易与否的决策依据。

(4)毕竟实践中的具体情况是纷繁复杂的,相关法律、司法解释也无法穷尽所有可能。当股东资格确认发生争议时,人民法院还是应结合公司章程、公司登记机关的登记信息、股东名册、出资证明书、出资情况、行使股东权利的情况、履行股东义务的情况等因素,充分考虑当事人实施民事行为的真实意思表示,综合对股东资格作出认定。

4. 股东资格确认的诉讼

(1)案由。案由名称为"股东资格确认纠纷"。(《民事案件案由规定》第二百六十二条)

(2)管辖。《民事诉讼法》第二十七条规定:"因公司设立、确认股东资格、分配利润、解散等纠纷提起的诉讼,由公司住所地人民法院管辖。"据此,股东资格确认诉讼"由公司住所地人民法院管辖。"而公司住所地的确定则依据《最高人民法院关于适用〈中华人民共和国民事诉讼法〉的解释》第三条的规定"法人或者其他组织的住所地是指法人或者其他组织的主要办事机构所在地。法人或者其他组织的主要办事机构所在地不能确定的,法人或者其他组织的注册地或者登记地为住所地。"

5. 当事人能否起诉要求确认自己没有股东资格

《最高人民法院关于适用〈中华人民共和国公司法〉若干问题的规定(三)》第二十一条规定:"当事人向人民法院起诉请求确认其股东资格的,应当以公司为被告,与案件争议股权有利害关系的人作为第三人参加诉讼。"据此,股东资格确认之诉通常表现为当事人请求确认自己是公司的股东,那么,当事人能否起诉请求确认自己不是公司的股东呢?

(1)根据诉讼请求内容的不同,诉可以分为确认之诉、给付之诉、变更之诉。确认之诉,是指当事人请求人民法院确认自己与被告之间是否存在某种民事法律关系的诉。确认之诉又可以分为两种:一种是当事人请求人民法院确认自己与被告之间存在某种民事法律关系的诉,称之为"肯定的确认之诉"或者"积极的确认之诉";另一种是当事人请求人民法院确认自己与被告之间不存在某种民事法律关系的诉,称之为"否定的确认之诉"或者"消极的确认之诉"。当事人向人民法院起诉请求确认自己是公司的股东,这属于积极确认之诉;当事人向人民法院起诉请求确认自己不是公司的股东,这属于消极确认之诉。

(2)《民事诉讼法》第一百二十二条规定:"起诉必须符合下列条件:(一)原告是与本案有直接利害关系的公民、法人和其他组织;(二)有明确的被告;(三)有具体的诉讼请求和事实、理由;(四)属于人民法院受理民事诉讼的范围和受诉人民法院管辖。"也就是说,当事人向人民法院起诉请求确认自己不是公司的股东,应当符合该规定。换句话说,如果当事人向人民法院起诉请求确认自己不是公司的股东,符合该规定的,则人民法院应当受理。

(3)《民事案件案由规定》第二百六十二条规定的"股东资格确认纠纷",是指当事人之间或者当事人与公司之间就股东资格是否存在发生争议而引起的纠纷。"股东资格是否存在"本身就包含了两种情况:一种是股东资格存在,一种是股东资格不存在。因此,当事人向人民法院起诉请求确认自己不是公司的股东,符合"股东资格确认纠纷"应有之意。

(4)基于以上分析,当事人不但可以向人民法院起诉请求确认自己不是公司的股东,而且当事人还可以起诉请求确认他人不是公司的股东;当然,也可以起诉请求确认他人是公司的股东。

二、优先股

(一)何为优先股

优先股在我国最早出现于 2013 年 11 月 30 日,国务院发布的《关于开展优先股试点的指导意见》。该《指导意见》第(一)条规定:"优先股是指依照公司法,在一般规定的普通种类股份之外,另行规定的其他种类股份,其股份持有人优先于普通股股东分配公司利润和剩余财产,但参与公司决策管理等权利受到限制。"

2014 年 3 月 21 日,中国证券监督管理委员会发布的《优先股试点管理办法》,对优先股股东权利的行使、上市公司发行优先股、非上市公众公司非公开发行优先股、交易转让及登记结算、信息披露、回购与并购重组、监管措施和法律责任等作出了规定。

(二)优先股的法律特征

(1)优先股的概念存在于股份有限公司,不见于有限责任公司。

国务院发布的《关于开展优先股试点的指导意见》第(八)条规定:"公开发行优先股的发行人限于证监会规定的上市公司,非公开发行优先股的发行人限于上市公司(含注册地在境内的境外上市公司)和非上市公众公司。"

(2)优先股的"优先"体现在"其股份持有人优先于普通股股东分配公司利润和剩余财产"。

优先分配利润,是指优先股股东按照约定的票面股息率,优先于普通股股东分配公司利润。公司应当以现金的形式向优先股股东支付股息,在完全支付约定的股息之前,不得向普通股股东分配利润。公司应当在公司章程中明确以下事项:①优先股股息率是采用固定股息率还是浮动股息率,并相应明确固定股息率水平或浮动股息率计算方法。②公司在有可分配税后利润的情况下是否必须分配利润。③如果公司因本会计年度可分配利润不足而未向优先股股东足额派发股息,差额部分是否累积到下一会计年度。④优先股股东按照约定的股息率分配股息后,是否有权同普通股股东一起参加剩余利润分配。⑤优先股利润分配涉及的其他事项。(《关于开展优先股试点的指导意见》第(二)条)

优先分配剩余财产,是指公司因解散、破产等原因进行清算时,公司财产在按照公司法和破产法有关规定进行清偿后的剩余财产,应当优先向优先股股东支付未派发的股息和公司章程约定的清算金额,不足以支付的按照优先股股东持股比例分配。(《关于开展优先股试点的指导意见》第(三)条)

(3)优先股股东的"参与公司决策管理等权利受到限制"。

表决权限制,是指除以下情况外,优先股股东不出席股东大会会议,所持股份没有表决权:①修改公司章程中与优先股相关的内容;②一次或累计减少公司注册资本超过百分之十;③公司合并、分立、解散或变更公司形式;④发行优先股;⑤公司章程规定的其他情形。上述事项的决议,除须经出席会议的普通股股东(含表决权恢复的优先股股东)所持表决权的三分之二以上通过之外,还须经出席会议的优先股股东(不含表决权恢复的优先股股东)所持表决权的三分之二以上通过。(《关于开展优先股试点的指导意见》第(五)条)

(三)有限责任公司中能否设置优先股

虽然目前立法没有规定有限责任公司是否可以设置优先股,但鉴于以下几点原因,有限责任公司设置优先股当为完全可行。

（1）上市公司与非上市公众公司的公众性显然远大于有限责任公司的公众性，前者都允许发行优先股，有限责任公司自无禁止的理由。

（2）考察优先股的法律特征，最集中体现在税后利润与剩余财产的优先分配与表决权的适当限制，而《公司法》第三十四条、第四十二条、第一百八十六条，《最高人民法院关于适用〈中华人民共和国公司法〉若干问题的规定（三）》第十六条等规定，已经赋予有限责任公司可以对这些股东权利作出适当调整的权利。

（3）有限责任公司股权激励实践中采取的限制性股权、虚拟股权等做法，或多或少的具备了优先股的某些法律特征。

（4）有限责任公司的公司自治、股东自治，给优先股的适用预留了广泛的法律空间。

三、股东会或者股东大会

股东会是有限责任公司语境下的称谓，股东大会是股份有限公司语境下的称谓，二者的法律内涵完全一致，并无实质区别。

（一）股东会或者股东大会的概念

根据《公司法》第三十六条的规定，有限责任公司股东会，是指由公司全体股东组成的公司权力机构，依照公司法行使职权；根据《公司法》第九十八条的规定，股份有限公司股东大会，是指由公司全体股东组成的公司权力机构，依照《公司法》行使职权。

（二）股东会或者股东大会的法律特征

（1）股东会或者股东大会是由公司全体股东组成。这里包含两层含义：①只要是公司股东，无论其股权或者股份多少，均系股东会或者股东大会成员，均有出席股东会或者股东大会会议，并行使相关股东权利的资格；②组成公司股东会或者股东大会的只能是公司股东。

（2）股东会或者股东大会是公司的权力机构。所谓权力机构，是指股东会或者股东大会所决议的事项均属于公司根本性、决定性的重大问题。

（3）股东会或者股东大会依照《公司法》的规定和公司章程的规定行使相关职权。

（三）股东会或者股东大会的职权

根据《公司法》第三十七条第一款、第九十九条的规定，股东会或者股东大会行使下列职权。

（1）决定公司的经营方针和投资计划。

公司的经营方针和投资计划是公司经营的目标方向和资金运用的长期计划，这样的方针和计划是否可行，能否给公司和股东带来利益，将深刻影响股东的收益，决定公司的命运与未来，是公司的重大问题，应由公司股东会或者股东大会决策。

（2）选举和更换非由职工代表担任的董事、监事，决定有关董事、监事的报酬事项。

非由职工代表担任的公司的董事、监事由股东会或者股东大会选举和更换，董事、监事的报酬，包括报酬数额、支付方式、支付时间等事项均由股东会或者股东大会决定。

（3）审议批准董事会的报告。

股东会或者股东大会享有对公司重大事项的审批权，其中包括对董事会报告的审议批准。

（4）审议批准监事会或者监事的报告。

股东会或者股东大会享有对公司重大事项的审批权,其中包括对监事会、不设监事会的公司监事的报告的审议批准。

(5)审议批准公司的年度财务预算方案、决算方案。

股东会或者股东大会有权审批公司经营管理方面的方案,其中包括对公司年度财务预算方案、结算方案的审议批准。

(6)审议批准公司的利润分配方案和弥补亏损方案。

股东会或者股东大会有权审批公司经营管理方面的方案,其中包括对公司利润分配方案和弥补亏损方案的审议批准。

(7)对公司增加或者减少注册资本作出决议。

公司注册资本的增加或者减少关系到股东的切身利益,应当由股东会或者股东大会作出决议。

(8)对发行公司债券作出决议。

发行公司债券关系到股东的切身利益,应当由股东会或者股东大会作出决议。

(9)对公司合并、分立、解散、清算或者变更公司形式作出决议。

公司合并、分立、解散、清算或者变更公司形式关系到股东的切身利益,应当由股东会或者股东大会作出决议。

(10)修改公司章程。

公司章程是由有限责任公司全体股东在公司设立时共同制定的,或者由股份有限公司发起人在公司设立时共同制定的,因此,修改公司章程也应该由公司股东讨论决定,而不能由董事会、监事会决定。有限责任公司股东会修改公司章程须由代表三分之二以上表决权的股东通过,股份有限公司股东大会修改公司章程须由出席会议的股东所持表决权的三分之二以上通过。

(11)公司章程规定的其他职权。基于对公司自治的尊重,《公司法》允许公司章程规定股东会或者股东大会的其他职权。

(四)股东会或者股东大会会议的召开

1)有限责任公司股东会会议包括:首次会议、定期会议和临时会议。

(1)股东会会议的通知。

股东会会议,无论是首次会议,或者是定期会议,或者是临时会议,都应根据《公司法》第四十一条第一款的规定,遵循以下通知规则。

①在公司章程没有对会议通知作出规定,或者全体股东没有对会议通知作出约定的情况下,召开股东会会议,应当于会议召开十五日前通知全体股东。

②公司章程对于股东会会议召开的通知时间有明确规定的,按照公司章程规定的时间通知全体股东。

③公司章程对于通知时间没有明确规定的,而全体股东对会议通知时间有明确约定的,按照全体股东约定的时间通知全体股东。

(2)股东会会议的召集。

①根据《公司法》第三十八条的规定,有限责任公司股东会的首次会议由出资最多的股东召集。

②根据《公司法》第三十九条第二款、第四十条的规定,有限责任公司股东会的定期会

议依照公司章程的规定按时召开,由董事会召集;不设董事会,仅设执行董事的,由执行董事召集;董事会或者执行董事不能召集或者不召集的,由监事会召集;不设监事会,仅设监事的,由监事召集;监事会或者监事不召集的,由代表十分之一以上表决权的股东自行召集。

③根据《公司法》第三十九条第二款、第四十条的规定,有限责任公司股东会的临时会议由代表十分之一以上表决权的股东提议召开;或者由三分之一以上的董事提议召开;或者由监事会或者不设监事会的监事提议召开。股东会临时会议经提议召开的,由董事会召集;不设董事会,仅设执行董事的,由执行董事召集;董事会或者执行董事不能召集或者不召集的,由监事会召集;不设监事会,仅设监事的,由监事召集;监事会或者监事不召集的,由代表十分之一以上表决权的股东自行召集。

(3)股东会会议的主持。

①根据《公司法》第三十八条的规定,有限责任公司股东会的首次会议由出资最多的股东主持。

②根据《公司法》第四十条的规定,有限责任公司股东会的定期会议和临时会议由董事长主持,董事长不能主持或者不主持的,由副董事长主持;副董事长不能主持或者不主持的,由半数以上董事共同推举一名董事主持;不设董事会的,由执行董事主持;董事会、董事、执行董事不能主持或者不主持的,由监事会或者不设监事会的监事主持;监事会或者监事不能主持或者不主持的,由代表十分之一以上表决权的股东主持。

(4)股东会会议的提案。

谁有权向有限责任公司股东会会议提出议案,《公司法》仅在第五十三条规定了"监事会、不设监事会的公司的监事有权向股东会会议提出议案。"对于其他主体的提案权问题,并无明确规定。笔者认为,《公司法》没有明确规定其他主体的提案权,并不表明其他主体就无权提出议案。针对此问题,应当遵循以下原则处理。

①公司章程应对有权向股东会会议提出议案的主体作出明确规定。

②公司章程应当赋予公司股东、董事会或者执行董事、监事会或者不设监事会的公司的监事提案权。

③公司章程在规定股东的提案权时,鉴于有限责任公司的股东人数限制,不应当对股东的股权比例作出要求。

(5)股东会会议的表决。

根据《公司法》第四十二条、第四十三条的规定,股东会会议的表决按照以下方式处理。

①股东会会议作出修改公司章程、增加或者减少注册资本的决议,以及公司合并、分立、解散或者变更公司形式的决议,必须经代表三分之二以上表决权的股东通过。

②股东会会议对其他事项的决议的表决按照公司章程的规定处理。

③公司章程没有对股东会其他事项的决议的表决作出规定的,由股东按照出资比例行使表决权。

④对股东会决议的其他事项,以简单多数,即全体股东过半数表决权通过为基本原则。

(6)股东会会议的记录。

根据《公司法》第四十一条第二款的规定,有限责任公司股东会应当对所议事项的决定作成会议记录,出席会议的股东应当在会议记录上签名。有限责任公司股东会会议记录没有统一的规范,笔者建议,可以借鉴《上市公司章程指引》第七十二条的规定和《上市公司股东大会规则》第四十一条的规定。有限责任公司股东会会议记录可以记载以下内容:①记录人;②会议时间、地点、议程、召集人;③会议主持人;④出席会议的股东或股东代理人、所持股权、所持表决权、所认缴出资、所实缴出资、列席人员;⑤所议事项及决定;⑥股东签名、列席人员签名、记录人签名、召集人签名、主持人签名;⑦公司盖章;⑧其他内容。

2)股份有限公司股东大会会议包括创立大会、年会和临时股东大会。

(1)股东大会会议的通知。

股东大会会议应遵循以下通知规则。

①根据《公司法》第九十条第一款的规定,发起人应当在创立大会召开十五日前将会议日期通知各认股人或者予以公告。

②根据《公司法》第一百零二条第一款的规定,召开股东大会年会,应当将会议召开的时间、地点和审议的事项于会议召开二十日前通知各股东。发行无记名股票的,应当于会议召开三十日前公告会议召开的时间、地点和审议事项。

③根据《公司法》第一百零二条第一款的规定,临时股东大会应当于会议召开十五日前通知各股东。发行无记名股票的,应当于会议召开三十日前公告会议召开的时间、地点和审议事项。

(2)股东大会会议的召集。

①根据《公司法》第八十九条第一款的规定,股份有限公司发起人应当自股款缴足之日起三十日内主持召开公司创立大会。

②根据《公司法》第一百零一条的规定,股东大会会议,包括年会和临时股东大会,由董事会召集。董事会不能召集或者不召集的,监事会应当及时召集;监事会不召集的,连续九十日以上单独或者合计持有公司百分之十以上股份的股东可以自行召集。

③根据《公司法》第一百条的规定,有下列情形之一的,应当在两个月内召开临时股东大会:董事人数不足公司法规定人数或者公司章程所定人数的三分之二时;公司未弥补的亏损达实收股本总额三分之一时;单独或者合计持有公司百分之十以上股份的股东请求时;董事会认为必要时;监事会提议召开时;公司章程规定的其他情形。

(3)股东大会会议的主持。

①根据《公司法》第八十九条第一款的规定,股份有限公司创立大会由发起人主持。

②根据《公司法》第一百零一条的规定,股东大会会议,包括年会和临时股东大会,由董事长主持;董事长不能主持或者不主持的,由副董事长主持;副董事长不能主持或者不主持的,由半数以上董事共同推举一名董事主持。董事长、副董事长、董事不能主持或者不主持的,监事会应当主持;监事会不主持的,连续九十日以上单独或者合计持有公司百分之十以上股份的股东可以主持。

(4)股东大会会议的提案。

①根据《公司法》第五十三条、第一百一十八条第一款的规定,监事会有权向股东大会会议提出议案。

②根据《公司法》第一百零二条第二款的规定,单独或者合计持有公司百分之三以上股份的股东,可以在股东大会召开十日前提出临时提案并书面提交董事会。

（5）股东大会会议的表决。

根据《公司法》第一百零三条的规定，股东大会会议的表决原则如下：

①股东出席股东大会会议，所持每一股份有一表决权。

②公司持有的本公司股份没有表决权。

③股东大会作出修改公司章程、增加或者减少注册资本的决议，以及公司合并、分立、解散或者变更公司形式的决议，必须经出席会议的股东所持表决权的三分之二以上通过。

④股东大会作出其他事项的决议，必须经出席会议的股东所持表决权过半数通过。

（6）股东大会会议的记录。

根据《公司法》第一百零七条的规定，股份有限公司股东大会应当对所议事项的决定作成会议记录，主持人、出席会议的董事应当在会议记录上签名。会议记录应当与出席股东的签名册及代理出席的委托书一并保存。上市公司的股东大会会议记录应当遵守《上市公司章程指引》第七十二条的规定和《上市公司股东大会规则》第四十一条的规定；非上市股份有限公司的股东大会会议记录可以借鉴上市公司的股东大会会议记录，可以记载以下内容：①记录人；②会议时间、地点、议程、召集人；③会议主持人；④出席会议的股东或股东代理人、所持股份、所持表决权、所认购股份、列席人员；⑤所议事项及决定；⑥董事签名、列席人员签名、记录人签名、召集人签名、主持人签名；⑦公司盖章；⑧其他内容。

（7）股东大会与创立大会的区别。

《公司法》第八十九条规定："发起人应当自股款缴足之日起三十日内主持召开公司创立大会"；《公司法》第九十八条规定："股份有限公司股东大会由全体股东组成。股东大会是公司的权力机构，依照本法行使职权。"据此，既可以将创立大会视为股份有限公司股东大会的首次会议，同时，创立大会与通常意义上的股东大会又存在一定的区别。

①会议参加人的身份不同。虽然参加创立大会和股东大会的人员是相同的，但创立大会召开时公司尚未成立，参加人称之为发起人和认股人；股东大会召开时公司已然成立，参加人称之为股东。

②会议性质不同。创立大会召开时，公司尚未成立，创立大会还不能被认为是公司的权力机构；股东大会则是公司成立后召开的，因此，股东大会是公司的权力机构。

③会议召开的前提不同。创立大会召开的前提是"发行股份的股款缴足后"；股东大会则是每年召开一次年会，同时，根据《公司法》第一百条规定的情形召开临时股东大会。

④会议的召集人不同。创立大会的召集人是发起人；股东大会的召集人是董事会。

⑤会议的职权不同。创立大会行使《公司法》第九十条第二款规定的职权：a. 审议发起人关于公司筹办情况的报告；b. 通过公司章程；c. 选举董事会成员；d. 选举监事会成员；e. 对公司的设立费用进行审核；f. 对发起人用于抵作股款的财产的作价进行审核；g. 发生不可抗力或者经营条件发生重大变化直接影响公司设立的，可以作出不设立公司的决议。

股东大会则根据《公司法》第九十九条的规定行使《公司法》第三十七条第一款规定的职权。

（五）有限责任公司股东能否委托代理人出席股东会会议并行使表决权

（1）公司法并未对有限责任公司股东能否委托代理人出席股东会会议，作出明确规定，没有允许，也没有禁止。根据"法无禁止即可为"的基本原则，既然没有禁止，股东就有权自主决定是亲自出席会议，还是委托代理人出席会议。

（2）根据《公司法》第一百零六条的规定，股份有限公司股东可以委托代理人出席股东大会，且代理人有权在股东的授权范围内行使表决权。既然允许股份有限公司股东可以委托代理人出席会议，有限责任公司股东委托代理人出席会议也应该是完全可以的。

（3）代理是民事主体参与民事活动，处理民事事务广为采用的方式，根据《民法典》第一百六十一条的规定，除了依照法律规定，或者当事人的约定或者民事法律行为的性质，只能由本人实施的民事法律行为以外，一般民事法律行为都允许民事主体通过代理人实施。有限责任公司股东委托代理人出席股东会并行使表决权也不应例外。

（4）公司股东既可以委托公司其他股东代理出席股东会，并行使表决权；也可以委托其他任何人代理出席股东会，并行使表决权。当然，代理人必须具有民事行为能力。

（5）根据《公司法》第一百零六条的规定，股份有限公司股东委托代理人出席股东大会会议，代理人应当向公司提交股东授权委托书，并在授权范围内行使表决权。故此，有限责任公司股东委托代理人出席股东会会议也应采用书面委托代理形式，有限责任公司股东也应向代理人出具书面授权委托书，且授权委托书应载明授权范围。代理人出席股东会会议的，应当向公司提交书面授权委托书，并在授权范围内行使表决权。

（6）若公司章程对于股东委托代理人出席股东会会议并行使表决权有明确的规定，且该规定并不违反法律、行政法规的强制性规定的，应当依照公司章程的规定执行。若公司章程禁止公司股东委托代理人出席股东会会议，也应当遵照执行，但如果公司章程的禁止性规定造成股东出席股东会会议并行使表决权的权利被实质性剥夺的，应为无效。

（六）有限责任公司股东会与股份有限公司股东大会的区别

为了加深对股东会或者股东大会的理解，现将有限责任公司股东会与股份有限公司股东大会的区别罗列如下：

1. 可否不召开会议的区别

（1）有限责任公司的股东对股东会决议事项以书面形式一致表示同意的，可以不召开股东会会议，直接作出决定，并由全体股东在决定文件上签名、盖章。（《公司法》第三十七条第二款）

（2）股份有限公司必须召开股东大会会议对决议事项进行表决。

2. 定期会议召开次数的区别

（1）有限责任公司的股东会会议应当依照公司章程的规定按时召开。（《公司法》第三十九条第二款）

（2）股份有限公司应当每年召开一次年会。（《公司法》第一百条）

3. 召开临时会议时间要求的区别

（1）公司法没有对有限责任公司股东会临时会议的召开时间作出规定。

（2）股份有限公司应当在法定情形出现后两个月内召开临时股东大会。（《公司法》第一百条）

4. 应当召开临时会议情形的区别

（1）有限责任公司应当召开股东会临时会议的情形：①代表十分之一以上表决权的股东提议的；②三分之一以上的董事提议的；③监事会或者不设监事会的公司的监事提议的。（《公司法》第三十九条第二款）

（2）股份有限公司应当召开股东大会临时会议的情形是：①董事人数不足公司法规定

人数或者公司章程所定人数的三分之二时；②公司未弥补的亏损达实收股本总额三分之一时；③单独或者合计持有公司百分之十以上股份的股东请求时；④董事会认为必要时；⑤监事会提议召开时；⑥公司章程规定的其他情形。(《公司法》第一百条)

5. 会议通知时间的区别

(1)有限责任公司召开股东会会议，应当于会议召开十五日前通知全体股东；但是，公司章程另有规定或者全体股东另有约定的除外。(《公司法》第四十一条第一款)

(2)股份有限公司召开股东大会会议，应当将会议召开的时间、地点和审议的事项于会议召开二十日前通知各股东；临时股东大会应当于会议召开十五日前通知各股东；发行无记名股票的，应当于会议召开三十日前公告会议召开的时间、地点和审议事项。(《公司法》第一百零二条第一款)

6. 会议表决权行使的区别

(1)股东会会议由股东按照出资比例行使表决权；但是，公司章程另有规定的除外。(《公司法》第四十二条)

(2)股东出席股东大会会议，所持每一股份有一表决权。但是，公司持有的本公司股份没有表决权。(《公司法》第一百零三条第一款)

第二节　董事、董事会、执行董事、独立董事

一、董事

(一)董事的概念

董事，是指由公司股东选任的公司董事会的组成人员。

(二)董事的任期

根据《公司法》第四十五条、第一百零八条的规定，关于董事的任期应作如下理解。

(1)董事的每届任期不得超过三年。这属于法律的强制性规定，即董事的任期每届最长是三年。

(2)董事的任期由公司章程规定。公司章程可以在三年以内任意规定董事的任期。

(3)董事任期届满，连选可以连任。虽然董事的每届任期不能超过三年，但可以连选连任，不受届数限制，直至终身。

(4)董事任期届满未及时改选，或者董事在任期内辞职导致董事会成员低于法定人数的，在改选出的董事就任前，原董事仍应当依照法律、行政法规和公司章程的规定，履行董事职务。

(三)不得担任董事的情形

根据《公司法》第一百四十六条的规定，有下列情形之一的，不得担任公司的董事。

(1)无民事行为能力或者限制民事行为能力。

根据《民法典》第二十条、第二十一条的规定，无民事行为能力的自然人包括："不满八周岁的未成年人""八周岁以上的不能辨认自己行为的未成年人"和"不能辨认自己行为的成年人"；根据《民法典》第十九条、第二十二条的规定，限制民事行为能力的自然人包括："八周岁以上的未成年人"和"不能完全辨认自己行为的成年人"。

（2）因贪污、贿赂、侵占财产、挪用财产或者破坏社会主义市场经济秩序，被判处刑罚，执行期满未逾五年，或者因犯罪被剥夺政治权利，执行期满未逾五年。

贪污、贿赂、侵占财产、挪用财产或者破坏社会主义市场经济秩序犯罪都属于故意犯罪，且与经济活动密切相关，犯有上述罪行且被判处刑罚，说明犯罪之人具有经济犯罪的主观动机，执行期满后一定时期内，不宜担任公司的主要管理人员，以保护公司、股东、债权人的合法权益。

同时，《刑法》第五十四条的规定："剥夺政治权利是剥夺下列权利：（一）选举权和被选举权；（二）言论、出版、集会、结社、游行、示威自由的权利；（三）担任国家机关职务的权利；（四）担任国有公司、企业、事业单位和人民团体领导职务的权利。"因犯罪被剥夺政治权利，执行期满后一定时期内，也不宜担任公司的主要管理人员。这里的因犯罪被剥夺政治权利，不限于贪污、贿赂、侵占财产、挪用财产或者破坏社会主义市场经济秩序犯罪。

（3）担任破产清算的公司、企业的董事或者厂长、经理，对该公司、企业的破产负有个人责任的，自该公司、企业破产清算完结之日起未逾三年。

公司、企业的董事或者厂长、经理，对该公司、企业的破产负有个人责任，说明其经营管理不善，不具备相应的经营管理的能力，一定时期内，不宜再担任公司的主要管理人员。

（4）担任因违法被吊销营业执照、责令关闭的公司、企业的法定代表人，并负有个人责任的，自该公司、企业被吊销营业执照之日起未逾三年。

法定代表人是公司、企业的负责人和代表人，公司、企业因违法被吊销营业执照或者被责令关闭，法定代表人难辞其咎，一定时期内，不宜再担任公司的主要管理人员。

（5）个人所负数额较大的债务到期未清偿。

个人所负数额较大的债务到期未清偿，证明该人缺乏债务清偿能力和个人信用，不宜担任公司的主要管理人员。

公司违反规定选举、委派董事的，该选举、委派无效；董事在任职期间出现以上情形的，公司应当解除其职务。

（四）职工董事

职工董事，是指公司董事会成员中的职工代表。设立职工董事应遵循以下原则。

（1）根据《公司法》第四十四条第二款的规定，两个以上的国有企业或者两个以上的其他国有投资主体投资设立的有限责任公司董事会成员中应当有公司职工代表。

（2）根据《公司法》第六十七条第一款的规定，国有独资公司董事会成员中应当有公司职工代表。

（3）根据《公司法》第四十四条第二款的规定，其他有限责任公司董事会成员中可以有公司职工代表。

（4）根据《公司法》第一百零八条第二款的规定，股份有限公司董事会成员中可以有公司职工代表。

（5）根据《公司法》第四十四条第二款、第六十七条第二款、第一百零八条第二款的规定，董事会中的职工代表由公司职工通过职工代表大会、职工大会或者其他形式民主选举产生。

（五）董事能否被任意解职

《公司法》第三十七条第一款规定了非职工董事由股东会选举和更换。据此，董事的解职应由股东会作出。一般可以将解职董事的情形分为有理由解职和无理由解职。有理由解职,是指董事在任期届满前,必须满足法定的理由,股东会才有权将其解职;无理由解职,是指股东会有权随时任意解除董事职务,无须满足某种情形。按照现行《公司法》,没有为股东会解除董事职务设定法定情形,故此,股东会解除董事职务遵循无理由解职原则。

《公司法》之所以规定无理由解除董事职务的原则,是基于股东会与董事之间的委任代理关系。这种委任代理关系存在的基础是彼此之间的信任,一旦信任关系不存在了,股东会就有权单方自主决定解除委任,无须理由。与此相对应的,董事也有权基于这种信任关系随时辞去董事职务。

中国证券监督管理委员会公布的《上市公司章程指引》第九十六条规定:"董事由股东大会选举或者更换,并可在任期届满前由股东大会解除其职务。"该规定所贯彻的也是无理由解除董事职务的原则。

(六)高级管理人员能否担任职工董事

(1)《公司法》第五十一条第四款仅规定了"高级管理人员不得兼任监事",公司法未对高级管理人员担任职工董事作出禁止性规定,因此,高级管理人员担任职工董事当属可以。

(2)《公司法》规定了董事会中的职工代表由公司职工通过职工代表大会、职工大会或者其他形式民主选举产生,只要高级管理人员担任职工董事的情形符合该规定,当然有效。

(3)值得注意的是,鉴于高级管理人员毕竟不同于一般的普通职工,高级管理人员很难站在普通职工的立场上对公司事务进行判断,更多的立足于股东、实际控制人的角度履行相应职责。这与职工代表设立的初衷是不完全一致的,据此,高级管理人员不宜担任职工董事,故而,建议公司章程对高级管理人员担任职工董事作出禁止性规定。

(七)董事与公司之间是否存在劳动关系

(1)一般认为,劳动关系,是指用人单位招用劳动者为其成员,劳动者接受用人单位的管理,从事用人单位安排的工作,并从用人单位领取劳动报酬而产生的法律关系。据此可以看出,劳动关系具有以下法律特征:①劳动者加入用人单位,成为用人单位的成员;②劳动者接受用人单位的管理;③劳动者向用人单位提供劳动;④用人单位向劳动者支付劳动报酬。比如,公司招聘劳动者从事生产、销售、管理、科研等活动均可能产生劳动关系。

(2)与用人单位招用劳动者不同,董事的产生并非源于公司的招用,而是如下方面:①根据《公司法》第三十七条第一款的规定,非职工董事是由公司股东会选举和更换;②根据《公司法》第四十四条第二款的规定,职工董事是由公司职工代表大会、职工大会或者其他形式民主选举产生;③根据《关于在上市公司建立独立董事制度的指导意见》的规定,独立董事是指不在公司担任除董事外的其他职务,并与其所受聘的上市公司及其主要股东不存在可能妨碍其进行独立客观判断的关系的董事。因此,无论非职工董事,抑或职工董事,还是独立董事,均非源于公司招用,皆与公司之间不存在劳动关系。

(3)需要说明的是,作为公司的职工董事,首先必须是公司的职工,然后才可能作为职工的代表担任董事,因此,职工董事的特质决定了其具有公司职工和公司董事的双重身份。从职工董事的职工身份的角度来讲,其与公司之间必然存在劳动关系。但该劳动关系存在是基于其职工的身份,而非基于其董事的身份。

二、董事会

公司设董事会,由股东选任的董事组成,是公司的执行机构。

(一)董事会的组成

1. 董事会的人数

根据《公司法》第四十四条第一款的规定,有限责任公司董事会的成员为三人至十三人;根据《公司法》第一百零八条第一款的规定,股份有限公司董事会的成员为五人至十九人。

2. 董事会的成员

根据《公司法》第四十四条第三款、第一百零九条第一款的规定,董事会设董事长一人,可以设副董事长。有限责任公司董事会的董事长、副董事长的产生办法由公司章程规定;股份有限公司董事会的董事长、副董事长由董事会以全体董事的过半数选举产生。

(二)董事会的法律特征

(1)董事会成员中的非职工代表由股东会选举和更换,董事的报酬事项由股东会决定。董事会对股东会负责。

(2)董事会成员中的职工代表由公司职工通过职工代表大会、职工大会或者其他形式民主选举产生。

(3)董事会是公司的执行机构,也是公司的常设机构。董事会的成员虽然可以依法更换,但董事会作为一个组织,自公司成立之日一直存续至公司终止之日。

(4)董事会是公司对外代表机构,有权代表公司对外从事活动,并具有对外效力,董事长可以担任公司的法定代表人。

(三)董事会的职权

《民法典》第八十一条第二款规定:执行机构行使召集权力机构会议,决定法人的经营计划和投资方案,决定法人内部管理机构的设置,以及法人章程规定的其他职权。《公司法》第四十六条对董事会的职权作出了具体规定,明确了董事会对股东会负责,并行使下列职权。

(1)召集股东会会议,并向股东会报告工作。

《公司法》第四十条规定:"(有限责任公司)股东会会议由董事会召集";《公司法》第一百零一条规定:"(股份有限公司)股东大会会议由董事会召集"。同时,由于董事会的非职工董事是由股东会选举和更换的,因此,董事会必须对它的产生机构股东会负责。董事会向股东会报告工作,既是董事会的职权,也是董事会的义务。

(2)执行股东会的决议。

股东会是公司权力机构,董事会是公司执行机构,股东会作出的决议,董事会应予执行,这不但是董事会的职权,也是董事会的义务。

(3)决定公司的经营计划和投资方案。

公司的经营计划,是指管理公司内外业务的方向、目标和措施,是公司内部的、短期的管理计划;公司的投资方案,是指公司内部的、短期的资金运用方向。《公司法》第三十七条规定了股东决定公司的经营方针和投资计划。因此,董事会作为执行机构,应依据股东会决定的经营方针和投资计划,去决定经营计划和投资方案,且董事会决定的经营计划和投资方案不能违反股东会决定的经营方针和投资计划。

（4）制订公司的年度财务预算方案、决算方案。

《公司法》第三十七条规定了股东会审议批准公司的年度财务预算方案、决算方案，而财务预算方案、决算方案的制订则是由董事会负责，这既是董事会的职权，也是董事会的义务。

（5）制订公司的利润分配方案和弥补亏损方案。

《公司法》第三十七条规定了股东会审议批准公司的利润分配方案和弥补亏损方案，而利润分配方案和弥补亏损方案的制订则是由董事会负责，这既是董事会的职权，也是董事会的义务。

（6）制订公司增加或者减少注册资本以及发行公司债券的方案。

《公司法》第三十七条规定了股东会对公司增加或者减少注册资本以及发行公司债券作出决议，而具体实施方案则由董事会负责制订。

（7）制订公司合并、分立、解散或者变更公司形式的方案。

《公司法》第三十七条规定了股东会对公司合并、分立、解散或者变更公司形式作出决议，而具体实施方案则由董事会负责制订。

（8）决定公司内部管理机构的设置。

公司内部管理机构一般包括市场部门、技术部门、财务部门、行政部门、法务部门等，这些部门如何设置，由董事会决定。

（9）决定聘任或者解聘公司经理及其报酬事项，并根据经理的提名决定聘任或者解聘公司副经理、财务负责人及其报酬事项。

董事会作为公司执行机构，有权决定经理、副经理、财务负责人的聘任与解聘，以及报酬事项。

（10）制定公司的基本管理制度。

公司的基本管理制度一般包括销售制度、财务制度、考勤制度、人事制度、薪酬制度等，这些制度都由董事会制定。

（11）依照《公司法》第一百五十一条第一款、第三款的规定对监事、他人提起诉讼。

根据《公司法》第一百四十九条、第一百五十一条第一款和第三款的规定，监事执行公司职务时违反法律、行政法规或者公司章程的规定，给公司造成损失的，董事会或者不设董事会的有限责任公司的执行董事有权向人民法院提起诉讼，要求监事承担赔偿责任。他人侵犯公司合法权益，给公司造成损失的，董事会或者不设董事会的有限责任公司的执行董事也有权向人民法院提起诉讼，要求他人承担赔偿责任。

根据《最高人民法院关于适用〈中华人民共和国公司法〉若干问题的规定（四）》第二十三条第二款的规定，董事会或者不设董事会的有限责任公司的执行董事依据公司法第一百五十一条第一款规定对监事提起诉讼的，或者依据公司法第一百五十一条第三款规定对他人提起诉讼的，应当列公司为原告，依法由董事长或者执行董事代表公司进行诉讼。

（12）公司章程规定的其他职权。

《公司法》允许公司章程在以上职权之外规定董事会有权行使的其他职权。

（四）董事会会议

1. 董事会会议的召集和主持

根据《公司法》第四十七条的规定，董事会会议的召集和主持应按照以下方式进行。

（1）董事会会议由董事长召集和主持。

（2）董事长不能召集和主持或者不召集和主持的，由副董事长召集和主持。

（3）副董事长不能召集和主持或者不召集和主持的，由半数以上董事共同推举一名董事召集和主持。

2. 董事会的议事方式和表决程序

（1）有限责任公司董事会的议事方式和表决程序。（《公司法》第四十八条）

①除《公司法》有规定的外，由公司章程规定。

②董事会应当对所议事项的决定作成会议记录，出席会议的董事应当在会议记录上签名。

③董事会决议的表决，实行一人一票。

（2）股份有限公司董事会的议事方式和表决程序。（《公司法》第一百一十条、第一百一十一条、第一百一十二条）

①董事会每年度至少召开两次会议，每次会议应当于会议召开十日前通知全体董事和监事。

②代表十分之一以上表决权的股东、三分之一以上董事或者监事会，可以提议召开董事会临时会议。董事长应当自接到提议后十日内，召集和主持董事会会议。

③董事会召开临时会议，可以另定召集董事会的通知方式和通知时限。

④董事会会议应有过半数的董事出席方可举行。

⑤董事会作出决议，必须经全体董事的过半数通过。

⑥董事会决议的表决，实行一人一票。

⑦董事会会议，应由董事本人出席。

⑧董事因故不能出席，可以书面委托其他董事代为出席，委托书中应载明授权范围。

⑨董事会应当对会议所议事项的决定作成会议记录，出席会议的董事应当在会议记录上签名。

⑩董事应当对董事会的决议承担责任。董事会的决议违反法律、行政法规或者公司章程、股东大会决议，致使公司遭受严重损失的，参与决议的董事对公司负赔偿责任。但经证明在表决时曾表明异议并记载于会议记录的，该董事可以免除责任。

（五）董事会的组成人员应该采用单数，还是双数

对于此问题，笔者认为应做如下理解。

（1）《公司法》对董事会的组成人员应该采用单数，还是双数？并未作明确规定，也就是说，无论单数，还是双数，均符合法律要求。

（2）《公司法》虽未规定董事会组成人员应该采用单数，还是双数，但《公司法》的立法是倾向于采用单数的。《公司法》第四十四条规定有限责任公司董事会的组成人员为三人至十三人；《公司法》第一百零八条规定股份有限公司董事会的组成人员是五人至十九人。均采用了单数。

（3）董事会采用单数有利于作出有效决策。因为董事会的决策机制是简单多数决，而决策方式采用的又是一人一票制，因而，在董事会成员是双数的情况下，极易产生同意票与反对票相同的局面，无法作出有效决议，使公司无法正常运转，造成公司僵局的出现。

（六）董事会就对外担保事项表决时,有关联关系的董事是否应当回避

《公司法》第十六条规定了公司为股东或者实际控制人提供担保的,须经股东会或者股东大会决议,且该股东或者该实际控制人支配的股东必须回避,不得参加该事项的表决。根据《公司法》该条的规定,公司为他人提供担保也可以由董事会决议,那么与该担保事项有关联关系的董事是否也应回避表决呢?

(1)《公司法》没有对此作出规定,依据"法无禁止即可为"的一般原则,关联关系董事有权参与该事项表决,没有回避表决的义务。

(2)如果公司章程规定了关联关系董事应当回避该事项表决的,则遵照公司章程的规定处理。

(3)对于上市公司来讲,关联关系董事还是应当回避表决的。《公司法》第一百二十四条规定:"上市公司董事与董事会会议决议事项所涉及的企业有关联关系的,不得对该项决议行使表决权,也不得代理其他董事行使表决权。该董事会会议由过半数的无关联关系董事出席即可举行,董事会会议所作决议须经无关联关系董事过半数通过。出席董事会的无关联关系董事人数不足三人的,应将该事项提交上市公司股东大会审议。"

据此,在公司章程未作规定的情况下,关联关系董事必须回避的情形仅限于上市公司。有限责任公司董事或者非上市股份有限公司的董事没有法定回避义务。

（七）董事长能否将自己的职权委托他人代为行使

对于此问题,笔者认为应做如下理解。

(1)《公司法》对此并没有禁止性规定,甚至《公司法》第四十七条还规定董事长召集和主持董事会会议的权利,可以由副董事长行使。根据此立法精神,董事长将自己的部分职权委托他人代为行使是完全可以的。

(2)董事长不能将自己的全部职权长期的委托他人代为行使。这种情况下,实际上表明其已经无法胜任董事长的工作,无法承担董事长的职责了,应当由公司依据法定程序对其罢免,重新选举新的董事长。

(3)董事长可以将自己的部分职权暂时的委托他人代为行使。比如,董事长生病、临时出差等各种突发情况时,可以委托副董事长或经理等代为行使部分职权;又如,董事长委托他人代为出席会议、参与谈判、签署合同等;再如,董事长改选期间,委托他人暂时代行董事长部分职权等。

（八）有限责任公司董事会与股份有限公司董事会的区别

为了加深对公司董事会的理解,现将有限责任公司董事会与股份有限公司董事会的区别罗列如下:

1. 可否不设的区别

(1)股东人数较少或者规模较小的有限责任公司可以不设董事会,只设执行董事。(《公司法》第五十条第一款)

(2)股份有限公司必须设董事会。(《公司法》第一百零八条第一款)

2. 人数的区别

(1)有限责任公司董事会成员为三至十三人。(《公司法》第四十四条第一款)

(2)股份有限公司董事会成员为五至十九人。(《公司法》第一百零八条第一款)

3. 董事长、副董事长产生办法的区别

（1）有限责任公司董事会董事长、副董事长的产生办法由公司章程规定。（《公司法》第四十四条第三款）

（2）股份有限公司董事会董事长和副董事长由董事会以全体董事的过半数选举产生。（《公司法》第一百零九条第一款）

4. 董事会会议召开次数的区别

（1）《公司法》没有对有限责任公司董事会会议召开的次数作出规定。

（2）股份有限公司董事会每年度至少召开两次会议。（《公司法》第一百一十条第一款）

5. 会议通知时间的区别

（1）《公司法》没有对有限责任公司董事会会议通知的时间作出规定。

（2）股份有限公司董事会每次会议应当于会议召开十日前通知全体董事和监事。（《公司法》第一百一十条第一款）

6. 董事会临时会议的提议召开

（1）《公司法》没有对有限责任公司董事会临时会议作出规定。

（2）股份有限公司代表十分之一以上表决权的股东、三分之一以上董事或者监事会，可以提议召开董事会临时会议。（《公司法》第一百一十条第二款）

三、执行董事

根据《公司法》第五十条的规定，股东人数较少或者规模较小的有限责任公司，可以设一名执行董事，不设董事会。执行董事可以兼任公司经理。执行董事的职权由公司章程规定。

（一）执行董事的法律特征

（1）执行董事的设立条件是"股东人数较少"或者"规模较小"。而且，"股东人数较少"或者"规模较小"的公司是"可以"设执行董事，不是"必须"或者"只能"设执行董事。"股东人数较少"或者"规模较小"的有限责任公司也是可以设立"董事会"的。

（2）执行董事只能设一名。执行董事的人数只能是"一名"，不能设"多名"执行董事。

（3）设执行董事的，不设董事会。"可以"设执行董事的公司一旦选择设立"执行董事"，就不能同时再设立"董事会"；同样，选择设立了"董事会"，就不能同时再设立"执行董事"。"执行董事"与"董事会"二者只能择一设立。

（4）执行董事可以兼任公司经理，也可以不兼任公司经理。如果公司设经理，则执行董事可以兼任经理，也可以另聘他人任经理。

（5）执行董事的职权以公司章程的规定为准。《公司法》规定的董事会的职权可以理解为《公司法》对执行董事职权的规定，同时允许公司章程对执行董事的职权作出其他的规定。

（6）执行董事只存在于有限责任公司，股份有限公司不能设执行董事，必须设董事会。

（7）执行董事是公司的执行机构，与董事会的法律性质相同，但不同于作为董事会成员的公司董事的法律性质。

（二）什么样的公司属于"股东人数较少"或者"规模较小"

由于《公司法》并未就"股东人数较少"或者"规模较小"给出具体的标准，实践中对此也存在较大争议。笔者认为考察一个公司是否属于"股东人数较少"或者"规模较小",应做如下考虑。

（1）根据《公司法》第二十四条的规定，有限责任公司由五十个以下股东出资设立。在五十这个数字内考量，至少股东人数在二十五人以上，才能视为股东人数较多，而股东人数在二十五人以下，都可以视为"股东人数较少"。

（2）根据工业和信息化部、国家统计局、国家发展和改革委员会、财政部 2011 年 6 月 18 日印发的《中小企业划型标准规定》，所谓"规模较小"至少应符合《中小企业划型标准规定》中关于中小微型企业的界定标准。

根据《中小企业划型标准规定》第四条的规定，各行业划型标准如下：

①农、林、牧、渔业。营业收入 20 000 万元以下的为中小微型企业。其中，营业收入 500 万元及以上的为中型企业，营业收入 50 万元及以上的为小型企业，营业收入 50 万元以下的为微型企业。

②工业。从业人员 1 000 人以下或营业收入 40 000 万元以下的为中小微型企业。其中，从业人员 300 人及以上，且营业收入 2 000 万元及以上的为中型企业；从业人员 20 人及以上，且营业收入 300 万元及以上的为小型企业；从业人员 20 人以下或营业收入 300 万元以下的为微型企业。

③建筑业。营业收入 80 000 万元以下或资产总额 80 000 万元以下的为中小微型企业。其中，营业收入 6 000 万元及以上，且资产总额 5 000 万元及以上的为中型企业；营业收入 300 万元以上，且资产总额 300 万元及以上的为小型企业；营业收入 300 万元以下或资产总额 300 万元以下的为微型企业。

④批发业。从业人员 200 人以下或营业收入 40 000 万元以下的为中小微型企业。其中，从业人员 20 人及以上，且营业收入 5 000 万元及以上的为中型企业；从业人员 5 人及以上，且营业收入 1 000 万元及以上的为小型企业；从业人员 5 人以下或营业收入 1 000 万元以下的为微型企业。

⑤零售业。从业人员 300 人以下或营业收入 20 000 万元以下的为中小微型企业。其中，从业人员 50 人及以上，且营业收入 500 万元及以上的为中型企业；从业人员 10 人及以上，且营业收入 100 万元及以上的为小型企业；从业人员 10 人以下或营业收入 100 万元以下的为微型企业。

⑥交通运输业。从业人员 1 000 人以下或营业收入 30 000 万元以下的为中小微型企业。其中，从业人员 300 人及以上，且营业收入 3 000 万元及以上的为中型企业；从业人员 20 人及以上，且营业收入 200 万元及以上的为小型企业；从业人员 20 人以下或营业收入 200 万元以下的为微型企业。

⑦仓储业。从业人员 200 人以下或营业收入 30 000 万元以下的为中小微型企业。其中，从业人员 100 人及以上，且营业收入 1 000 万元及以上的为中型企业；从业人员 20 人及以上，且营业收入 100 万元及以上的为小型企业；从业人员 20 人以下或营业收入 100 万元以下的为微型企业。

⑧邮政业。从业人员 1 000 人以下或营业收入 30 000 万元以下的为中小微型企业。其中，从业人员 300 人及以上，且营业收入 2 000 万元及以上的为中型企业；从业人员 20 人及以上，且营业收入 100 万元及以上的为小型企业；从业人员 20 人以下或营业收入 100 万元以

下的为微型企业。

⑨住宿业。从业人员 300 人以下或营业收入 10 000 万元以下的为中小微型企业。其中，从业人员 100 人及以上，且营业收入 2 000 万元及以上的为中型企业；从业人员 10 人及以上，且营业收入 100 万元及以上的为小型企业；从业人员 10 人以下或营业收入 100 万元以下的为微型企业。

⑩餐饮业。从业人员 300 人以下或营业收入 10 000 万元以下的为中小微型企业。其中，从业人员 100 人及以上，且营业收入 2 000 万元及以上的为中型企业；从业人员 10 人及以上，且营业收入 100 万元及以上的为小型企业；从业人员 10 人以下或营业收入 100 万元以下的为微型企业。

⑪信息传输业。从业人员 2 000 人以下或营业收入 100 000 万元以下的为中小微型企业。其中，从业人员 100 人及以上，且营业收入 1 000 万元及以上的为中型企业；从业人员 10 人及以上，且营业收入 100 万元及以上的为小型企业；从业人员 10 人以下或营业收入 100 万元以下的为微型企业。

⑫软件和信息技术服务业。从业人员 300 人以下或营业收入 10 000 万元以下的为中小微型企业。其中，从业人员 100 人及以上，且营业收入 1 000 万元及以上的为中型企业；从业人员 10 人及以上，且营业收入 50 万元及以上的为小型企业；从业人员 10 人以下或营业收入 50 万元以下的为微型企业。

⑬房地产开发经营。营业收入 200 000 万元以下或资产总额 10 000 万元以下的为中小微型企业。其中，营业收入 1 000 万元及以上，且资产总额 5 000 万元及以上的为中型企业；营业收入 100 万元及以上，且资产总额 2 000 万元及以上的为小型企业；营业收入 100 万元以下或资产总额 2 000 万元以下的为微型企业。

⑭物业管理。从业人员 1 000 人以下或营业收入 5 000 万元以下的为中小微型企业。其中，从业人员 300 人及以上，且营业收入 1 000 万元及以上的为中型企业；从业人员 100 人及以上，且营业收入 500 万元及以上的为小型企业；从业人员 100 人以下或营业收入 500 万元以下的为微型企业。

⑮租赁和商务服务业。从业人员 300 人以下或资产总额 120 000 万元以下的为中小微型企业。其中，从业人员 100 人及以上，且资产总额 8 000 万元及以上的为中型企业；从业人员 10 人及以上，且资产总额 100 万元及以上的为小型企业；从业人员 10 人以下或资产总额 100 万元以下的为微型企业。

⑯其他未列明行业。从业人员 300 人以下的为中小微型企业。其中，从业人员 100 人及以上的为中型企业；从业人员 10 人及以上的为小型企业；从业人员 10 人以下的为微型企业。

四、独立董事

根据《公司法》第一百二十二条的规定，上市公司设立独立董事。上市公司独立董事，全称"独立的外部董事"，根据《关于在上市公司建立独立董事制度的指导意见》的规定，是指不在公司担任除董事外的其他职务，并与其所受聘的上市公司及其主要股东不存在可能妨碍其进行独立客观判断的关系的董事。

由于本书主要针对有限责任公司展开相关论述，股份有限公司，尤其是上市公司不是本书的论述范畴。故此,就上市公司独立董事制度相关问题不再展开。

当然,具备条件的有限责任公司也可以参照上市公司独立董事制度,建立符合自己特点的独立董事制度,法律并不禁止。而且,鉴于独立董事制度对于完善公司治理结构、促进公司规范运作具有相当的助益,有限责任公司设立独立董事不但不应禁止,还应当受到鼓励。

第三节　监事、监事会

监事会作为法定的公司的监督机构,其作用曾长期未得到正常发挥,其地位也长期得不到实践的认可。但随着《民法典》将法人监督机构的功能与作用进一步强化,《公司法》等有关法律法规对监事会相关职责的进一步明确,公司监事、监事会也有了更具表现力的舞台。

一、监事

（一）监事的概念

《民法典》第八十二条规定:营利法人设监事会或者监事等监督机构。《公司法》第五十一条规定:有限责任公司设监事会……股东人数较少或者规模较小的有限责任公司,可以设一至两名监事,不设监事会。据此,监事,也就有了两个法律含义,一是在公司设监事会作为监督机构的情况下,监事是监事会的成员;二是在公司不设监事会的情况下,监事即公司监督机构。

（二）监事的任期

根据《公司法》第五十二条的规定,关于监事的任期应做如下理解。

(1)监事的任期每届为三年。需要注意的是,这与董事任期的规定不同,《公司法》第四十五条规定的董事任期是"每届任期不得超过三年。"而且董事任期在"每届任期不得超过三年"的前提下,由公司章程规定具体的任期。监事任期的规定并无此内容。

(2)监事任期届满,连选可以连任。这与董事的规定是一致的。

(3)监事任期届满未及时改选,或者监事在任期内辞职导致监事会成员低于法定人数的,在改选出的监事就任前,原监事仍应当依照法律、行政法规和公司章程的规定,履行监事职务。这与董事的规定也是一致的。

（三）监事的任职限制

根据《公司法》第一百四十六条、第五十一条第四款的规定,监事的任职限制如下:

(1)无民事行为能力或者限制民事行为能力的人不得担任公司的监事。

(2)因贪污、贿赂、侵占财产、挪用财产或者破坏社会主义市场经济秩序,被判处刑罚,执行期满未逾五年,或者因犯罪被剥夺政治权利,执行期满未逾五年的人不得担任公司的监事。

(3)担任破产清算的公司、企业的董事或者厂长、经理,对该公司、企业的破产负有个人责任的,自该公司、企业破产清算完结之日起未逾三年的人不得担任公司的监事。

(4)担任因违法被吊销营业执照、责令关闭的公司、企业的法定代表人,并负有个人责任的,自该公司、企业被吊销营业执照之日起未逾三年的人不得担任公司的监事。

（5）个人所负数额较大的债务到期未清偿的人不得担任公司的监事。

（6）董事、高级管理人员不得兼任监事。

公司违反以上第（1）～（5）项规定选举、委派监事的，该选举、委派无效；监事在任职期间出现以上第（1）～（5）项情形的，公司应当解除其职务。

（四）监事是否负有竞业禁止的义务

《公司法》第一百四十八条第一款规定："董事、高级管理人员不得有下列行为：（五）未经股东会或者股东大会同意，利用职务便利为自己或者他人谋取属于公司的商业机会，自营或者为他人经营与所任职公司同类的业务。"这就是公司法规定的董事、高级管理人员的竞业禁止义务。这里面没有规定监事需要承担竞业禁止的义务。

竞业禁止除了《公司法》第一百四十八条第一款的规定外，在其他法律规定中也存在，比如以下规定。

（1）《合伙企业法》第三十二条第一款规定："合伙人不得自营或者同他人合作经营与本合伙企业相竞争的业务。"

（2）《个人独资企业法》第二十条规定："投资人委托或者聘用的管理个人独资企业事务的人员不得有下列行为：（六）未经投资人同意，从事与本企业相竞争的业务。"

（3）《劳动合同法》第二十三条第二款规定："对负有保密义务的劳动者，用人单位可以在劳动合同或者保密协议中与劳动者约定竞业限制条款，并约定在解除或者终止劳动合同后，在竞业限制期限内按月给予劳动者经济补偿。劳动者违反竞业限制约定的，应当按照约定向用人单位支付违约金"；第二十四条规定："竞业限制的人员限于用人单位的高级管理人员、高级技术人员和其他负有保密义务的人员。竞业限制的范围、地域、期限由用人单位与劳动者约定，竞业限制的约定不得违反法律、法规的规定。在解除或者终止劳动合同后，前款规定的人员到与本单位生产或者经营同类产品、从事同类业务的有竞争关系的其他用人单位，或者自己开业生产或者经营同类产品、从事同类业务的竞业限制期限，不得超过二年。"

根据以上法律规定，承担竞业禁止义务的基本上都是对公司负有管理职责的人员，而监事对公司并无管理职责，故而将监事排除在外。因此，监事不承担竞业禁止义务。但需要注意的是，尽管《公司法》没有规定监事的竞业禁止义务，但是如果公司章程对监事作出竞业禁止规定，还是应当依据章程的规定处理。

（五）监事与公司之间是否存在劳动关系

监事与公司之间是否存在劳动关系，也是要考察监事是如何产生的。根据《公司法》第三十七条第一款和第五十一条第二款的规定，监事分为股东代表监事和职工代表监事，股东代表监事由股东会选举和更换，职工代表监事则由职工代表大会、职工大会或者其他形式民主选举产生。因此，监事的产生与董事的产生程序基本一致，监事也非源于公司招用，监事与公司之间也并非劳动关系。

需要说明的是，作为公司的职工监事，首先必须是公司的职工，然后才可能作为职工的代表担任监事，因此，职工监事的特质决定了其具有公司职工和公司监事的双重身份。从职工监事的职工身份的角度来讲，其与公司之间必然存在劳动关系。但该劳动关系存在是基于其职工的身份，而非基于其监事的身份。

二、监事会

监事会,是依照法律和公司章程的规定,代表公司股东和职工对公司董事、高级管理人员履职情况进行监督的机构。公司设立监事会,通过监事会的监督活动,维护公司股东的正当利益,保护职工的合法权益。

(一)监事会的组成

(1)根据《公司法》第五十一条的规定,有限责任公司监事会的组成遵循以下原则。

①监事会成员不得少于三人。

②股东人数较少或者规模较小的公司,可以不设监事会,设一至两名监事。

③监事会应当包括股东代表和适当比例的公司职工代表,其中职工代表的比例不得低于三分之一,具体比例由公司章程规定。

④监事会中的职工代表由公司职工通过职工代表大会、职工大会或者其他形式民主选举产生。

⑤监事会设主席一人,由全体监事过半数选举产生。

(2)根据《公司法》第一百一十七条的规定,股份有限公司监事会的组成遵循以下原则。

①监事会成员不得少于三人。

②监事会应当包括股东代表和适当比例的公司职工代表,其中职工代表的比例不得低于三分之一,具体比例由公司章程规定。

③监事会中的职工代表由公司职工通过职工代表大会、职工大会或者其他形式民主选举产生。

④监事会设主席一人,可以设副主席。监事会主席和副主席由全体监事过半数选举产生。

(二)监事会、不设监事会的公司的监事的职权

《民法典》第八十二条规定:"监督机构依法行使检查法人财务,监督执行机构成员、高级管理人员执行法人职务的行为,以及法人章程规定的其他职权。"《公司法》第五十三条、第五十四条、第一百一十八条规定了监事会、不设监事会的公司的监事行使下列职权。

(1)检查公司财务。

检查公司财务,主要是审核、查阅公司的财务会计报告和其他财务会计资料。财务会计报告是公司董事会制作的反映公司一定期限内财务状况和经营成果的书面文件,主要是对公司资产负债表、损益表等表册的说明。其他会计资料是指资产负债表、损益表、财务状况变动表(或者现金流量表)、附表及会计报表附注和财务状况的说明书等。监事有权对公司的财务会计报告和其他财务会计资料进行审查与核实,看其所制作表册和内容是否合法、是否符合公司章程的规定。

(2)对董事、高级管理人员执行公司职务的行为进行监督,对违反法律、行政法规、公司章程或者股东会决议的董事、高级管理人员提出罢免的建议。

对违反法律、行政法规、公司章程或者股东会决议的董事、高级管理人员,监事会、不设监事会的公司的监事有权向产生该董事的机构如股东会提出罢免董事,以及向董事会提出罢免高级管理人员的建议。

(3)当董事、高级管理人员的行为损害公司的利益时,要求董事、高级管理人员予以

纠正。

监事会、监事应当认真履行监督董事、高级管理人员执行公司职务的行为,当发现董事、高级管理人员的行为损害公司的利益时,应当及时向董事、高级管理人员提出,并要求其予以纠正。

(4)提议召开临时股东会会议,在董事会不履行召集和主持股东会会议职责时召集和主持股东会会议。

监事会、监事在监督工作中,如发现董事、高级管理人员实施严重违法行为并拒绝监事会、监事要求纠正的意见,不予制止将对公司产生重大利益影响的,此时因情况紧急,有权提议召开临时股东会。如果董事会不履行召集和主持股东会会议职责的,监事会、监事有权直接召集和主持股东会会议。

(5)向股东会会议提出议案。

监事会、监事有权直接向股东会会议提出议案,供股东会讨论决策,比如,提出建议罢免董事的议案等。

(6)依照《公司法》第一百五十一条第一款的规定,对董事、高级管理人员提起诉讼。

根据《公司法》第一百四十九条、第一百五十一条第一款的规定,董事、高级管理人员执行公司职务时违反法律、行政法规或者公司章程的规定,给公司造成损失的,监事会、不设监事会的有限责任公司的监事有权向人民法院提起诉讼,要求董事、高级管理人员承担赔偿责任。

根据《最高人民法院关于适用〈中华人民共和国公司法〉若干问题的规定(四)》第二十三条第一款的规定,监事会或者不设监事会的有限责任公司的监事依据公司法第一百五十一条第一款规定对董事、高级管理人员提起诉讼的,应当列公司为原告,依法由监事会主席或者不设监事会的有限责任公司的监事代表公司进行诉讼。

(7)可以列席董事会会议,并对董事会决议事项提出质询或者建议。

监事作为由股东或者职工选举产生并负有对董事、高级管理人员执行职务的行为进行监督职责的人员,如果不了解公司业务决策、业务执行情况,很难开展监督工作。为了增强监督实效,保证监事能够有针对性地开展监督工作,公司应当建立监事了解公司业务决策情况和业务执行情况的机制。这就是监事可以列席董事会会议。董事会应当予以保障,在召开董事会会议前,应当及时通知监事列席会议。

监事在列席董事会会议时,有权对董事会决议事项提出质询或者建议。也就是说,监事列席董事会会议,在了解董事会会议决议情况的基础上,如果认为董事会会议决议的事项存在问题,有权提出质询或者建议。对于监事的质询,董事会应当认真对待,给予答复,作出说明或者解释;对于监事的建议,应当认真研究,该采纳的及时采纳。

(8)发现公司经营情况异常,可以进行调查;必要时,可以聘请会计师事务所等协助其工作。

监事会在公司的日常经营活动中,发现公司经营情况异常,可以进行调查,且该项调查权是独立的,不需要事先经过同意。必要时还可以聘请会计师事务所等协助其工作,并由公司承担费用。至于何为"经营情况异常"?公司法并未给出具体的标准,实践中应由监事会根据商业经验和具体情况进行判断。笔者建议,最好能在公司章程中就这一问题作出明确规定。

需要注意的是,公司设立的最终目的是营利,公司运营效率的高低对于公司能否营利至关重要。因此,监事会只有在确有必要时才可以行使调查权,并且应尽量不影响公司的运营效率,不能过分增加公司的运营成本。

(9)公司章程规定的其他职权。

《公司法》允许公司章程在以上职权之外规定监事会有权行使的其他职权。

(三)监事会会议

1. 监事会会议的种类

根据《公司法》第五十五条、第一百一十九条的规定,监事会会议分为定期会议和临时会议。

(1)定期会议。

有限责任公司监事会定期会议至少每年度召开一次;股份有限公司监事会定期会议每六个月至少召开一次会议。

(2)临时会议。

临时会议,是指监事可以提议召开的临时监事会会议。

2. 监事会会议的召集和主持

根据《公司法》第一百一十七条的规定,监事会会议由监事会主席召集和主持;监事会主席不能召集和主持或者不召集和主持的,由半数以上监事共同推举一名监事召集和主持监事会会议。

3. 监事会会议的议事方式和表决程序

根据《公司法》第五十五条、第一百一十九条的规定,监事会会议的议事方式和表决程序应遵循以下方式处理。

(1)除公司法有规定的外,由公司章程规定。

(2)监事会决议应当经半数以上监事通过。

(3)监事会应当对所议事项的决定作成会议记录,出席会议的监事应当在会议记录上签名。

(四)有限责任公司监事会与股份有限公司监事会的区别

为了加深对公司监事会的理解,现将有限责任公司监事会与股份有限公司监事会的区别罗列如下:

1. 可否不设的区别

(1)股东人数较少或者规模较小的有限责任公司可以不设监事会,只设一至两名监事。(《公司法》第五十一条第一款)

(2)股份有限公司必须设监事会。(《公司法》第一百一十七条第一款)

2. 可否设副主席的区别

(1)公司法对有限责任公司监事会是否可以设副主席没有作出规定。

(2)股份有限公司监事会可以设副主席。(《公司法》第一百一十七条第三款)

3. 会议召开次数的区别

(1)有限责任公司监事会每年度至少召开一次会议。(《公司法》第五十五条第一款)

(2)股份有限公司监事会每六个月至少召开一次会议。(《公司法》第一百一十九条第一款)

（五）监事（会）在何种情形下可以代表公司参与民事活动和诉讼活动

通常情况下，有权代表公司参与民事活动和诉讼活动的是公司法定代表人，但在某些特殊情形下，监事也可以代表公司参与民事活动和诉讼活动。经过笔者的梳理，主要有以下情形。

（1）根据《公司法》第五十三条第（六）项、第一百五十一条第一款，《最高人民法院关于适用〈中华人民共和国公司法〉若干问题的规定（四）》第二十三条第一款的规定，监事会或者不设监事会的有限责任公司的监事对董事、高级管理人员提起诉讼的，应当列公司为原告，由监事会主席或者不设监事会的有限责任公司的监事代表公司进行诉讼。

（2）根据《公司法》第五十四条第二款的规定，监事会、不设监事会的公司的监事发现公司经营情况异常，可以进行调查；必要时，可以聘请会计师事务所等协助其工作，费用由公司承担。

（3）法定代表人与公司之间出现诉讼的，比如，法定代表人以公司股东或者董事的身份起诉公司请求确认公司决议无效的，公司监事会主席或者不设监事会的有限责任公司的监事就有可能代表公司参与诉讼活动。

（六）监事能否对公司提起知情权诉讼

（1）《公司法》第三十三条规定了有限责任公司股东有权查阅、复制公司财务会计报告，有权要求查阅公司会计账簿；《公司法》第九十六条、第九十七条规定了股份有限公司应当将财务会计报告置备于公司，公司股东有权查阅公司财务会计报告；《公司法》第一百六十五条规定了有限责任公司应当依照公司章程规定的期限将财务会计报告送交各股东，股份有限公司的财务会计报告应当在召开股东大会年会的二十日前置备于公司，供股东查阅；公开发行股票的股份有限公司必须公告其财务会计报告。根据以上规定，公司股东对公司的知情权，包括财务信息的知情权是受到法律保护的，如果公司侵犯了股东的知情权，股东可以向人民法院提起诉讼。

（2）《公司法》第五十三条、第一百一十八条对有限责任公司和股份有限公司的监事会也规定了"检查公司财务"的职权。与股东对公司的知情权不同的是，公司法并未规定监事有权提起知情权诉讼。

（3）若监事以其知情权受损，无法履行"检查公司财务"的职权为由向人民法院提起诉讼的，人民法院不应受理。监事应通过公司内部途径解决。

（4）监事与股东的根本性不同在于，公司侵犯股东知情权的，股东是直接的民事权益受损方；而公司侵犯监事知情权的，仅仅是造成监事无法履行职责，但监事并非直接的民事权益受损方。这才是监事不应如同股东一样享有诉权的根本原因所在。

（七）公司股东、董事、监事能否请求确认监事会决议无效或者不成立？公司股东能否请求撤销监事会决议

（1）根据《公司法》第二十二条，《最高人民法院关于适用〈中华人民共和国公司法〉若干问题的规定（四）》的规定，可被诉确认无效、不成立，以及被诉撤销的仅为股东会或者股东大会决议和董事会决议，并没有规定监事会决议可以作为被诉的对象。因此，监事会决议不可被诉无效或者不成立，或者被诉撤销。

（2）《公司法》之所以对股东会或者股东大会决议、董事会决议与监事会决议作出如此不同的规定，笔者认为，应该还是基于决议内容的性质存在差异。股东会或者股东大会作

为公司的权力机构,董事会作为公司的执行机构,其决议内容属于对公司的经营管理事项;而监事会作为公司的监督机构,其决议内容属于对公司事务的检查、监督、建议、提议、质询、调查等事项,不具有确认决议效力、撤销决议的必要性。

第四节 高级管理人员

公司高级管理人员,是指公司管理层中担任重要职务、负责公司经营管理、掌握公司重要信息的人员。可以分为两类:①法定的高级管理人员;②章定的高级管理人员。

一、法定的高级管理人员

法定的高级管理人员,即《公司法》明确规定的公司高级管理人员,是指公司的经理、副经理、财务负责人、上市公司董事会秘书。

(一)经理

经理,是指在董事会的领导下负责公司日常生产经营管理工作的业务执行机构。有限责任公司可以设经理,也可以不设经理。股份有限公司必须设经理。公司设经理的,由董事会决定聘任或者解聘。经理列席董事会会议,对董事会负责。

根据《公司法》第四十九条的规定,经理行使下列职权。

①主持公司的生产经营管理工作,组织实施董事会决议。

②组织实施公司年度经营计划和投资方案。

③拟订公司内部管理机构设置方案。

④拟订公司的基本管理制度。

⑤制定公司的具体规章。

⑥提请聘任或者解聘公司副经理、财务负责人。

⑦决定聘任或者解聘除应由董事会决定聘任或者解聘以外的负责管理人员。

⑧列席董事会会议。

⑨董事会授予的其他职权。

公司章程对经理职权另有规定的,从其规定。

(二)副经理

副经理,是指由经理提请董事会决定聘任或者解聘的协助经理工作的管理人员。

(三)财务负责人

财务负责人,是指由经理提请董事会决定聘任或者解聘的财务负责人员。

(四)上市公司董事会秘书

上市公司设董事会秘书,负责公司股东大会和董事会会议的筹备、文件保管以及公司股东资料的管理,办理信息披露事务等事宜。

二、章定的高级管理人员

章定的高级管理人员,即公司章程规定的公司高级管理人员,是指在法定的高级管理人员之外,由公司章程明确规定为高级管理人员的其他人员。

三、不得担任高级管理人员的情形

根据《公司法》第一百四十六条的规定,有下列情形之一的,不得担任公司的高级管理人员。

①无民事行为能力或者限制民事行为能力。

②因贪污、贿赂、侵占财产、挪用财产或者破坏社会主义市场经济秩序,被判处刑罚,执行期满未逾五年,或者因犯罪被剥夺政治权利,执行期满未逾五年。

③担任破产清算的公司、企业的董事或者厂长、经理,对该公司、企业的破产负有个人责任的,自该公司、企业破产清算完结之日起未逾三年。

④担任因违法被吊销营业执照、责令关闭的公司、企业的法定代表人,并负有个人责任的,自该公司、企业被吊销营业执照之日起未逾三年。

⑤个人所负数额较大的债务到期未清偿。

公司违反规定聘任高级管理人员的,该聘任无效。高级管理人员在任职期间出现以上情形的,公司应当解除其职务。

第五节　法定代表人

一、什么是法定代表人

法定代表人,是指依照《公司法》和公司章程的规定,代表公司行使职权,从事民事活动的负责人。

二、法定代表人的法律特征

(一)法定代表人是依照法律或者公司章程的规定确定

(1)所谓"依照法律的规定确定",是指根据《民法典》第八十一条和《公司法》第十三条的规定,公司法定代表人只能由董事长担任,或者执行董事担任,或者经理担任。除此之外的,比如,副董事长、董事;或者监事会主席、副主席、监事;或者副经理、财务负责人;或者其他人员,均不得担任公司法定代表人。

(2)所谓"依照公司章程的规定确定",是指公司法定代表人究竟是董事长?还是执行董事?还是经理?《公司法》并不干涉,决定权在于公司章程。

(3)公司法定代表人一旦确定,须依法登记;法定代表人变更的,应当办理变更登记。

①《公司法》第十三条规定:"公司法定代表人依照公司章程的规定,由董事长、执行董事或者经理担任,并依法登记。公司法定代表人变更,应当办理变更登记。"

②《公司登记管理条例》第九条将"法定代表人姓名"列入公司登记事项;第二十条规定,申请设立有限责任公司应向公司登记机关提交"公司法定代表人签署的设立登记申请书"和"公司法定代表人任职文件和身份证明"等文件;第二十一条规定,申请设立股份有限公司应向公司登记机关提交"公司法定代表人签署的设立登记申请书"和"公司法定代表人任职文件和身份证明"等文件。

③《公司登记管理条例》第三十条规定:"公司变更法定代表人的,应当自变更决议或者

决定作出之日起三十日内申请变更登记。"

（二）法定代表人是代表公司从事民事活动的公司主要负责人

（1）法定代表人以公司名义从事的民事活动，其法律后果由公司承受。

法定代表人对外以公司名义进行民事活动时，其与公司之间属于代表与被代表的关系，且这种代表与被代表的关系无须公司的授权，而是来自法律的规定。因此，法定代表人对外的职务行为即为公司行为，其后果由公司承担。不但法定代表人的正常权限范围内的代表行为后果由公司承担，即使法定代表人的越权行为后果，也可由公司承担。比如，根据《民法典》第五百零四条的规定，法定代表人超越权限订立的合同，除相对人知道或者应当知道其超越权限外，该代表行为有效，订立的合同对公司发生效力。

（2）公司章程或者公司权力机构对法定代表人代表权的限制，不得对抗善意相对人。

这里的"善意相对人"，是指对公司章程或者公司权力机构对法定代表人代表权的限制，不知情或者不应当知情的权利人。公司章程或者公司权力机构对法定代表人代表权的限制均属于公司内部的管理规范，外人无从得知，因此，基于保护交易活动中无过错方的权利，维护交易安全的需要，公司章程或者公司权力机构对法定代表人代表权的限制，不得对抗善意相对人。前面提到的《民法典》第五百零四条就是这种法律原则的最好体现。

（3）法定代表人因执行职务造成他人损害的，由公司承担民事责任。

法定代表人因执行职务造成他人损害的，属于职务侵权，等同于公司造成他人损害，等同于公司侵权。既然法定代表人以公司名义从事民事活动的法律后果由公司承受，那么法定代表人的职务侵权行为，也就是公司的侵权行为后果自然也应由公司承担民事责任。当然，公司承担民事责任后，可以依照法律或者公司章程的规定向有过错的法定代表人追偿。

（三）法定代表人只能由自然人担任

公司的法定代表人只能由自然人担任，而且有一定的条件限制。根据《公司法》第一百四十六条第一款的规定，有下列情形之一的，自然人不得担任公司的法定代表人。

（1）无民事行为能力或者限制民事行为能力的自然人不得担任公司的法定代表人。

（2）因贪污、贿赂、侵占财产、挪用财产或者破坏社会主义市场经济秩序，被判处刑罚，执行期满未逾五年的自然人，或者因犯罪被剥夺政治权利，执行期满未逾五年的自然人不得担任公司的法定代表人。

（3）担任破产清算的公司、企业的董事或者厂长、经理，对该公司、企业的破产负有个人责任的，自该公司、企业破产清算完结之日起未逾三年的自然人不得担任公司的法定代表人。

（4）担任因违法被吊销营业执照、责令关闭的公司、企业的法定代表人，并负有个人责任的，自该公司、企业被吊销营业执照之日起未逾三年的自然人不得担任公司的法定代表人。

（5）个人所负数额较大的债务到期未清偿的自然人不得担任公司的法定代表人。

三、法定代表人与法人的联系与区别

实践中，"法定代表人"与"法人"的概念经常被人混淆，我们常常会听到这样的介绍：这位张总是我们公司的法人；我们公司的法人是张总，等等。这里就是混淆了"法定代表人"与"法人"的概念。下面就为大家梳理一下这两个概念的联系与区别。

1)"法人"是"组织","法定代表人"是"自然人"。

(1)根据《民法典》第五十七条的规定,法人是指"具有民事权利能力和民事行为能力,依法独立享有民事权利和承担民事义务的组织"。同时,《民法典》第五十八条、第六十条规定了法人应当具备的条件:①依法成立;②有自己的名称;③有组织机构;④有住所;⑤有财产或者经费;⑥能够独立承担民事责任。

(2)根据《民法典》第六十一条第一款的规定,法定代表人是指"依照法律或者法人章程的规定,代表法人从事民事活动的负责人"。

由此可见,"法人"与"法定代表人"的最简明区别就是,"法人"是一个组织,而"法定代表人"是一个自然人。所以,我们下次再对外介绍就应当说:这位张总是我们公司的法定代表人;我们公司的法定代表人是张总。这就没有毛病了。

2)一个"法人"只能有一个"法定代表人",但同一个"自然人"可以担任多家"法人"的"法定代表人"。比如,A公司的法定代表人是甲,那么A公司只能有甲这么一个"法定代表人",如果A公司想任命乙为法定代表人,则必须免去甲的法定代表人,乙才能上位,甲、乙不能同时担任A公司的法定代表人;但是,甲在担任A公司法定代表人的期间,也可以同时担任B公司、C公司、D公司等多家公司的法定代表人。

3)凡是"法人"必须有"法定代表人",不允许任何一个"法人"不设法定代表人;而"法定代表人"必须以"法人"的存在为前提,没有"法人",也就没有"法定代表人"。比如,A公司一经设立并存续,就始终有"法定代表人",不允许A公司没有法定代表人的情形;而所谓A公司的法定代表人一定是以A公司的存在为前提,如果A公司不存在,或者已注销,也就没有什么A公司法定代表人了。

四、法定代表人与法人代表的联系与区别

(一)法定代表人与法人代表的相同之处

法人代表一般是指受法人委托,代表法人从事某项特定事务的人。"法人代表"与"法定代表人"具有相同之处,即都是自然人,都是作为法人对外从事特定事务的代表人身份而存在。

(二)法定代表人与法人代表的不同之处

(1)"法定代表人"的存在是基于法律或者法人章程的规定,"法人代表"的存在则是基于法人或者法定代表人的授权。

(2)一个"法人"只能有一个"法定代表人",而却可以存在多个"法人代表"。

(3)"法定代表人"的对外代表行为一般无须"法人"另行出具授权委托书,而"法人代表"的对外代表行为一般都需要"法人"出具授权委托书,对该"法人代表"的行使权力的范围加以明确,超过授权范围的行为不能对该"法人"产生法律拘束力。

(4)在一个法人组织内,"法定代表人"是确定的。比如,公司的法定代表人可以由董事长、执行董事或者经理担任,而该公司的"法人代表"则可以是任何一个接受该公司委托,从事某项特定事务的员工,甚至是公司以外的其他人,如律师接受法人委托,代表法人参与诉讼活动。

五、法定代表人的责任与义务

根据《民法典》第八十一条和《公司法》第十三条的规定,公司法定代表人只能由董事长

担任,或者执行董事担任,或者经理担任,除此之外的其他人不能担任公司法定代表人。法律之所以作出如此规定,是因为法定代表人依法须承担一定的责任和履行一定的义务。一旦允许公司章程另选法定代表人,必然造成法定责任的承担和法定义务的履行落空,不但损害公司利益,也会损害公司债权人利益,最终损害公司股东利益。

法定代表人承担的责任和履行的义务有如下方面。

(一)公司法定代表人可以代表公司进行诉讼活动

根据《民事诉讼法》第五十一条第二款的规定,法人由其法定代表人进行诉讼。因此,代表公司参与诉讼活动是法定代表人的法定责任,也是法定义务。

(二)被采取限制消费措施的公司的法定代表人也可能被采取限制消费措施

根据《最高人民法院关于限制被执行人高消费及有关消费的若干规定》第三条的规定,被执行人为单位的,被采取限制消费措施后,被执行人及其法定代表人、主要负责人、影响债务履行的直接责任人员、实际控制人不得实施高消费及非生活和工作必需的消费行为。这些行为包括:①乘坐交通工具时,选择飞机、列车软卧、轮船二等以上舱位;②在星级以上宾馆、酒店、夜总会、高尔夫球场等场所进行高消费;③购买不动产或者新建、扩建、高档装修房屋;④租赁高档写字楼、宾馆、公寓等场所办公;⑤购买非经营必需车辆;⑥旅游、度假;⑦子女就读高收费私立学校;⑧支付高额保费购买保险理财产品;⑨乘坐 G 字头动车组列车全部座位、其他动车组列车一等以上座位。

(三)公司法定代表人可能因为公司的涉外商事纠纷或者公司被执行而被限制出境

《最高人民法院关于适用〈中华人民共和国民事诉讼法〉执行程序若干问题的解释》第二十四条第一款规定:"被执行人为单位的,可以对其法定代表人、主要负责人或者影响债务履行的直接责任人员限制出境。"

最高人民法院于 2005 年 12 月 26 日印发的《第二次全国涉外商事海事审判工作会议纪要》第九十三条第一款也规定:"人民法院在审理涉外商事纠纷案件中,对同时具备下列条件的有关人员,可以采取措施限制其出境:(1)在我国确有未了结的涉外商事纠纷案件;(2)被限制出境人员是未了结案件中的当事人或者当事人的法定代表人、负责人;(3)有逃避诉讼或者逃避履行法定义务的可能;(4)其出境可能造成案件难以审理、无法执行的。"

(四)公司被执行中,公司拒不提供财产情况报告或者提供虚假报告的,法定代表人可能被罚款、拘留

《民事诉讼法》第二百四十八条规定:"被执行人未按执行通知履行法律文书确定的义务,应当报告当前以及收到执行通知之日前一年的财产情况。被执行人拒绝报告或者虚假报告的,人民法院可以根据情节轻重对被执行人或者其法定代理人、有关单位的主要负责人或者直接责任人员予以罚款、拘留。"

《最高人民法院关于民事执行中财产调查若干问题的规定》第九条也规定:"被执行人拒绝报告、虚假报告或者无正当理由逾期报告财产情况的,人民法院可以根据情节轻重对被执行人或者其法定代理人予以罚款、拘留;构成犯罪的,依法追究刑事责任。人民法院对有前款规定行为之一的单位,可以对其主要负责人或者直接责任人员予以罚款、拘留;构成犯罪的,依法追究刑事责任。"

(五)公司被执行中,公司法定代表人可能被传唤,甚至拘传,接受调查询问

《最高人民法院关于民事执行中财产调查若干问题的规定》第十五条规定:"为查明被

执行人的财产情况和履行义务的能力,可以传唤被执行人或被执行人的法定代表人、负责人、实际控制人、直接责任人员到人民法院接受调查询问。对必须接受调查询问的被执行人、被执行人的法定代表人、负责人或者实际控制人,经依法传唤无正当理由拒不到场的,人民法院可以拘传其到场;上述人员下落不明的,人民法院可以依照相关规定通知有关单位协助查找。"

(六)公司被执行中,公司妨碍审计调查行为的,公司法定代表人可能因此被罚款、拘留,甚至被追究刑事责任

《最高人民法院关于民事执行中财产调查若干问题的规定》第十九条规定:"被执行人拒不提供、转移、隐匿、伪造、篡改、毁弃审计资料,阻挠审计人员查看业务现场或者有其他妨碍审计调查行为的,人民法院可以根据情节轻重对被执行人或其主要负责人、直接责任人员予以罚款、拘留;构成犯罪的,依法追究刑事责任。"

《刑法》第三百一十三条对有关"拒不执行判决、裁定罪"规定:"对人民法院的判决、裁定有能力执行而拒不执行,情节严重的,处三年以下有期徒刑、拘役或者罚金;情节特别严重的,处三年以上七年以下有期徒刑,并处罚金。"

(七)公司被列入失信被执行人名单的,公司法定代表人的信息可能也被公布

《最高人民法院关于公布失信被执行人名单信息的若干规定》第六条规定:"记载和公布的失信被执行人名单信息应当包括:(一)作为被执行人的法人或者其他组织的名称、统一社会信用代码(或组织机构代码)、法定代表人或者负责人姓名;(二)作为被执行人的自然人的姓名、性别、年龄、身份证号码;(三)生效法律文书确定的义务和被执行人的履行情况;(四)被执行人失信行为的具体情形;(五)执行依据的制作单位和文号、执行案号、立案时间、执行法院;(六)人民法院认为应当记载和公布的不涉及国家秘密、商业秘密、个人隐私的其他事项。"

六、公司法定代表人的变更由股东(大)会决定还是董事会决定

回答这个问题,笔者认为应当遵循以下原则。

(1)公司成立时的法定代表人由公司发起人共同决定。根据《公司法》第十三条的规定,公司法定代表人由公司章程规定,而公司章程是由公司发起人共同制定的。因此,公司法定代表人也就必然是由公司发起人共同选举并任命。

(2)公司法定代表人的变更通常应当由股东(大)会决定。这是因为公司法定代表人的变更必然涉及公司章程的修改,根据《公司法》第四十三条第二款、第一百零三条第二款的规定,修改公司章程的权力在于股东(大)会。

(3)公司法定代表人变更的决定权也有可能在董事会。比如,公司章程规定,公司的法定代表人由董事长担任。《公司法》第四十四条第二款虽然规定了有限责任公司的董事长的产生办法由公司章程规定,但《公司法》第一百零九条第一款则明确规定了股份有限公司董事长由董事会选举产生。在这种情况下,董事会就决定了谁是公司法定代表人;又如,公司章程规定,公司的法定代表人由公司经理担任。根据《公司法》第四十六条、第一百零八条第四款的规定,董事会有"决定聘任和解聘公司经理"的权力。在这种情况下,董事会也同样有权决定谁是公司的法定代表人。

七、如何履行公司法定代表人的变更手续

回答这个问题,笔者认为应当遵循以下原则。

(1)在公司章程规定公司法定代表人由董事长担任的情况下,首先,由董事会选举新的董事长。需要注意的是,根据《公司法》第一百零九条第一款的规定,股份有限公司董事长由董事会以全体董事的过半数选举产生。其次,由董事会提议召开股东(大)会,就公司法定代表人的变更作出股东(大)会决议。最后,将关于变更公司法定代表人的股东(大)会决议提交公司登记机关进行公司信息的变更登记。

(2)在公司章程规定公司法定代表人由执行董事担任的情况下,首先,根据公司章程规定的执行董事产生办法,产生新的执行董事。其次,由新执行董事提议召开股东会,就公司法定代表人的变更作出股东会决议。最后,将关于变更公司法定代表人的股东会决议提交公司登记机关进行公司信息的变更登记。

(3)在公司章程规定公司法定代表人由经理担任的情况下,首先,由董事会或者执行董事解聘原公司经理,决定聘任新的公司经理。其次,由董事会或者执行董事提议召开股东(大)会,就公司法定代表人的变更作出股东(大)会决议。最后,将关于变更公司法定代表人的股东(大)会决议提交公司登记机关进行公司信息的变更登记。

八、公司决议变更的法定代表人与公司登记机关登记的法定代表人不一致怎么办

实践中,由于各种原因,公司可能需要变更法定代表人,在变更过程中有时会出现由于公司未及时办理公司登记机关登记信息的变更,导致公司登记机关登记的法定代表人与公司事实上的法定代表人不一致的情形。这时,应当如何处理由此可能造成的法律困惑呢?

由于公司法定代表人的变更需要履行一定的手续。公司章程信息与公司登记机关登记信息的不一致往往是发生在股东会作出决议后,未及时到公司登记机关变更登记前,或者就是股东会作出决议后不办理变更登记。此时,公司法定代表人事实上已经变更,但公司登记机关登记的法定代表人仍然是原来的人。

在这种情况下,如何认定公司真正的法定代表人应当遵循以下原则。

①在涉及公司内部事务时,以股东会的决议为准。

②在涉及公司外部事务时,以公司登记机关的登记为准。

比如,山东省高级人民法院《关于审理公司纠纷案件若干问题的意见(试行)》第八十六条第一款、江西省高级人民法院《关于审理公司纠纷案件若干问题的指导意见》第七十一条第一款均规定:"公司股东会、股东大会或董事会根据公司章程规定决议变更法定代表人的,自决议生效之日,新法定代表人取得代表资格。但未变更工商登记的,不得对抗第三人。"

九、被冒名登记为公司法定代表人的如何进行自我救济

被冒名登记为公司法定代表人,是指在本人不知情的情况下,比如,因身份证丢失,而被公司冒用登记为法定代表人。对于被冒名法定代表人,笔者认为可以采取如下救济方式。

(一)向公司所在地市场监督管理部门反映

根据国家市场监督管理总局于 2019 年 6 月 28 日发布的《关于撤销冒用他人身份信息

取得公司登记的指导意见》的规定,被冒用人发现在自己不知情的情况下,被登记为公司法定代表人的,可以向公司所在地市场监督管理部门反映。市场监督管理部门经调查认为冒名登记成立的,应依法作出撤销登记决定。

（二）向人民法院提起行政诉讼

如果市场监督管理部门拒绝撤销冒名登记的,被冒用人可以向人民法院提起行政诉讼,要求市场监督管理部门撤销登记。

（三）向人民法院提起民事诉讼

如果被冒名登记情形满足民事诉讼的提起条件,被冒用人也可以通过向人民法院提起民事诉讼的方式要求撤销登记。

（四）其他被冒名登记情形也可以按照上述方式进行自我救济

实践中,不但存在被冒名登记为公司法定代表人的情形,也存在被冒名登记为公司股东的情形,或者其他被冒名登记情形,被冒用人均可以按照上述方式进行自我救济。

第四章

如何利用股权激励员工

　　公司与员工的关系属于"用人单位与劳动者"的关系,简称为"劳动关系"。法律适用包括《劳动法》《劳动合同法》《劳动争议调解仲裁法》等法律法规。《公司法》就公司应当建立合法、完善、有保障的劳动关系也提出了要求。比如,《公司法》第十七条规定:"公司必须保护职工的合法权益,依法与职工签订劳动合同,参加社会保险,加强劳动保护,实现安全生产。公司应当采用多种形式,加强公司职工的职业教育和岗位培训,提高职工素质。"又如,《公司法》第十八条规定:"公司职工依照《中华人民共和国工会法》组织工会,开展工会活动,维护职工合法权益。公司应当为本公司工会提供必要的活动条件。公司工会代表职工就职工的劳动报酬、工作时间、福利、保险和劳动安全卫生等事项依法与公司签订集体合同。公司依照宪法和有关法律的规定,通过职工代表大会或者其他形式,实行民主管理。公司研究决定改制以及经营方面的重大问题、制订重要的规章制度时,应当听取公司工会的意见,并通过职工代表大会或者其他形式听取职工的意见和建议。"

就劳动关系本身而言,公司与员工虽然在利益上有一致的一面,比如,公司效益好了,员工的收入也会增加;但是不可否认的是,公司与员工同样也存在着一定程度上的利益对立,比如,公司给员工的劳动报酬多了,公司自己的利润留存也就相对少了。公司与员工的利益对立,会导致员工的工作积极性下降,造成公司的代理成本增加,不利于公司的长远发展,也不符合创业者们的预期。所以,公司如何在保证自己的利益不受影响的情况下,还能降低支出,提高员工的工作积极性,就非常现实地摆在了公司,尤其是创业者们的面前。股权激励应运而生,成了多数公司创业者们追捧的对象,因为股权激励既不用增加公司的太多成本,甚至降低成本,也能提高员工的工作积极性,从而改变公司与员工在利益上的某种对立,解决了创业者的股权分配问题。本章主要介绍员工的股权安排问题,即如何利用股权实现对员工的激励,也就是我们常说的股权激励。

第一节　股权激励概述

对公司员工进行激励的方式是多种多样的,包括金钱激励及情感激励。股权激励是一种独特的方式,也是最有意义,最值得研究,最具有价值的方式。

一、股权激励的概念

根据我国现行立法,股权激励的概念存在于上市公司中。根据《上市公司股权激励管理办法》第二条第一款的规定,股权激励是指上市公司以本公司股票为标的,对其董事、高级管理人员及其他员工进行的长期性激励。上市公司股权激励方式主要包括限制性股票和股票期权。限制性股票,是指激励对象按照股权激励计划规定的条件,获得的转让等部分权利受到限制的本公司股票[①]。股票期权,是指上市公司授予激励对象在未来一定期限内以预先确定的条件购买本公司一定数量股份的权利[②]。

非上市公司,尤其是有限责任公司是否可以实行股权激励?《公司法》未做否定性规定,从公司自治、股东自治的角度来看,有限责任公司完全可以实行股权激励。

二、有限责任公司实行股权激励的可能性

有限责任公司可以实行股权激励,是基于以下几个原因。

(1)有限责任公司及其股东完全可以依据自己的意志决定公司的运营,包括公司的股权安排。

(2)上市公司尚可实行股权激励,作为公众性远小于上市公司的有限责任公司,没有理由禁止股权激励的实行。

(3)有限责任公司的股权激励,只要不存在导致其无效的法定情节,其正常实施应当得到法律的保护。

(4)股权激励的实行有利于公司与员工关系的和谐,有利于公司的长远发展,有利于员工利益的提升,不但不应禁止,而且还应得到鼓励。

三、有限责任公司实行股权激励的好处

(一)对公司的好处

(1)减少了公司的薪酬压力。公司对员工的吸引力很大程度上体现在公司给员工能够给付的报酬上,公司给付员工的薪酬越高,对员工的吸引力也就越大。但是给付员工的薪酬越高,给公司带来的现金压力也就越大。如果通过授予员工股权,而不是纯粹给付现金作为薪酬手段,就可以在保证员工薪酬不变,甚至增加的情况下,还能降低公司的现金压力,这对公司的长远发展无疑具有积极意义。

(2)增强了公司与员工的凝聚力。公司与员工在通常状态下仅是用人单位与劳动者的劳动关系。员工所关注的是劳动付出能换回多少工资报酬;公司所关注的是支付工资买回

[①]　见《上市公司股权激励管理办法》第二十二条第一款。
[②]　见《上市公司股权激励管理办法》第二十八条第一款。

— 132 —

的劳动值不值。公司与员工相互之间并无多少归属感,二者的凝聚力也是较弱的。但是通过股权激励的实施,员工成了公司的股东,公司与员工之间不再利益对立,无疑大大增强了二者的凝聚力。

（二）对员工的好处

（1）有利于员工收入增长。股权激励实施后,员工的收入由单纯的工资报酬,改变为工资报酬加公司利润,员工的收入必然增加。

（2）有利于员工树立主人翁的意识。股权激励实施后,员工由单纯的雇员,改变为雇员加股东,成了公司的所有者,公司发展的好与坏与员工自身利益之间的关系更加紧密,员工的主人翁意识必然大大增强。

（三）对社会的好处

（1）有利于和谐劳动关系的建立与巩固。股权激励实施后,员工由单纯劳动者变身为公司的劳动者加所有者,公司与员工的单纯对立状态必然弱化了许多,劳动关系也必然较前更加和谐。

（2）有利于社会和谐的稳定与进步。股权激励实施后,员工与公司之间的劳动关系和谐了,甚至员工与公司成为利益共同体,一荣俱荣、一损俱损,这必然也会构建出社会关系的和谐。

四、有限责任公司股权激励的对象

《上市公司股权激励管理办法》第八条第一款规定:"激励对象可以包括上市公司的董事、高级管理人员、核心技术人员或者核心业务人员,以及公司认为应当激励的对公司经营业绩和未来发展有直接影响的其他员工,但不应当包括独立董事和监事。外籍员工任职上市公司董事、高级管理人员、核心技术人员或者核心业务人员的,可以成为激励对象。"

参照以上规定,有限责任公司的股权激励对象可以包括:①董事;②高级管理人员;③核心技术人员;④核心业务人员;⑤其他员工。

五、有限责任公司监事能否成为股权激励的对象

根据《上市公司股权激励管理办法》第八条第一款的规定,上市公司股权激励对象不应当包括独立董事和监事;《股权激励有关事项备忘录2号》第一部分"激励对象问题"第一条也规定:"为确保上市公司监事独立性,充分发挥其监督作用,上市公司监事不得成为股权激励对象。"

既然上市公司的监事不应当或者不得成为股权激励的对象。那么,有限责任公司的监事能否成为股权激励的对象呢?

（1）必须首先明确的是,《公司法》没有对有限责任公司的股权激励进行规范,基于此,有限责任公司对自己的监事进行股权激励当为可以,如果有限责任公司设独立董事,该公

司对独立董事进行股权激励也未尝不可。甚至《上市公司股权激励管理办法》第八条第二款①中载明的其他不得成为上市公司的股权激励对象，有限责任公司也可以对其实施股权激励。

（2）上市公司之所以将监事不作为股权激励对象，主要原因在于监事的职责是监督，包括对公司业务情况、财务情况等的监督。上市公司监事还有一项特别职能就是核实股权激励对象名单②。因此，基于监事履行职责考虑，不能将监事作为股权激励对象，否则有损监事的独立性，不利于监事行使监督职责，不利于监事发挥其监督作用。

（3）考虑到有限责任公司监事与上市公司监事在职责方面是相同的，因此出于相同的理由，不建议对有限责任公司监事进行股权激励。

六、有限责任公司股权激励的方式

股权激励无论采取何种方式，其核心要义必须围绕着股权来设计，也就是说，要通过让员工持有公司股权，成为公司股东，从而能够分享公司的发展成果，使公司与员工成为休戚与共的利益共同体，一荣俱荣、一损俱损。参照《上市公司股权激励管理办法》中有关上市公司股权激励方式的规定③，并结合有限责任公司的实践，有限责任公司可以采取以下股权激励方式。

（1）根据员工是否真的持有公司股权，可以将股权激励分为虚拟股权和真实股权。

（2）根据员工持有股权的方式不同，可以将股权激励分为员工直接持股、员工间接持股和代持股。

七、股权激励的法律规定

现行股权激励的法律规定基本都是针对上市公司，没有针对非上市股份有限公司和有限责任公司的，因此，笔者仅将涉及股权激励的法律文件名称罗列如下，供非上市公司实行股权激励时参照。

（1）《上市公司股权激励管理办法》（2018 年 8 月 15 日 中国证券监督管理委员会）。

（2）《股权激励有关事项备忘录 1 号》（2008 年 中国证券监督管理委员会上市公司监管部）。

（3）《股权激励有关事项备忘录 2 号》（2008 年 3 月 17 日 中国证券监督管理委员会上

---

① 《上市公司股权激励管理办法》第八条第二款：单独或合计持有上市公司 5% 以上股份的股东或实际控制人及其配偶、父母、子女，不得成为激励对象。下列人员也不得成为激励对象：

（一）最近 12 个月内被证券交易所认定为不适当人选；

（二）最近 12 个月内被中国证监会及其派出机构认定为不适当人选；

（三）最近 12 个月内因重大违法违规行为被中国证监会及其派出机构行政处罚或者采取市场禁入措施；

（四）具有《公司法》规定的不得担任公司董事、高级管理人员情形的；

（五）法律法规规定不得参与上市公司股权激励的；

（六）中国证监会认定的其他情形。

② 《股权激励有关事项备忘录 2 号》第一部分"激励对象问题"第一条：上市公司监事会应当对激励对象名单予以核实，并将核实情况在股东大会上予以说明。为确保上市公司监事独立性，充分发挥其监督作用，上市公司监事不得成为股权激励对象。

③ 《上市公司股权激励管理办法》第二条第二款：上市公司以限制性股票、股票期权实行股权激励的，适用本办法；以法律、行政法规允许的其他方式实行股权激励的，参照本办法有关规定执行。

市公司监管部）。

（4）《股权激励有关事项备忘录3号》（2008年9月16日 中国证券监督管理委员会上市公司监管部）。

（5）《关于进一步明确股权激励相关政策的问题与解答》（2013年10月18日 中国证券监督管理委员会）。

（6）《关于股权激励备忘录相关事项的问答》（2014年1月17日 中国证券监督管理委员会）。

（7）《关于上市公司实施员工持股计划试点的指导意见》（2014年6月20日 中国证券监督管理委员会）。

（8）《国有控股上市公司（境内）实施股权激励试行办法》（2006年9月30日 国务院国有资产监督管理委员会 财政部）。

（9）《关于规范国有控股上市公司实施股权激励制度有关问题的通知》（2008年10月21日 国务院国有资产监督管理委员会 财政部）。

第二节　虚拟股权

一、虚拟股权的概念

虚拟股权，是指公司授予激励对象一种"虚拟"的股权，激励对象可以据此享受一定数量的分红权和股权升值收益，但没有所有权，没有表决权，不能转让，在离开公司时自动失效。比如，甲是A公司的员工，A公司给予甲虚拟股权5%，则A公司在依法派发税后利润时，甲即可依据5%的比例分得A公司的税后利润。但甲并不真正持有5%的股权，无权以股东身份出席股东会会议，无权行使表决权，也无权将这5%的虚拟股权转让他人。

二、虚拟股权的法律特征

（一）虚拟股权并非真正意义上的股权

名为虚拟股权，实际上并非股权。仍如前例，甲虽然享有5%的虚拟股权，但甲并非A公司的股东，A公司股东所享有的权利，所承担的义务，甲不一定享有或承担，具体甲应当享有怎样的权利，承担怎样的义务，取决于甲与A公司签订的虚拟股权协议。

（二）虚拟股权无须进行公司信息的变更

由于股权是虚拟的，故而无须进行公司股权信息的变更，包括不用签发新的出资证明书，不用将虚拟股权记载于公司股东名册，不用修改公司章程，更不用到公司登记机关进行公司登记信息的变更登记。

（三）虚拟股权的给予无须考虑股权的来源

由于股权是虚拟的，因此，无须考虑股权的来源，即无论有没有股东愿意提供股权，将自己的股权转让出去，均不影响激励对象获得虚拟股权，这也就使得虚拟股权能够得以广泛使用而不会存在过多的障碍。

（四）对虚拟股权持有者的保护力度不及真正的公司股东

由于虚拟股权的持有者并非公司真正股东，因此，公司法所赋予的公司股东的权利实际上虚拟股权持有者并不享有,进而,对其保护的力度也不及公司真正的股东。比如,股东知情权、股权回购请求权、股东代表诉讼提起权等,虚拟股权持有者均无法享有。

(五)虚拟股权持有者一般无须出资即可获得虚拟股权

由于是虚拟股权,持有者在获得时往往无须支付对价,均可无偿获得。

(六)虚拟股权的内涵完全取决于公司与激励对象的协议

虚拟股权的存在完全基于公司与激励对象的协议,其内容并无法律规定,也是取决于公司与激励对象协商的结果。因此,虚拟股权持有者究竟享有的权利为何?承担的义务为何?全凭协议的内容而定。

第三节　员工直接持股

一、员工直接持股的概念

员工直接持股,是指通过让员工直接持有公司股权的方式来实现对员工的股权激励。也就是让激励对象成为公司真正的股东,与公司其他股东并无二致。

二、员工直接持股的法律特征

(一)公司登记信息变更频繁

采用员工直接持股的,随着股权激励的实施,不断会有新股东加入公司,也会不断有股东退出公司,这就导致公司登记信息处于频繁变更中,行政成本增加,公司稳定性下降。

(二)公司决策效率下降

随着股东的不断增加,股东所持表决权日渐分散,公司的决策效率必然下降。比如,此前可以不召开股东会会议就能直接作出的决定[①],现在也不得不通过召开股东会会议才能作出有效的决议。作出有效决议的成本上升,应对市场变化的灵活机动性则会逐渐减弱。

(三)原股东的话语权减少

随着员工不断成为公司股东,享有完全的股东权利,承担完全的股东义务,必然稀释了原股东的话语权,原股东对于公司控制权逐渐减弱。

(四)员工一般需要支付对价

由于员工成为公司的真正股东,因此,公司在实施股权激励时,往往需要激励对象支付一定的对价。不过员工支付的对价通常也会远低于股权的真正价值,这也是股权激励制度的必然要求。当然也不排除公司无偿赠与激励对象股权的做法。

(五)股权激励对象的人数受到限制

根据《公司法》第二十四条的规定,有限责任公司的股东人数为一人以上五十人以下。因此,采取员工直接持股方式进行股权激励,需要保证股权激励后的公司股东人数符合该条的规定。

---

① 《中华人民共和国公司法》第三十七条第二款:对前款所列事项股东以书面形式一致表示同意的,可以不召开股东会会议,直接作出决定,并由全体股东在决定文件上签名、盖章。

三、直接持股的员工离职时,其持有的股权该如何处理

实践中,经常会出现公司实施员工股权激励,在员工离职时,因其持有的股权该如何处理而产生争议的情况。笔者认为,此类股权的处理应遵循以下原则。

(1)如果员工直接持股协议中没有就员工离职后,其持有的股权该如何处理的约定,该股权应当继续由该员工持有。公司、公司其他股东均无权要求其将股权转让给任何第三人。

(2)如果员工直接持股协议中就员工离职后,其持有股权的处理作出了约定,应当按照约定办理。比如,公司与员工约定:"员工一旦离开公司,须将其持有的公司股权转让给公司指定的其他股东",那么该约定显然是有效的,应当得到法律的尊重与保护。

(3)如果员工直接持股协议中没有就员工离职后,其持有股权的处理作出约定,但公司章程有规定的,应当按照公司章程的规定办理。比如,公司章程规定,"因公司实施股权激励而获得公司股权的员工,离职时应将其持有的公司股权转让给公司指定的其他股东。"公司章程的类似规定应得到法律的尊重与保护。

(4)需要注意的是,如果公司章程的有关规定并非股权激励实施前的公司章程就有的内容,而是股权激励实施后,公司章程新增加的内容,且该员工对该内容在表决时投过反对票,则该内容对其不应适用。

(5)需要指出的是,如果公司章程中规定的,或者持股协议中约定的是要求离职员工将股权转让给公司的,一般认为其法律效力也不存在问题。尽管《公司法》仅在第七十四条、第一百四十二条规定了允许公司回购股权的若干情形,但《全国法院民商事审判工作会议纪要》第五条规定:"投资方与目标公司订立的'对赌协议'在不存在法定无效事由的情况下,目标公司仅以存在股权回购或者金钱补偿约定为由,主张'对赌协议'无效的,人民法院不予支持"。据此,离职员工将股权转让给公司,由公司回购员工股权,也就并不想当然无效。

第四节　员工间接持股

一、员工间接持股的概念

员工间接持股,是指公司员工通过"持股平台",间接持有公司股权。员工间接持股与员工直接持股的区别就在于,间接持股比直接持股多了一个中间环节——"持股平台"。

二、员工间接持股的方式

根据"持股平台"性质的不同,员工间接持股可分为以下两种。

(一)通过公司间接持股

为了便于理解,举例如下,如右图所示。

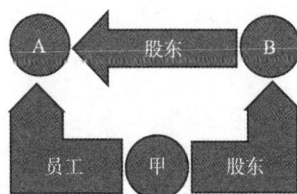

A公司欲实施股权激励,首先成立了B公司,由B作为A的股东,现A有员工甲,A将其列为股权激励对象,由甲作为B的股东。这样,甲以B公司股东的身份,借助于B是A的股东,实现了对A公司的间接持股。

通过公司间接持股的法律特征如下：

(1)公司登记的股东信息保持不变。仍如前例，实施股权激励的 A 公司的股东登记信息保持不变。因为无论 B 公司的股东怎么变化，如何增减，B 公司作为 A 公司的股东这一信息是始终不变的。

(2)作为持股平台的公司的股东登记信息变更频繁。仍如前例，虽然实施股权激励的 A 公司的股东登记信息保持不变，B 公司始终是 A 公司的股东，但 B 公司作为持股平台，其股东登记信息随着股权激励的实行处于不断变更中。

(二)通过有限合伙企业间接持股

为了便于理解，举例如下，如右图所示。

A 公司欲实施股权激励，首先成立了 B 有限合伙企业，由 B 作为 A 的股东，现 A 有员工甲，A 将其列为股权激励对象，由甲作为 B 的有限合伙人。这样，甲以 B 有限合伙企业有限合伙人的身份，借助于 B 是 A 的股东，实现了对 A 公司的间接持股。

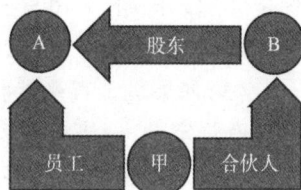

有限合伙企业是合伙企业[①]的一种，另一种是普通合伙企业[②]。有限合伙企业由普通合伙人和有限合伙人组成，普通合伙人对合伙企业债务承担无限连带责任，有限合伙人以其认缴的出资额为限对合伙企业债务承担有限责任。

通过有限合伙企业间接持股的法律特征如下：

(1)公司登记的股东信息保持不变。仍如前例，实施股权激励的 A 公司的股东登记信息保持不变。因为无论 B 有限合伙企业的合伙人怎么变化，如何增减，B 有限合伙企业作为 A 公司的股东这一信息是始终不变的。

(2)作为持股平台的有限合伙企业的合伙人信息变更频繁。仍如前例，虽然实施股权激励的 A 公司的股东登记信息保持不变，B 有限合伙企业始终是 A 公司的股东，但 B 有限合伙企业作为持股平台，其合伙人信息随着股权激励的实行处于不断变更中。

(三)有限合伙企业作为持股平台较公司作为持股平台更具优势

(1)税收上有限合伙企业比公司更有优势。有限合伙企业的合伙人只需缴纳个人所得税；而公司却须先缴纳企业所得税，然后公司股东还要再缴纳个人所得税。因此，在税收上有限合伙企业避免了公司的双重税收。

(2)进退机制上有限合伙企业比公司更有优势。有限合伙企业的合伙人的进入和退出机制灵活，可以协议入伙和退伙；而股东进入和退出公司却须借助股权转让等方式，还须经过相应的法定程序。有限合伙企业的合伙人的进入和退出，比公司股东的进入和退出要便捷。

(3)利润分配上有限合伙企业比公司更有优势。根据《公司法》第一百六十六条的规定，公司分配当年税后利润时，应当提取利润的百分之十列入公司法定公积金。公司法定公积金累计额为公司注册资本的百分之五十以上的，可以不再提取。有限合伙企业并无类似的强制性要求。因此，在同等条件下，有限合伙企业可分配利润一般大于公司可分配利润。

---

① 合伙企业，是指自然人、法人和其他组织，订立合伙协议依法在中国境内设立的普通合伙企业和有限合伙企业。
② 普通合伙企业由普通合伙人组成，合伙人对合伙企业债务承担无限连带责任。

三、员工间接持股与员工直接持股的优劣比较

员工间接持股与员工直接持股的最核心区别是,间接持股比直接持股多了一个中间环节——"持股平台",这也从根本上决定了二者的优劣对比关系。

(1)直接持股的优势在于,员工直接持有公司股权,其获得感较之间接持股更强,更有归属感,更易树立主人翁的意识。

直接持股的劣势在于,直接持股需要频繁的进行公司股东的变更,造成公司行政成本增加。同时,股东的频繁进入与退出公司还会造成公司的稳定性下降,决策效率下降。

(2)间接持股的优势在于,无须频繁变更公司的股东,公司稳定性不受影响,公司的决策效率依然保持原来状态。

间接持股的劣势在于,间接持股的员工的获得感弱于直接持股的员工,归属感也没有直接持股员工的强烈,内心仍然存在并非公司真正股东的意识。

第五章
如何抓住公司的控制权

　　公司通过股权激励计划将公司员工由单纯的雇佣对象,升格为公司的主人。员工身份的转变使得公司的经营情况与员工的个人利益之间的关系变得更加紧密,提升了员工的积极性,增强了公司的凝聚力,这是股权激励的优势,也是创业者们所乐见的。但不得不承认的是,股权激励的实施在一定程度上也改变了公司的股权结构,稀释了创业者们的股权,造成创业者对公司的控制力度下降。而这一切却是创业者们所不愿意看到的。另外,公司在发展中,不可避免的涉及战略投资、风险投资的引进等。在这些过程中,公司的创业者们不得不面临同一个问题,就是如何将对公司的控制权牢牢地掌握在自己手里,如何保证对公司的控制权不旁落他人。

　　笔者认为,如何将公司的控制权始终掌握在创业者自己的手里,这既是一门学问,更是一门技术。

第一节 公司控制权概述

一、什么是公司控制权

公司控制权,顾名思义,是指控制公司的权利,一般理解为持有公司一定的表决权比例,或者通过某种制度安排,对公司形成控制,能够决定公司重大事务的权利。所以,对公司形成控制权利,无外乎两种手段,第一是所持表决权达到控制所需比例;第二是在表决权比例无法实现控制权利所需时,通过某种制度安排来实现对公司的控制。

实践中,公司控制权主要体现在以下六个方面:①对股东会或者股东大会的控制;②对董事会的控制;③对监事会的控制;④对高级管理人员的控制;⑤对法定代表人的控制;⑥对公司证照印章的控制。

二、公司控制权之股东会或者股东大会控制

股东会作为有限责任公司的最高权力机构,股东大会作为股份有限公司的最高权力机构,公司的一切重大事项都由其作出决策。因此,谁控制了公司的股东会或者股东大会,谁就控制了公司的最高权力机构,谁就掌握了公司的重大事项的决策权,谁就能保证公司按照自己的意志进行运营。所以,谈到公司控制权,首先就要谈对公司股东会或者股东大会的控制。

如何实现对公司股东会或者股东大会的控制呢? 无外乎两种手段:第一是股东表决权控制,即股东表决权达到一定的比例,才能够决定股东会会议决议的通过与否,从而实现对股东会的控制。比如,《公司法》第二百一十六条中规定的"控股股东",即是指"其出资额占有限责任公司资本总额百分之五十以上或者其持有的股份占股份有限公司股本总额百分之五十以上的股东;出资额或者持有股份的比例虽然不足百分之五十,但依其出资额或者持有的股份所享有的表决权已足以对股东会、股东大会的决议产生重大影响的股东。";第二是制度安排控制,即在股东表决权无法达到控制比例时,比如,通过"同股不同权"制度的安排,通过"一致行动协议"的签订等手段实现对股东会的控制。《公司法》第二百一十六条中规定的"实际控制人",是指"虽不是公司的股东,但通过投资关系、协议或者其他安排,能够实际支配公司行为的人。"

三、公司控制权之董事会控制

董事会是公司经营决策的执行机构,具体执行股东会或者股东大会作出的各项决策,对股东会或者股东大会负责。与股东会或者股东大会只是在股东会或者股东大会会议召开期间才行使权力,董事会是公司的常设机构,伴随着公司运营的全部始终。因此,谁控制了公司的董事会,谁就控制了公司经营决策的常设执行机构,谁就掌握了公司股东会或者股东大会作出的各项决策的具体执行。所以谈到公司控制权,对公司董事会的控制是绕不过去的话题。

如何实现对公司董事会的控制呢? 无外乎也是两种手段。第一是人数控制。根据《公司法》第四十八条第三款、第一百一十一条第二款的规定,董事会决议的表决,实行一人

一票。也就是说,董事会会议是完全靠人头的多少决定决议的通过与否,因此,控制的董事人数越多,谁就能实现对公司董事会的控制;第二是制度安排控制,即在能够控制的董事人数无法达到决策所需的多数时,比如,通过"一致行动协议"的签订等手段实现对董事会的控制。

四、公司控制权之监事会控制

监事会作为公司的监督机构,履行法定的监督职责,随着《公司法》对公司治理结构规定的日趋完善,监事会的监督职责也越来越具体,越来越明确,其监督作用也越来越显现。比如,监事会有权检查公司财务;有权监督董事、高级管理人员的行为,提出罢免建议;要求董事、高级管理人员纠正自己的行为;提议召开临时股东会会议,必要时召集并主持股东会会议;向股东会会议提出议案;对董事、高级管理人员提起诉讼;可以列席董事会会议,并对董事会决议事项提出质询或者建议;可以对公司的经营异常情况进行调查等。可见,谁控制了监事会,谁就控制了公司的监督机构,谁就掌握了公司的监督权,谁也就有权行使以上的监督职权。

如何实现对公司监事会的控制呢？第一是人数控制。根据《公司法》第五十五条第三款、第一百一十九条第三款的规定,监事会决议应当经半数以上监事通过,即"简单多数决"原则。因此谁控制了半数以上监事,谁就控制了监事会。第二是制度安排控制,即在能够控制的监事人数无法达到决策所需的多数时,比如,通过"一致行动协议"的签订等手段实现对监事会的控制。

五、公司控制权之高级管理人员控制

高级管理人员是指包括经理、副经理、财务负责人,以及公司章程规定的其他人员,比如行政负责人、市场负责人、技术负责人、运营负责人等。公司经理是公司经营管理的执行机构,与其他高级管理人员一同负责公司具体事务的管理。因此,通过对公司高级管理人员的控制,可以实现对公司具体事务的管理的控制。

六、公司控制权之法定代表人控制

根据《公司法》第十三条的规定,公司法定代表人依照公司章程的规定,由董事长、执行董事或者经理担任。同时,《民法典》第六十一条规定:"依照法律或者法人章程的规定,代表法人从事民事活动的负责人,为法人的法定代表人。

法定代表人以法人名义从事民事活动,其法律后果由法人承受。法人章程或者法人权力机构对法定代表人代表权的限制,不得对抗善意相对人。"由于法定代表人的特殊性,承担着一定的责任与义务,同时也行使着一定的职权。尤其是作为公司的"法定"代表人,在某种程度上可以将法定代表人与公司画等号。因此,控制了法定代表人,在很大程度上就是控制了公司。

七、公司控制权之控制公司证照印章

(一)公司证照印章的概念

公司证照印章,是指公司的各种证件、营业执照、公章、合同专用章、财务专用章、发票

专用章、法定代表人人名章等。由于这类证照印章在一定程度上体现或代表了公司的意思表示,比如在合同上加盖公章或合同专用章的行为一般都视为加盖方认可合同内容,并愿意接受合同条款的约束,即使加盖方的法定代表人或股东或其他有关方否认该合同,但该合同的法律效力一般不会受到质疑。

故而,谁掌握了公司的证照印章,谁就会在公司控制上处于优势地位。正是从这个意义上来讲,控制了公司证照印章,往往也就控制了公司对外进行意思表示的能力,因此,研究公司控制权不得不研究公司证照印章的控制权。

(二)公司证照印章一般应由谁保管

《公司法》及相关法律法规并未对公司证照印章的管理作出具体明确的规定,笔者认为,规范证照印章管理十分必要。

(1)由公司章程明确规定证照印章的管理与使用;或者由公司股东会或者董事会制定管理办法。

(2)在公司章程未作出规定,而股东会或者董事会就谁有权制定管理办法发生分歧的情况下,一般认为,应由董事会制定管理办法,因为根据《公司法》第四十六条第(十)项的规定,董事会有权制定公司的基本管理制度。

(3)在公司章程未作出规定,或者公司股东会或董事会也未制定管理办法的情况下,公司证照印章应由法定代表人保管。

(三)在公司证照返还纠纷案件中如何确定原告的主体地位

公司证照返还纠纷案件的原告应当是公司毫无疑问,但问题是在公司证照印章被非法侵占,尤其是公章被非法侵占的情况下,依据什么来确定原告的诉讼地位?笔者认为,应当具体情况具体分析。

(1)如果公司掌握着公章,只是其他证照印章被非法占有者侵占,此时,公司可以在起诉状上加盖公章,直接以公司的名义提起诉讼,要求非法占有者返还侵占的证照印章。

(2)如果公司公章也被非法侵占,公司无法在起诉状上加盖公章,则公司的法定代表人可以在起诉状上签字,同样可以以公司名义提起诉讼,要求非法侵占者返还侵占的证照印章。

比如,江苏省高级人民法院《关于审理适用公司法案件若干问题的意见(试行)》第十五条第六款规定:"股东、董事、经理及其他人侵占公司印鉴、财务账册的,公司可以侵占者为被告要求其返还,并赔偿因此给公司经营造成的损失。公司公章被侵占,公司以董事长签名的诉状起诉的,应当受理,但董事长已被股东大会罢免的除外。"

又如,山东省高级人民法院发布的《关于审理公司纠纷案件若干问题的意见(试行)》第八十五条规定:"股东、董事、经理及他人侵占公司印鉴,公司起诉要求其返还印鉴并赔偿损失的,人民法院应予支持。前款之诉讼,以及印鉴被侵占期间公司需要参加的其他诉讼,公司以法定代表人签署之文件起诉或应诉的,人民法院应予准许。公司法定代表人变更但未办理工商登记变更手续的,新法定代表人可以持有关变更决议证明其法定代表人身份。"

再如,上海市高级人民法院印发的《关于商事案件中如何处理公司意志代表权问题的解答》第三条,"人章争夺"情形下的公司诉讼代表人应如何确定?

答:"人章争夺"情形是指法定代表人和公章控制人非同一人,两者争夺公司诉讼代表权的情形。非法定代表人持有公章是一种客观状态,该人持有公章只是反映其可能有权代表公司意志的一种表象,至于其是否依授权真正能够代表公司意志,仍需要进行审查。若仅持有公章,而无公司授权证据,公章控制人无权代表公司行使诉讼权利。根据《民事诉讼法》第五十一条第二款规定,仍应以法定代表人为诉讼代表人。

（3）如果公司通过法定程序更换了法定代表人,原法定代表人拒绝向新法定代表人移交公司证照印章,可由新法定代表人在起诉状上签字,以公司名义提起诉讼,要求原法定代表人返还侵占的证照印章。

比如,2012年9月,上海市高级人民法院民二庭《关于公司法纠纷案件法律适用疑难问题的研讨综述》认为,法定代表人一般由股东会选任产生后再办理工商登记手续。"人人争夺"的情形是指发生原法定代表人不认可股东会决议且未配合办理移交手续等原因,而未能及时办理工商变更,以致工商登记与股东会选任的不同法定代表人同时存在,并产生公司代表权争议。

在发生"人人冲突"的情况下,应以股东会决议为准,法定代表人的变更属于公司意志的变更,股东会决议新产生的法定代表人是公司诉讼意志代表人。理由有:(1)公司法定代表人变更属于公司内部人事关系的变化,应遵从公司内部自治原则,只要公司内部形成了有效的变更决议,就应在公司内部产生法律效力,新选任的法定代表人可以代表公司的意志;(2)公司作为商事主体,要受到商事登记制度的规范,但对法定代表人变更事项进行登记,目的是向社会公示公司代表权的基本状态,属于宣示性登记而非设权性登记,因此股东会决议变更法定代表人的,即使工商登记未变更,不影响公司内部变更新法定代表人意志的确定。

又如,上海市高级人民法院印发的《关于商事案件中如何处理公司意志代表权问题的解答》第四条,"人人争夺"情形下的公司诉讼代表人应如何确定?

答:"人人争夺"情形是指股东会选任新的法定代表人后,原法定代表人不认可该股东会决议,并拒绝办理工商变更和移交手续,导致工商登记与股东会选任的法定代表人非同一人时所产生的公司代表权争议。在发生"人人冲突"的情况下,根据《公司法》第十三条、第三十七条、第三十八条的规定,作为公司权力机构的股东会有权变更法定代表人,故应以选举新法定代表人的有效股东会决议为准,新的法定代表人是公司诉讼代表人。

（4）公司证照返还之诉的原告是公司,在符合法定条件的情况下,允许股东根据《公司法》第一百五十一条的规定提起代表诉讼。此时的原告系提起诉讼的股东,但诉讼结果归属于公司。

（5）公司清算期间,根据《最高人民法院关于适用〈中华人民共和国公司法〉若干问题的规定(二)》第十条第二款的规定,公司成立清算组的,由清算组负责人代表公司参加诉讼;尚未成立清算组的,由原法定代表人代表公司参加诉讼。因此,如果公司清算期间涉及公司证照返还之诉,由清算组负责人代表公司提起。

第二节　股东表决权比例与公司控制权的关系

一、表决权比例与出资比例、股份比例

《公司法》中涉及的与持股比例有关的概念,在有限责任公司中主要是出资比例和表决权比例;在股份有限公司中主要是股份比例和表决权比例。实践中,为实现公司治理的目

标,尤其是实现控制公司的目的,需要有效区分和识别这三个概念,这三个概念的法律含义既相关联,又有不同。在多数情况下,这三个概念的法律含义是一致的,但《公司法》同时又赋予了公司股东自主确定这些概念法律内涵的权力。在有特别约定的情况下,这三个概念完全可以是不一致的,可以代表不同的法律内涵,需要特别注意。

（一）出资比例

出资比例的概念存在于有限责任公司,也可以称为"股权比例"或者"持股比例",是指有限责任公司股东的出资占公司注册资本的比例。

出资比例的计算公式:

出资比例 = 股东出资 ÷ 公司注册资本

比如,某公司注册资本100万元,成立时的三个股东甲股东出资50万元,出资比例即为50%（50万元 ÷ 100万元）,乙股东出资30万元,出资比例即为30%（30万元 ÷ 100万元）,丙股东出资20万元,出资比例即为20%（20万元 ÷ 100万元）。

一般情况下,根据《公司法》第四十二条"股东会会议由股东按照出资比例行使表决权"的规定,出资比例与表决权比例是一致的。

（二）股份比例

股份比例的概念存在于股份有限公司,也可以称为"持股比例",是指股份有限公司股东的认购股份占公司股本总额的比例。

股份比例的计算公式:

股份比例 = 股东认购股份 ÷ 公司股本总额

比如,某公司股本总额100万股,每股1元,注册资本100万元。成立时的三个发起人甲出资50万元,认购股份50万股,股份比例即为50%（50万股 ÷ 100万股）,乙出资30万元,认购股份30万股,股份比例即为30%（30万股 ÷ 100万股）,丙出资20万元,认购股份20万股,股份比例即为20%（20万股 ÷ 100万股）。

根据《公司法》第一百零三条"股东出席股东大会会议,所持每一股份有一表决权"的规定,股份比例与表决权比例是一致的。

（三）表决权比例与出资比例、股份比例的关系

（1）一般情况下,有限责任公司的表决权比例与出资比例是一致的。比如,某公司注册资本100万元,成立时的三个股东甲股东出资50万元,出资比例为50%,表决权比例也为50%;乙股东出资30万元,出资比例为30%,表决权比例也为30%;丙股东出资20万元,出资比例20%,表决权比例也为20%。

（2）根据《公司法》第四十二条的规定,有限责任公司章程可以对表决权作出另行规定。仍如前例,甲股东出资50万元,出资比例为50%,表决权比例可以规定为20%;乙股东出资30万元,出资比例为30%,表决权比例可以规定为50%;丙股东出资20万元,出资比例20%,表决权比例可以规定为30%。

（3）股份有限公司的表决权比例与股份比例是一致的。比如,某公司股本总额100万股,每股1元,注册资本100万元。成立时的三个发起人甲出资50万元,认购股份50万股,股份比例即为50%,表决权比例也为50%;乙出资30万元,认购股份30万股,股份比例即为30%,表决权比例也为30%;丙出资20万元,认购股份20万股,股份比例即为20%,表决权比例也为20%。

（4）根据《公司法》第一百零三条的规定，股份有限公司股东大会会议的表决权奉行的是"一股一票"原则。唯一的例外是"公司持有的本公司股份没有表决权。"

二、表决权比例与股东权利

经过笔者的梳理，不同的表决权比例所代表的股东权利如下：

（一）三分之二以上表决权比例

持有公司三分之二以上表决权的股东对公司享有"完全绝对控制权"，即可以按照自己的意志作出任何决策。

《公司法》第四十三条第二款规定："股东会会议作出修改公司章程、增加或者减少注册资本的决议，以及公司合并、分立、解散或者变更公司形式的决议，必须经代表三分之二以上表决权的股东通过。"

《公司法》第一百零三条第二款规定："股东大会作出修改公司章程、增加或者减少注册资本的决议，以及公司合并、分立、解散或者变更公司形式的决议，必须经出席会议的股东所持表决权的三分之二以上通过。"

据此，无论有限责任公司的股东会，还是股份有限公司的股东大会，须经代表三分之二以上表决权股东通过的事项均为如下方面：①修改公司章程；②增加注册资本；③减少注册资本；④公司合并；⑤公司分立；⑥公司解散；⑦变更公司形式。但不同的是，有限责任公司的三分之二是对全体股东所持表决权而言的；股份有限公司的三分之二是对出席会议的股东所持表决权而言的。

需要注意的是，这里的"三分之二以上"包含"三分之二"本身。为了便于读者更加直观的理解，现举例如下：

A公司注册资本100万元，有股东10人，每人认缴出资10万元，股东按照出资比例行使表决权。如果对修改公司章程决议有7人同意，则该决议通过，因为同意的表决权数满足"三分之二以上通过"的条件；若6人同意，则决议不通过，因为同意的表决权数不满足"三分之二以上通过"的条件。

（二）过半数表决权比例

持有公司过半数表决权的股东对公司享有"绝对控制权"，即可以决定公司的一般事务。

《公司法》第一百零三条第二款规定："股东大会作出决议，必须经出席会议的股东所持表决权过半数通过。"

公司法虽然没有明确规定，有限责任公司股东会会议决议须经代表过半数表决权的股东通过，仅规定"股东会会议由股东按照出资比例行使表决权；但是，公司章程另有规定的除外"（《公司法》第四十二条）。但这是因为公司法赋予了有限责任公司章程有权自主规定股东会会议决议通过所需表决权的比例。在公司章程没有就股东会会议决议通过所需表决权比例作出规定，或者规定不明确的情况下，应适用《公司法》第一百零三条第二款的规定，这也符合民主决策的最基本原则——简单多数决。

据此，除了"特别事项"外的其他"一般事项"在股东会会议决议通过，均须达到"表决权过半数"。

有限责任公司与股份有限公司的不同，在于有限责任公司的"表决权过半数"是指公司

— 146 —

全体股东所持表决权的过半数;股份有限公司的"表决权过半数"是指出席会议股东所持表决权过半数。

需要注意的是,这里的表决权"过半数"不等同于"二分之一以上"。"过半数"不包含"二分之一"本身,"二分之一以上"包含"二分之一"本身。

仍如前例,如果对某一般事项决议有 6 人同意,则该决议通过,因为同意的表决权数满足"过半数以上通过"的条件;若 5 人同意,则决议不通过,因为同意的表决权数不满足"过半数以上通过"的条件。

(三)过三分之一表决权比例

根据《公司法》第四十三条第二款的规定,股东会会议作出:①修改公司章程;②增加注册资本;③减少注册资本;④公司合并;⑤公司分立;⑥公司解散;⑦变更公司形式等"特别事项"的决议,必须经代表三分之二以上表决权的股东通过。因此,持有过三分之一表决权的股东实际上具备了对该类特别事项的"一票否决权"。只要代表过三分之一表决权股东不点头,这类特别事项就无法在股东会会议上通过。

需要注意的是,这里的"过三分之一"不等同于"三分之一以上"。"过三分之一"不包含"三分之一"本身,"三分之一以上"包含"三分之一"本身。

仍如前例,如果对修改公司章程决议有四人反对,则该决议不通过,因为即使另六人全部同意,同意的表决权数也不满足"三分之二以上通过"的条件;若三人反对,则决议可能在另七人同意的情况下通过,因为同意的表决权数满足"三分之二以上通过"的条件。

(四)十分之一以上表决权比例

代表十分之一以上表决权的股东享有的权利。

(1)有限责任公司股东会临时会议召开提议权。

根据《公司法》第三十九条第二款的规定,代表十分之一以上表决权的股东有权提议召开临时会议,公司董事会或者执行董事应当根据提议召集和主持。

(2)有限责任公司股东会会议的召集和主持权。

根据《公司法》第四十条第三款的规定,在董事会或者执行董事,监事会或者监事不召集和主持股东会会议的情况下,代表十分之一以上表决权的股东可以自行召集和主持。

(3)股份有限公司股东大会临时会议召开请求权。

根据《公司法》第一百条的规定,单独或者合计持有公司百分之十以上股份的股东请求时,股份有限公司应当在两个月内召开临时股东大会。

需要注意的是,这里的"十分之一以上"或者"百分之十以上"包含"十分之一"本身和"百分之十"本身。

第三节　实现公司控制权的制度安排

通过提高在有限责任公司中的出资比例,或者提高在股份有限公司中的股份比例,直至达到有限责任公司资本总额 50% 以上,或者达到股份有限公司股本总额 50% 以上,以实现对公司的控制,这很容易理解。但是在无法达到有限责任公司资本总额 50% 以上,或者无法达到股份有限公司股本总额 50% 以上的情况下,作为公司的创业者就需要通过制度的设计来维持对公司的控制权。

实现公司控制权手段多种多样,下面介绍几种实践中比较常见的方式。

一、同股不同权

(一)"同股不同权"的概念

"同股不同权"是与"同股同权"相对的概念,又称为"双层股权"或者"AB 股"。"同股同权",是指股东持有的股权比例与其享有的股东权利比例是统一的。体现在有限责任公司中,比如,某股东持有公司 10% 出资比例,则其享有的表决权比例也为 10%,其享有的其他权利比例都是 10%;体现在股份有限公司中,比如,某公司总股本为 10 000 股,某股东持有 1 000 股,则其享有的表决权也为 1 000 个,占比 10%,其他权利比例都如此。这就是"同股同权"。

"同股不同权",是指股东持有的股权比例与其享有的股东权利比例是相分离的,不是统一的。比如,某股东持有公司 10% 出资比例,其享有的表决权比例却为 90%,其享有其他权利比例也都是 90%。这就是"同股不同权"。

(二)"同股不同权"适用于有限责任公司

根据《公司法》第四十二条的规定,股东会会议由股东按照出资比例行使表决权;但是,公司章程另有规定的除外。也就是说,有限责任公司章程可以规定股东会会议由股东不按照出资比例行使表决权,究竟按照什么标准行使表决权完全可以由公司章程任意规定,这就为"同股不同权"开了绿灯。而作为创业者们完全可以利用该规定,在自己的股权被稀释的情况下,通过保证股东会会议表决权比例的不变,维系对公司的控制。

(三)股份有限公司可否适用"同股不同权"

根据《公司法》第一百零三条第一款的规定,股东出席股东大会会议,所持每一股份有一表决权。但是,公司持有的本公司股份没有表决权。也就是说,股份有限公司实行的是"每一股份有一表决权"的"一股一票"的"同股同权"的股东大会会议表决原则,无法适用"同股不同权"。

(四)如何利用"同股不同权"来实现对公司的控制

创业者们在面对自己的股权不断被稀释的现状时,就可以利用"同股不同权"来设计自己与后来股东的不同表决权,以维持自己的表决权比例不随着股权比例的下降而下降,从而维系对公司的控制权不变。为了便于理解,举例如下:

甲公司原有股东三人,分别是 A、B、C,其中 A 出资比例 60%;B 出资比例 30%;C 出资比例 10%。三个人的表决权比例为 6∶3∶1。现在公司实施股权激励,由 A 股东拿出 20% 出资比例授予 D、E,D、E 分别获得 10% 的出资比例。这样,甲公司就有了五个股东,表决权比例为 4∶3∶1∶1∶1。在这种情况下,A 股东的表决权由 60% 下降至 40%,失去了多数决的优势。若 A 股东想继续维系原 60% 的表决权比例不变,他就可以利用"同股不同权",重新设计股权激励实施后的表决权比例,比如,可以将表决权比例设计为 6∶2.5∶0.5∶0.5∶0.5,即 A 股东虽然出资比例为 40%,但表决权比例仍为 60%;B 股东的表决权比例由 30% 下降为 25%;C 股东的表决权比例由 10% 下降为 5%;D 股东的表决权比例由 10% 下降为 5%;E 股东的表决权比例也由 10% 下降为 5%。这样就实现了 A 股东的表决权比例不变,从而维系了在股权被稀释的情况下,A 股东仍对公司保持着不变的控制权。

二、一致行动

（一）一致行动的概念

一致行动的概念存在于上市公司。根据《上市公司收购管理办法》第八十三条的规定，一致行动，是指投资者通过协议、其他安排，与其他投资者共同扩大其所能够支配的一个上市公司股份表决权数量的行为或者事实。

（二）一致行动人的概念

根据《上市公司收购管理办法》第八十三条的规定，在上市公司的收购及相关股份权益变动活动中有一致行动情形的投资者，互为一致行动人。

（三）一致行动人的情形

根据《上市公司收购管理办法》第八十三条的规定，在上市公司中，投资者有下列情形之一的，一般可以认定为一致行动人。

（1）投资者之间有股权控制关系。

（2）投资者受同一主体控制。

（3）投资者的董事、监事或者高级管理人员中的主要成员，同时在另一个投资者担任董事、监事或者高级管理人员。

（4）投资者参股另一投资者，可以对参股公司的重大决策产生影响。

（5）银行以外的其他法人、其他组织和自然人为投资者取得相关股份提供融资安排。

（6）投资者之间存在合伙、合作、联营等其他经济利益关系。

（7）持有投资者30%以上股份的自然人，与投资者持有同一上市公司股份。

（8）在投资者任职的董事、监事及高级管理人员，与投资者持有同一上市公司股份。

（9）持有投资者30%以上股份的自然人和在投资者任职的董事、监事及高级管理人员，其父母、配偶、子女及其配偶、配偶的父母、兄弟姐妹及其配偶、配偶的兄弟姐妹及其配偶等亲属，与投资者持有同一上市公司股份。

（10）在上市公司任职的董事、监事、高级管理人员及其前项所述亲属同时持有本公司股份的，或者与自己或者前项所述亲属直接或者间接控制的企业同时持有本公司股份。

（11）上市公司董事、监事、高级管理人员和员工与其所控制或者委托的法人或者其他组织持有本公司股份。

（12）投资者之间具有其他关联关系。

（四）一致行动在有限责任公司的适用情况

一致行动作为证券监督管理部门对于上市公司存在的一种事实状态的确认。这种事实状态可能是投资者出于一致行动而主动谋求的结果。那么，有限责任公司的股东可否也主动谋求通过一致行动实现对公司的控制呢？笔者认为这是完全可以的，理由如下：

（1）《公司法》允许非公司股东通过协议或者其他安排实现对公司的支配。比如，《公司法》第二百一十六条第三项规定的"实际控制人，是指虽不是公司的股东，但通过投资关系、协议或者其他安排，能够实际支配公司行为的人。"既然非公司股东的实际控制人能够通过投资关系、协议或者其他安排，实际支配公司行为，那么公司股东通过协议或者其他安排实现对公司的支配更应得到允许。这就为一致行动在有限责任公司的适用提供了法律空间。

（2）一般情况下，公司股东通过签订一致行动协议的方式而成为一致行动人。一致行动协议只要具备合同有效的法律要件，不存在导致合同无效的法定情形，该协议就应当受到法律的保护。

（3）公司股东在股东会会议上如何行使表决权属于公司自治的范畴，只要一致行动是出于股东自愿，法律没有理由予以禁止。

（五）有限责任公司一致行动协议的主要内容

（1）协议各方的基本信息。比如，协议各方的姓名或者名称、身份证号或者统一社会信用代码、住所、联系方式、出资额、出资比例等。

（2）协议各方须采取一致行动的事项。笔者建议，在约定这些事项时，应尽可能具体明确，避免在履行协议时，因约定不明产生分歧，造成协议目的无法实现。

（3）协议各方就有关事项不能达成一致意见时的解决方式。比如，协议各方就有关事项不能达成一致意见时，可按照股权情况，执行少数服从多数原则，以多数的意见为各方的统一意见。比如，某公司有甲、乙、丙三个股东签订了一致行动协议，其中甲出资比例30%、乙出资比例25%、丙出资比例10%，如果甲对某决议事项支持，乙、丙对该决议事项反对，由于甲的出资比例30%低于乙、丙的出资比例35%，甲、乙、丙三人应当对该决议事项投反对票。

（4）协议各方如发生不能行使表决权的情形的解决方式。比如，协议各方宣告失踪、死亡、丧失民事行为能力等情形，自上述事实发生之日起，不能行使表决权的股权之表决权自动委托由协议各方所占出资比例过半数推选的代表行使。

（六）如何利用"一致行动"来实现对公司的控制

为了便于理解，举例如下：

甲公司有股东三人A、B、C，其中A股东出资比例60%，B股东出资比例30%，C股东出资比例10%，A、B、C三人的表决权比例为6∶3∶1。现在，甲公司实施股权激励。A股东拿出20%的出资比例授予D、E，D、E分别获得10%的出资比例，这样甲公司就有了五位股东，表决权比例为4∶3∶1∶1∶1。A股东的表决权比例由60%下降为40%，失去了多数决的优势。为了维系A股东的表决权优势不变，A股东可与D、E签订一致行动协议，约定在甲公司股东会就有关事项进行表决时，D、E股东与A股东采取一致行动，这样，A股东的表决权比例实际由40%回升至60%，从而实现了A股东对甲公司的控制权不变。

（七）董事出席董事会会议对决议事项能否采取一致行动

《公司法》并未禁止公司董事在出席董事会会议参与决议事项表决时采取一致行动。根据"法无禁止即可为"的法治原则，无论是有限责任公司董事会，还是股份有限公司董事会，其成员之间通过签订一致行动协议，从而实现对董事会的控制当为可以。

三、投票权委托

（一）投票权委托的概念

投票权委托，是指股东在股东会或者股东大会召开前，将某些决议事项的投票权委托其他人来行使。

（二）投票权委托既可以适用于有限责任公司，也可以适用于股份有限公司

《公司法》第一百零六条规定："股东可以委托代理人出席股东大会会议，代理人应当向

公司提交股东授权委托书,并在授权范围内行使表决权。"

《公司法》虽然没有就有限责任公司股东是否可以委托代理人出席股东会会议,并在授权范围内行使表决权作出规定。但《公司法》既然对此没有禁止,且股份有限公司尚允许投票权委托,有限责任公司适用投票权委托应当完全可以。

(三)如何利用"投票权委托"来实现对公司的控制

为了便于理解,举例如下:

甲公司有股东三人 A、B、C,其中 A 股东出资比例 60%,B 股东出资比例 30%,C 股东出资比例 10%,A、B、C 三人的表决权比例为 6∶3∶1。现在,甲公司实施股权激励。A 股东拿出 20% 的出资比例授予 D、E,D、E 分别获得 10% 的出资比例,这样甲公司就有了五位股东,表决权比例为 4∶3∶1∶1∶1。A 股东的表决权比例由 60% 下降为 40%,失去了多数决的优势。为了维系 A 股东的表决权优势不变。A 股东可与 D、E 签订投票权委托协议,约定在甲公司股东会就有关事项进行表决时,D、E 股东将投票权委托 A 股东行使,这样,A 股东的表决权比例实际由 40% 回升至 60%,从而实现了 A 股东对甲公司的控制权不变。

(四)董事会成员之间能否实行投票权委托

根据《公司法》第一百一十二条第一款的规定,股份有限公司董事会会议,董事因故不能出席,可以书面委托其他董事代为出席,委托书中应载明授权范围。《公司法》虽然没有对有限责任公司董事会会议,董事因故不能出席,是否可以委托其他董事代为出席作出规定,但既然股份有限公司尚能允许董事委托行为,有限责任公司自无不可的道理。因此,无论是有限责任公司董事会,还是股份有限公司董事会,其成员之间通过投票权委托,从而实现对董事会的控制当为可以。

四、一票否决权

(一)一票否决权的概念

《公司法》意义上的一票否决权,是指股东会在决议时,只要有一票反对,则决议不得通过的制度。一票否决权存在以下三种情形。

第一种是事实上的一票否决,比如某股东持有公司出资比例三分之二以上,其表决权也在三分之二以上,则该股东就享有事实上的一票否决权。

第二种是特别授予的一票否决权,即某股东虽然持有的出资比例未达到三分之二,其表决权比例却享有三分之二以上,则该股东同样可以行使一票否决。

第三种是在出资比例、表决权比例之外另行确立的一票否决权,比如,有的公司章程规定,某个、某类或某些事项必须获得全体股东一致同意方可,此情况下,公司的每个股东都获得了一票否决权。

从某种意义上讲,"一票否决权"是"同股不同权"制度的升级版。

(二)一票否决权只能适用于有限责任公司股东会决议

根据《公司法》第四十二条,有限责任公司章程可以规定,在股东会会议决议时,股东不按照出资比例行使表决权,也就是说,有限责任公司章程可以将三分之二以上的表决权赋予某一股东,从而使该股东拥有一票否决权。

(三)有限责任公司董事会决议不得实行一票否决

根据《公司法》第四十八条第三款的规定,与有限责任公司股东会决议的表决权不同的是,有限责任公司董事会的表决权与出资比例无关,也不存在"公司章程另有规定的"表决权比例。有限责任公司董事会决议的表决,实行一人一票。通俗地讲,就是"数人头"。包括董事长、副董事长在内的董事会的全体董事,每人只有一票的投票权。全体董事在董事会会议上的地位是平等的,享有相同的权利。据此,有限责任公司董事会决议无法实行一票否决。

(四)股份有限公司的股东大会、董事会均不得实行一票否决

根据《公司法》第一百零三条第一款的规定,股份有限公司股东出席股东大会会议,所持每一股份有一表决权。股份有限公司为合资公司,由股东投入的划分为等额股份的资本构成。股东投入公司的资本的多少,股东在公司中享有的权利的多少,都是以股东所持股份的数额表示的。因此,股份有限公司股东在股东大会的表决权以股东所持股份数来计算,除"公司持有的本公司股份没有表决权"这一特殊情况外,股东所持每一股份有一表决权,这充分体现了股份有限公司"同股同权"的特性。据此,股份有限公司股东大会决议无法实行一票否决。

根据《公司法》第一百一十一条第二款的规定,股份有限公司董事会决议的表决,与有限责任公司董事会决议的表决一样,均实行一人一票。因此,股份有限公司董事会决议也无法实行一票否决。

第六章
公司的不当行为及法律责任

　　对于创业者来讲,在创业过程中依法治理,合法管理,守法经营,是不可缺失的,是公司长治久安、行稳致远的保证。本章将为读者梳理一下,在公司治理,公司管理以及公司经营中,哪些行为可能会涉及法律以及要承担的法律责任。为了方便给这些违法、违规、违章、违约的行为作一个统一的描述,笔者姑且将其统称之为"不当行为"。

第一节 民事主体公司的不当行为及法律责任

本节将介绍民事主体公司的不当行为及法律责任,分别为以下八种:①股东的不当行为及法律责任;②实际控制人的不当行为及法律责任;③董事的不当行为及法律责任;④监事的不当行为及法律责任;⑤高级管理人员的不当行为及法律责任;⑥清算义务人的不当行为及法律责任;⑦清算组的不当行为及法律责任;⑧公司的不当行为及法律责任。

一、股东的不当行为及法律责任

经过笔者的梳理,股东对公司的不当行为可以划分为五个部分内容:①股东滥用股东权利的行为;②股东滥用公司法人独立地位和股东有限责任的行为;③股东未履行或者未完全履行出资义务的行为,包括虚假出资的行为、抽逃出资的行为和协助抽逃出资的行为;④控股股东的不当行为;⑤发起人的不当行为。现分别介绍如下:

(一)股东滥用股东权利的行为

《公司法》第二十条规定:"公司股东应当遵守法律、行政法规和公司章程,依法行使股东权利,不得滥用股东权利损害公司或者其他股东的利益……公司股东滥用股东权利给公司或者其他股东造成损失的,应当依法承担赔偿责任。"

1. 股东滥用股东权利行为的概念

股东滥用股东权利的行为,是指公司股东违反法律、行政法规或者公司章程的规定,不正当地行使股东权利的行为。本着权利义务平等的原则,公司股东在享受各项权利的同时,负有正当行使这些权利的义务。其正当行使权利受法律保护,滥用权利将受到法律的制裁。股东在行使权利时,一是要遵守法律规定的内容行使;二是要依照法律规定的程序行使。股东行使权利不得损害公司和其他股东的利益,否则,滥用股东权利的股东应对由此给公司和其他股东造成的损失承担赔偿责任。

2. 股东滥用股东权利的表现形式多种多样、不一而足。比如,以下五种情形就是典型的股东滥用股东权利的行为

(1)在公司股东会或者股东大会就公司为公司股东或者实际控制人提供担保事项进行表决时,按照《公司法》第十六条的规定,该股东或者受该实际控制人支配的股东不得参加该事项的表决。如果该股东或者受该实际控制人支配的股东应当回避而拒绝回避,强行参与表决的,构成滥用股东权利。

(2)根据《公司法》第三十三条的规定,有限责任公司股东可以要求查阅公司会计账簿。股东要求查阅公司会计账簿的,应当向公司提出书面请求,说明目的。如果股东为了不正当目的行使查阅公司会计账簿的权利。比如,股东以为个人经营为目的,以查账为由,窃取公司商业秘密的,构成滥用股东权利。

(3)公司股东,特别是控股股东,通过掌握公司的控制权,操纵公司股东会或者股东大会,侵害其他股东,特别是中小股东合法的公司利润分配权,拒不分配利润的,构成滥用股东权利。比如,《最高人民法院关于适用〈中华人民共和国公司法〉若干问题的规定(四)》第十五条规定:"股东未提交载明具体分配方案的股东会或者股东大会决议,请求公司分配利润的,人民法院应当驳回其诉讼请求,但违反法律规定滥用股东权利导致公司不分配利

润,给其他股东造成损失的除外。"

(4)公司股东,特别是控股股东,通过掌握公司的控制权,操纵公司股东会或者股东大会,决议将公司资产作为受让股东应支付给转让股东的股权转让款的,构成滥用股东权利。比如,上海市第二中级人民法院于2018年9月28日发布的《2013—2017年公司决议案件审判白皮书》提出:《公司法》规定,公司是企业法人,有独立的法人财产,享有法人财产权。故任何人不可无理由占有公司财产。有一起案件反映,公司决议将公司资产作为受让股东应支付给转让股东的股权转让款。判决认为,股权转让价款的支付主体应当是受让股东,而非公司。若以公司资产作为股东对外支付股权转让款的资金,则既损害了公司财产权,又损害了股东合法权益。系争股东会决议属于滥用股东权利之行为,当属无效。

(5)如果有限责任公司章程规定公司转让主要财产须经股东会特别决议通过;或者股份有限公司章程规定公司出售重大资产须经股东大会特别决议通过,公司控股股东不顾该规定,未经法定程序,强令公司管理层出售该财产或资产,构成滥用股东权利。

3. 如何理解股东滥用股东权利与资本多数决之间的关系

资本多数决是公司决议的基本原则,说得直白一点就是,谁的股权多,谁的决定权就大。因此,持有公司股权比例高的股东必然就对公司存在事实上的控制力,而依据资本多数决原则作出的决议,也并非一定代表公司全体股东的利益。当中小股东面对根据资本多数决作出的决议,虽提出反对,却无力改变结果的这种局面时,中小股东往往会打出悲情牌,控诉大股东滥用股东权利,滥用资本多数决损害中小股东利益。但从大股东的角度来讲,大股东是通过资本多数决的原则作出的决议,符合《公司法》的原则与精神,如果该决议被认定为是大股东滥用股东权利的结果,那么所谓的"资本多数决"原则岂非成为摆设? 甚至事实上已经作废。面对这样一种情况,是尊重大股东的"资本多数决"原则? 还是支持中小股东对"滥用股东权利"的指控? 就成了棘手的问题。

江苏省高级人民法院民二庭在《关于有限责任公司内部治理结构纠纷案件法律问题的报告》第四条,"审理有限责任公司治理结构案件中的三个基本问题"[①]中提出:"资本多数决原则还应当受到公司法第二十条的限制……股东会在公司运营过程中对于公司的诸多事项要作出决策……当然应遵循资本多数决原则,其中不可避免地可能造成对部分股东的不利。必须看到,这种不利在大多数情况下是小股东所必须付出的代价。但是,在控股股东并非为了公司整体利益,而是仅为自身利益而采取的不利于少数股东的决策的情况下,法院可以援引《公司法》第二十条对少数股东利益进行保护。

在《公司法》第二十条中存在一个'滥用'这样的模糊词语,笔者认为这是一个具有高度弹性的概念。总体而言,应当注意以下两个方面的问题:第一,滥用权利的前提是存在合法的权利,如果控股股东利用资本多数决原则侵害了那些不可因资本多数决而改变的权利,就不再是是否滥用权利,而是无权处分的问题了。第二,并非控股股东实施所有的对少数股东不利的行为都能够被认为是滥用权利行为。有学者认为,在同时具备以下三种条件的情况下,不能认为属于资本多数决的滥用:①给少数股东造成的不利确实为实现全体股东利益所必需;②控股股东与少数股东均因此而蒙受不利益,且此种不利益与持股比例成正比;③在实现股东会决议目的的诸种可选手段中,选取了给少数股东造成不利益程度最低

① 详见民商事审判指导总第16辑第235~255页。

的一种手段。笔者同意这种观点。当然,如何区别滥用股东权利与合理运用股东权利,是一个需要通过大量审判实例进行概括总结、并根据每一个个案中的不同情况具体掌握的问题。"

4. 股东滥用股东权利行为的法律责任

公司或者其他股东有权向滥用股东权利的股东主张赔偿责任,滥用股东权利的股东拒绝赔偿的,公司或者其他股东可以向人民法院提起诉讼。

(二)股东滥用公司法人独立地位和股东有限责任的行为

《公司法》第二十条规定:公司股东应当遵守法律、行政法规和公司章程,依法行使股东权利……不得滥用公司法人独立地位和股东有限责任损害公司债权人的利益……公司股东滥用公司法人独立地位和股东有限责任,逃避债务,严重损害公司债权人利益的,应当对公司债务承担连带责任。

公司法人独立地位和股东有限责任是现代公司制度的两大基石。股东依约定足额出资后,即享受有限责任的待遇,不再对公司的债务承担责任;股东通过公司权力机关依法定程序行使其权利,不直接插手公司的经营。公司则独立地运用股东投入到公司中的财产从事经营,创造利润。公司在经营活动中,与债权人独立地发生债权债务关系,承担由此产生的民事责任。

但是,实际经济生活中,个别公司的股东通过各种途径控制着公司,为赚取高额利润或逃避债务,常常擅自挪用公司的财产,或者与自己的财产混同;或者与自己的账目混同;或者与自己的业务混同。有的股东为达到非法目的,利用非法手段从事违法活动,实际还控制该公司,但又以有限责任为掩护逃避责任。在这些情况下,公司在实际上已失去了独立地位,该独立地位被股东滥用了。同时,股东利用某种方式逃避其应承担的责任,也滥用了其有限责任的待遇,而公司的债权人将面临极大的交易风险。面对这一现实问题,在维护公司股东有限责任的基本原则的同时,本着权利和义务相一致的原则,为切实保护债权人的利益,维护正常的交易秩序。在符合法定条件的情况下,将公司股东和公司视为一体,追究股东和公司共同的法律责任。这也就是通常所说的"公司法人人格否认"。(详见本章第五节)

(三)股东未履行或者未全面履行出资义务的行为,包括虚假出资的行为、抽逃出资的行为和协助抽逃出资的行为

1. 股东未履行或者未全面履行出资义务的概念

出资是股东对公司承担的最主要责任,也是公司经营活动的物质基础。《公司法》第三条规定:"公司是企业法人,有独立的法人财产,享有法人财产权。公司以其全部财产对公司的债务承担责任。有限责任公司的股东以其认缴的出资额为限对公司承担责任;股份有限公司的股东以其认购的股份为限对公司承担责任。"

所谓"未履行出资",是指股东完全没有向公司履行出资义务;所谓"未全面履行出资",是指股东没有向公司履行全部的出资义务,只履行了部分出资义务;所谓"虚假出资",是指股东虚构出资、假冒出资;所谓"抽逃出资",是指股东在公司成立后将其出资抽回;所谓"协助抽逃出资",是指股东为其他股东抽逃出资提供帮助。

2. 股东未履行或者未全面履行出资义务的行为

《最高人民法院关于适用〈中华人民共和国公司法〉若干问题的规定(三)》第八条至

第十二条,列明了以下情形属于未履行或者未全面履行出资义务的行为。

(1)出资人以划拨土地使用权出资,或者以设定权利负担的土地使用权出资,公司、其他股东或者公司债权人主张认定出资人未履行出资义务的,人民法院应当责令当事人在指定的合理期间内办理土地变更手续或者解除权利负担;逾期未办理或者未解除的,人民法院应当认定出资人未依法全面履行出资义务。

(2)出资人以非货币财产出资,未依法评估作价,公司、其他股东或者公司债权人请求认定出资人未履行出资义务的,人民法院应当委托具有合法资格的评估机构对该财产评估作价。评估确定的价额显著低于公司章程所定价额的,人民法院应当认定出资人未依法全面履行出资义务。

(3)出资人以房屋、土地使用权或者需要办理权属登记的知识产权等财产出资,已经交付公司使用但未办理权属变更手续,公司、其他股东或者公司债权人主张认定出资人未履行出资义务的,人民法院应当责令当事人在指定的合理期间内办理权属变更手续;在合理期间内未能办理权属变更手续的,人民法院应当认定出资人未依法全面履行出资义务。

(4)出资人以其他公司股权出资,如果该股权并非由出资人合法持有并依法可以转让;或者该股权存在权利瑕疵或者权利负担;或者出资人未履行关于股权转让的法定手续,公司、其他股东或者公司债权人请求认定出资人未履行出资义务的,人民法院应当责令该出资人在指定的合理期间内采取补正措施,逾期未补正的,人民法院应当认定其未依法全面履行出资义务。

(5)出资人以其他公司股权出资,如果该股权未依法进行价值评估,公司、其他股东或者公司债权人请求认定出资人未履行出资义务的,人民法院应当委托具有合法资格的评估机构对该股权评估作价。评估确定的价额显著低于公司章程所定价额的,人民法院应当认定出资人未依法全面履行出资义务。

(6)公司成立后,公司、股东或者公司债权人以相关股东的行为符合下列情形之一且损害公司权益为由,请求认定该股东抽逃出资的,人民法院应予支持。①制作虚假财务会计报表虚增利润进行分配;②通过虚构债权债务关系将其出资转出;③利用关联交易将出资转出;④其他未经法定程序将出资抽回的行为。

3. 股东未履行或者未全面履行出资义务行为的法律责任
(1)向公司承担继续足额缴纳出资的责任。

公司股东未履行或者未全面履行出资义务的,公司或者其他股东有权请求其全面履行出资义务,且未履行或者未全面履行出资义务的股东不得以诉讼时效为由进行抗辩。

法律依据:

①《公司法》第二十八条第二款:股东不按照前款规定缴纳出资的,除应当向公司足额缴纳外,还应当向已按期足额缴纳出资的股东承担违约责任。

②《最高人民法院关于适用〈中华人民共和国公司法〉若干问题的规定(三)》第十三条第一款:股东未履行或者未全面履行出资义务,公司或者其他股东请求其向公司依法全面履行出资义务的,人民法院应予支持。

③《最高人民法院关于适用〈中华人民共和国公司法〉若干问题的规定(三)》第十四条第一款:股东抽逃出资,公司或者其他股东请求其向公司返还出资本息、协助抽逃出资的其他股东、董事、高级管理人员或者实际控制人对此承担连带责任的,人民法院应予支持。

④《最高人民法院关于适用〈中华人民共和国公司法〉若干问题的规定(三)》第十九条第一款:公司股东未履行或者未全面履行出资义务或者抽逃出资,公司或者其他股东请求其向公司全面履行出资义务或者返还出资,被告股东以诉讼时效为由进行抗辩的,人民法院不予支持。

(2)向按期足额缴纳出资的股东承担违约责任。

公司股东未履行或者未全面履行出资义务的,应向已按期足额缴纳出资的股东承担违约责任。

法律依据:

《公司法》第二十八条第二款:股东不按照前款规定缴纳出资的,除应当向公司足额缴纳外,还应当向已按期足额缴纳出资的股东承担违约责任。

(3)对公司债权人承担补充赔偿责任。

公司股东未履行或者未全面履行出资义务的,公司债权人有权请求其在未出资本息范围内对公司债务不能清偿的部分承担补充赔偿责任,且未履行或者未全面履行出资义务的股东不得以诉讼时效为由进行抗辩。

法律依据:

①《最高人民法院关于适用〈中华人民共和国公司法〉若干问题的规定(三)》第十三条第二款:公司债权人请求未履行或者未全面履行出资义务的股东在未出资本息范围内对公司债务不能清偿的部分承担补充赔偿责任的,人民法院应予支持;未履行或者未全面履行出资义务的股东已经承担上述责任,其他债权人提出相同请求的,人民法院不予支持。

②《最高人民法院关于适用〈中华人民共和国公司法〉若干问题的规定(三)》第十四条第二款:公司债权人请求抽逃出资的股东在抽逃出资本息范围内对公司债务不能清偿的部分承担补充赔偿责任、协助抽逃出资的其他股东、董事、高级管理人员或者实际控制人对此承担连带责任的,人民法院应予支持;抽逃出资的股东已经承担上述责任,其他债权人提出相同请求的,人民法院不予支持。

③《最高人民法院关于适用〈中华人民共和国公司法〉若干问题的规定(三)》第十九条第二款:公司债权人的债权未过诉讼时效期间,其依照本规定第十三条第二款、第十四条第二款的规定请求未履行或者未全面履行出资义务或者抽逃出资的股东承担赔偿责任,被告股东以出资义务或者返还出资义务超过诉讼时效期间为由进行抗辩的,人民法院不予支持。

(4)公司发起人需承担的法律责任。

公司股东在公司设立时未履行或者未全面履行出资义务的,公司、其他股东和公司债权人有权请求公司的发起人与被告股东承担连带责任;公司的发起人承担责任后,可以向被告股东追偿。

法律依据:

《最高人民法院关于适用〈中华人民共和国公司法〉若干问题的规定(三)》第十三条第三款:股东在公司设立时未履行或者未全面履行出资义务,依照本条第一款或者第二款提起诉讼的原告,请求公司的发起人与被告股东承担连带责任的,人民法院应予支持;公司的发起人承担责任后,可以向被告股东追偿。

（5）对公司董事、高级管理人员承担的法律责任。

股东在公司增资时未履行或者未全面履行出资义务的，公司、其他股东和公司债权人有权请求违反忠实义务和勤勉义务，而使出资未缴足的董事、高级管理人员承担相应责任；董事、高级管理人员承担责任后，可以向被告股东追偿。

法律依据：

《最高人民法院关于适用〈中华人民共和国公司法〉若干问题的规定（三）》第十三条第四款：股东在公司增资时未履行或者未全面履行出资义务，依照本条第一款或者第二款提起诉讼的原告，请求未尽公司法第一百四十七条第一款规定的义务而使出资未缴足的董事、高级管理人员承担相应责任的，人民法院应予支持；董事、高级管理人员承担责任后，可以向被告股东追偿。

（6）股权受让人的责任。

股权受让人知道或者应当知道转让股东存在未履行或者未全面履行出资义务，接受转让，公司请求转让股东履行出资义务、受让人承担连带责任的，受让人在履行出资义务后，有权向转让股东追偿。

法律依据：

《最高人民法院关于适用〈中华人民共和国公司法〉若干问题的规定（三）》第十八条：有限责任公司的股东未履行或者未全面履行出资义务即转让股权，受让人对此知道或者应当知道，公司请求该股东履行出资义务、受让人对此承担连带责任的，人民法院应予支持；公司债权人依照本规定第十三条第二款向该股东提起诉讼，同时请求前述受让人对此承担连带责任的，人民法院应予支持。

受让人根据前款规定承担责任后，向该未履行或者未全面履行出资义务的股东追偿的，人民法院应予支持。但是，当事人另有约定的除外。

（7）可以对其适用股东权利限制制度。

①出资人以房屋、土地使用权或者需要办理权属登记的知识产权等财产出资，已经办理权属变更手续但未交付给公司使用，公司或者其他股东有权主张其向公司交付、并在实际交付之前不享有相应股东权利。

法律依据：

《最高人民法院关于适用〈中华人民共和国公司法〉若干问题的规定（三）》第十条：出资人以房屋、土地使用权或者需要办理权属登记的知识产权等财产出资，已经交付公司使用但未办理权属变更手续，公司、其他股东或者公司债权人主张认定出资人未履行出资义务的，人民法院应当责令当事人在指定的合理期间内办理权属变更手续；在前述期间内办理了权属变更手续的，人民法院应当认定其已经履行了出资义务；出资人主张自其实际交付财产给公司使用时享有相应股东权利的，人民法院应予支持。

出资人以前款规定的财产出资，已经办理权属变更手续但未交付给公司使用，公司或者其他股东主张其向公司交付、并在实际交付之前不享有相应股东权利的，人民法院应予支持。

②股东未履行或者未全面履行出资义务或者抽逃出资，公司有权根据公司章程或者股东会决议对其利润分配请求权、新股优先认购权、剩余财产分配请求权等股东权利作出相应的合理限制。

法律依据：

《最高人民法院关于适用〈中华人民共和国公司法〉若干问题的规定（三）》第十六条：股东未履行或者未全面履行出资义务或者抽逃出资，公司根据公司章程或者股东会决议对其利润分配请求权、新股优先认购权、剩余财产分配请求权等股东权利作出相应的合理限制，该股东请求认定该限制无效的，人民法院不予支持。

（8）可以对其解除股东资格。

股东未履行出资义务或者抽逃全部出资，经公司催告缴纳或者返还，其在合理期间内仍未缴纳或者返还出资，公司有权以股东会决议解除该股东的股东资格。

法律依据：

《最高人民法院关于适用〈中华人民共和国公司法〉若干问题的规定（三）》第十七条：有限责任公司的股东未履行出资义务或者抽逃全部出资，经公司催告缴纳或者返还，其在合理期间内仍未缴纳或者返还出资，公司以股东会决议解除该股东的股东资格，该股东请求确认该解除行为无效的，人民法院不予支持。

（9）未履行或者未全面履行出资义务的股东可能承担的行政责任。

①根据《公司法》第一百九十九条的规定，公司的发起人、股东虚假出资，未交付或者未按期交付作为出资的货币或者非货币财产的，由公司登记机关责令改正，处以虚假出资金额百分之五以上百分之十五以下的罚款。

②根据《公司法》第二百条的规定，公司的发起人、股东在公司成立后，抽逃其出资的，由公司登记机关责令改正，处以所抽逃出资金额百分之五以上百分之十五以下的罚款。

（10）未履行或者未全面履行出资义务的股东可能承担的刑事责任。

公司股东未履行或者未全面履行出资义务的，可能涉嫌虚报注册资本罪和虚假出资、抽逃出资罪。

①虚报注册资本罪。《中华人民共和国刑法》第一百五十八条规定："申请公司登记使用虚假证明文件或者采取其他欺诈手段虚报注册资本，欺骗公司登记主管部门，取得公司登记，虚报注册资本数额巨大、后果严重或者有其他严重情节的，处三年以下有期徒刑或者拘役，并处或者单处虚报注册资本金额百分之一以上百分之五以下罚金。单位犯前款罪的，对单位判处罚金，并对其直接负责的主管人员和其他直接责任人员，处三年以下有期徒刑或者拘役。"

②虚假出资、抽逃出资罪。《中华人民共和国刑法》第一百五十九条规定："公司发起人、股东违反公司法的规定未交付货币、实物或者未转移财产权，虚假出资，或者在公司成立后又抽逃其出资，数额巨大、后果严重或者有其他严重情节的，处五年以下有期徒刑或者拘役，并处或者单处虚假出资金额或者抽逃出资金额百分之二以上百分之十以下罚金。单位犯前款罪的，对单位判处罚金，并对其直接负责的主管人员和其他直接责任人员，处五年以下有期徒刑或者拘役。"

需要注意的是，根据《全国人民代表大会常务委员会关于〈中华人民共和国刑法〉第一百五十八条、第一百五十九条的解释》的规定，虚报注册资本罪、虚假出资、抽逃出资罪不适用于注册资本认缴登记制的公司，仅适用于注册资本实缴登记制的公司。

（四）控股股东的不当行为及法律责任

公司控股股东除了适用《公司法》中关于公司股东不当行为的规定外，《公司法》还针对控股股东作出了一些特别的规定。

1. 控股股东的概念

根据《公司法》第二百一十六条第二项的规定：控股股东，是指其出资额占有限责任公司资本总额百分之五十以上或者其持有的股份占股份有限公司股本总额百分之五十以上的股东；出资额或者持有股份的比例虽然不足百分之五十，但依其出资额或者持有的股份所享有的表决权已足以对股东会、股东大会的决议产生重大影响的股东。

2. 控股股东与控制股东

在实践中，我们还经常提到一个概念叫控制股东，控制股东在《公司法》中并不存在，为了让读者能够厘清二者的区别，更好的认识控股股东的概念，消除对二者的误认与混淆，笔者将控股股东与控制股东的区别总结如下：

(1)控股股东与控制股东的联系。

①控股股东与控制股东都是公司的股东。

②控股股东与控制股东都具有控制公司的能力。

(2)控股股东与控制股东的区别。

①是否为公司法明确规定不同。

控股股东的概念出现在《公司法》第二百一十六条；控制股东则不见于《公司法》。

②控制公司的主观意愿不同。

控股股东虽然具备控制公司的能力，但主观上不一定有积极控制公司的意愿；控制股东则是具备控制公司的能力，主观上也有积极控制公司的意愿。

③法律概念的内涵不同。

控股股东的法律内涵要窄于控制股东的法律内涵。控股股东对公司的控制权来源于其所持股权，及据此所拥有的表决权；控制股东对公司的控制权一方面来源于其所持股权，及据此所拥有的表决权，另一方面还来源于协议等制度安排。

④为外界侦知的可能性不同。

外界完全可以通过公司登记机关登记信息查询得知控股股东的存在；但外界对基于协议等制度安排产生的控制股东的存在可能一无所知。

3. 控股股东的不当行为及法律责任

公司的控股股东不得利用其关联关系损害公司利益，否则，给公司造成损失的，应当承担赔偿责任。

法律依据：

(1)《公司法》第二十一条：公司的控股股东、实际控制人、董事、监事、高级管理人员不得利用其关联关系损害公司利益。违反前款规定，给公司造成损失的，应当承担赔偿责任。

(2)《最高人民法院关于适用〈中华人民共和国公司法〉若干问题的规定（五）》第一条：关联交易损害公司利益，原告公司依据《公司法》第二十一条规定请求控股股东、实际控制人、董事、监事、高级管理人员赔偿所造成的损失，被告仅以该交易已经履行了信息披露、经股东会或者股东大会同意等法律、行政法规或者公司章程规定的程序为由抗辩的，人民法院不予支持。公司没有提起诉讼的，符合《公司法》第一百五十一条第一款规定条件的股东，可以依据《公司法》第一百五十一条第二款、第三款规定向人民法院提起诉讼。

（五）发起人的不当行为及法律责任

公司发起人除了适用《公司法》中关于公司股东不当行为的规定外，《公司法》还针对公司发起人作出了一些特别的规定。

（1）根据《公司法》第三十条的规定，有限责任公司成立后，发现作为设立公司出资的非货币财产的实际价额显著低于公司章程所定价额的，应当由交付该出资的股东补足其差额；公司设立时的其他股东承担连带责任。

（2）根据《公司法》第八十三条的规定，股份有限公司的发起人不依照《公司法》和公司章程的规定缴纳出资的，应当按照发起人协议承担违约责任。

（3）根据《公司法》第八十九条的规定，股份有限公司发行的股份超过招股说明书规定的截止期限尚未募足的，或者发行股份的股款缴足后，发起人在三十日内未召开创立大会的，认股人可以按照所缴股款并加算银行同期存款利息，要求发起人返还。

（4）根据《公司法》第九十三条第一款的规定，股份有限公司成立后，发起人未按照公司章程的规定缴足出资的，应当补缴；其他发起人承担连带责任。

（5）根据《公司法》第九十三条第二款的规定，股份有限公司成立后，发现作为设立公司出资的非货币财产的实际价额显著低于公司章程所定价额的，应当由交付该出资的发起人补足其差额；其他发起人承担连带责任。

（6）根据《公司法》第九十四条的规定，股份有限公司的发起人应当承担下列责任：①公司不能成立时，对设立行为所产生的债务和费用负连带责任；②公司不能成立时，对认股人已缴纳的股款，负返还股款并加算银行同期存款利息的连带责任；③在公司设立过程中，由于发起人的过失致使公司利益受到损害的，应当对公司承担赔偿责任。

（7）根据《最高人民法院关于适用〈中华人民共和国公司法〉若干问题的规定（三）》第二条的规定，发起人为设立公司以自己名义对外签订合同，合同相对人有权请求该发起人承担合同责任。

（8）根据《最高人民法院关于适用〈中华人民共和国公司法〉若干问题的规定（三）》第四条第一款的规定，公司因故未成立，债权人有权请求全体或者部分发起人对设立公司行为所产生的费用和债务承担连带清偿责任。

（9）根据《最高人民法院关于适用〈中华人民共和国公司法〉若干问题的规定（三）》第四条第二款的规定，部分发起人对设立公司行为所产生的费用和债务承担责任后，请求其他发起人分担的，人民法院应当判令其他发起人按照约定的责任承担比例分担责任；没有约定责任承担比例的，按照约定的出资比例分担责任；没有约定出资比例的，按照均等份额分担责任。

（10）根据《最高人民法院关于适用〈中华人民共和国公司法〉若干问题的规定（三）》第四条第三款的规定，因部分发起人的过错导致公司未成立，其他发起人主张其承担设立行为所产生的费用和债务的，人民法院应当根据过错情况，确定过错一方的责任范围。

（11）根据《最高人民法院关于适用〈中华人民共和国公司法〉若干问题的规定（三）》第五条第一款的规定，发起人因履行公司设立职责造成他人损害，公司成立后受害人有权请求公司承担侵权赔偿责任；公司未成立的，受害人请求全体发起人承担连带赔偿责任的，人民法院应予支持。

（12）根据《最高人民法院关于适用〈中华人民共和国公司法〉若干问题的规定（三）》

第五条第二款的规定,公司或者无过错的发起人承担赔偿责任后,可以向有过错的发起人追偿。

二、实际控制人的不当行为及法律责任

（一）实际控制人的概念

根据《公司法》第二百一十六条第三项的规定,实际控制人,是指虽不是公司的股东,但通过投资关系、协议或者其他安排,能够实际支配公司行为的人。

（二）实际控制人与控股股东的联系与区别

从对公司的控制角度来看,实际控制人与控股股东存在某种共性,即都对公司在某种程度上表现出控制力,但二者之间还是存在诸多区别。

1. 权力基础不同

实际控制人权力来源是投资关系、协议或者其他安排;控股股东权力来源是表决权比例。

2. 身份不同

实际控制人不是公司股东;控股股东是公司股东。

3. 主观意愿不同

实际控制人主观上具有积极控制公司的意愿;控股股东虽然具备控制公司的能力,但主观上不一定有积极控制公司的意愿。

4. 为外界侦知的可能性不同

外界对实际控制人的存在可能一无所知;但外界完全可以通过公司登记机关登记信息查询得知控股股东的存在。

（三）实际控制人的法律特征

（1）实际控制人不是股东。

（2）实际控制人能够实际支配公司行为。

（3）实际控制人支配公司行为的手段有投资关系、协议和其他安排。

（四）实际控制人的不当行为及法律责任

（1）根据《公司法》第二十一条的规定,公司的实际控制人不得利用其关联关系损害公司利益,否则,给公司造成损失的,应当承担赔偿责任。

（2）根据《最高人民法院关于适用〈中华人民共和国公司法〉若干问题的规定（二）》第十八条第一款、第三款的规定,因实际控制人的原因,公司清算义务人未在法定期限内成立清算组开始清算,导致公司财产贬值、流失、毁损或者灭失,债权人有权主张其在造成损失范围内对公司债务承担赔偿责任。

（3）根据《最高人民法院关于适用〈中华人民共和国公司法〉若干问题的规定（二）》第十八条第二款、第三款的规定,因实际控制人的原因,公司清算义务人怠于履行义务,导致公司主要财产、账册、重要文件等灭失,无法进行清算,债权人有权主张其对公司债务承担连带清偿责任。

（4）根据《最高人民法院关于适用〈中华人民共和国公司法〉若干问题的规定（二）》第十九条的规定,公司的实际控制人在公司解散后,恶意处置公司财产给债权人造成损失,或者未经依法清算,以虚假的清算报告骗取公司登记机关办理法人注销登记,债权人有权

主张其对公司债务承担相应赔偿责任。

（5）根据《最高人民法院关于适用〈中华人民共和国公司法〉若干问题的规定（二）》第二十条的规定，公司未经清算即办理注销登记，导致公司无法进行清算，债权人有权主张公司的实际控制人对公司债务承担清偿责任。

（6）根据《最高人民法院关于适用〈中华人民共和国公司法〉若干问题的规定（二）》第二十一条的规定，公司的实际控制人为二人以上的，其中一人或者数人按照法律规定承担民事责任后，有权主张其他人员按照过错大小分担责任。

（7）根据《最高人民法院关于适用〈中华人民共和国公司法〉若干问题的规定（三）》第十四条第一款的规定，股东抽逃出资，公司或者其他股东有权请求其向公司返还出资本息、协助抽逃出资的实际控制人对此承担连带责任。

（8）根据《最高人民法院关于适用〈中华人民共和国公司法〉若干问题的规定（三）》第十四条第二款的规定，公司债权人有权请求抽逃出资的股东在抽逃出资本息范围内对公司债务不能清偿的部分承担补充赔偿责任、协助抽逃出资的实际控制人对此承担连带责任。

（9）根据《最高人民法院关于适用〈中华人民共和国公司法〉若干问题的规定（三）》第二十七条第二款的规定，原股东处分股权造成受让股东损失，受让股东有权请求原股东承担赔偿责任、对于未及时办理变更登记有过错的实际控制人承担相应责任。受让股东对于未及时办理变更登记也有过错的，可以适当减轻上述实际控制人的责任。

（10）根据《最高人民法院关于适用〈中华人民共和国公司法〉若干问题的规定（五）》第一条的规定，关联交易损害公司利益，原告公司，或者公司没有提起诉讼的，符合《公司法》规定条件的原告股东，有权请求实际控制人赔偿所造成的损失，实际控制人不得以该交易已经履行了信息披露、经股东会或者股东大会同意等法律、行政法规或者公司章程规定的程序为由进行抗辩。

三、董事的不当行为及法律责任

（一）根据《公司法》第二十一条的规定，公司的董事不得利用其关联关系损害公司利益，否则，给公司造成损失的，应当承担赔偿责任。

（二）董事违反忠实义务的行为及法律责任

1. 什么是董事的忠实义务

董事的忠实义务，是指公司董事在履行职务时，必须以公司利益作为最高追求目标，尤其是当公司利益与自身利益或者与自己有利害关系的第三人利益发生冲突时，仍应将公司利益放在首要位置。

2. 董事违反忠实义务的行为

根据《公司法》第一百四十七条第二款、第一百四十八条第一款的规定，董事违反忠实义务的具体行为有以下十个方面。

（1）利用职权收受贿赂或者其他非法收入。

（2）侵占公司财产。

（3）挪用公司资金。

（4）将公司资金以其个人名义或者以其他个人名义开立账户存储。

（5）违反公司章程的规定，未经股东会、股东大会或者董事会同意，将公司资金借贷给他人或者以公司财产为他人提供担保。

（6）违反公司章程的规定或者未经股东会、股东大会同意，与本公司订立合同或者进行交易。

（7）未经股东会或者股东大会同意，利用职务便利为自己或者他人谋取属于公司的商业机会，自营或者为他人经营与所任职公司同类的业务。

（8）接受他人与公司交易的佣金归为己有。

（9）擅自披露公司秘密。

（10）违反对公司忠实义务的其他行为。

3. 董事违反忠实义务的法律责任

为纠正和制裁董事从事违反对公司忠实义务的行为，防止董事因违法行为获利，对利益受到损害的公司提供救济，《公司法》第一百四十八条第二款规定了公司的"归入权"，即董事违反忠实义务所得的收入应当归公司所有。

（三）董事违反勤勉义务的行为及法律责任

根据《公司法》第一百四十九条的规定，董事执行公司职务时违反法律、行政法规或者公司章程的规定，给公司造成损失的，应当承担赔偿责任。

四、监事的不当行为及法律责任

根据《公司法》第二十一条的规定，公司监事不得利用其关联关系损害公司利益，否则，给公司造成损失的，应当承担赔偿责任。

1. 什么是监事的忠实义务

监事的忠实义务，是指公司监事在履行职务时，必须以公司利益作为最高追求目标，尤其是当公司利益与自身利益或者与自己有利害关系的第三人利益发生冲突时，仍应将公司利益放在首要位置。

2. 监事违反忠实义务的行为

根据《公司法》第一百四十七条第二款的规定，监事违反忠实义务的具体行为有以下两方面。

①利用职权收受贿赂或者其他非法收入。

②侵占公司财产。

3. 监事违反勤勉义务的行为及法律责任

根据《公司法》第一百四十九条的规定，监事执行公司职务时违反法律、行政法规或者公司章程的规定，给公司造成损失的，应当承担赔偿责任。

五、高级管理人员的不当行为及法律责任

根据《公司法》第二十一条的规定，公司的高级管理人员不得利用其关联关系损害公司利益，否则，给公司造成损失的，应当承担赔偿责任。

1. 什么是高级管理人员的忠实义务

高级管理人员的忠实义务，是指公司高级管理人员在履行职务时，必须以公司利益作为最高追求目标，尤其是当公司利益与自身利益或者与自己有利害关系的第三人利益发生冲突时，仍应将公司利益放在首要位置。

2. 高级管理人员违反忠实义务的行为

根据《公司法》第一百四十七条第二款、第一百四十八条第一款的规定，高级管理人员违反忠实义务的具体行为有以下十个方面。

①利用职权收受贿赂或者其他非法收入。

②侵占公司财产。

③挪用公司资金。

④将公司资金以其个人名义或者以其他个人名义开立账户存储。

⑤违反公司章程的规定，未经股东会、股东大会或者董事会同意，将公司资金借贷给他人或者以公司财产为他人提供担保。

⑥违反公司章程的规定或者未经股东会、股东大会同意，与本公司订立合同或者进行交易。

⑦未经股东会或者股东大会同意，利用职务便利为自己或者他人谋取属于公司的商业机会，自营或为他人经营与所任职公司同类的业务。

⑧接受他人与公司交易的佣金归为己有。

⑨擅自披露公司秘密。

⑩违反对公司忠实义务的其他行为。

3. 高级管理人员违反忠实义务的法律责任

为纠正和制裁高级管理人员从事违反对公司忠实义务的行为，防止高级管理人员因违法行为获利，对利益受到损害的公司提供救济，《公司法》第一百四十八条第二款规定了公司的"归入权"，即高级管理人员违反忠实义务所得的收入应当归公司所有。

4. 高级管理人员违反勤勉义务的行为及法律责任

根据《公司法》第一百四十九条的规定，高级管理人员执行公司职务时违反法律、行政法规或者公司章程的规定，给公司造成损失的，应当承担赔偿责任。

六、清算义务人的不当行为及法律责任

(一)清算义务人的概念

清算义务人，又称清算责任人，是指公司解散后，依法负有启动清算程序的主体，其义务在于根据法律规定及时启动相应的清算程序以终止公司。

(二)清算义务人的范畴

根据《最高人民法院关于适用〈中华人民共和国公司法〉若干问题的规定(二)》第十八条、第十九条、第二十条、第二十一条的规定，清算义务人包括以下三种。

(1)有限责任公司股东。

(2)股份有限公司董事。

(3)股份有限公司控股股东。

值得注意的是，以上清算义务人中并不包括有限责任公司董事。不过，《民法典》第七十条第二款规定："法人的董事、理事等执行机构或者决策机构的成员为清算义务人。法律、行政法规另有规定的，依照其规定。"有限责任公司董事属于"执行机构的成员"，按照《民法典》的规定，也应为清算义务人。

(三)清算义务人概念的法律沿革

(1)2000 年 1 月 26 日,针对"在司法实践中经常遇到已经歇业、撤销或被吊销了企业法人营业执照的企业,因经济纠纷被起诉到人民法院。在这种情况下,人民法院应当如何确定当事人?"的问题,最高人民法院经济庭庭务会对此进行了讨论,在形成的意见中使用了"清算主体"一词。其概念为"负有清算之责的主体",并针对我国企业不同的性质,对清算主体归纳如下:

①国有企业。国有企业的投资主体是国家,国家是国有企业的唯一股东,其上级主管部门代表国家管理国有企业。国有企业终止后,其上级主管部门为清算主体。

②集体企业。集体企业的投资主体是集体组织,集体组织是集体企业的股东,我国通常称之为开办者。集体企业终止后,其开办者为清算主体。

③联营企业。联营企业是不同投资主体共同投资成立的,联营各方是企业股东。联营企业终止后,联营各投资主体为清算主体。与此相关,合资企业、参股企业等由多个股东,多个发起人成立的企业,各发起人都是企业终止后的清算主体。只有一个投资主体的企业,其投资主体为唯一清算主体。如子公司的清算主体是其母公司。

④有限责任公司。有限责任公司的清算组由股东组成,股东是清算主体。按照《公司法》的规定,可以理解为有限责任公司的全体股东都有在公司终止后清理公司债权债务的责任,全体股东都是清算主体,均可以起诉应诉。

⑤股份有限公司。股份有限公司的清算组由股东大会选定股东人选组成。因此,根据《公司法》的规定,只有股东大会选定的股东才是清算主体,并不是全体股东都有清理公司债权债务的义务。但有一点是肯定的,清算主体不会超出股东的范围。基于此,如果股东大会不选定股东人选,清算主体不能确定,再加上起诉股份有限公司的全体股东在实践中也行不通,因此诉讼问题是个难题。针对这个问题,庭务会讨论中认为,如果股东大会不选定股东人选,可以根据《公司法》关于股东大会由董事长召集、清算组由股东大会选定股东组成的规定,确定股份有限公司的董事会为清算主体。因此,在股东大会不选定股东人选组成清算组的情况下,董事会应当是清算主体,可以起诉应诉。另外根据《公司法》的规定,在"逾期不成立清算组的情况下",人民法院有权根据债权人的申请指定清算组进行清算,因此指定清算组是人民法院的一项职权。人民法院如指定公司董事会进行清算,应当符合《公司法》的规定。

(2)2000 年 6 月 14 日,上海市高级人民法院发布《关于在民事诉讼中企业法人终止后诉讼主体和责任承担的若干问题的处理意见》,其中使用了"清算责任人"一词,并按照企业类型确定了相应的清算责任人。

①企业为有限责任公司法人的,其清算责任人为公司登记确定的股东。

②企业为股份有限公司法人的,其清算责任人为股东大会确定的股东。如股东大会未确定清算股东的,清算责任人为公司董事代表的股东。

③企业为非公司的国有企业法人的,其清算责任人为工商登记确定的上级主管单位。

④企业为非公司的集体企业法人的,其清算责任人为工商登记确定的开办单位。

⑤企业为股份合作制企业法人的,其清算责任人为工商登记确定的出资人。

⑥企业为法人型联营企业的,其清算责任人为工商登记确定的联营投资各方。

⑦企业为其他非公司企业法人的,其清算责任人为工商登记确定的出资人。

（3）2001年10月9日，北京市高级人民法院发布《关于企业下落不明、歇业、撤销、被吊销营业执照、注销后诉讼主体及民事责任承担若干问题的处理意见（试行）》，其中使用了"清算主体"一词，并依据企业的不同性质确定清算主体。

①国有企业以企业的上级主管部门为清算主体。

②集体企业以企业的开办单位、部门，或投资人为清算主体。

③联营企业以各投资主体为清算主体。

④子公司以母公司为清算主体。

⑤有限责任公司以全体股东为清算主体。

⑥股份有限公司以公司章程规定负有清算责任的股东，或股东大会选定的股东为清算主体；股东大会不能选定清算组的，派员担任董事会成员的股东为清算主体。

⑦外商投资企业应依据《外商投资企业清算办法》进行清算，成立清算组（清算委员会）。未成立清算组的，清算主体为各方股东。中外合资、合作企业外方已不存在的，中方股东应通过申请特别清算程序对企业进行特别清算，成立特别清算委员会。未成立特别清算委员会的，中方股东为清算主体。

（4）2003年9月25日，广东省高级人民法院发布《关于企业法人解散后的诉讼主体资格及其民事责任承担问题的指导意见》，其中使用了"清算义务人"一词，并确定下列组织或个人为企业法人的清算义务人。

①有限责任公司的股东。

②股份有限公司的控股股东。

③非公司制的国有企业的主管部门。

④非公司制的集体企业的开办者或出资者。

⑤法人型联营企业、中外合资企业法人、外商独资企业法人的投资者。

（5）2008年5月5日通过的《最高人民法院关于适用〈中华人民共和国公司法〉若干问题的规定（二）》虽然并未使用"清算义务人"一词。但最高人民法院针对该司法解释出台的《最高人民法院关于公司法司法解释（一）、（二）理解与适用》一书中使用了"清算义务人"的概念。

（6）2019年11月8日，最高人民法院印发的《全国法院民商事审判工作会议纪要》中也使用了"清算义务人"的概念。

（四）实际控制人与清算义务人的关系

（1）根据《最高人民法院关于适用〈中华人民共和国公司法〉若干问题的规定（二）》的规定，实际控制人并非清算义务人。

（2）根据《最高人民法院关于适用〈中华人民共和国公司法〉若干问题的规定（二）》第十八条、第十九条、第二十条、第二十一条的规定，实际控制人虽然不是清算义务人，但如果清算义务人的不当行为系实际控制人造成的，实际控制人应当承担相应法律责任。

（五）清算义务人的不当行为及法律责任

根据《最高人民法院关于适用〈中华人民共和国公司法〉若干问题的规定（二）》第十八条、第十九条、第二十条、第二十一条的规定，清算义务人的不当行为及法律责任如下：

（1）清算义务人未在法定期限内成立清算组开始清算，导致公司财产贬值、流失、毁损或者灭失的，债权人有权主张其在造成损失范围内对公司债务承担赔偿责任。

（2）清算义务人因怠于履行义务，导致公司主要财产、账册、重要文件等灭失，无法进行清算的，债权人有权主张其对公司债务承担连带清偿责任。

（3）清算义务人在公司解散后，恶意处置公司财产给债权人造成损失，或者未经依法清算，以虚假的清算报告骗取公司登记机关办理法人注销登记的，债权人有权主张其对公司债务承担相应赔偿责任。

（4）公司未经清算即办理注销登记，导致公司无法进行清算的，债权人有权主张有限责任公司的清算义务人对公司债务承担清偿责任。

（5）清算义务人为二人以上的，其中一人或者数人按照法律规定承担民事责任后，有权主张其他人员按照过错大小分担责任。

（六）如何理解《最高人民法院关于适用〈中华人民共和国公司法〉若干问题的规定（二）》第十八条第二款中"怠于履行义务"的规定

《最高人民法院关于适用〈中华人民共和国公司法〉若干问题的规定（二）》第十八条第二款规定："有限责任公司的股东、股份有限公司的董事和控股股东因怠于履行义务，导致公司主要财产、账册、重要文件等灭失，无法进行清算，债权人主张其对公司债务承担连带清偿责任的，人民法院应依法予以支持。"据此，债权人有权主张清算义务人对公司债务承担连带清偿责任的前提是清算义务人"怠于履行义务"，导致公司主要财产、账册、重要文件等灭失，无法进行清算。故而，如何正确理解"怠于履行义务"就显得尤为重要。

《全国法院民商事审判工作会议纪要》对此特别提到，关于有限责任公司股东清算责任的认定，一些案件的处理结果不适当地扩大了股东的清算责任。特别是实践中出现了一些职业债权人，从其他债权人处大批量超低价收购僵尸企业的"陈年旧账"后，对批量僵尸企业提起强制清算之诉，在获得人民法院对公司主要财产、账册、重要文件等灭失的认定后，根据《公司法司法解释（二）》第十八条第二款的规定，请求有限责任公司的股东对公司债务承担连带清偿责任。有的人民法院没有准确把握上述规定的适用条件，判决没有"怠于履行义务"的小股东或者虽"怠于履行义务"但与公司主要财产、账册、重要文件等灭失没有因果关系的小股东对公司债务承担远远超过其出资数额的责任，导致出现利益明显失衡的现象。需要明确的是，上述司法解释关于有限责任公司股东清算责任的规定，其性质是因股东怠于履行清算义务致使公司无法清算所应当承担的侵权责任。

《全国法院民商事审判工作会议纪要》进一步明确，在认定有限责任公司股东是否应当对债权人承担侵权赔偿责任时，应当注意以下问题。

第一是关于怠于履行清算义务的认定，《公司法司法解释（二）》第十八条第二款规定的"怠于履行义务"，是指有限责任公司的股东在法定清算事由出现后，在能够履行清算义务的情况下，故意拖延、拒绝履行清算义务，或者因过失导致无法进行清算的消极行为。股东举证证明其已经为履行清算义务采取了积极措施，或者小股东举证证明其既不是公司董事会或者监事会成员，也没有选派人员担任该机关成员，且从未参与公司经营管理，以不构成"怠于履行义务"为由，主张其不应当对公司债务承担连带清偿责任的，人民法院依法予以支持。（《全国法院民商事审判工作会议纪要》第十四条【怠于履行清算义务的认定】）

第二是关于因果关系的认定，有限责任公司的股东举证证明其"怠于履行义务"的消极不作为与"公司主要财产、账册、重要文件等灭失，无法进行清算"的结果之间没有因果关系，主张其不应对公司债务承担连带清偿责任的，人民法院依法予以支持。（《全国法院民

商事审判工作会议纪要》第十五条【因果关系抗辩】)

第三是关于诉讼时效期间的认定,公司债权人请求股东对公司债务承担连带清偿责任,股东以公司债权人对公司的债权已经超过诉讼时效期间为由抗辩,经查证属实的,人民法院依法予以支持。

公司债权人以《公司法司法解释(二)》第十八条第二款为依据,请求有限责任公司的股东对公司债务承担连带清偿责任的,诉讼时效期间自公司债权人知道或者应当知道公司无法进行清算之日起计算。(《全国法院民商事审判工作会议纪要》第十六条【诉讼时效期间】)

七、清算组的不当行为及法律责任

(一)清算组的概念

清算组,是指具体负责清算事务的主体,其义务在于依照法定程序进行清算。清算组的概念见于《公司法》《商业银行法》《农民专业合作社法》等。比如,《公司法》第一百八十三条规定的"应当在解散事由出现之日起十五日内成立清算组"。与清算组的概念具有相同法律含义的还有"清算人",见于《合伙企业法》《个人独资企业法》《信托法》等。

(二)清算组与清算义务人的联系与区别

1. 清算组与清算义务人的联系

(1)清算义务人与清算组往往存在人员上的重叠。有限责任公司股东、股份有限公司董事和控股股东既是清算义务人,往往也是清算组成员。

(2)清算组往往是由公司决定成立,实际上就是根据清算义务人的决定成立的。也就是说,当公司解散时,清算义务人应当履行启动清算程序的义务,成立清算组,由清算组具体负责清算工作。

2. 清算组与清算义务人的区别

(1)清算义务人是依据法律规定,应当承担清算义务的主体,其义务在于根据法律规定及时启动相应的清算程序;清算组则是具体负责清算事务的组织,其义务在于依法进行清算活动。

(2)清算义务人必须是与公司存在法律依附关系的主体。比如,有限责任公司股东、股份有限公司董事和控股股东,均与公司存在一定的依附关系;清算组成员则不一定与公司存在法律依附关系。比如,人民法院指定的律师事务所、会计师事务所、破产清算事务所等社会中介机构或这些社会中介机构中具备相关专业知识并取得执业资格的人员。

(三)清算组的不当行为及法律责任

清算组成员应当忠于职守,依法履行清算义务。

(1)根据《公司法》第一百八十九条第二款的规定,清算组成员不得利用职权收受贿赂或者其他非法收入,不得侵占公司财产。

(2)根据《公司法》第一百八十九条第三款的规定,清算组成员因故意或者重大过失给公司或者债权人造成损失的,应当承担赔偿责任。

(3)根据《最高人民法院关于适用〈中华人民共和国公司法〉若干问题的规定(二)》第十一条第二款的规定,清算组未按照法律规定履行通知和公告义务,导致债权人未及时申报债权而未获清偿,债权人有权主张清算组成员对因此造成的损失承担赔偿责任。

(4)根据《最高人民法院关于适用〈中华人民共和国公司法〉若干问题的规定(二)》第十五条的规定,公司自行清算的,清算方案应当报股东会或者股东大会决议确认;人民法院组织清算的,清算方案应当报人民法院确认。未经确认的清算方案,清算组不得执行。清算组执行未经确认的清算方案给公司或者债权人造成损失,公司、股东或者债权人有权主张清算组成员承担赔偿责任。

(5)根据《最高人民法院关于适用〈中华人民共和国公司法〉若干问题的规定(二)》第二十三条第一款的规定,清算组成员从事清算事务时,违反法律、行政法规或者公司章程给公司或者债权人造成损失,公司或者债权人有权主张其承担赔偿责任。

(6)根据《最高人民法院关于适用〈中华人民共和国公司法〉若干问题的规定(二)》第二十三条第二款的规定,有限责任公司的股东、股份有限公司连续一百八十日以上单独或者合计持有公司百分之一以上股份的股东,有权依据《公司法》第一百五十一条第三款的规定,以清算组成员有前款所述行为为由向人民法院提起诉讼。

(7)根据《最高人民法院关于适用〈中华人民共和国公司法〉若干问题的规定(二)》第二十三条第三款的规定,公司已经清算完毕注销,有限责任公司的股东、股份有限公司连续一百八十日以上单独或者合计持有公司百分之一以上股份的股东,有权参照《公司法》第一百五十一条第三款的规定,直接以清算组成员为被告、其他股东为第三人向人民法院提起诉讼。

(8)根据《公司法》第二百零四条第二款的规定,公司在进行清算时,隐匿财产,对资产负债表或者财产清单作虚假记载或者在未清偿债务前分配公司财产的,由公司登记机关责令改正,对直接负责的主管人员和其他直接责任人员处以一万元以上十万元以下的罚款。

(9)根据《公司法》第二百零六条第二款的规定,清算组成员利用职权徇私舞弊、谋取非法收入或者侵占公司财产的,由公司登记机关责令退还公司财产,没收违法所得,并可以处以违法所得一倍以上五倍以下的罚款。

八、公司的不当行为及法律责任

《公司法》中在就以上主体的不当行为作出规定之外,还针对以公司作为法律责任承担主体的不当行为作出了相关规定。

(1)《公司法》第一百九十八条规定,虚报注册资本、提交虚假材料或者采取其他欺诈手段隐瞒重要事实取得公司登记的,由公司登记机关责令改正,对虚报注册资本的公司,处以虚报注册资本金额百分之五以上百分之十五以下的罚款;对提交虚假材料或者采取其他欺诈手段隐瞒重要事实的公司,处以五万元以上五十万元以下的罚款;情节严重的,撤销公司登记或者吊销营业执照。

(2)《公司法》第二百零一条规定,公司违反本法规定,在法定的会计账簿以外另立会计账簿的,由县级以上人民政府财政部门责令改正,处以五万元以上五十万元以下的罚款。

(3)《公司法》第二百零二条规定,公司在依法向有关主管部门提供的财务会计报告等材料上作虚假记载或者隐瞒重要事实的,由有关主管部门对直接负责的主管人员和其他直接责任人员处以三万元以上三十万元以下的罚款。

(4)《公司法》第二百零三条规定,公司不依照本法规定提取法定公积金的,由县级以上人民政府财政部门责令如数补足应当提取的金额,可以对公司处以二十万元以下的罚款。

（5）《公司法》第二百零四条第一款规定，公司在合并、分立、减少注册资本或者进行清算时，不依照本法规定通知或者公告债权人的，由公司登记机关责令改正，对公司处以一万元以上十万元以下的罚款。

（6）《公司法》第二百零四条第二款规定，公司在进行清算时，隐匿财产，对资产负债表或者财产清单作虚假记载或者在未清偿债务前分配公司财产的，由公司登记机关责令改正，对公司处以隐匿财产或者未清偿债务前分配公司财产金额百分之五以上百分之十以下的罚款；对直接负责的主管人员和其他直接责任人员处以一万元以上十万元以下的罚款。

（7）《公司法》第二百零五条规定，公司在清算期间开展与清算无关的经营活动的，由公司登记机关予以警告，没收违法所得。

（8）《公司法》第二百一十条规定，未依法登记为有限责任公司或者股份有限公司，而冒用有限责任公司或者股份有限公司名义的，或者未依法登记为有限责任公司或者股份有限公司的分公司，而冒用有限责任公司或者股份有限公司的分公司名义的，由公司登记机关责令改正或者予以取缔，可以并处十万元以下的罚款。

（9）《公司法》第二百一十一条第一款规定，公司成立后无正当理由超过六个月未开业的，或者开业后自行停业连续六个月以上的，可以由公司登记机关吊销营业执照。

（10）《公司法》第二百一十一条第二款规定，公司登记事项发生变更时，未依照本法规定办理有关变更登记的，由公司登记机关责令限期登记；逾期不登记的，处以一万元以上十万元以下的罚款。

（11）《公司法》第二百一十二条规定，外国公司违反本法规定，擅自在中国境内设立分支机构的，由公司登记机关责令改正或者关闭，可以并处五万元以上二十万元以下的罚款。

（12）《公司法》第二百一十三条规定，利用公司名义从事危害国家安全、社会公共利益的严重违法行为的，吊销营业执照。

第二节　股东出资加速到期制度

一、加速到期制度的概念

加速到期制度，是指债务履行期限尚未届满，由于发生了特定的事由，从而剥夺债务人的期限利益，让债务人提前履行债务的制度。

以下是加速到期制度的法律规定。

《企业破产法》第三十五条："人民法院受理破产申请后，债务人的出资人尚未完全履行出资义务的，管理人应当要求该出资人缴纳所认缴的出资，而不受出资期限的限制。"

《民法典》第六百三十四条第一款："分期付款的买受人未支付到期价款的数额达到全部价款的五分之一，经催告后在合理期限内仍未支付到期价款的，出卖人可以请求买受人支付全部价款或者解除合同。"

《民法典》第七百五十二条："承租人应当按照约定支付租金。承租人经催告后在合理期限内仍不支付租金的，出租人可以请求支付全部租金；也可以解除合同，收回租赁物。"

二、股东出资加速到期制度的概念

股东出资加速到期制度是加速到期制度的重要一环,是指在公司资产不足以偿还公司到期债务时,不考虑股东认缴的出资未届出资期限,使之提前履行出资义务的制度。

三、股东出资加速到期制度的适用情形

股东出资加速到期制度适用于以下情形。

(1)公司作为被执行人的案件,人民法院穷尽执行措施无财产可供执行,已具备破产原因,但不申请破产的,公司股东未届出资期限的认缴出资加速到期,公司债权人有权要求该股东在未出资范围内对公司不能清偿的债务承担补充赔偿责任。(《全国法院民商事审判工作会议纪要》第六条第一项)

在案件执行阶段,公司股东的期限利益仍应得到保护,但如果出现以下三种情形并存的情况,公司债权人有权要求该股东在未出资范围内对公司不能清偿的债务承担补充赔偿责任,公司股东未届出资期限的认缴出资加速到期。

①被执行公司经人民法院穷尽执行措施无财产可供执行。

②被执行公司已具备破产原因。

③被执行公司不申请破产。

也就是说,此时的公司已具备破产情形,但公司拒绝申请破产,试图利用期限利益拖延债务,甚至逃避债务。对此,法律应作出否定性评价。

(2)在公司债务产生后,公司股东(大)会决议或以其他方式延长股东出资期限的,公司股东未届出资期限的认缴出资加速到期,公司债权人有权要求该股东在未届出资范围内对公司不能清偿的债务承担补充赔偿责任。(《全国法院民商事审判工作会议纪要》第六条第二项)

公司延长股东出资期限在实质上降低了公司的偿债能力,造成了公司债权人的利益受损,尤其是当公司故意而为,目的是逃避及时清偿债务的义务的情况下,更需要法律对此作出否定性评价。因此,出现这种情形,公司债权人有权要求该股东在未届出资范围内对公司不能清偿的债务承担补充赔偿责任,公司股东未届出资期限的认缴出资加速到期。

(3)人民法院已受理破产申请的,公司股东未到出资期限的认缴出资加速到期,应予缴纳。(《企业破产法》第三十五条)

人民法院受理破产申请包括以下三种情况。

①公司不能清偿到期债务,并且资产不足以清偿全部债务或者明显缺乏清偿能力的,公司可以向人民法院提出破产申请。

②公司不能清偿到期债务,公司债权人可以向人民法院提出对债务人的破产申请。

③公司已解散但未清算或者未清算完毕,资产不足以清偿债务的,依法负有清算责任的人应当向人民法院提出破产申请。

人民法院根据这些情形受理破产申请的,公司股东未到出资期限的认缴出资加速到期,应予缴纳。

(4)公司解散时,股东分期缴纳尚未届满缴纳期限的出资加速到期,作为清算财产。(《最高人民法院关于适用〈中华人民共和国公司法〉若干问题的规定(二)》第二十二条)

公司解散的原因包括以下五个方面。

①公司章程规定的营业期限届满或者公司章程规定的其他解散事由出现。

②股东会或者股东大会决议解散。

③因公司合并或者分立需要解散。

④依法被吊销营业执照、责令关闭或者被撤销。

⑤持有公司全部股东表决权10%以上的股东向人民法院请求解散，人民法院予以解散。

公司发生这些原因需要解散的，股东分期缴纳尚未届满缴纳期限的出资应作为清算财产加速到期。

四、股东出资加速到期制度与股东期限利益保护之间的平衡

（一）保护股东期限利益是公司注册资本认缴制的必有之意

公司注册资本认缴制被引入公司法的目的是减少创业者的资金需求、减轻创业者的资金压力，从而达到鼓励创业、繁荣经济的目的，赋予股东期限利益是公司注册资本认缴制的核心内涵，没有了期限利益，注册资本认缴制就没有了灵魂，也就失去了存在的价值，失去了存在的意义。因此，无论股东出资加速到期制度存在与否，都必须始终将保护股东期限利益作为公司注册资本认缴制的必有之意加以尊重。

（二）股东出资加速到期制度是股东期限利益的例外

股东出资加速到期并非对股东期限利益的否定，仅是股东期限利益的例外，这就如同公司法人人格否认并非对股东有限责任的否定，也仅是股东有限责任的例外一样。也就是说，对于股东来讲，期限利益的保护是常态，出资加速到期则仅是针对特定情形的特殊规定的特别做法。

（三）股东出资加速到期制度是保护公司债权人利益与保护股东期限利益二者妥协的产物

股东的期限利益固然应当得到保护，这是公司注册资本认缴制的应有之意，但当这种保护的结果，对公司债权人的利益造成损害时，就不能一味强调保护股东利益，而忽视公司债权人利益的保护，尤其是当股东利用期限利益作为手段恶意侵犯公司债权人利益的，那就更不能纵容股东的这种行为。因此，处理好股东期限利益的保护与公司债权人利益的保护二者之间的关系，就显得十分重要。

五、公司债权人出资代位求偿权

与股东出资加速到期具有相同的保护公司债权人利益的功能的制度，还有"公司债权人出资代位求偿权"制度。公司债权人出资代位求偿权脱胎于债权人代位求偿权。

（一）什么是债权人代位求偿权

1. 债权人代位求偿权的概念

债权人代位求偿权，是债的保全制度的一种。《民法典》第五百三十五条规定："因债务人怠于行使其债权或者与该债权有关的从权利，影响债权人的到期债权实现的，债权人可以向人民法院请求以自己的名义代位行使债务人对相对人的权利，但是该权利专属于债务人自身的除外。代位权的行使范围以债权人的到期债权为限。债权人行使代位权的必要费用，由债务人负担。相对人对债务人的抗辩，可以向债权人主张。"该条规定的就是"债权

人代位求偿权"。

2. 债权人代位求偿权的法律特征

(1)债务人怠于行使其债权或者与该债权有关的从权利,影响债权人的到期债权实现。

(2)债权人可以向人民法院请求以自己的名义代位行使债务人对相对人的权利。

(3)债务人的权利不是专属于债务人自身的权利。

(4)代位权的行使范围以债权人的到期债权为限。

(5)债权人行使代位权的必要费用,由债务人负担。

(6)相对人对债务人的抗辩,可以向债权人主张。

(二)什么是公司债权人出资代位求偿权

1. 公司债权人出资代位求偿权的概念

《最高人民法院关于适用〈中华人民共和国公司法〉若干问题的规定(三)》第十三条第一款规定:"股东未履行或者未全面履行出资义务,公司或者其他股东请求其向公司依法全面履行出资义务的,人民法院应予支持。"第二款规定:"公司债权人请求未履行或者未全面履行出资义务的股东在未出资本息范围内对公司债务不能清偿的部分承担补充赔偿责任的,人民法院应予支持;未履行或者未全面履行出资义务的股东已经承担上述责任,其他债权人提出相同请求的,人民法院不予支持。"根据第一款的规定,股东未履行或者未全面履行出资义务的,有权请求其向公司依法全面履行出资义务的权利主体是公司或者其他股东。根据第二款的规定,股东未履行或者未全面履行出资义务的,公司债权人也有权请求其"在未出资本息范围内对公司债务不能清偿的部分承担补充赔偿责任。"也就是说,公司债权人取代了公司的地位获得了向未履行或者未全面履行出资义务的股东求偿的权利。这就是"公司债权人出资代位求偿权"。

2. 公司债权人出资代位求偿权的法律特征

(1)公司债权人有权请求未履行或者未全面履行出资义务的股东在未出资本息范围内对公司债务不能清偿的部分承担补充赔偿责任,无须以公司怠于行使权利为前提。这是与债权人代位求偿权不一样的。

(2)公司债权人有权请求未履行或者未全面履行出资义务的股东承担责任的界限是该股东"在未出资本息范围内"。

(3)公司债权人有权请求未履行或者未全面履行出资义务的股东承担责任的额度是"公司债务不能清偿的部分"。

(4)未履行或者未全面履行出资义务的股东已经承担了责任的,其他债权人无权提出相同请求。

第三节 股东表决权排除制度

一、股东表决权排除制度的概念

股东表决权排除制度,又称股东表决权回避制度,是指当某股东与股东会或者股东大会的某项决议事项存在利害关系时,该股东不得对该事项行使表决权的制度。

二、股东表决权排除制度的法律特征

（1）股东表决权的排除，只针对某个具体事项，并非对该股东表决权的完全否认。比如，根据《公司法》第十六条的规定，公司为公司股东或者实际控制人提供担保的，被担保的股东或者被担保的实际控制人支配的股东，不得参加该担保事项的表决。也就是说，被担保的股东或者被担保的实际控制人支配的股东，仅在该事项表决时适用表决权排除制度，但并不影响该股东参与其他事项的表决。

（2）适用股东表决权排除的事项，一般都与该股东存在利害关系。比如，还是《公司法》第十六条的规定，该条之所以对被担保的股东或者被担保的实际控制人支配的股东适用表决权排除制度，原因在于该股东与表决事项存在利害关系。这也是股东表决权排除制度存在的原因。如果对该股东不适用表决权排除制度，因为利害关系的存在，可能导致公司或者其他股东利益受损。

（3）股东表决权排除制度具有法定性与任意性。股东表决权排除制度的法定性体现在，适用情形依据《公司法》的明确规定；任意性体现在除了《公司法》明确规定的情形外，公司章程可以规定其他适用表决权排除制度的情形。

三、股东表决权排除制度的适用

（1）公司为公司股东或者实际控制人提供担保的，对被担保的股东或者被担保的实际控制人支配的股东，适用股东表决权排除制度。不得参加决议事项表决。

法律依据：

《公司法》第十六条："公司为公司股东或者实际控制人提供担保的，必须经股东会或者股东大会决议。

前款规定的股东或者受前款规定的实际控制人支配的股东，不得参加前款规定事项的表决。该项表决由出席会议的其他股东所持表决权的过半数通过。"

（2）公司股东向股东以外的人转让股权的，对转让股东适用股东表决权排除制度。转让股东不得参加决议事项表决。

法律依据：

《公司法》第七十一条："股东向股东以外的人转让股权，应当经其他股东过半数同意。股东应就其股权转让事项书面通知其他股东征求同意，其他股东自接到书面通知之日起满三十日未答复的，视为同意转让。其他股东半数以上不同意转让的，不同意的股东应当购买该转让的股权；不购买的，视为同意转让。"

（3）股份有限公司创立大会审议发起人关于公司筹办情况的报告的，对发起人适用股东表决权排除制度。发起人不得参加决议事项表决。

法律依据：

《公司法》第九十条："创立大会行使下列职权：（一）审议发起人关于公司筹办情况的报告。

创立大会对前款所列事项作出决议，必须经出席会议的认股人所持表决权过半数通过。"

（4）股份有限公司创立大会通过公司章程的，对发起人适用股东表决权排除制度。发起人不得参加决议事项表决。

法律依据:

《公司法》第九十条:"创立大会行使下列职权:(二)通过公司章程。

创立大会对前款所列事项作出决议,必须经出席会议的认股人所持表决权过半数通过。"

(5)股份有限公司创立大会选举董事会成员的,对发起人适用股东表决权排除制度。发起人不得参加决议事项表决。

法律依据:

《公司法》第九十条:"创立大会行使下列职权:(三)选举董事会成员。

创立大会对前款所列事项作出决议,必须经出席会议的认股人所持表决权过半数通过。"

(6)股份有限公司创立大会选举监事会成员的,对发起人适用股东表决权排除制度。发起人不得参加决议事项表决。

法律依据:

《公司法》第九十条:"创立大会行使下列职权:(四)选举监事会成员。

创立大会对前款所列事项作出决议,必须经出席会议的认股人所持表决权过半数通过。"

(7)股份有限公司创立大会对公司的设立费用进行审核的,对发起人适用股东表决权排除制度。发起人不得参加决议事项表决。

法律依据:

《公司法》第九十条:"创立大会行使下列职权:(五)对公司的设立费用进行审核。

创立大会对前款所列事项作出决议,必须经出席会议的认股人所持表决权过半数通过。"

(8)股份有限公司创立大会对发起人用于抵作股款的财产的作价进行审核的,对发起人适用股东表决权排除制度。发起人不得参加决议事项表决。

法律依据:

《公司法》第九十条:"创立大会行使下列职权:(六)对发起人用于抵作股款的财产的作价进行审核。

创立大会对前款所列事项作出决议,必须经出席会议的认股人所持表决权过半数通过。"

(9)发生不可抗力或者经营条件发生重大变化直接影响公司设立,股份有限公司创立大会作出不设立公司的决议的,对发起人适用股东表决权排除制度。发起人不得参加决议事项表决。

法律依据:

《公司法》第九十条:"创立大会行使下列职权:(七)发生不可抗力或者经营条件发生重大变化直接影响公司设立的,可以作出不设立公司的决议。

创立大会对前款所列事项作出决议,必须经出席会议的认股人所持表决权过半数通过。"

(10)公司持有本公司股份的,适用股东表决权排除制度。

一般情况下,公司是不能持有本公司股份的;特殊情况下,公司持有本公司股份的,公司持有的本公司股份没有表决权。

法律依据:

①《公司法》第一百零三条:"股东出席股东大会会议,所持每一股份有一表决权。但是,公司持有的本公司股份没有表决权。"

②中国证券监督管理委员会 2016 年 9 月 30 日公布施行的《上市公司股东大会规则》第三十一条:公司持有自己的股份没有表决权,且该部分股份不计入出席股东大会有表决权的股份总数。

(11)上市公司股东与股东大会拟审议事项有关联关系时,对股东适用股东表决权排除制度。

法律依据:

中国证券监督管理委员会 2016 年 9 月 30 日公布施行的《上市公司股东大会规则》第三十一条:"股东与股东大会拟审议事项有关联关系时,应当回避表决,其所持有表决权的股份不计入出席股东大会有表决权的股份总数。"

四、股东表决权排除制度的衍生

(一)董事表决权的排除

《公司法》在规定股东表决权排除制度的同时,也为董事设定了类似制度,我们称之为"董事表决权排除制度"。《公司法》第一百二十四条规定:"上市公司董事与董事会会议决议事项所涉及的企业有关联关系的,不得对该项决议行使表决权,也不得代理其他董事行使表决权。该董事会会议由过半数的无关联关系董事出席即可举行,董事会会议所作决议须经无关联关系董事过半数通过。出席董事会的无关联关系董事人数不足三人的,应将该事项提交上市公司股东大会审议。"

(二)股东权利的限制

《公司法》在规定股东表决权排除制度的同时,也规定了可以对股东行使的股东权利作出权利限制。我们称之为"股东权利限制制度"。《最高人民法院关于适用〈中华人民共和国公司法〉若干问题的规定(三)》第十六条规定:"股东未履行或者未全面履行出资义务或者抽逃出资,公司根据公司章程或者股东会决议对其利润分配请求权、新股优先认购权、剩余财产分配请求权等股东权利作出相应的合理限制,该股东请求认定该限制无效的,人民法院不予支持。"

据此,公司根据公司章程或者股东会决议对未履行出资义务,或者未全面履行出资义务,或者抽逃出资的股东,可以合理限制其利润分配请求权、新股优先认购权、剩余财产分配请求权等股东权利。而且《公司法》第三十四条在规定股东分取红利的依据和优先认缴新增资本的依据时,都规定的是"实缴的出资比例"。这也可以视为股东权利限制的权力来源。

股东的利润分配请求权、新股优先认购权、剩余财产分配请求权等股东权利都可以受到限制,那么,股东的表决权能否受到限制呢?对于这个问题,笔者认为应做如下理解。

(1)股东的自益权一般认为可以对其作出权利限制。从《最高人民法院关于适用〈中华人民共和国公司法〉若干问题的规定(三)》第十六条的规定来看,股东未履行或者未全面履行出资义务或者抽逃出资的,可以对其作出限制的股东权利包括利润分配请求权、新股优先认购权、剩余财产分配请求权等。这些股东权利无一不是股东自益权。之所以规定股东的自益权可以受到权利限制,主要是考虑到,对于股东来讲,其对公司最核心的义务的是依法全面履行出资义务。如果股东出资存在瑕疵,根据权利义务平等的原则,公司就有权对其本应享有的"从公司获取经济利益的权利"作出合理限制。

(2)股东的共益权一般认为不可以对其作出权利限制。这是因为,股东之所以成为股东,依法全面履行出资义务固然是最重要的条件,但其他的形式要件也是必不可少的。比如,参与公司章程的签署、出席股东会会议等。尤其是在代持股的情形下,存在隐名股东与显名股东的现象时,显名股东虽然并未实际出资,但从外观上看,显名股东仍是作为公司真正股东出现的。况且,与股东的自益权相较,股东的共益权与股东的出资义务的关联度更远、更弱。基于这些原因,一般认为,不可因为股东出资存在瑕疵而限制其股东权利中的共益权。

(3)根据以上分析,表决权作为股东共益权的一种是否也不可以被设定权利限制呢?笔者认为,尽管目前立法没有对此作出相关明确规定,对于出资瑕疵的股东的表决权作出合理限制还是应该允许的。

①《最高人民法院关于适用〈中华人民共和国公司法〉若干问题的规定(三)》第十六条规定的可以限制的股东权利是"利润分配请求权、新股优先认购权、剩余财产分配请求权等",这最后一个字"等",显然就体现了其他股东权利被纳入限制对象的可能。

②根据《公司法》规定的股东表决权排除制度,既然在特定情形下,可以排除股东的表决权,那么在股东出资存在瑕疵的情况下,限制股东的表决权也未尝不可。况且,表决权的限制对股东权利仅是部分剥夺,而表决权的排除对股东权利却是完全剥夺。因此,允许激烈程度更大、后果更为严重的表决权排除制度存在,却否定激烈程度相对较小、后果严重性相对较弱的表决权限制制度,应该是没有合理性的。

③有限责任公司的出资分为认缴出资和实缴出资,但《公司法》第四十二条在规定股东表决权的行使时,只规定了"股东按照出资比例行使表决权",并没有明确是"按照认缴出资比例"?还是"按照实缴出资比例"?这就为股东表决权的限制提供了法律空间。况且,《公司法》第四十二条还进一步规定"公司章程另有规定的除外"。这实际上是将股东表决权的限制与否以及如何限制,交由公司可以自主决定。

第四节 股东除名制度

出资是公司之所以成为独立法人的最重要的物质基础。出资义务是公司股东应当履行的最基本的法律义务。为督促公司股东履行出资义务,对不履行出资义务的股东进行负面评价。《最高人民法院关于适用〈中华人民共和国公司法〉若干问题的规定(三)》第十七条对于不履行出资义务的股东设定了股东除名制度:"有限责任公司的股东未履行出资义务或者抽逃全部出资,经公司催告缴纳或者返还,其在合理期间内仍未缴纳或者返还出资,公司以股东会决议解除该股东的股东资格,该股东请求确认该解除行为无效的,人民法院不予支持。在前款规定的情形下,人民法院在判决时应当释明,公司应当及时办理法定减资程序或者由其他股东或者第三人缴纳相应的出资。在办理法定减资程序或者其他股东或者第三人缴纳相应的出资之前,公司债权人依照本规定第十三条或者第十四条请求相关当事人承担相应责任的,人民法院应予支持。"

一、股东除名制度的概念

股东除名制度,是指有限责任公司的股东未履行出资义务或者抽逃全部出资,经公司催告缴纳或者返还,其在合理期间内仍未缴纳或者返还出资,公司以股东会决议解除该股东的股东资格的制度。

二、股东除名制度的法律特征

(1)股东除名制度适用于有限责任公司,不适用于股份有限公司。但需要注意的是,《最高人民法院关于适用〈中华人民共和国公司法〉若干问题的规定(三)》第六条针对股份有限公司也有类似规定:"股份有限公司的认股人未按期缴纳所认股份的股款,经公司发起人催缴后在合理期间内仍未缴纳,公司发起人对该股份另行募集的,人民法院应当认定该募集行为有效。认股人延期缴纳股款给公司造成损失,公司请求该认股人承担赔偿责任的,人民法院应予支持。"

(2)股东除名制度适用于未履行出资义务的股东或者抽逃全部出资的股东。"未履行出资义务"或者"抽逃全部出资",这两个条件符合其中任一条,即可启动除名程序。这里的"未履行出资义务"是指"完全未履行出资义务"。因此,只要股东履行了部分出资义务,或者股东抽逃的是部分出资,则不能对其适用股东除名制度。

(3)被除名股东只要符合可以对其适用股东除名制度的法律条件,是否对其适用股东除名完全取决于公司和其他股东的意见,被除名股东对于股东除名制度的适用与否没有发言权。公司对不履行出资义务的股东予以除名,不需要征求被除名股东的意见,公司可以直接作出决定。公司作出股东除名决定后,也不需要被除名股东的配合,其股东资格即刻丧失。

三、如何理解股东除名制度中的"未履行出资义务"和"抽逃全部出资"

股东除名制度适用的前提条件是:"未履行出资义务"或者"抽逃全部出资"。被除名股东必须具备这两个条件中的一个,方可对其适用股东除名,因此,准确把握这两个条件的法律内涵十分必要,关系到股东除名制度能否准确适用。

(1)"未履行出资义务"是指"完全未履行出资义务",如果只是"未完全履行出资义务",则不属于"未履行出资义务"情形,不得适用股东除名制度。

比如:A公司有三名股东,其中甲股东认缴出资额为20万元,实缴出资额为10万元;乙股东认缴出资额为30万元,实缴出资额为30万元;丙股东认缴出资额为50万元,实缴出资额为50万元。此种情形下,不能对甲股东适用股东除名制度。因为甲股东的"实缴出资额10万元"的行为仅属于"未完全履行出资义务",而非"未履行出资义务"。

(2)"抽逃全部出资"是指"全部出资被抽逃",如果只是"抽逃部分出资",则不属于"抽逃全部出资"情形,不得适用股东除名制度。

仍如前例:A公司的三名股东,其中甲股东认缴出资额为20万元,实缴出资额为20万元,后抽逃10万元;乙股东认缴出资额为30万元,实缴出资额为30万元;丙股东认缴出资额为 50 万元,实缴出资额为 50 万元。此种情形下,不能对甲股东适用股东除名制度。因为甲股东的"抽逃出资 10 万元"的行为仅属于"抽逃部分出资",而非"抽逃全部出资"。

四、股东除名制度适用的程序

股东除名制度适用时应按如下程序进行。

(一)公司"催告"

公司对"未履行出资义务"或者"抽逃全部出资"的股东,在启动除名程序前,应给予该股东"改正错误"的机会,即应当"催告"该股东在"合理期间"内"缴纳出资"或者"返还出资"。

由于《最高人民法院关于适用〈中华人民共和国公司法〉若干问题的规定(三)》第十七条并未就"合理期间"作出具体规定,笔者建议,可在公司章程中规定:"公司股东未履行出资义务或者抽逃全部出资,经公司催告缴纳或者返还,其在自催告之日起三十日内,仍未缴纳或者返还出资的,公司有权以股东会决议解除该股东的股东资格"。或者类似条款。

(二)股东"拒绝"

被催告的股东只要在"催告"设定的"合理期间"内未缴纳或者返还出资,即视为该股东对于公司催告的拒绝。即可启动下一步的股东会决议程序。需要注意的是,如果被催告股东明确表示拒绝,无论采用何种形式,只要催告的期间未满,仍不应视为该股东的真正拒绝,不应启动下一步的程序。

另外,这里的"未缴纳或者返还出资"应当是指股东"完全未缴纳出资"或者"完全未返还出资",如果股东被催告后,缴纳了部分出资或者返还了部分出资,则视为股东除名条件未成就,不可解除其股东资格。

(三)股东会决议

公司依照《公司法》和公司章程的规定,召开股东会会议,就除名事宜作出决议。《最高人民法院关于适用〈中华人民共和国公司法〉若干问题的规定(三)》第十七条中虽没有规定,股东除名所需的具体表决权数,但笔者认为,该决议至少应在排除拟被除名股东的表决权的前提下,经代表剩余表决权的二分之一以上的股东通过方可。

另外,根据《最高人民法院关于适用〈中华人民共和国公司法〉若干问题的规定(三)》第十七条第二款的规定,股东除名后,公司需要办理减资或者由其他人缴纳相应出资,而公司减资属于股东会决议的特别事项,根据《公司法》第四十三条第二款的规定,须经代表三分之二以上表决权的股东通过;而且股东除名虽然不是法定的股东会决议的特别事项,但考虑到有限责任公司的人合性特质,以及股东除名对于公司的影响,公司章程作出解除股东的股东资格"须经其他股东所持表决权三分之二以上通过"的规定也不为过。

(四)办理减资或者由其他人缴纳相应出资

股东除名后,公司应当依照法定的减资程序及时办理减资;或者由公司其他股东认缴被除名股东的出资;或者引入第三人认缴被除名股东的出资。

(五)办理公司登记信息的变更手续

股东资格解除后,公司应当及时到公司登记机关办理公司登记信息的变更手续。

五、股东除名的法律后果

根据《最高人民法院关于适用〈中华人民共和国公司法〉若干问题的规定(三)》

第十七条第二款的规定,公司解除股东的股东资格将产生以下法律后果。

(1)公司应当及时办理法定减资程序。

(2)可以由其他股东缴纳相应的出资。

(3)可以由第三人缴纳相应的出资。

(4)在办理法定减资程序或者其他股东或者第三人缴纳相应的出资之前,公司债权人有权请求相关当事人承担相应责任。

①公司债权人有权请求未履行或者未全面履行出资义务的股东在未出资本息范围内对公司债务不能清偿的部分承担补充赔偿责任。

②股东在公司设立时未履行或者未全面履行出资义务,公司债权人有权请求公司的发起人与被告股东承担连带责任。

③股东在公司增资时未履行或者未全面履行出资义务,公司债权人有权请求未尽《公司法》规定的忠实义务和勤勉义务而使出资未缴足的董事、高级管理人员承担相应责任。

④公司债权人有权请求抽逃出资的股东在抽逃出资本息范围内对公司债务不能清偿的部分承担补充赔偿责任。

⑤公司债权人有权请求协助抽逃出资的其他股东、董事、高级管理人员或者实际控制人在抽逃出资本息范围内对公司债务不能清偿的部分承担补充赔偿连带责任。

(5)被除名股东如果不服公司股东会作出的股东除名决议,可以根据《公司法》第二十二条、《最高人民法院关于适用〈中华人民共和国公司法〉若干问题的规定(四)》的相关规定,向人民法院提起请求确认股东会决议无效、不成立,或者请求撤销股东会决议的诉讼。

六、公司章程能否规定,或者股东会能否决议由董事会对股东除名作出决议

根据《最高人民法院关于适用〈中华人民共和国公司法〉若干问题的规定(三)》第十七条的规定,有权作出股东除名决议的机构是公司股东会。若公司章程规定,或者股东会决议由董事会对股东除名作出决议是否有效呢?

笔者认为该规定或者决议无效。理由如下:

(1)《最高人民法院关于适用〈中华人民共和国公司法〉若干问题的规定(三)》第十七条已对股东除名决议的有权作出机构明确规定为股东会,若允许公司章程规定,或者股东会决议将此项权利交由董事会或者其他机构、个人行使,均属违反法律的强制性规定,当属无效。同时,如果允许由董事会行使除名股东的权力,也使法律的该项规定流于形式、形同虚设。

(2)股东会体现的是全体股东的共同意志,而且是按照表决权比例作出的决议,而董事会决议体现的是依据"一人一票"原则而作出的多数董事的意见。股东资格的解除是涉及股东的最根本性的问题,关乎公司股东的最核心权利。由作为公司最高权力机构的股东会对此作出决议恰如其分。

(3)股东未履行出资义务或者抽逃全部出资的行为,对其他股东来讲属于根本性的违约,对公司须承担继续出资或者返还出资的义务,对其他股东须承担违约责任。因此,未履行出资义务或者抽逃全部出资的股东应承担民事责任的对象应为公司和公司其他股东。据此,其股东资格的解除与否也应由其他股东通过股东会决议方式,代表公司作出决定。

基于以上分析,公司章程无权规定由董事会对股东除名作出决议,股东会也无权决议

将股东除名的权力授权董事会行使。

七、股东会决议解除股东的股东资格，为什么拟被除名股东不应参与表决

《最高人民法院关于适用〈中华人民共和国公司法〉若干问题的规定（三）》第十七条虽然没有规定股东除名制度中应否排除拟被除名股东的表决权，但一般认为，拟被除名股东应无权参与该事项的表决。

（1）根据股东权利义务一致性原则，由于拟被除名股东未履行出资义务或者抽逃全部出资，其作为股东的各项权利都应受到限制，在此情况下，对该股东应当适用表决权排除制度，该股东不应享有股东会决议的表决权。

（2）在股东会就除名事项进行决议时，如果拟被除名股东所持有的表决权足以控制表决结果，除名决议可能无法作出，这就使得股东除名制度名存实亡。

（3）上海市第二中级人民法院发布的《2013—2017年公司决议案件审判白皮书》提出："公司法司法解释三第十七条规定，公司股东会有权决议解除股东的股东资格，但未规定拟被除名股东是否有表决权。一件案件的判决确认，股东除名权是公司为消除不履行义务的股东对公司和其他股东产生的不利影响而享有的一种法定权能，不以征求被除名股东的意思为前提和基础。因被除名股东可能操纵表决权的情形，故该股东不得行使表决权，其他股东一致同意解除股东资格的，即以100%表决权通过，股东会决议有效。"

（4）拟被除名股东虽然无权参与股东会股东除名事项的表决，但在尚未除名前，还是有权参加股东会会议的，且对股东会会议的其他决议事项有权参与表决。同时鉴于《公司法》《最高人民法院关于适用〈中华人民共和国公司法〉若干问题的规定（三）》第十七条毕竟没有明确规定股东除名制度中应排除拟被除名股东的表决权。故此，笔者建议，公司章程应对该问题进行明确，以避免争议。

八、股东会会议作出股东除名决议所需的表决权比例是多少

《最高人民法院关于适用〈中华人民共和国公司法〉若干问题的规定（三）》第十七条并未规定股东会会议作出股东除名决议所需的表决权比例，仅规定了"以股东会决议"方式解除股东资格。而"股东会决议"除了修改公司章程、公司增资、减资、合并、分立、变更公司形式等事项须经代表三分之二以上表决权的股东通过之外，对于其他事项并未规定所需表决权的比例。基于"股东会决议"的通过遵循以简单多数为基本原则，因此，笔者建议，对于股东除名所需表决权的比例应当按照以下方式确定。

（1）在公司章程中加以明确。比如，公司章程可以规定股东除名决议须经代表三分之二以上表决权的股东通过；或者须由股东所持表决权的过半数通过。

（2）公司章程中未对此作出规定的，应当按照简单多数的原则确定表决权比例。即股东除名决议须由股东所持表决权的过半数通过。

（3）该简单多数的原则不应包含被除名股东的表决权数。即股东除名决议须由其他股东所持表决权的过半数通过。

（4）鉴于股东除名后要么涉及公司减资，要么涉及将被除名股东的出资转让。作为特别事项，公司减资的决议须经代表三分之二以上表决权的股东通过，这里的"三分之二以上表决权"与"表决权过半数"就不可避免地出现了矛盾。

针对以上情形,在公司章程中明确股东除名制度适用的条件、方式等,对于防止股东纷争,保证公司稳定就十分必要。

九、公司章程能否另行规定适用股东除名制度的情形

《最高人民法院关于适用〈中华人民共和国公司法〉若干问题的规定(三)》第十七条虽然只规定了"未履行出资义务"或者"抽逃全部出资"这两种情形的股东可以适用股东除名制度,但是也并未禁止其他情形适用股东除名制度。笔者认为,如果公司章程另行规定可以适用股东除名的情形,只要该规定是经全体股东一致同意的,不管是公司章程,还是公司章程修正案、股东协议、股东会决议,都应该有效。

上海市第二中级人民法院发布的《2013—2017 年公司决议案件审判白皮书》提出:"有一件案件反映,股东会决议修改公司章程,规定股东会在下列情况下可以决定解除股东的股东资格:(1)股东严重破坏公司正常经营活动;(2)非经代表三分之二以上表决权的股东同意,自营或为他人经营与公司同类或相竞争的业务,为自己或者他人谋取属于公司的商业机会;(3)侵害公司商业秘密;(4)诋毁公司商业信誉;(5)其他侵害公司利益的情形(包括但不限于挪用或侵吞公司资金,私藏、转移或隐匿公司重要文件及资料等)。判决认定,关于解除股东资格及对该股东股权的处理,违反了民事活动自愿、公平、等价有偿原则,该条款无效。需要说明的是,该案中的公司章程并非公司原始章程,并未取得全体股东一致同意。若是公司的原始章程,或者之后修改的但取得全体股东一致同意的公司章程,则可以作出剥夺股东资格的约定。"

十、股东除名制度与股东退出制度

股东退出机制,是指股东退出公司,不再作为公司股东的设计安排。创业者们在创建公司时,不但要构建吸引股东加入公司的股东进入机制,还应当考虑股东的退出机制。作为公司来讲,有进有出,才能新陈代谢、推陈出新,实现公司的稳定、健康发展。从股东的主动性角度来看,股东退出公司包括股东主动退出公司和股东被动退出公司。基于这种划分方式,股东除名制度应当属于股东被动退出公司的方式,而股东主动退出公司的方式,则应当基于现行公司法律规范,进行相应的设计。

(一)股东主动退出公司机制的设计要点

(1)《公司法》规定了异议股东退出机制。详见本书第十章第三节。

(2)公司章程可以设计其他退出情形。包括满足何种条件,可以将股权转让给其他股东;满足何种条件,公司应当收购股东的股权等。

(3)公司章程应就股东退出公司可获得的对价作出规定。比如,异议股东请求公司收购其股权应当依据的"合理的价格";股东将股权转让给其他股东的转让价款;因股权激励计划而获得股权的员工离职,退出公司时,公司应当支付的股权转让价款等。

(二)股东除名制度与股东退出制度的区别

1. 主动性不同

股东除名制度被动退出;股东退出制度主动退出。

2. 对象不同

股东除名制度针对的是瑕疵出资股东;股东退出制度没有要求。

3. 法律规范不同

股东除名制度法律的明确规定;股东退出制度自由约定。

4. 利益维护的重点不同

股东除名制度维护公司利益;股东退出制度维护股东利益。

5. 法律性质不同

股东除名制度共益权;股东退出制度自益权。

第五节　公司法人人格否认

一、公司法人人格否认的概念

公司法人人格否认,是指公司股东滥用公司法人独立地位和股东有限责任,逃避债务,严重损害公司债权人利益的,公司股东应当对公司债务承担连带责任。

否认公司法人独立人格,由滥用公司法人独立地位和股东有限责任的股东对公司债务承担连带责任,是股东有限责任的例外情形,旨在矫正有限责任制度在特定法律事实发生时对债权人保护的失衡现象。

二、公司法人人格否认的立法沿革

(1)最高人民法院于1994年3月30日给广东省高级人民法院《关于企业开办的其他企业被撤销或者歇业后民事责任承担问题的批复》第一条第三项规定:"企业开办的其他企业被撤销、歇业或者依照《中华人民共和国企业法人登记管理条例》第二十二条规定视同歇业后,其民事责任承担问题应根据下列不同情况分别处理:企业开办的其他企业虽然领取了企业法人营业执照,但实际没有投入自有资金,或者投入的自有资金达不到《中华人民共和国企业法人登记管理条例施行细则》第十五条第(七)项或其他有关法规规定的数额,或者不具备企业法人其他条件的,应当认定其不具备法人资格,其民事责任由开办该企业的企业法人承担。"

(2)该批复第二条规定:"人民法院在审理案件中,对虽然领取了企业法人营业执照,但实际上并不具备企业法人资格的企业,应当依据已查明的事实,提请核准登记该企业为法人的工商行政管理部门吊销其企业法人营业执照。工商行政管理部门不予吊销的,人民法院对该企业的法人资格可不予认定。"

(3)最高人民法院于2003年1月3日公布的《关于审理与企业改制相关的民事纠纷案件若干问题的规定》第三十四条规定:"以收购方式实现对企业控股的,被控股企业的债务,仍由其自行承担。但因控股企业抽逃资金、逃避债务,致被控股企业无力偿还债务的,被控股企业的债务则由控股企业承担。"

(4)2005年10月27日修订公布的《公司法》第二十条规定,公司股东应当遵守法律、行政法规和公司章程,依法行使股东权利……不得滥用公司法人独立地位和股东有限责任损害公司债权人的利益……公司股东滥用公司法人独立地位和股东有限责任,逃避债务,严重损害公司债权人利益的,应当对公司债务承担连带责任。该规定正式确立了公司法人人格否认制度,同时确立了一人有限责任公司法人人格否认的特殊制度(2005年《公司法》第六十四条,现行《公司法》第六十三条),即"一人有限责任公司的股东不能证明公司财产独立于股东自己的财产的,应当对公司债务承担连带责任。"

(5)2020 年 5 月 28 日公布的《民法典》第八十三条第二款规定:"营利法人的出资人不得滥用法人独立地位和出资人有限责任损害法人债权人的利益;滥用法人独立地位和出资人有限责任,逃避债务,严重损害法人债权人的利益的,应当对法人债务承担连带责任。"

三、公司法人人格否认的法律特征

公司法人人格否认具有以下法律特征。

(1)只有在股东实施了滥用公司法人独立地位和股东有限责任的行为,且该行为严重损害了公司债权人利益的情况下,才能适用公司法人人格否认。损害债权人利益,主要是指股东滥用权利使公司财产不足以清偿公司债权人的债权。

(2)只有实施了滥用法人独立地位和股东有限责任行为的股东才对公司债务承担连带清偿责任,而其他股东不应承担此责任。

(3)公司人格否认不是全面、彻底、永久地否定公司的法人资格,而只是在具体案件中依据特定的法律事实、法律关系,突破股东对公司债务不承担责任的一般规则,例外地判令其承担连带责任。

(4)人民法院在个案中否认公司人格的判决的既判力仅仅约束该诉讼的各方当事人,不当然适用于涉及该公司的其他诉讼,不影响公司独立法人资格的存续。如果其他债权人提起公司人格否认诉讼,已生效判决认定的事实可以作为证据使用。

四、适用公司法人人格否认的"滥用行为"

适用公司法人人格否认的公司股东的"滥用行为",实践中常见的情形有人格混同、过度支配与控制、资本显著不足等。

人民法院在审理案件时,需要根据查明的案件事实进行综合判断,既审慎适用,又当用则用。实践中存在标准把握不严而滥用这一例外制度的现象,同时也存在因法律规定较为原则、抽象,适用难度大,而不善于适用、不敢于适用的现象。

(一)人格混同

认定公司人格与股东人格是否存在混同,最根本的判断标准是公司是否具有独立意思和独立财产,最主要的表现是公司的财产与股东的财产是否混同且无法区分。在认定是否构成人格混同时,应当综合考虑以下因素。

(1)股东无偿使用公司资金或者财产,不作财务记载的。股东出资成立公司的,股东的出资就成为公司的资产,所有权属于公司,与股东无关。如果股东仍然如同使用自己的资金和财产一样使用公司的资金和财产,且不作财务记载,足以证明,公司已完全失去了独立性,已成为股东的另一个自我。公司与股东人格混同。

(2)股东用公司的资金偿还股东的债务,或者将公司的资金供关联公司无偿使用,不作财务记载的。公司的资金属于公司,与股东无关,如果股东却用以偿还自己的债务,或者提供给关联公司无偿使用,这如同股东使用自己的资金一样,且不作财务记载,同样证明公司已丧失独立性。公司与股东人格混同。

(3)公司账簿与股东账簿不分,致使公司财产与股东财产无法区分的。公司与股东作为两个独立的民事主体,分别享有并行使属于自己的财产权利。如果公司账簿与股东账簿不分,造成了公司财产与股东财产的无法区分,同样证明公司的独立性不复存在,成为股东的附属品。公司与股东人格混同。

(4)股东自身收益与公司盈利不加区分,致使双方利益不清的。股东财产的收益归股东所有,公司财产的收益归公司所有,这才是该有的正常状态,但如果公司收益与股东收益无法区分,公司收益成了股东收益,股东收益也成为公司收益,公司的独立性同样丧失。公司与股东人格混同。

(5)公司的财产记载于股东名下,由股东占有、使用的。公司财产的所有权属于公司,公司的财产只能记载于公司名下。如果将公司的财产记载于股东名下,实际上是股东明目张胆的将公司财产占为己有,造成公司财产与股东财产无法区分,公司的独立性已不存在。公司与股东人格混同。

(6)人格混同的其他情形。在出现人格混同的情况下,往往同时出现以下混同:公司业务和股东业务混同;公司员工与股东员工混同,特别是与财务人员混同;公司住所与股东住所混同。人民法院在审理案件时,关键要审查是否构成人格混同,而不要求同时具备其他方面的混同,其他方面的混同往往只是人格混同的补强。

(二)过度支配与控制

公司控制股东对公司过度支配与控制,操纵公司的决策过程,使公司完全丧失独立性,沦为控制股东的工具或躯壳,严重损害公司债权人利益,应当否认公司人格,由滥用控制权的股东对公司债务承担连带责任。实践中常见的情形包括以下方面。

(1)母子公司之间或者子公司之间进行利益输送的。母子公司是指一个公司是另一个公司的股东或者控股股东,前者即为母公司,后者即为子公司。比如,甲公司出资设立乙公司,甲公司就是乙公司的母公司,乙公司就是甲公司的子公司;或者,甲公司与其他股东共同出资设立乙公司,甲公司是乙公司的控股股东,则甲公司同样可以是乙公司的母公司,而乙公司仍然可以视为是甲公司的子公司。母子公司之间或者子公司之间的相互利益输送,足以证明无论是母公司,还是子公司均已无自己的独立意思,受到了股东的过度支配与控制。

(2)母子公司或者子公司之间进行交易,收益归一方,损失却由另一方承担的。依据正常的交易规则,收益和损失各自均有自己的归属。如果一方永远获益,另一方永远受损,表明交易双方已没有独立性,受到了股东的过度支配与控制。

(3)先从原公司抽走资金,然后再成立经营目的相同或者类似的公司,逃避原公司债务的。这种情形的发生,显然没有股东的恶意而为是不可能的,受到了股东的过度支配与控制。

(4)先解散公司,再以原公司场所、设备、人员及相同或者相似的经营目的另设公司,逃避原公司债务的。这种情形的发生,同样也是股东恶意行为的结果,目的就是瞒天过海,逃避债务,受到了股东的过度支配与控制。

(5)过度支配与控制的其他情形。控制股东或实际控制人控制多个子公司或者关联公司,滥用控制权使多个子公司或者关联公司财产边界不清、财务混同,利益相互输送,丧失人格独立性,沦为控制股东逃避债务、非法经营,甚至违法犯罪工具的,可以综合案件事实,否认子公司或者关联公司法人人格,判令承担连带责任。

（三）资本显著不足

资本显著不足，是指公司设立后在经营过程中，股东实际投入公司的资本数额与公司经营所隐含的风险相比明显不匹配。股东利用较少资本从事力所不及的经营，表明其没有从事公司经营的诚意，实质是恶意利用公司独立人格和股东有限责任把投资风险转嫁给债权人。由于资本显著不足的判断标准有很大的模糊性，特别是要与公司采取"以小博大"的正常经营方式相区分，因此在适用时要十分谨慎，应当与其他因素结合起来综合判断。

五、公司法人人格否认的法律要件

一般认为，公司法人人格否认的法律要件包括主体要件、主观要件、结果要件和因果关系要件。

（一）主体要件

（1）公司法人人格否认案件的原告是因公司法人独立地位和股东有限责任被滥用，利益受到严重损害的公司的债权人。

（2）公司法人人格否认案件的被告是实施了滥用公司法人独立地位和股东有限责任行为，且该行为严重损害了公司债权人利益的公司股东。

（二）主观要件

从被告的主观过错来看，滥用公司法人独立地位和股东有限责任的股东，其目的是逃避债务，主观上有明显过错，是故意为之。如果股东主观上没有过错，或者过错不明显，属于过失，也没有必要否定公司法人人格。换言之，公司股东的行为必须达到"滥用"公司法人独立地位和股东有限责任的程度，才有必要否定公司法人人格。如果没有达到"滥用"的程度，就没有必要否定公司法人人格。

（三）结果要件

从原告来看，其因股东实施的"滥用"公司法人独立地位和股东有限责任的行为，受到的损害必须达到"严重"程度，才有必要否定公司法人人格，让公司股东对公司债务承担连带责任。否则，没有必要对公司法人独立地位和股东有限责任进行突破。

（四）因果关系要件

债权人的债权受到"严重"损害，是因为股东"滥用"公司法人独立地位和股东有限责任行为造成的，股东实施"滥用"行为是"因"，债权人受到"严重"损害是"果"。虽然债权人受到"严重"损害，如果不是股东"滥用"行为造成的，而是其他原因，如市场原因、公司经营管理不善等原因，那么就不能突破公司法人独立地位和股东有限责任的原则。

六、公司法人人格否认诉讼中当事人的诉讼地位

公司法人人格否认之诉的案由应为"股东损害公司债权人利益责任纠纷"（《民事案件案由规定》第二百七十七条第（一）项）。人民法院在审理公司法人人格否认纠纷案件时，应当根据不同情形确定当事人的诉讼地位。

（1）债权人对债务人公司享有的债权已经由生效裁判确认，其另行提起公司法人人格否认诉讼，请求股东对公司债务承担连带责任的，列股东为被告，公司为第三人。这是因为，公司法人人格否认诉讼的被告必然是股东；公司为第三人主要还是因为，公司毕竟是第一顺序的债务人，且该债务还得到了生效裁判的确认。

（2）债权人在对债务人公司提起诉讼的同时，一并提起公司法人人格否认诉讼，请求股东对公司债务承担连带责任的，列公司和股东为共同被告。这是因为，公司是真正对债权人承担义务的人，在该债权尚未得到生效裁判确认的情况下，必然以公司为被告；同时，公司法人人格否认诉讼的被告必然是股东。因而，公司与股东当为共同被告。

（3）债权人对债务人公司享有的债权尚未经生效裁判确认，直接提起公司法人人格否认诉讼，请求公司股东对公司债务承担连带责任的，人民法院应当向债权人释明，告知其追加公司为共同被告。债权人拒绝追加的，人民法院应当裁定驳回起诉。这是因为，在没有生效裁判确认的情况下，债权人对公司是否真的享有债权，是存在不确定性的。债权人要么按照前述第一种情况处理，要么按照前述第二种情况处理，否则只能驳回债权人的起诉。

七、执行程序中能否适用公司法人人格否认

在被执行人是公司的执行案件中，经常会出现申请执行人申请变更、追加被执行人股东为被执行人的情况，对此该作何理解？是否意味着公司法人人格否认在执行程序中的适用？

笔者认为，申请追加被执行人股东为被执行人并不表示公司法人人格否认在执行程序中的适用，理由如下：

（1）在执行程序中追加被执行人的股东为被执行人，该股东应当存在未缴纳出资的情形，或者未足额缴纳出资的情形，或者抽逃出资的情形。申请人有权请求其在未缴纳出资的范围内，或者在未足额缴纳出资的范围内，或者在抽逃出资的范围内承担责任[①]，这与公司法人人格否认中请求滥用公司法人独立地位和股东有限责任的股东对公司债务承担连带责任是完全不同的。

（2）如果在执行程序中直接适用公司法人人格否认，意味着申请执行人有权要求被执行人的股东对公司债务承担连带责任，这不但与《最高人民法院关于民事执行中变更、追加当事人若干问题的规定》等规定相左，而且绕开了诉讼环节，剥夺了被执行人的股东的诉权，侵犯了其合法权益。

（3）公司法人人格否认的适用必须以存在"股东滥用公司法人独立地位和股东有限责任"为前提，不能仅因公司股东未缴纳出资、未足额缴纳出资或者抽逃出资，就否认公司法人人格。

八、破产案件中如何适用公司法人人格否认

公司法人人格否认在破产案件中的适用，主要涉及两个问题。

（1）公司进入破产程序，公司债权人提起公司法人人格否认之诉的，是合并在破产程序中一并处理，还是另案处理？

公司进入破产程序，公司债权人无法获得完全清偿的。如果债权人发现股东有滥用公司法人独立地位和股东有限责任的行为，对股东提起公司法人人格否认之诉，人民法院应

[①] 《最高人民法院关于民事执行中变更、追加当事人若干问题的规定》第十七条：作为被执行人的营利法人，财产不足以清偿生效法律文书确定的债务，申请执行人申请变更、追加未缴纳或未足额缴纳出资的股东、出资人或依公司法规定对该出资承担连带责任的发起人为被执行人，在尚未缴纳出资的范围内依法承担责任的，人民法院应予支持。

第十八条：作为被执行人的营利法人，财产不足以清偿生效法律文书确定的债务，申请执行人申请变更、追加抽逃出资的股东、出资人为被执行人，在抽逃出资的范围内承担责任的，人民法院应予支持。

予支持。但不得合并在破产程序中一并处理,债权人应当另行起诉,人民法院应当另案审理。

(2)如何协调公司法人人格否认与破产程序中的衡平居次原则?

破产程序中的衡平居次原则,又称为"深石原则",是指在存在控制与从属关系的关联企业中,为了保障从属公司债权人的正当利益免受控股公司的不法侵害,在从属公司进行清算、和解和重整等程序中,根据控制股东是否有不公平行为,而决定其债权是否应劣后于其他债权人或者优先股股东受偿的原则。

最高人民法院于2003年11月4日公布的《关于审理公司纠纷案件若干问题的规定》(一)(征求意见稿)第五十二条曾规定:控制公司滥用从属公司人格的,控制公司对从属公司的债权不享有抵销权;从属公司破产清算时,控制公司不享有别除权或者优先权,其债权分配顺序次于从属公司的其他债权人。

但我国现行法律对衡平居次原则未作规定。为了最大程度的保护债权人的合法权益,也本着公平正义的原则,在司法实践中,法官完全可以,也应当为其创造适用的空间。

九、公司实际控制人能否成为公司法人人格否认的责任主体

笔者认为,公司实际控制人不应成为公司法人人格否认的责任主体,理由如下:

(1)《公司法》第二十条第三款的规定十分明确,公司法人人格否认的责任主体限定为公司股东。

(2)《公司法》之所以将公司法人人格否认的责任主体限定为公司股东,是因为,只有公司股东才受到公司有限责任制度的庇护,只有公司股东才有可能滥用公司法人独立地位和股东有限责任,逃避债务,严重损害公司债权人的利益,才有必要适用公司法人人格否认制度来追究该公司股东的民事责任;而公司实际控制人并非公司有限责任制度的受益者,得不到公司有限责任制度的庇护,也就无须对其适用公司法人人格否认制度来保护受其侵害的公司债权人的利益。

(3)公司实际控制人如果滥用控制权损害了公司债权人的利益,公司债权人可以借助其他诉讼手段来实现其利益的保护,而无权主张公司法人人格否认。比如,《最高人民法院关于适用〈中华人民共和国公司法〉若干问题的规定(二)》第十八条规定:"有限责任公司的股东、股份有限公司的董事和控股股东未在法定期限内成立清算组开始清算,导致公司财产贬值、流失、毁损或者灭失,债权人主张其在造成损失范围内对公司债务承担赔偿责任的,人民法院应依法予以支持。有限责任公司的股东、股份有限公司的董事和控股股东因怠于履行义务,导致公司主要财产、账册、重要文件等灭失,无法进行清算,债权人主张其对公司债务承担连带清偿责任的,人民法院应依法予以支持。上述情形系实际控制人原因造成,债权人主张实际控制人对公司债务承担相应民事责任的,人民法院应依法予以支持。"第十九条规定:"有限责任公司的股东、股份有限公司的董事和控股股东,以及公司的实际控制人在公司解散后,恶意处置公司财产给债权人造成损失,或者未经依法清算,以虚假的清算报告骗取公司登记机关办理法人注销登记,债权人主张其对公司债务承担相应赔偿责任的,人民法院应依法予以支持。"第二十条规定:"公司解散应当在依法清算完毕后,申请办理注销登记。公司未经清算即办理注销登记,导致公司无法进行清算,债权人主张有限责任公司的股东、股份有限公司的董事和控股股东,以及公司的实际控制人对公司债务承担清偿责任的,人民法院应依法予以支持。公司未经依法清算即办理注销登记,股东或者

第三人在公司登记机关办理注销登记时承诺对公司债务承担责任,债权人主张其对公司债务承担相应民事责任的,人民法院应依法予以支持。"第二十一条规定:"按照本规定第十八条和第二十条第一款的规定应当承担责任的有限责任公司的股东、股份有限公司的董事和控股股东,以及公司的实际控制人为二人以上的,其中一人或者数人依法承担民事责任后,主张其他人员按照过错大小分担责任的,人民法院应依法予以支持。"

十、如何理解一人有限责任公司的法人人格否认

一人有限责任公司由于其只有一个股东的特殊性,因此,在公司法人人格否认上也有一定的特殊性。

(1)"公司法人独立地位和股东有限责任"同样也是一人有限责任公司的基本原则,公司法人人格否认仅是该原则的例外。

(2)一人有限责任公司的股东若存在"滥用公司法人独立地位和股东有限责任,逃避债务,严重损害公司债权人利益"的情形,对该一人有限责任公司适用法人人格否认。

(3)如果一人有限责任公司的财产不独立于股东财产,则适用公司法人人格否认。需要注意的是,根据《公司法》第六十三条的规定,公司财产是否独立于股东自己的财产,由股东举证;股东不能举证的,则对该一人有限责任公司适用公司法人人格否认。

十一、公司能否请求自我否定法人人格

公司不能请求自我否定法人人格,原因如下:

(1)公司法人人格否认存在的原因是因为股东滥用公司法人独立地位和股东有限责任,逃避债务,严重损害了公司债权人的利益。因此,公司法人人格否认是为了公司债权人的利益,因此公司法人人格否认案件的原告只能为公司债权人,公司不能请求自我否定法人人格。

(2)根据《民法典》第八十三条、《公司法》第二十条的规定,滥用公司法人独立地位和股东有限责任的股东应当对公司债务向公司债权人承担连带责任,因此,只有公司债权人有权提起公司法人人格否认之诉。

(3)陕西省高级人民法院民二庭于2007年12月6日发布的《关于公司纠纷、企业改制、不良资产处置及刑民交叉等民商事疑难问题的处理意见》第三条规定:"可以诉请否认法人人格的当事人,只能是因股东滥用公司法人格的行为而受到损害的公司债权人,包括自然人、法人和其他组织。在中小股东因控制股东的违法行为而受到损害时,其可以直接向侵害其权益的控制股东提起损害赔偿之诉,而不能提起否认公司法人人格的诉讼。"

(4)广东省高级人民法院民二庭于2012年3月7日发布的《民商事审判实践中有关疑难法律问题的解答意见》在解答"公司能否请求自我否定法人人格"时就规定:"公司法人格否认案件的原告为债权人,公司或股东不能请求自我否定法人人格。"

(5)广西壮族自治区高级人民法院民二庭《关于审理公司纠纷案件若干问题的裁判指引》第四十一条也规定:"原告应当是公司的债权人,而不应是股东自己对公司主张法人人格否认。"

因此,不但公司不能请求自我否定法人人格,而且公司股东也不能请求否定公司法人人格。

第七章

股权投融资

股权融资,是指将股权作为融资的工具,对外进行融资活动;股权投资,是指将股权作为投资的对象,对其进行投资活动。

投资与融资是一体两面的关系,从资金需求者角度来看,其所从事的是融资活动;而从资金提供者角度来看,其所从事的就是投资活动。最典型的就是上市公司股票通过证券交易所进行的交易活动,从资金需求者——上市公司角度来看,股票的交易就是融资活动;从资金提供者——广大股民角度来看,股票的交易就是投资活动。

由于本书不涉及股份有限公司,尤其是上市公司,因此这里不谈论上市公司的股权投融资活动,主要介绍有限责任公司的股权投融资。

第一节　公司转投资

一、公司转投资的概念

公司转投资,是指公司通过向其他公司投资而成为其他公司股东的法律行为。比如,甲公司出资100万元与A自然人、B自然人共同设立乙公司,甲公司就成了乙公司的股东。这就是甲公司的转投资行为。

二、公司转投资的类型

根据公司间持股的表现形式不同,可以将公司转投资作如下分类。

(1)单向持股。比如,甲公司出资设立乙公司;乙公司出资设立丙公司;丙公司出资设立丁公司……这就是单向持股,如下图所示。

(2)循环持股。比如,甲公司出资设立乙公司;乙公司出资设立丙公司;丙公司出资设立丁公司;丁公司受让甲公司股权,成为甲公司股东。这就是循环持股,如下图所示。

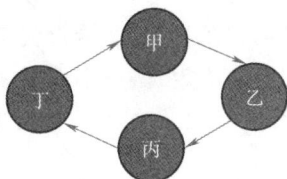

(3)交叉持股。比如,甲公司出资设立乙公司;乙公司出资设立丙公司;丙公司出资设立丁公司;丁公司受让乙公司股权,成为乙公司股东;丙公司受让甲公司股权,成为甲公司股东。这就是交叉持股,如下图所示。

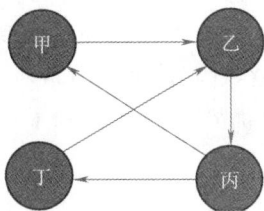

(4)相互持股。比如,甲公司出资设立乙公司,甲公司成为乙公司的股东;乙公司受让甲公司股权,乙公司又成为甲公司股东。这就是相互持股,如下图所示。

三、公司转投资的法律特征

(1)公司转投资的本质是股权投资,既包括投资设立公司的情形。比如,甲公司出资设立乙公司,甲公司成为乙公司的股东;还包括受让公司股权的情形。比如,甲公司受让乙公司的股权,甲公司成为乙公司的股东。

(2)公司转投资的对象一般来讲还是公司,当然也可以是别的企业形态。比如,合伙企业。

但需要注意的是,针对公司能否投资成为合伙企业的普通合伙人,实践中还是存在一定争议。根据《公司法》第十五条的规定,公司在转投资时,不得成为转投资对象的连带责任的出资人。也就是说,公司可以投资成为有限合伙企业中"以其认缴的出资额为限对合伙企业债务承担责任"的有限合伙人;但不得投资成为普通合伙企业中"对合伙企业债务承担无限连带责任"的普通合伙人;也不得投资成为有限合伙企业中"对合伙企业债务承担无限连带责任"的普通合伙人;更不得成为执行事务合伙人。

不过,实践中,也存在有限责任公司作为合伙企业普通合伙人,甚至执行事务合伙人的现象,其法律依据是《合伙企业法》第二条规定:"合伙企业,是指自然人、法人和其他组织依照本法在中国境内设立的普通合伙企业和有限合伙企业。"第三条规定:"国有独资公司、国有企业、上市公司以及公益性的事业单位、社会团体不得成为普通合伙人。"可见,《合伙企业法》允许"法人"设立普通合伙企业和有限合伙企业;同时又未将有限责任公司纳入禁止成为普通合伙人的名单;另外,《公司法》第十五条规定:"公司可以向其他企业投资;但是,除法律另有规定外,不得成为对所投资企业的债务承担连带责任的出资人。"言下之意,如果法律另有规定,公司,包括有限责任公司和未上市的股份有限公司还是可以成为合伙企业普通合伙人的,而《合伙企业法》第二条、第三条恰恰就是"法律另有规定"的情形。

(3)公司转投资的数额由公司自主决定,法律不作限制性规定。比如,甲公司注册资本100万元,现出资1 000万元设立乙公司,乙公司的注册资本远远高于甲公司的注册资本,法律也是允许的。

四、公司转投资的法律意义

(一)开展多元经营

比如,一家汽车生产企业,可以通过转投资的行为,进入钢铁、橡胶、电子等领域,以小成本、高速度实现多元经营,并且是在这些相关领域实现了跨行业经营,形成市场竞争优势。而且这种优势又可以降低经营风险,降低经营成本,拓宽经营渠道,拓宽销售市场等,所有这些又可以形成新的市场竞争优势。从而,达到了一个良性循环。

(二)实现资本扩张

为了便于理解,现举例如下:

第一层转投资:自然人赵某与他人成立了一家A公司,A公司注册资本100万元。赵某认缴出资51万元,持有A公司51%股权,赵某是A公司的控股股东。赵某实际上以51万元出资掌控了100万元资产。

第二层转投资:A公司与他人成立了一家B公司,B公司注册资本100万元。A公司认缴出资51万元,持有B公司51%股权,A公司是B公司的控股股东。A公司实际上以51万元出资掌控了100万元资产。而赵某则以51万元出资掌控了名义上200万元的资产。

第三层转投资:B公司与他人成立了一家C公司,C公司注册资本100万元。B公司认缴出资51万元,持有C公司51%股权,B公司是C公司的控股股东。B公司实际上以51万元出资掌控了 100 万元资产。而赵某则以 51 万元出资掌控了名义上 300 万元的资产。

…………

在这个过程当中,赵某的实际投入并未增加,但赵某能够掌控的资产规模却在迅速增长。这就是利用公司转投资实现了资本的迅速扩张。

(三)组建企业集团

根据《企业集团登记管理暂行规定》第三条的规定,企业集团,是指以资本为主要联结纽带的母子公司为主体,以集团章程为共同行为规范的母公司、子公司、参股公司及其他成员企业或机构共同组成的具有一定规模的企业法人联合体。企业集团不具有企业法人资格。

根据《企业集团登记管理暂行规定》第五条第一款的规定,具备以下三个条件,即可申请登记企业集团。

(1)企业集团的母公司注册资本在 5 000 万元人民币以上,并至少拥有五家子公司。

(2)母公司和其子公司的注册资本总和在 1 亿元人民币以上。

(3)集团成员单位均具有法人资格。

公司通过转投资形成母子公司关系,形成彼此参股关系,从而组建企业集团,提升公司的市场地位,树立有利的市场形象,可以确保市场竞争的优势。

五、公司转投资的决定由股东会作出,还是董事会作出

根据《公司法》第三十七条第一款第一项的规定,股东会行使的职权包括:"决定公司的经营方针和投资计划。"根据《公司法》第四十六条第三项的规定,董事会行使的职权包括:"决定公司的经营计划和投资方案。"显然,要明确公司的转投资决定究竟是由股东会决定,还是由董事会决定? 首先必须清楚什么是"投资计划"? 什么是"投资方案"?

一般认为"投资计划",是指公司对外的长期投资规划,具有长期性、稳定性特征;而"投资方案",是指公司对外的具体投资行为,具有临时性、灵活性特征。投资计划给公司的对外投资行为明确了方向,对投资方案的制订具有指导性意义;投资方案则是投资计划的具体落实,必须遵循投资计划,反映投资计划,贯彻投资计划。

另外,《公司法》第十六条规定:"公司向其他企业投资或者为他人提供担保,依照公司章程的规定,由董事会或者股东会、股东大会决议;公司章程对投资或者担保的总额及单项投资或者担保的数额有限额规定的,不得超过规定的限额。"根据该条规定,公司向其他企业投资可以由股东会、股东大会决定,也可以由董事会决定,究竟谁有权决定交由公司章程予以明确。

根据以上法律规定,笔者认为,公司转投资的决定权究竟归谁,应当把握以下原则。

(1)公司章程应作出明确规定。这里需要注意的是,公司章程在作出规定时,应当严格区分"投资计划"与"投资方案"。做到"投资计划"的决定权归股东会、股东大会;"投资方案"的决定权归董事会。

(2)公司章程未作规定的,在公司对外进行转投资时,应该严格遵照《公司法》的规定,合理解释法律条文,由股东会就转投资的"计划"作出决定;而将转投资的具体"方案"交由董事会决定。

(3)如果公司股东就公司转投资的决定权产生争议的,应首先依照公司章程的规定处理;公司章程没有规定,或者规定不明确的,应遵循《公司法》第十六条、第三十七条、第四十六条的规定处理。

第二节 增资扩股

增资扩股是股权融资的重要方式,也是主要方式。很多公司在发展到一定阶段后,都借此扩充资金,扩大再生产,增强企业实力,增强市场竞争力。实践中,我们经常提到的风险投资也好,天使投资也好,几乎无一不是通过增资扩股的方式进入公司,实现投资目的的。

一、增资扩股的概念

增资扩股,是指公司通过原股东增加出资,或者引入新股东出资入股,或者将公司富余资金转增资本等方式,从而实现增加公司的资本金。

二、增资扩股的方式

根据增资扩股的概念,可以看出增资扩股具有以下三种方式。

(一)原股东增资

公司增加注册资本,增加部分由原股东认缴,从而实现增资扩股的目的。根据《公司法》第三十四条的规定,公司新增资本时,原股东有权优先按照实缴的出资比例认缴出资。比如:A 公司注册资本 100 万元,有甲、乙两个股东,甲股东出资 60 万元,出资比例 60%;乙股东出资 40 万元,出资比例 40%。现 A 公司决定将注册资本增加至 200 万元,由甲股东增加出资 60 万元,乙股东增加出资 40 万元。

原股东增资的缺点在于公司资金实力增强的同时,原股东因为需要增加投资,资金压力随之增加。如前例,A 公司的注册资本从 100 万元增加至 200 万元,但甲股东也将自己的出资由 60 万元增加至 120 万元,乙股东也将自己的出资由 40 万元增加至 80 万元。

原股东增资的优势在于若原股东在公司新增资本时均按照实缴的出资比例认缴出资,则公司原股东的出资比例不变。仍如前例,甲股东原出资比例60%(60 万元÷100 万元),增资扩股后甲股东的出资比例仍为 60%(120 万元÷200 万元);乙股东原出资比例40%(40 万元÷100 万元),增资扩股后乙股东的出资比例仍为 40%(80 万元÷200 万元)。

(二)引入新股东

公司增加注册资本,增加部分由新股东认购,从而实现增资扩股的目的。这一方式的前提是,原股东放弃新增资本的优先认缴权。比如:A 公司注册资本 100 万元,有甲、乙两个股东,甲股东出资 60 万元,出资比例 60%;乙股东出资 40 万元,出资比例 40%。现 A 公司决定将注册资本增加至 200 万元,并引入丙股东,由丙股东出资 100 万元。

引入新股东的优势在于公司资金实力增强了,且原股东无须为此增加投资。如前例,A公司的注册资本从 100 万元增加至 200 万元,但甲股东的出资仍为 60 万元,乙股东的出资也仍为 40 万元。

引入新股东的缺点也很明显,公司原股东的股权遭到稀释,仍如前例,甲股东原出资比例60%(60 万元÷100 万元),增资扩股后甲股东的出资比例降为 30%(60 万元÷200 万元);乙股东原出资比例40%(40万元÷100万元),增资扩股后乙股东的出资比例降为20%(40万元÷200万元)。

（三）未分配利润、法定公积金、任意公积金转增注册资本

根据《公司法》第一百六十六条的规定,公司在分配当年税后利润前,应当提取法定公积金,还可以提取任意公积金。公司决定增加注册资本时,可以既不要求原股东追加出资,也可以不引入新股东,而是将公司未分配利润,或者法定公积金,或者任意公积金转增为注册资本。

未分配利润、法定公积金、任意公积金转增注册资本的优势在于公司注册资本增加的同时,原股东无须追加出资,并未增加原股东的资金压力;也无须引入新股东,避免原股东股权被稀释。

未分配利润、法定公积金、任意公积金转增注册资本的缺点,尤其是未分配利润转增注册资本的缺点在于股东的收益减少了。因为,原本公司的未分配利润可以作为公司分红,现在由于转增注册资本,造成股利金额减少,甚至无法再向股东派发股利。

三、增资扩股与股权转让的区别

实践中,公司引入资金通常要么采取增资扩股的方式,要么采取股权转让的方式。因此,二者在引入新股东的问题上存在一定的相似性,但二者的区别还是非常明显的。为了更加直观地对增资扩股与股权转让进行区分,将二者的区别罗列如下:

（一）资金的受领人不同

（1）股权转让的对价由股权买受人支付给股权转让人,因此,股权转让的资金由股权转让人受领。

（2）增资扩股的出资人通过向公司缴纳出资,获得公司的股权,因此,增资扩股的资金由公司受领。

（二）资金的性质不同

（1）股权转让的资金从法律性质上来讲是股权转让的价款。

（2）增资扩股的资金的法律性质则是公司的资本金。

（三）注册资本变化不同

（1）股权转让仅引发股东的变动,公司的注册资本不受影响,保持不变。

（2）增资扩股可能引发股东的变动,也可能股东不发生变化,但公司的注册资本一定发生变化。

（四）决策规则不同

（1）股权在股东之间自由转让;股权对外转让须书面通知其他股东,并经其他股东过半数同意,但无须召开股东会会议。

（2）增资扩股则须召开股东会会议进行决议,并经代表2/3以上表决权的股东通过;若股东以书面形式一致表示同意的,可以不召开股东会会议,直接作出决定,并由全体股东在决定文件上签名、盖章。

（五）股东优先权不同

（1）股权对外转让的,其他股东在同等条件下有优先购买权。

（2）公司新增资本的，股东有优先认缴权。

（六）新股东对公司的权利义务不同

（1）股权受让人取得公司股东地位的同时，承继了原股东在公司中的权利义务，一般情况下，新股东须无条件承担股东义务。

（2）新股东是否承担加入公司前的股东义务，须由双方协议约定，新股东对于其加入公司前的股东义务承担通常享有选择权。

四、增资扩股的意义

增资扩股的意义主要体现在以下四个方面。

（一）扩大生产规模

对于绝大部分公司而言，刚成立时规模可能都不是很大，但随着业务的开展，公司也在发展中不断壮大，生产规模也随之水涨船高，这就需要不断地注入资金。在所有的引资方式，包括银行贷款、民间借贷、实物抵押、股权质押等当中，增资扩股的引资成本是最低的，而且引入的资金几乎可以无限期地使用。

（二）调整股权结构

随着公司的发展壮大和外部形势的变化，公司自身的结构也需要进行不断地调整，需要调整的自身结构不但是指公司内部机构的设置，机构间决策机制的更新升级，也包括公司股权结构的与时俱进。根据公司实际情况和外部形势的发展，不断调整公司的股权结构，达到完善公司法人治理结构、增强公司核心竞争力的目的。增资扩股是公司调整股权结构的重要手段。

（三）提高公司信用

在市场经济条件下，规模往往意味着竞争优势，规模越大，竞争优势越大，信用越强。增资扩股同样是扩大公司规模，提高公司信用的重要手段之一。公司通过不断的增资扩股，不断的引入资金，使公司的规模节节攀高，随之而来的，必然是公司信用持续上涨，也有条件获得更多的商业机会。

（四）引进战略投资

战略投资不但可以给公司带来发展资金，而且还可能给公司带来先进的技术、产品、管理经验和购销网络等，从而在短时间内大幅提升公司的核心竞争力。一家公司在不同的发展阶段，需要引进不同的战略投资，而增资扩股恰好迎合了这种需求，成为引进战略投资的重要手段。

五、增资扩股时如何保证公司控制权不变

正如前面所述，当公司通过引入新的股东进入公司实现增资扩股时，原股东的股权必然遭到稀释，原股东对公司的控制权必然减弱，甚至旁落。这种情况对于试图通过增资扩股引入战略投资，或者通过增资扩股引入风险资金的公司原股东都会造成顾虑。原股东既想引入资金，又不想大权旁落，这种困局该如何避免呢？

笔者认为还是应该通过制度设计、协议安排，来保证原股东的控制权。《公司法》在设计有限责任公司的股权比例时，将其区分为出资比例和表决权比例，同时允许出资比例与表决权比例相背离。二者之间的关联性几乎可以完全脱节。这就为在增资扩股中，利用出

资比例与表决权比例可以完全背离,来进行具体的制度设计与协议安排,以保证公司原股东对公司的控制权不变提供了可能。

另外,对于借助增资扩股进入公司的外来投资者来讲,无论是战略投资,还是风险投资,核心目的还是试图谋取高额的资金回报,并无干涉公司经营,介入公司管理的主观意愿,而且外来投资者对公司的情况也并不熟悉,在公司的具体经营管理方面必然还是需要依靠公司原股东。因此,外来投资人与公司原股东之间存在这种互补性的需求,这也使原股东保留公司控制权成为可能,双方通过制度设计、协议安排,各取所需、互惠互利,最终实现合作共赢。

再者,外来投资者还可以通过签订对赌协议,给原公司股东戴上"紧箍咒",即使投资者不控制公司,也不用担心原股东肆意损害投资者的利益,一旦原股东损害了投资者的利益,投资者完全可以通过对赌协议等安排将损害结果转由原股东承担。原股东在妄图利用对公司的控制,损人自肥的时候,他也会掂量后果,谁也不愿搬起石头砸自己的脚,自吞苦果。

当然,毕竟实践中的状况是千姿百态、千变万化的,具体到某个个案中的增资扩股,究竟双方的需求是什么,都会有特定的情形。因此,公司原股东与外来投资者只能通过谈判,在接触中谋求共识,用个案中独特的制度设计与协议安排,利用好增资扩股的手段,实现公司的长远发展。

第三节　股权出质

一、股权出质的概念

股权出质,又称股权质权,是指出质人以其有权处分的公司股权作为质押标的物而设立的质押[①]。

质权以其标的物为标准,可分为动产质权和权利质权。股权质权就属于权利质权的一种。

将公司股权出质,以此获得外部资金,从而实现股权的价值变现,因此,股权出质被视为股权融资的重要手段。

二、股权出质的法律特征

股权出质具有以下法律特征。

(一)以股权出质的,双方当事人应当采用书面形式订立股权质押合同

根据《民法典》第四百二十七条的规定,股权质押合同一般包括下列条款:①被担保债权的种类和数额;②债务人履行债务的期限;③质押股权的名称、数量等情况;④担保的范围;⑤质押股权交付的时间、方式。

(一)以股权出质的,质权自办理出质登记时设立

在订立股权质押合同后,质权并不当然设立,还应当到有关部门办理出质登记。根据

[①] 《中华人民共和国民法典》第四百四十条:债务人或者第三人有权处分的下列权利可以出质:(四)可以转让的基金份额、股权。

《民法典》第四百四十三条第一款的规定,以股权出质的,质权自办理出质登记时设立。有限责任公司的股权的质押登记,在市场监督管理机关办理。

（三）股权出质后,一般不得转让

根据《民法典》第四百四十三条第二款的规定,股权出质后,不得转让,但是出质人与质权人协商同意的除外。出质人转让股权所得的价款,应当向质权人提前清偿债务或者提存。

三、股权出质的法律效力

（一）对质权人的效力

股权出质对质权人的效力,是指股权质押合同对质权人产生的权利和义务。股权质权人所享有的权利,一般包括以下三个方面。

（1）优先受偿权。质权人可以就出质股权的价值优先受偿。这是质权人最重要的权利。这种优先受偿权主要体现在如下方面。

①质权人就出质股权之价值优先于出质人的其他债权人受清偿。比如,张某是 A 公司的股东,持有 A 公司 20% 股权。张某分别欠甲 100 万元,欠乙 100 万元。张某将其持有的 A 公司 20% 股权质押给甲,双方签订了股权质押合同,并在公司登记机关办理了质押登记。后来,因张某无法清偿甲、乙两人债务,甲、乙两人将张某起诉至人民法院,人民法院判决张某分别清偿甲、乙各 100 万元。由于张某无其他财产,人民法院组织将其持有的 A 公司 20% 股权拍卖,所得 100 万元。由于张某将该股权质押给了甲,故甲获得了这 100 万元的清偿,而乙的 100 万元债权却无法获得清偿。

②在先的质权人就出质股权优先于后位的质权人优先受清偿。还如前例,张某将持有的 A 公司 20% 股权质押给甲后,乙也要求张某将该 A 公司的 20% 股权再质押给自己。这样在张某持有的 A 公司 20% 股权上就先后设定了两个质押。人民法院组织将该 20% 股权拍卖,所得 100 万元。由于甲的质押权在先,故甲获得了这 100 万元的清偿,乙的 100 万元依然无法获得清偿。如果该 20% 股权拍得了 150 万元,则清偿甲 100 万元后的余款 50 万元由乙受偿。如果张某还有未设定质押权的债权人丙。乙与丙的受偿顺序依照第①种情形处理。

③质权人就出质股权所生之孳息,有优先受偿权。《民法典》第四百三十条规定:"质权人有权收取质押财产的孳息,但是合同另有约定的除外。前款规定的孳息应当先充抵收取孳息的费用。"根据该规定,质押财产的孳息应先充抵收取孳息的费用,余款由质权人优先收取用于清偿债权。这里的孳息包括天然孳息与法定孳息。天然孳息是指依自然规律所产生的收益。比如,树结的果实,牲畜生的幼畜等;法定孳息是指依法律关系所产生的收益。比如,存款的利息,出租的租金。股权出质中的孳息当指法定孳息,即股权的红利。

（2）物上代位权。《民法典》第三百九十条规定:"担保期间,担保财产毁损、灭失或者被征收等,担保物权人可以就获得的保险金、赔偿金或者补偿金等优先受偿。被担保债权的履行期限未届满的,也可以提存该保险金、赔偿金或者补偿金等。"根据该规定,股权出质期间,股权灭失或其他原因而获得的保险金、赔偿金或者补偿金,质权人可用于优先受偿。

（3）质权保全权。《民法典》第四百三十三条规定:"因不可归责于质权人的事由可能使质押财产毁损或者价值明显减少,足以危害质权人权利的,质权人有权请求出质人提供相应的担保;出质人不提供的,质权人可以拍卖、变卖质押财产,并与出质人协议将拍卖、变卖所得的价款提前清偿债务或者提存。"在股权质押情形下,由于股权价值,特别是上市公司股票的价值随时处于波动中,因此,赋予质权人质权保全权就显得十分必要。

(二)对出质人的效力

出质人以其所有的股权出质给质权人后,出质人的某些股东权利因此会受到一定限制。比如,股权转让权就会因为质权的存在而遭受限制。但出质人仍然是股权的所有者,其股东地位并未发生变化,因此,股权质押对于出质人的效力体现如下:

(1)股东权利的行使基本没变。出质人虽然将股权出质给质权人,但也仅是在公司登记机关作了质押登记,公司股东并未改变,出资证明书、股东名册、公司章程、公司登记机关的登记等关于股东信息的记载一如从前。因此出质人依然是公司股东,享有股东才能享有的诸如表决权、新股优先认购权、知情权、股东代表诉讼提起权等。山东省高级人民法院《关于审理公司纠纷案件若干问题的意见(试行)》第四十条就规定:"人民法院依法对股权采取冻结保全措施的,股东的表决权、知情权等共益权以及新股认购权、优先购买权等不受影响。"

(2)股权转让权受到限制。《民法典》第四百四十三条规定:"基金份额、股权出质后,不得转让,但是出质人与质权人协商同意的除外。出质人转让基金份额、股权所得的价款,应当向质权人提前清偿债务或者提存。"据此,股权质押的,出质人无权转让质押的股权,如果出质人与质权人经协商同意转让的,所得价款也应当向质权人提前清偿债务或者提存,以消灭债权债务。

(3)股权质权实现后的余额仍归出质人所有。《民法典》第四百三十八条规定:"质押财产折价或者拍卖、变卖后,其价款超过债权数额的部分归出质人所有,不足部分由债务人清偿。"

第四节　如何识别集资的合法与非法

公司发展离不开资金,资金也需要寻求增长,因此,公司作为资金的需求方,与资金的所有者之间就存在着合作的可能性,甚至是必然性。对于公司来讲,除了前面提到的可以利用股权作为融资的手段外,还有更直接的方式,即借贷。借贷行为,包括向金融机构的借贷,也包括民间借贷。由于金融机构的借贷需要履行一定的程序,在很多公司眼里,不但门槛高,而且手续烦琐。因此,把目光转向门槛低、手续简便的民间借贷就成了很多公司的选择;而大量民间资本,也似乎更愿意将资金直接投入公司,绕开正规的金融机构和正规投资渠道,去谋求更高的收益。这样的一种"你情我愿",非法集资就出现了。为了免于牢狱之灾,如何识别集资的合法与非法就成了很多企业家必须修的课程。

一、非法集资

(一)非法集资的法律规定

涉及非法集资的法律规定集中体现在如下方面。

(1)《刑法》第一百七十六条、第一百九十二条。

(2)《最高人民法院关于审理非法集资刑事案件具体应用法律若干问题的解释》

（2010 年12 月 13 日）。

（3）《最高人民法院关于非法集资刑事案件性质认定问题的通知》（2011 年 8 月 18 日）。

（4）《最高人民法院、最高人民检察院、公安部关于办理非法集资刑事案件适用法律若干问题的意见》（2014 年 3 月 25 日）。

（5）《国务院关于进一步做好防范和处置非法集资工作的意见》（2015 年 10 月 19 日）。

（6）《最高人民法院、最高人民检察院、公安部关于办理非法集资刑事案件若干问题的意见》（2019 年 1 月 30 日）。

（7）《刑法修正案（十一）》（自 2021 年 3 月 1 日起施行）。

（8）《防范和处置非法集资条例》（自 2021 年 5 月 1 日起施行）。

（二）非法集资的概念

根据国务院 2021 年 1 月 26 日公布，自 2021 年 5 月 1 日起施行的《防范和处置非法集资条例》第二条的规定，非法集资，是指未经国务院金融管理部门依法许可或者违反国家金融管理规定，以许诺还本付息或者给予其他投资回报等方式，向不特定对象吸收资金的行为。

非法集资的行为触犯刑法的，包括非法吸收公众存款、集资诈骗等犯罪活动。

（三）"非法性"的认定

认定非法集资的"非法性"，应当以国家金融管理法律法规作为依据。对于国家金融管理法律法规仅作原则性规定的，可以根据法律规定的精神并参考中国人民银行、中国银行保险监督管理委员会、中国证券监督管理委员会等行政主管部门依照国家金融管理法律法规制定的部门规章或者国家有关金融管理的规定、办法、实施细则等规范性文件的规定予以认定。

（四）单位犯罪的认定

单位实施非法集资犯罪活动，全部或者大部分违法所得归单位所有的，应当认定为单位犯罪。

个人为进行非法集资犯罪活动而设立的单位实施犯罪的，或者单位设立后，以实施非法集资犯罪活动为主要活动的，不以单位犯罪论处，对单位中组织、策划、实施非法集资犯罪活动的人员应当以自然人犯罪依法追究刑事责任。

判断单位是否以实施非法集资犯罪活动为主要活动，应当根据单位实施非法集资的次数、频度、持续时间、资金规模、资金流向、投入人力物力情况、单位进行正当经营的状况以及犯罪活动的影响、后果等因素综合考虑认定。

（五）非法吸收公众存款

1. 非法吸收公众存款罪的概念

非法吸收公众存款罪，是指非法吸收公众存款或者变相吸收公众存款，扰乱金融秩序的行为。犯非法吸收公众存款罪的，处三年以下有期徒刑或者拘役，并处或者单处罚金；数额巨大或者有其他严重情节的，处三年以上十年以下有期徒刑，并处罚金；数额特别巨大或者有其他特别严重情节的，处十年以上有期徒刑，并处罚金。单位犯罪的，对单位判处罚金，并对其直接负责的主管人员和其他直接责任人员，依照个人犯罪的规定处罚。在提起公诉前积极退赃退赔，减少损害结果发生的，可以从轻或者减轻处罚。

2. 非法吸收公众存款罪的犯罪构成

(1)犯罪主体。

非法吸收公众存款罪的犯罪主体是一般主体,包括单位和个人。构成本罪的个人必须是年满十六周岁,具有刑事责任能力的故意实施非法吸收公众存款的自然人。单位犯本罪的,除单位主体外,还有直接负责的主管人员和其他直接责任人员。

(2)犯罪主观方面。

非法吸收公众存款罪的主观方面表现为故意。认定犯罪嫌疑人、被告人是否具有非法吸收公众存款的犯罪故意,应当依据犯罪嫌疑人、被告人的任职情况、职业经历、专业背景、培训经历、本人因同类行为受到行政处罚或者刑事追究情况以及吸收资金方式、宣传推广、合同资料、业务流程等证据,结合其供述,进行综合分析判断。

(3)犯罪客体。

非法吸收公众存款罪侵犯的客体是国家金融管理制度。

(4)犯罪客观方面。

非法吸收公众存款罪的客观方面表现为非法吸收公众存款或者变相吸收公众存款,扰乱金融秩序的行为。

3. 非法吸收公众存款罪的构成条件

违反国家金融管理法律规定,向社会公众(包括单位和个人)吸收资金的行为,同时具备下列四个条件的,除刑法另有规定的以外,应当认定为"非法吸收公众存款或者变相吸收公众存款"。

(1)未经有关部门依法批准或者借用合法经营的形式吸收资金。

(2)通过媒体、推介会、传单、手机短信等途径向社会公开宣传。这里的"向社会公开宣传",包括以各种途径向社会公众传播吸收资金的信息,以及明知吸收资金的信息向社会公众扩散而予以放任等情形。

(3)承诺在一定期限内以货币、实物、股权等方式还本付息或者给付回报。

(4)向社会公众即社会不特定对象吸收资金。包括在向亲友或者单位内部人员吸收资金的过程中,明知亲友或者单位内部人员向不特定对象吸收资金而予以放任的;以吸收资金为目的,将社会人员吸收为单位内部人员,并向其吸收资金的。

4. 非法吸收公众存款罪的具体行为

实施下列行为之一,符合前述条件的,应当以非法吸收公众存款罪定罪处罚。

(1)不具有房产销售的真实内容或者不以房产销售为主要目的,以返本销售、售后包租、约定回购、销售房产份额等方式非法吸收资金的。

(2)以转让林权并代为管护等方式非法吸收资金的。

(3)以代种植(养殖)、租种植(养殖)、联合种植(养殖)等方式非法吸收资金的。

(4)不具有销售商品、提供服务的真实内容或者不以销售商品、提供服务为主要目的,以商品回购、寄存代售等方式非法吸收资金的。

(5)不具有发行股票、债券的真实内容,以虚假转让股权、发售虚构债券等方式非法吸收资金的。

(6)不具有募集基金的真实内容,以假借境外基金、发售虚构基金等方式非法吸收资金的。

（7）不具有销售保险的真实内容，以假冒保险公司、伪造保险单据等方式非法吸收资金的。

（8）以投资入股的方式非法吸收资金的。

（9）以委托理财的方式非法吸收资金的。

（10）利用民间"会""社"等组织非法吸收资金的。

（11）其他非法吸收资金的行为。

5. 非法吸收公众存款的数额

（1）非法吸收或者变相吸收公众存款的数额，以行为人所吸收的资金全额计算。案发前后已归还的数额，可以作为量刑情节酌情考虑。集资参与人收回本金或者获得回报后又重复投资的数额不予扣除，但可以作为量刑情节酌情考虑。

（2）非法吸收或者变相吸收公众存款，主要用于正常的生产经营活动，能够及时清退所吸收资金，可以免予刑事处罚；情节显著轻微的，不作为犯罪处理。

（3）非法吸收或者变相吸收公众存款构成犯罪，具有下列情形之一的，向亲友或者单位内部人员吸收的资金应当与向不特定对象吸收的资金一并计入犯罪数额：①在向亲友或者单位内部人员吸收资金的过程中，明知亲友或者单位内部人员向不特定对象吸收资金而予以放任的；②以吸收资金为目的，将社会人员吸收为单位内部人员，并向其吸收资金的；③向社会公开宣传，同时向不特定对象、亲友或者单位内部人员吸收资金的。

（六）集资诈骗

1. 集资诈骗罪的概念

集资诈骗罪，是指以非法占有为目的，使用诈骗方法非法集资，数额较大的行为。犯集资诈骗罪的，处三年以上七年以下有期徒刑，并处罚金；数额巨大或者有其他严重情节的，处七年以上有期徒刑或者无期徒刑，并处罚金或者没收财产。单位犯罪的，对单位判处罚金，并对其直接负责的主管人员和其他直接责任人员，依照个人犯罪的规定处罚。

2. 集资诈骗罪的犯罪构成

（1）犯罪主体。

集资诈骗罪的犯罪主体是一般主体，包括单位和个人。个人构成本罪的必须是年满十六周岁，具有刑事责任能力的故意实施集资诈骗的自然人。单位犯本罪的，除单位主体外，还有直接负责的主管人员和其他直接责任人员。

（2）犯罪主观方面。

集资诈骗罪的主观方面表现为故意，并且以非法占有为目的。犯罪嫌疑人、被告人使用诈骗方法非法集资，具有下列情形之一的，可以认定为"以非法占有为目的"。①集资后不用于生产经营活动或者用于生产经营活动与筹集资金规模明显不成比例，致使集资款不能返还的；②肆意挥霍集资款，致使集资款不能返还的；③携带集资款逃匿的；④将集资款用于违法犯罪活动的；⑤抽逃、转移资金、隐匿财产，逃避返还资金的；⑥隐匿、销毁账目，或者搞假破产、假倒闭，逃避返还资金的；⑦拒不交代资金去向，逃避返还资金的；⑧其他可以认定非法占有目的的情形。

集资诈骗罪中的非法占有目的，应当区分情形进行具体认定。行为人部分非法集资行为具有非法占有目的的，对该部分非法集资行为所涉集资款以集资诈骗罪定罪处罚；非法集资共同犯罪中部分行为人具有非法占有目的，其他行为人没有非法占有集资款的共同故意和行为的,对具有非法占有目的的行为人以集资诈骗罪定罪处罚。

(3)犯罪客体。

集资诈骗罪侵犯的客体是双重客体,一是国家金融管理制度,二是公私财产所有权。

(4)犯罪客观方面。

集资诈骗罪的客观方面表现为以非法占有为目的,使用诈骗方法非法集资,数额较大的行为。

3. 集资诈骗罪的具体行为

以非法占有为目的,使用诈骗方法实施以下行为的,应当以集资诈骗罪定罪处罚。

(1)不具有房产销售的真实内容或者不以房产销售为主要目的,以返本销售、售后包租、约定回购、销售房产份额等方式非法吸收资金的。

(2)以转让林权并代为管护等方式非法吸收资金的。

(3)以代种植(养殖)、租种植(养殖)、联合种植(养殖)等方式非法吸收资金的。

(4)不具有销售商品、提供服务的真实内容或者不以销售商品、提供服务为主要目的,以商品回购、寄存代售等方式非法吸收资金的。

(5)不具有发行股票、债券的真实内容,以虚假转让股权、发售虚构债券等方式非法吸收资金的。

(6)不具有募集基金的真实内容,以假借境外基金、发售虚构基金等方式非法吸收资金的。

(7)不具有销售保险的真实内容,以假冒保险公司、伪造保险单据等方式非法吸收资金的。

(8)以投资入股的方式非法吸收资金的。

(9)以委托理财的方式非法吸收资金的。

(10)利用民间“会”“社”等组织非法吸收资金的。

(11)其他非法吸收资金的行为。

4. 集资诈骗的数额

集资诈骗的数额以行为人实际骗取的数额计算,案发前已归还的数额应予扣除。行为人为实施集资诈骗活动而支付的广告费、中介费、手续费、回扣,或者用于行贿、赠与等费用,不予扣除。行为人为实施集资诈骗活动而支付的利息,除本金未归还可予折抵本金以外,应当计入诈骗数额。

二、非法集资与合法集资的界限

确定非法集资与合法集资的界限,须掌握以下五个要素。

(1)对象。非法集资的对象属于不特定对象的社会公众;合法集资对象属于亲友或者单位内部的特定人员。

(2)手段。非法集资的手段通常会采取向社会公开宣传;合法集资的手段通常是在亲友间或者单位内部向特定对象封闭介绍。

(3)承诺。非法集资的行为人往往会承诺不切实际的高额回报;合法集资的行为人则一般会承诺较为理性的回报。

(4)用途。非法集资得来的资金往往是为了自己的挥霍,无意归还;合法集资得来的资金一般会投入商业目的,有心归还。

(5)方式。非法集资的方式往往采取夸大其词,巧妙伪装,骗取集资对象的信任;合法集资的方式则通常接近实际,基于亲友和职工等特定身份取得信任。

三、股权众筹

(一)股权众筹的概念

根据中国人民银行、工业和信息化部、公安部、财政部、国家工商总局、国务院法制办、中国银行业监督管理委员会、中国证券监督管理委员会、中国保险监督管理委员会、国家互联网信息办公室于 2015 年 7 月 18 日发布的《关于促进互联网金融健康发展的指导意见》第(九)条的规定,股权众筹融资主要是指通过互联网形式进行公开小额股权融资的活动。股权众筹融资必须通过股权众筹融资中介机构平台(互联网网站或其他类似的电子媒介)进行。

该《指导意见》第(九)条接着规定:"股权众筹融资中介机构可以在符合法律法规规定前提下,对业务模式进行创新探索,发挥股权众筹融资作为多层次资本市场有机组成部分的作用,更好服务创新创业企业。股权众筹融资方应为小微企业,应通过股权众筹融资中介机构向投资人如实披露企业的商业模式、经营管理、财务、资金使用等关键信息,不得误导或欺诈投资者。投资者应当充分了解股权众筹融资活动风险,具备相应风险承受能力,进行小额投资。股权众筹融资业务由证监会负责监管。"

中国证券业协会于 2014 年 12 月 18 日发布的《私募股权众筹融资管理办法(试行)》(征求意见稿)第二条也规定:"私募股权众筹融资是指融资者通过股权众筹融资互联网平台以非公开发行方式进行的股权融资活动。"

(二)股权众筹的法律特征

(1)股权众筹是公司股权融资的方式之一。

(2)股权众筹的渠道主要是"通过互联网形式"。

(3)股权众筹的必须是"小额股权融资"。

(4)股权众筹必须是"通过股权众筹融资中介机构平台"进行。

(5)股权众筹的融资方应为小微企业。

(三)股权众筹融资中介机构平台

《私募股权众筹融资管理办法(试行)》(征求意见稿)对股权众筹平台作出了如下规定。

1. 股权众筹平台的概念

股权众筹平台,是指通过互联网平台(互联网网站或其他类似电子媒介)为股权众筹投融资双方提供信息发布、需求对接、协助资金划转等相关服务的中介机构。股权众筹平台应当在证券业协会备案登记,并申请成为证券业协会会员。证券业协会为股权众筹平台办理备案登记不构成对股权众筹平台内控水平、持续合规情况的认可,不作为对客户资金安全的保证。

2. 股权众筹平台的准入条件

(1)在中华人民共和国境内依法设立的公司或合伙企业。

(2)净资产不低于 500 万元人民币。

（3）有与开展私募股权众筹融资相适应的专业人员,具有三年以上金融或者信息技术行业从业经历的高级管理人员不少于两人。

（4）有合法的互联网平台及其他技术设施。

（5）有完善的业务管理制度。

（6）证券业协会规定的其他条件。

3. 股权众筹平台的职责

（1）勤勉尽责,督促投融资双方依法合规开展众筹融资活动、履行约定义务。

（2）对投融资双方进行实名认证,对用户信息的真实性进行必要审核。

（3）对融资项目的合法性进行必要审核。

（4）采取措施防范欺诈行为,发现欺诈行为或其他损害投资者利益的情形,及时公告并终止相关众筹活动。

（5）对募集期资金设立专户管理,证券业协会另有规定的,从其规定。

（6）对投融资双方的信息、融资记录及投资者适当性管理等信息及其他相关资料进行妥善保管,保管期限不得少于十年。

（7）持续开展众筹融资知识普及和风险教育活动,并与投资者签订投资风险揭示书,确保投资者充分知悉投资风险。

（8）按照证券业协会的要求报送股权众筹融资业务信息。

（9）保守商业秘密和客户隐私,非因法定原因不得泄露融资者和投资者相关信息。

（10）配合相关部门开展反洗钱工作。

（11）证券业协会规定的其他职责。

4. 股权众筹平台的禁止行为

（1）通过本机构互联网平台为自身或关联方融资。

（2）对众筹项目提供对外担保或进行股权代持。

（3）提供股权或其他形式的有价证券的转让服务。

（4）利用平台自身优势获取投资机会或误导投资者。

（5）向非实名注册用户宣传或推介融资项目。

（6）从事证券承销、投资顾问、资产管理等证券经营机构业务,具有相关业务资格的证券经营机构除外。

（7）兼营个体网络借贷(即 P2P 网络借贷)或网络小额贷款业务。

（8）采用恶意诋毁、贬损同行等不正当竞争手段。

（9）法律法规和证券业协会规定禁止的其他行为。

（四）股权众筹融资者的法律规范

《私募股权众筹融资管理办法(试行)》(征求意见稿)对融资者作出了以下规定。

（1）融资者应当为股权众筹平台核实的实名注册用户。

（2）融资者应当为中小微企业或其发起人,并履行下列职责。

①向股权众筹平台提供真实、准确和完整的用户信息。

②保证融资项目真实、合法。

③发布真实、准确的融资信息。

④按约定向投资者如实报告影响或可能影响投资者权益的重大信息。

⑤证券业协会规定和融资协议约定的其他职责。

（3）融资者不得公开或采用变相公开方式发行证券，不得向不特定对象发行证券。融资完成后，融资者或融资者发起设立的融资企业的股东人数累计不得超过200人。法律法规另有规定的，从其规定。

（4）融资者不得有下列行为。

①欺诈发行。

②向投资者承诺投资本金不受损失或者承诺最低收益。

③同一时间通过两个或两个以上的股权众筹平台就同一融资项目进行融资，在股权众筹平台以外的公开场所发布融资信息。

④法律法规和证券业协会规定禁止的其他行为。

（五）股权众筹投资者的法律规范

《私募股权众筹融资管理办法（试行）》（征求意见稿）对投资者作出了以下规定。

（1）投资者应当为股权众筹平台核实的实名注册用户。

（2）私募股权众筹融资的投资者是指符合下列条件之一的单位或个人。

①《私募投资基金监督管理暂行办法》规定的合格投资者。

②投资单个融资项目的最低金额不低于100万元人民币的单位或个人。

③社会保障基金、企业年金等养老基金，慈善基金等社会公益基金，以及依法设立并在中国证券投资基金业协会备案的投资计划。

④净资产不低于1 000万元人民币的单位。

⑤金融资产不低于300万元人民币或最近三年个人年均收入不低于50万元人民币的个人。上述个人除能提供相关财产、收入证明外，还应当能辨识、判断和承担相应投资风险。

本项所称金融资产包括银行存款、股票、债券、基金份额、资产管理计划、银行理财产品、信托计划、保险产品、期货权益等。

⑥证券业协会规定的其他投资者。

（3）投资者应当履行下列职责。

①向股权众筹平台提供真实、准确和完整的身份信息、财产、收入证明等信息。

②保证投资资金来源合法。

③主动了解众筹项目投资风险，并确认其具有相应的风险认知和承受能力。

④自行承担可能产生的投资损失。

⑤证券业协会规定和融资协议约定的其他职责。

第五节　商业计划书、法律尽职调查与对赌协议

股权投融资活动作为公司参与商业活动的一种市场行为，同样可能遭遇市场风险，甚至股权投融资行为所可能遭遇的市场风险会远大于其他商业行为所可能遇到的风险，原因在于股权投融资活动的不确定性远高于其他商业行为。比如在证券交易所买卖公司股票的行为，其风险可能远高于签订一份白酒买卖合同。但是商业活动又有着其自身的游戏规则，即风险越大，所带来的利润可能也越大。不过趋利避害是一切投资者的必然选择，投资

者之所以参与股权投融资活动,虽然是看中了其风险越大,利润也越大,但也希望在此过程中尽可能降低风险,最好是能够稳赚不赔。与此相适应,法律尽职调查与对赌协议这样的有效降低风险的法律手段便应运而生了。

如果说,法律尽职调查与对赌协议是投资方寻求降低自己投资风险的手段,那么从融资方来讲,一份优质的商业计划书则是其能顺利获得投资的不可或缺的关键法律文件。

一、商业计划书

(一)商业计划书的概念

商业计划书,一般是指公司为了达到融资的目的,按照一定的格式,包含一定的内容,而编写的,向目标客户全面展示公司状况、揭示公司未来发展潜力的书面文件。

(二)商业计划书的内容

商业计划书一般包括以下内容。

1. 公司的基本情况

公司的基本情况包括公司的成长经历、公司的产品、公司的客户、公司的市场渠道、公司的管理团队、公司的股权结构、公司的人事、财务等。

2. 公司的融资计划

公司的融资计划包括公司的融资规模、融资目的、融资对象以及融资方式等。

3. 公司的融资前景

公司的融资前景包括公司融资的用途、带来的收益、市场的扩大、客户的增容、竞争力的提升等。

(三)商业计划书的撰写

撰写商业计划书是一项复杂的系统工程,关乎融资的成功与否。笔者认为,一份优秀的商业计划书应当至少做到以下几点。

1. 对行业与市场要做充分的调研

在撰写商业计划书前,必须要对相关行业与市场做充分的调查研究,这是一份优质商业计划书的基础与前提。只有对相关行业与市场做了充分的调研,全面翔实地了解行业与市场的情况,掌握第一手的资料,才可能让商业计划书有理有据,不空洞,杜绝没有事实,空喊口号的情况发生。

2. 要做到文字简明、语言通顺、装订精美

在一定意义上,商业计划书展现的是公司的态度与实力。所谓公司的态度是指公司对融资的重视程度,文字是否简明、语言是否通顺、装订是否精美在一定程度上反映了公司对融资是否重视。同时,这还间接表明了公司的实力,很显然,公司的实力越强,对投资商的吸引力也就越大。简明的文字还让投资商能够对你的项目一目了然。

3. 要做到数据准确、逻辑严谨,既要摆事实,也要讲道理

商业计划书最忌讳的就是空洞无物,一味地讲故事,没有数据分析,没有财务预测,没有市场研究,也没有行业前瞻。优质的商业计划书一定是引经据典、言之有物,有数据,有事实,既有逻辑分析,又有模型推演,这样的商业计划书才能对投资商有相当的吸引力。

4. 既要对市场风险做客观分析,更要将市场机遇展现出来

商业计划书的目的是实现融资,也就是要让投资商对你的项目感兴趣,愿意将资金投

入到你的项目中来,这就决定了商业计划书必定是以展现市场机遇为要务。但同时也必须对市场风险作出客观分析,并且还要指出这些风险是可控的、可以避免的。

(四)股权融资的商业计划书

股权融资的商业计划书,与其他融资模式的商业计划书的最大不同在于,要为投资商设计好退出机制。

投资商的股权退出机制可以简单概括为两种情形三种方式。所谓两种情形,一是在公司挣到钱,投资商的投资目的已然实现的情况下,投资商如何带着自己的钱全身而退;二是在公司没有挣到钱,投资商的投资目的未能实现的情况下,投资商如何不赔钱或者少赔钱而退。所谓三种方式,一是投资商的股权由原股东收购,投资商退出公司;二是投资商股权由公司收购,投资商退出公司;三是投资商股权由第三方收购,投资商退出公司。

股权融资的商业计划书,应当对以上的"两种情形三种方式"作出合理安排,因为这些都是投资商必然要算计的。对这些内容没有合理安排,或者安排不妥,必然影响融资活动的顺利进行。

二、法律尽职调查

法律尽职调查,在诸多领域都会涉及,但在股权投融资领域尤其被普遍采用。目的是尽可能地保证投融资的安全,特别是对投资方来讲,对目标公司进行有效尽职调查,会在最大程度上避免投资风险,保障投资安全。

法律尽职调查一般需要注意以下几个问题。

(1)"让专业的人做专业的事"。委托律师对目标公司进行法律尽职调查,是当下投资方普遍采取的做法。投资方委托律师综合其掌握的法律专业知识和积累的从业经验,对目标公司的合法性存续、资产情况、债权债务、对外担保、业务开展、重大合同、税务、环保、劳动关系、关联关系、诉讼仲裁及可能涉及的行政处罚等一系列法律问题进行充分、翔实的调查。了解目标公司是否存在投资方拟进行的股权投资的法律障碍。

(2)法律尽职调查的内容。一般性法律尽职调查工作应包括但不限于以下方面。

①被调查企业基本情况:被调查企业设立、变更等历史沿革、股权(投资)结构、公司(企业)治理、相关资质、对外投资以及是否符合行业监管要求等。

②被调查企业资产概况:被调查企业资产权属(如不动产、知识产权等),是否存在权利瑕疵或法律障碍,相关合同、协议与安排的合法合规性。

③被调查企业债权、债务概况和对外担保情况:被调查企业债权、债务情况,是否存在怠于履行的债权以及或有债务,以及债权、债务的合法合规性;被调查企业的对外担保情况,包括但不限于保证、抵押、质押及其他方式的权利负担。

④被调查企业业务情况:被调查企业的业务范围、客户范围、供应商范围,主营业务及其运营情况,是否存在其他主营业务,是否取得各项业务的运营资质等。

⑤公司重大合同:被调查企业的重大业务合同、债权债务合同、担保合同、关联交易合同、竞业禁止协议、保密协议等。

⑥劳动管理情况:被调查企业各类劳动合同模板、保密协议、竞业禁止协议、高级管理人员聘任协议,社会保险及公积金缴纳是否合规,相关劳动争议的处理等。

⑦环境保护问题:被调查企业是否取得建设项目环境影响评价报告及其他许可证件,

环保设施是否验收,排污费是否按期足额缴纳,是否存在违法违规情形。

⑧财务概况:被调查企业是否具有健全的财务制度,财务制度是否能够得到执行和贯彻,是否根据企业财务要求制备账簿,银行账户的开立是否合规等。

⑨税务概况:被调查企业税务登记、税赋缴纳情况及是否存在相关行政处罚等情形。

⑩外汇概况:被调查企业涉外贸易,涉及外汇支付和结汇手续是否合法、合规及是否存在相关行政处罚等情形。

⑪海关手续概况:被调查企业进出口贸易报关、清关手续是否合法、合规及是否存在相关行政处罚等情形。

⑫诉讼与仲裁等情形:被调查企业是否在境内外有未决的任何重大诉讼、仲裁以及尚在进行中的司法程序、可能面临行政机关的行政处罚等情形。

(3)律师的尽职调查工作结束后,会向委托人出具一份《法律尽职调查报告》,作为委托人的投资方应充分分析研判报告内容,尤其是其中的风险提示应当认真对待,如有必要,可以针对尽职调查暴露的问题进行二次专项调查,或者组织其他专业机构进行专项调查。比如,聘请会计师事务所进行财务尽职调查等。只有尽职调查工作深入、扎实、细致,才能对调查对象有全面、深刻、充分的了解,才能做出科学、严谨、完美的决策,才能保证据此做出的投资行为安全、高效。

三、对赌协议

在股权投资中,"对赌"已成为绕不过去的法律问题,"对赌协议"也已成为投资者经常采用的自我保护手段。故此,凡谈及股权投资,必谈及对赌协议。

(一)对赌协议的概念

《全国法院民商事审判工作会议纪要》,实践中俗称的"对赌协议",又称估值调整协议,是指投资方与融资方在达成股权性融资协议时,为解决交易双方对目标公司未来发展的不确定性、信息不对称以及代理成本而设计的包含了股权回购、金钱补偿等对未来目标公司的估值进行调整的协议。

(二)对赌协议的法律意义

对赌协议的作用是提高投资安全,降低投资风险,目的是保障投资者的权益。投资风险存在的必然性,导致了对赌协议存在的合理性。这种投资风险的必然存在主要源于以下三个方面。

1. 目标公司未来发展的不确定性

投资者进行对外投资,目的无非是为了追逐更大的利益。但市场风险是必然存在的,任何一家公司的成功与否决定于多种因素。因此,公司能否实现设定的目标也取决于多种因素,既包括公司经营者的主观因素,也包括公司外部的客观因素,而且这些客观因素还存在相当的不确定性、无法预见性,或者无法避免,也无法克服。

2. 掌握目标公司的信息不对称

投资者毕竟对目标公司了解存在一定不足,即使事先做了详尽的尽职调查,也无法避免了解盲区的存在。尤其是与公司的经营者和原所有者相较,投资者对公司信息的掌握必然处于劣势地位。这种信息的不对称,造成投资者面临的风险远大于公司原股东面临的风险,甚至投资者还可能成为公司原股东转嫁风险的对象。因此,利用对赌协议就可能扭转这种信息不对称给投资者造成的不利局面。

3. 经营目标公司存在的代理成本

一般来讲,投资者只投入一定的资金,并不参与公司的经营管理,公司的经营仍会交于原经营者经营,或者聘请职业经理人从事经营管理。因此,成本的存在成为必然。这种成本不但包括人力成本,还有道德成本。为了消弭代理成本造成的对投资者的必然不利,对赌协议就成了用以平衡经营者与投资者的代理关系,约束经营者的代理行为的有力手段,甚至可以将这种代理行为的不利从投资者转向经营者。

(三)对赌协议的分类

《全国法院民商事审判工作会议纪要》根据订立"对赌协议"的主体不同,将对赌协议分为以下三种类型。

(1)投资方与目标公司的股东或者实际控制人签订的"对赌协议"。

(2)投资方与目标公司签订的"对赌协议"。

(3)投资方与目标公司的股东、目标公司签订的"对赌协议"。

(四)对赌协议的法律效力

股权投资中,如何签订对赌协议?与谁签订对赌协议才能有效,才能受法律保护,是每一个投资者最为关心的问题。

(1)投资方与目标公司的股东或者实际控制人订立的"对赌协议",如无其他无效事由,认定有效并支持实际履行,实践中并无争议。

(2)投资方与目标公司订立的"对赌协议"是否有效以及能否实际履行,存在争议。《全国法院民商事审判工作会议纪要》确立了以下处理规则。

①投资方与目标公司订立的"对赌协议"在不存在法定无效事由的情况下,目标公司仅以存在股权回购或者金钱补偿约定为由,主张"对赌协议"无效的,人民法院不予支持。

②投资方主张实际履行的,人民法院应当审查是否符合《公司法》关于"股东不得抽逃出资"及股份回购的强制性规定,判决是否支持其诉讼请求。

③投资方请求目标公司回购股权的,人民法院应当依据《公司法》第三十五条关于"股东不得抽逃出资"或者第一百四十二条关于股份回购的强制性规定进行审查。经审查,目标公司未完成减资程序的,人民法院应当驳回其诉讼请求。

④投资方请求目标公司承担金钱补偿义务的,人民法院应当依据《公司法》第三十五条关于"股东不得抽逃出资"和第一百六十六条关于利润分配的强制性规定进行审查。经审查,目标公司没有利润或者虽有利润但不足以补偿投资方的,人民法院应当驳回或者部分支持其诉讼请求。今后目标公司有利润时,投资方还可以依据该事实另行提起诉讼。

(五)对赌工具

1. 股权回购

对赌协议中的股权回购,是指目标公司未能实现既定指标时,投资方有权要求回购其股权。根据回购股权的主体不同,可以分为由目标公司股东或者实际控制人收购投资方的股权;由目标公司收购投资方的股权;由目标公司股东和目标公司收购投资方的股权。

2. 金钱补偿

对赌协议中的金钱补偿,是指当目标公司未能实现既定指标时,投资方有权要求给付金钱以弥补自己的损失。根据给付金钱的主体不同,可以分为由目标公司股东或者实际控制人给付投资方金钱;由目标公司给付投资方金钱;由目标公司股东和目标公司给付投资方金钱。

（六）对赌协议的主要条款

（1）竞业限制条款。这是指未经投资人书面同意,公司原股东不得从事与公司有竞争关系的业务。竞业限制的对象不但包括公司原股东自己,还应当包括原股东的亲属,原股东控制的其他公司,以及原股东可能采取的其他任何方式。

（2）反股权稀释条款,也称反股权摊薄条款。股权稀释,或者称股权摊薄,是指随着新股东进入公司,原股东的股权比例下降。比如,A公司注册资本100万元,股东甲认缴出资60万元,持股比例60%;股东乙认缴出资40万元,持股比例40%。现在A公司增加注册资本至200万元,并引入新股东丙和丁,其中丙认缴出资60万元,丁认缴出资40万元。增资后的A公司股权比例分配是:甲持股30%（60万元÷200万元）、乙持股20%（40万元÷200万元）、丙持股30%（60万元÷200万元）、丁持股20%（40万元÷200万元）。显然,A公司原股东甲的持股比例由60%降至30%,原股东乙的持股比例由40%降至20%,对于甲、乙来说,其股权就是遭到了稀释,或者摊薄。所谓的反稀释或者反摊薄,就是指A公司的原股东甲和乙在新股东丙和丁进入公司后,如何保证自己的股权比例不被稀释或者不被摊薄。这里的股权集中体现为表决权和分红权,反稀释或者反摊薄的目的就是保证表决权和分红权不受引入新股东的影响。其法律依据是《公司法》第四十二条和第三十四条中关于表决权、分红权可以与出资比例背离的规定。

（3）优先分红条款。优先分红,是指投资者进入公司后,在公司分红时,有权优先于公司原股东分取红利的权利。仍如前例,现A公司决定分红,正常情况下,应按甲、乙、丙、丁四个股东的持股比例分取红利,即3∶2∶3∶2。但为了保障投资人的利益,公司有权不按照该比例分取红利,优先保障丙、丁的分红权。其法律依据是《公司法》第三十四条中关于分红权可以与出资比例背离的规定。

（4）优先认缴新增出资条款。仍如前例,当A公司决议增加注册资本,并且不引入新股东,新增资本全部由甲、乙、丙、丁认缴的,可以赋予丙、丁优先于甲、乙认缴的权利。其法律依据是《公司法》第三十四条中关于新增出资的认缴比例可以与出资比例背离的规定。

（5）公司剩余财产优先分配条款。仍如前例,当A公司清算并依法支付各项费用后,分配公司剩余财产的,丙、丁有权优先于甲、乙分得剩余财产。

（6）共同出售股权条款。仍如前例,当甲、乙拟向第三人转让股权时,丙、丁有权以同等条件向第三人转让股权,在丙、丁未转让前,甲、乙不得转让。这既是对丙、丁退出公司提供了渠道,也是对甲、乙退出公司加以了限制。

（7）一票否决条款。这是赋予投资人对股东会或者董事会的某些决议有一票否决的权利。其法律依据是《公司法》第四十二条中有关表决权可以与出资比例相背离的规定。

第八章
如何进行公司重组

公司成立后，会遇到各种问题需要不断对自身进行调整。如果将公司比作一个人的身体的话，当我们的身体遇到病患时，可能需要通过中医的调理来舒筋活血、凝神聚气；甚至需要切除肌体上的坏死部位，进行器官移植。即使我们的身体没有病症，也需要通过锻炼来增强免疫力。这一切对于公司来讲，就是重组活动。重组活动既是对自我的肌体修复，也是实现强身健体的手段。

第一节　公司重组概述

一、公司重组的概念

公司重组的概念有广义和狭义之分。狭义的公司重组是指公司的合并、分立等;广义的公司重组是指公司之间、公司与股东之间、股东与股东之间为实现公司资源的合理流转与优化配置而采取的各种商业行为。

二、公司重组的法律特征

(1)公司重组活动受到《公司法》的适度规范。公司重组作为公司或者公司股东基于自己的商业判断而采取的商事活动,首先应当尊重公司以及公司股东的意愿。但是公司重组活动还涉及公司相关方的利益,尤其是公司中小股东、公司债权人和公司员工等的利益。由于信息不对称,且他们对公司重组活动没有太多的发言权,但公司重组活动的结果对他们的切身利益又有直接影响,为了保护他们的合法权益,《公司法》有必要对公司重组进行适度规范。

(2)公司重组的主体不仅包括公司,也包括股东。公司重组活动是公司组织事项的重大调整,涉及公司的股权结构、经营范围、公司治理、发展战略等方方面面,需要公司股东的深入参与。这种参与的表现是多维度的,不但表现在股东积极地行使股东权利,也表现为股东对自己股东权利的积极限制,甚至还表现为股东行使股东权利退出公司。

(3)公司重组的客体是公司或者股东享有的物权、债权、股权、知识产权等各种财产权利。这也就决定了公司重组的手段包括了公司合并、公司分立、资产买卖、股权置换、债转股、变更公司形式等。

(4)公司重组适用于各种类型公司。股份有限公司、有限责任公司,一人有限责任公司以及国有独资公司都可以参与公司重组活动。甚至,公司还可以与其他类型企业,比如合伙企业发生重组活动。

第二节　公司合并

一、公司合并的概念

公司合并,是指两个或者两个以上的公司通过订立合并协议,依照《公司法》等有关法律、行政法规的规定,合并为一个公司的法律行为。

二、公司合并的法律特征

(1)公司合并是两个以上的公司合成为一个公司是由两个以上的公司之间以订立合并协议的形式而产生的。相同类型的公司之间可以合并。比如,两个以上的有限责任公司的合并,或者两个以上的股份有限公司的合并;不同类型的公司之间也可以合并。比如,有限责任公司与股份有限公司的合并。

（2）公司合并必须依法定程序进行。公司合并一般是公司之间自由的合并，但这种自由的前提必须是遵守法律，有些公司的合并还要经过有关部门的批准。比如，有限责任公司的合并由公司股东会会议作出决议，并须经代表三分之二以上表决权的股东通过（《公司法》第四十三条第二款）；国有独资公司的合并必须由国有资产监督管理机构决定（《公司法》第六十六条第一款）；重要的国有独资公司的合并应当由国有资产监督管理机构审核后，报本级人民政府批准（《公司法》第六十六条第一款）；股份有限公司的合并由股东大会作出决议，并须经出席会议的股东所持表决权的三分之二以上通过（《公司法》第一百零三条第二款）。

（3）公司合并前后的股东一般不发生变化。两个以上的公司合并为一个公司的，合并前的各公司的股东在合并后一般还是公司的股东。比如，有 A、B、C 三家公司，其中 A 公司股东甲和乙，B 公司股东丙和丁，C 公司股东戊和己。现这三家公司合并为 D 公司，则甲、乙、丙、丁、戊、己通常仍为 D 公司的股东；或者 B、C 两家公司合并入 A 公司的，则不但甲和乙仍是合并后的 A 公司的股东，原 B 公司股东丙和丁，原 C 公司股东戊和己通常也成为合并后的 A 公司的股东。当然，这里也不排除有股东因反对公司合并，行使异议股东股权（份）回购请求权而选择主动退出公司（《公司法》第七十四条、第一百四十二条）。

（4）公司合并无须清算。《公司法》第一百八十条规定了公司解散的五大原因。①公司章程规定的营业期限届满或者公司章程规定的其他解散事由出现；②股东会或者股东大会决议解散；③因公司合并或者分立需要解散；④依法被吊销营业执照、责令关闭或者被撤销；⑤人民法院依照《公司法》第一百八十二条的规定予以解散。对于清算问题，《公司法》第一百八十三条规定因第①、②、④、⑤这四种原因导致的公司解散均需履行清算程序，但唯有因第③种原因，即公司合并或者分立原因导致的公司解散无须清算。

三、公司合并的形式

公司合并的形式，是指公司合并过程中合并各方以什么形式并为一个公司。根据《公司法》第一百七十二条的规定，公司合并形式包括吸收合并与新设合并。

（一）吸收合并

吸收合并，是指两个以上的公司合并时，"一个公司吸收其他公司……被吸收的公司解散"，成为吸收公司的组成部分，被吸收公司法人资格消灭，应办理公司注销登记；吸收公司法人资格继续存在，但应当依法向公司登记机关办理变更登记。比如，A 公司和 B 公司合并，其中 B 公司合并入 A 公司，则 A 公司继续存在，B 公司解散，成为 A 公司的组成部分。A 公司向公司登记机关办理变更登记，B 公司则办理公司注销登记。

（二）新设合并

新设合并，是指两个以上的公司合并时，"两个以上公司合并设立一个新的公司……合并各方解散"，均成为合并后新设立公司的组成部分，原公司法人资格消灭，应办理公司注销登记；合并后新设立的公司应当向公司登记机关办理公司设立登记，取得法人资格。比如，A 公司和 B 公司合并为 C 公司，则 A、B 公司解散，成为 C 公司的组成部分。C 公司向公司登记机关办理公司设立登记，A、B 公司则办理公司注销登记。

四、公司合并的程序

根据《公司法》第三十七条、第四十六条、第六十六条、第九十九条、第一百零八条、第一百七十三条、第一百七十九条、《公司登记管理条例》第三十八条的规定,公司合并应当按照以下程序进行。

(一)董事会制订公司合并方案

董事会作为公司的执行机构,依法行使包括"制订公司合并的方案"在内的法定职权。

(二)合并各方签订公司合并协议

公司合并协议,是指两个以上的公司就公司合并的有关事项订立的书面协议。参考商务部 2015 年 10 月 28 日修改的《外商投资企业合并与分立的规定》第二十条的规定,公司合并协议应包括下列主要内容:①合并协议各方的名称、住所、法定代表人;②合并后公司的名称、住所、法定代表人;③合并后公司的投资总额和注册资本;④合并形式;⑤合并协议各方债权、债务的承继方案;⑥职工安置办法;⑦违约责任;⑧解决争议的方式;⑨签约日期、地点;⑩合并协议各方认为需要规定的其他事项。

(三)编制资产负债表和财产清单

资产负债表是反映公司资产及负债状况、股东权益的公司主要的会计报表,是公司合并中必须编制的报表。合并各方应当真实、全面地编制此表,以反映公司的财产情况,不得隐瞒公司的债权债务。此外,公司还要编制财产清单,清晰地反映公司的财产状况。财产清单应当翔实、准确。

(四)股东(大)会作出合并决议

股东会或者股东大会作为公司的权力机构,依法行使包括"对公司合并作出决议"在内的法定职权;国有独资公司则必须由国有资产监督管理机构决定,其中,重要的国有独资公司合并应当由国有资产监督管理机构审核后,报本级人民政府批准。

(五)通知和公告债权人

公司应当自作出合并决议之日起十日内通知债权人,并于三十日内在报纸上公告。一般来说,对所有的已知债权人应当采用通知的方式告知,只有对那些未知的,或者不能通过普通的通知方式告知的债权人才可以采取公告的方式。通知和公告的目的主要是将合并信息告知公司债权人,以便让他们决定对公司的合并是否提出异议,此外,公告也可以起到通知未参加股东会或者股东大会的股东的作用。

需要注意的是,根据《公司法》第二百零四条、《公司登记管理条例》第六十九条的规定,公司在合并时,不按照规定通知或者公告债权人的,由公司登记机关责令改正,处以一万元以上十万元以下的罚款。

(六)清偿债务或者提供相应担保

债权人自接到通知书之日起三十日内,未接到通知书的自公告之日起四十五日内,可以要求公司清偿债务或者提供相应的担保,债权人提出要求的,债务人应当清偿债务或者提供相应担保。

(七)报经批准

法律、行政法规或者国务院决定规定公司合并必须报经批准的,还应当报经批准。

（八）合并登记

合并登记包括变更登记、注销登记和设立登记。因合并而存续的公司，登记事项发生变更的，应当自公告之日起四十五日后向公司登记机关办理变更登记；因合并而解散的公司，应当自公告之日起四十五日后向公司登记机关办理公司注销登记；因合并而新设立的公司，应当自公告之日起四十五日后向公司登记机关办理公司设立登记。公司合并只有进行登记后，才能得到法律上的承认。

申请登记应当提交以下文件：①合并协议；②合并决议或者决定；③公司在报纸上登载公司合并公告的有关证明；④债务清偿或者债务担保情况的说明；⑤法律、行政法规或者国务院决定规定公司合并必须报经批准的，还应当提交有关批准文件。

五、公司合并的法律后果

公司合并将产生如下法律后果。

（一）公司的变更

在吸收合并的情况下，存续的公司须办理变更登记。

（二）公司的注销

在吸收合并的情况下，被吸收公司解散，须办理公司注销登记。在新设合并的情况下，合并各方解散，须办理公司注销登记。

（三）公司的设立

在新设合并的情况下，新设立公司须办理公司设立登记。

（四）债权债务的承继

合并后存续的公司或者新设立的公司，必须无条件地接受因合并而解散的公司的债权、债务。

债权债务的承继，又称债的概括承受，属于债的移转的一种。债的移转，是指在不改变债的内容的情况下，债权债务由第三人承受。包括债权让与、债务承担和债的概括承受三种情形。

债权让与，又称债权转让，是指在不改变债的内容的情况下，债权人将其享有的债权转让给第三人享有。《民法典》第五百四十五条规定："债权人可以将债权的全部或者部分转让给第三人。"比如，甲欠乙 1 万元，甲就是债务人，乙就是债权人，现在乙将该 1 万元债权转让给丙，则丙就是债权人，乙不再是债权人，甲不再向乙承担还款义务，而向丙承担还款义务。

债务承担，又称债务转移，是指在不改变债的内容的情况下，债务人将其承担的债务转移给第三人承担。《民法典》第五百五十一条规定："债务人将债务的全部或者部分转移给第三人的，应当经债权人同意。"仍如前例，甲在征得乙同意后，将其欠乙 1 万元的债务转移给丁承担，则丁就是债务人，甲不再是债务人，乙仍是债权人，丁向乙承担还款义务，而甲不再向乙承担还款义务。

债的概括承受，即本节提到的债权债务的承继，是指债权债务一并转移给第三人。根据产生的原因不同，又可以将债权债务的承继分为合同承受和企业合并两种情形。合同承受，是基于当事人之间的合同而产生，也称意定概括承受，是指合同当事人一方将其在合同中的权利义务全部转移给第三人，第三人承受其在合同中的地位，享有权利和承担义务。

《民法典》第五百五十五条规定:"当事人一方经对方同意,可以将自己在合同中的权利和义务一并转让给第三人。"《民法典》第五百五十六条规定:"合同的权利和义务一并转让的,适用债权转让、债务转移的有关规定。"

企业合并而导致的债的概括承受,是基于法律的直接规定而产生,也称法定概括承受,是指债的当事人一方合并的,该当事人的债权债务也就一并由合并后的企业承受。《公司法》第一百七十四条规定:"公司合并时,合并各方的债权、债务,应当由合并后存续的公司或者新设的公司承继。"《最高人民法院关于审理与企业改制相关的民事纠纷案件若干问题的规定》第三十一条也规定:"企业吸收合并后,被兼并企业的债务应当由兼并方承担。"第三十二条也规定:"企业新设合并后,被兼并企业的债务由新设合并后的企业法人承担。"

与合同"当事人一方经对方同意,可以将自己在合同中的权利和义务一并转让给第三人"的规定不同,因企业的合并而引起的债的概括承受无须"对方"同意,但赋予了债权人"可以要求公司清偿债务或者提供相应的担保"的权利。

需要注意的是,《最高人民法院关于审理与企业改制相关的民事纠纷案件若干问题的规定》第三十三规定:"企业吸收合并或新设合并后,被兼并企业应当办理而未办理工商注销登记,债权人起诉被兼并企业的,人民法院应当根据企业兼并后的具体情况,告知债权人追加责任主体,并判令责任主体承担民事责任。"据此,公司合并后,无论是否办理被吸收公司的注销登记,存续公司都应承担被吸收公司的债务。

债的移转如下图所示。

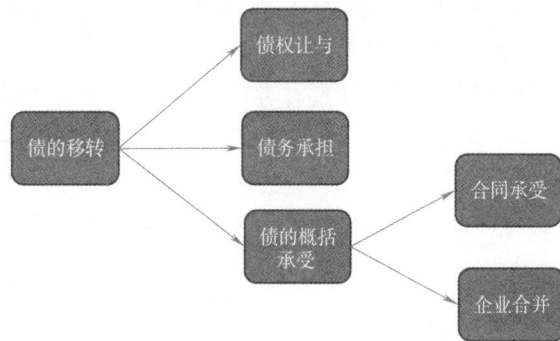

(五)股东身份的转换

两个以上的公司合并为一个公司的,合并前公司的股东在合并后变成新设立公司的股东或者存续公司的股东。比如,有 A、B、C 三家公司,其中 A 公司股东甲和乙,B 公司股东丙和丁,C 公司股东戊和己。现将这三家公司合并为 D 公司,则甲、乙、丙、丁、戊、己变成 D 公司的股东;或者 B、C 两家公司合并入 A 公司的,则除了甲和乙仍是 A 公司的股东外,原 B 公司股东丙和丁,原 C 公司股东戊和己也变成 A 公司的股东。

六、公司合并的诉讼

(1)案由。案由名称为"公司合并纠纷"。(《民事案件案由规定》第二百七十九条)

(2)管辖。《最高人民法院关于适用〈中华人民共和国民事诉讼法〉的解释》第二十二条规定:"因股东名册记载、请求变更公司登记、股东知情权、公司决议、公司合并、公司分立、公司减资、公司增资等纠纷提起的诉讼,依照民事诉讼法第二十七条规定确定管辖。"

《民事诉讼法》第二十七条规定:"因公司设立、确认股东资格、分配利润、解散等纠纷提起的诉讼,由公司住所地人民法院管辖。"据此,公司合并纠纷"由公司住所地人民法院管辖。"而公司住所地的确定则依据《最高人民法院关于适用〈中华人民共和国民事诉讼法〉的解释》第三条的规定:"法人或者其他组织的住所地是指法人或者其他组织的主要办事机构所在地。法人或者其他组织的主要办事机构所在地不能确定的,法人或者其他组织的注册地或者登记地为住所地。"

七、公司合并与资产收购的区别

公司合并不同于公司的资产收购,资产收购是一个公司购买另一个公司的部分或全部资产,收购公司与被收购公司在资产收购行为完成之后仍然存续。公司合并与资产收购的区别在于以下五个方面。

(1)资产转移不同。在公司合并中,资产转移是概括转移,所转移的是解散公司的全部财产,而非部分财产;而在资产收购中,所转让的既可以是全部财产,也可以是部分财产。

(2)债务承担不同。在公司合并中,被合并的公司的全部债务转移至存续公司或新设公司;而在资产收购中,除合同中明确约定收购方承受被收购方的债务外,收购方一般不承担被收购方的债务。

(3)股东地位不同。在公司合并中,存续公司为承继解散公司的资产而支付的对价如现金或存续公司的股份,直接分配给解散公司的股东,解散公司的股东因此获得现金或成为存续公司的股东;而在资产收购中,收购方为资产转让而支付的对价属于出售公司,而与出售公司的股东无直接关系。

(4)法律后果不同。公司合并必然导致合并一方或双方公司的解散,被解散的公司的全部权利和义务由存续公司或新设公司承受;而资产收购则不必然导致一方公司或双方公司的解散。

(5)法律性质不同。公司合并的本质是公司人格的合并;而资产收购的性质是资产买卖行为,不影响公司的人格。

八、公司合并与股权收购的区别

公司合并也不同于公司的股权收购。公司的股权收购,是指一个公司收买另一个公司的股权,以取得控股权,收购公司和被收购公司在股权收购行为完成之后仍然存续。公司合并与股权收购的差异在于以下四个方面。

(1)主体不同。公司合并的主体是公司;而在股权收购中,一方主体是收购公司,而另一方主体则是目标公司的股东。

(2)内容不同。在公司合并中,存续公司或新设公司承受解散公司的全部权利和义务;而在股权收购中,目标公司的股东将其对目标公司的股份转让给收购方,目标公司的权利义务不发生变化。

(3)法律后果不同。公司合并必然导致合并一方或双方公司的解散,被解散的公司的全部权利和义务由存续公司或新设公司承受;而股权收购则不必然导致一方公司或双方公司的解散。

(4)法律性质不同。公司合并的本质是公司人格的合并;而股权收购的本质是股权的买卖行为,不影响公司的人格。

九、公司异议股东权益的保护

根据《公司法》第四十三条第二款的规定,有限责任公司的合并须由股东会决议,且须经代表三分之二以上表决权的股东通过;根据《公司法》第一百零三条第二款的规定,股份有限公司的合并须由股东大会决议,且须经出席会议的股东所持表决权的三分之二以上通过。那么对公司合并持异议的股东的权益该如何保护呢?

(1)在有限责任公司中,根据《公司法》第七十四条的规定,对股东会有关公司合并的决议投反对票的股东,可以请求公司按照合理的价格收购其股权。自股东会会议决议通过之日起六十日内,股东与公司不能达成股权收购协议的,股东可以自股东会会议决议通过之日起九十日内向人民法院提起诉讼。

(2)在股份有限公司中,根据《公司法》第一百四十二条第一款、第三款的规定,股东因对股东大会作出的公司合并决议持异议的,可以要求公司收购其股份。公司收购的股份应当在六个月内转让或者注销。

(3)需要注意的是,有限责任公司异议股东股权回购请求权的行使以异议股东在股东会上投反对票为前提;而股份有限公司异议股东的股份回购请求权的行使并未规定此前提。

十、公司债权人权益的保护

无论吸收合并,还是新设合并,都会对公司债权人造成一定的影响。因此,为了保护公司债权人的权益,《公司法》第一百七十三条、第一百七十四条作出了如下规定。

(一)公司应当通知和公告债权人

公司应当自作出合并决议之日起十日内通知债权人,并于三十日内在报纸上公告。

(二)债权人有权要求公司清偿债务或者提供担保

公司债权人自接到通知书之日起三十日内,未接到通知书的自公告之日起四十五日内,可以要求公司清偿债务或者提供相应的担保。

需要注意的是:这里的债权人的债权不但是指已到期债权,也包括未到期债权。另外,在债权人要求公司清偿债务或者提供担保,公司拒绝的情况下,债权人的要求并不能阻止公司合并。

(三)合并后存续的公司或者新设的公司承继合并前公司债务

公司合并时,合并各方的债权、债务,应当由合并后存续的公司或者新设的公司承继。

另外,《最高人民法院关于审理与企业改制相关的民事纠纷案件若干问题的规定》第三十一条规定:"企业吸收合并后,被兼并企业的债务应当由兼并方承担。"第三十二条规定:"企业新设合并后,被兼并企业的债务由新设合并后的企业法人承担。"

十一、不同类型公司的合并,该如何选择合并后的公司组织形式

根据拟合并公司组织形式相同还是不同,可以将公司合并分为相同类型公司的合并和不同类型公司的合并。相同类型公司的合并,是指组织形式相同的公司之间的合并。比如,有限责任公司之间的合并;股份有限公司之间的合并;上市公司之间的合并。

不同类型公司的合并,是指组织形式不同的公司之间的合并,如有限责任公司与股份有限公司的合并、非上市公司与上市公司的合并、一人有限责任公司与普通有限责任公司的合并、一人有限责任公司与股份有限公司的合并。

与相同类型公司合并后的公司组织形式一般不发生变化,不同类型公司合并后的公司组织形式则必然发生变化,此种情况下,该如何选择合并后的公司组织形式呢?

(1)吸收合并的,一般保留存续公司的组织形式。比如,有限责任公司与股份有限公司合并,有限责任公司合并入股份有限公司的,则保留股份有限公司的组织形式。

(2)新设合并的,可以采用原公司组织形式之一的组织形式;或者采用原公司组织形式之外的组织形式。比如,有限责任公司与股份有限公司合并的,可以采用有限责任公司的组织形式或者股份有限公司的组织形式;又如,一人有限责任公司与普通有限责任公司合并的,可以采用股份有限公司的组织形式。

(3)公众性较弱的公司与公众性较强的公司合并,一般应该采用公众性较强公司的组织形式。比如,一人有限责任公司与普通有限责任公司合并的,合并后公司宜采用普通有限责任公司的组织形式;有限责任公司与股份有限公司合并的,合并后公司宜采用股份有限公司的组织形式。

(4)合并后公司应当符合拟采用的公司组织形式的设立条件。比如,一人有限责任公司与普通有限责任公司合并,采用股份有限公司的组织形式的,则须符合股份有限公司的设立条件。

十二、利害关系人可否提起公司合并无效之诉,或者撤销公司合并之诉

1)公司合并作为一种民事行为,如果具备法律规定的无效民事行为的法律特征,利害关系人当然可以提起确认无效之诉;如果具备法律规定的可撤销民事行为的法律特征,利害关系人当然也可以提起撤销之诉。这里的利害关系人应当包括但不限于合并各方公司、合并各方公司股东、合并各方公司员工、合并各方公司债权人等。

2)公司合并无效或者撤销公司合并的原因有以下方面。

(1)公司合并协议无效或者被撤销。

根据《民法典》第一百四十四条、第一百四十五条、第一百四十六条、第一百五十三条、第一百五十四条的规定,以下民事法律行为无效:①无民事行为能力人实施的民事法律行为;②限制民事行为能力人实施的,未经法定代理人同意或者追认的民事法律行为;③行为人与相对人以虚假的意思表示实施的民事法律行为;④违反法律、行政法规的强制性规定的民事法律行为;⑤违背公序良俗的民事法律行为;⑥行为人与相对人恶意串通,损害他人合法权益的民事法律行为。基于这些原因形成的公司合并协议无效。

根据《民法典》第一百四十五条、第一百四十七条、第一百四十八条、第一百四十九条、第一百五十条、第一百五十一条的规定,以下民事法律行为可撤销:①限制民事行为能力人实施的民事法律行为的善意相对人有权通知撤销;②基于重大误解实施的民事法律行为,行为人有权请求撤销;③一方以欺诈手段,使对方在违背真实意思的情况下实施的民事法律行为,受欺诈方有权请求撤销;④第三人实施欺诈行为,使一方在违背真实意思的情况下实施的民事法律行为,对方知道或者应当知道该欺诈行为的,受欺诈方有权请求撤销;⑤一方或者第三人以胁迫手段,使对方在违背真实意思的情况下实施的民事法律行为,受胁迫

方有权请求撤销;⑥一方利用对方处于危困状态、缺乏判断能力等情形,致使民事法律行为成立时显失公平的,受损害方有权请求撤销。基于这些原因形成的公司合并协议可撤销。

（2）公司合并决议无效或者被撤销。

《公司法》第二十二条第一款规定:"公司股东会或者股东大会、董事会的决议内容违反法律、行政法规的无效。"据此产生的公司合并决议无效。

《公司法》第二十二条第二款规定:"股东会或者股东大会、董事会的会议召集程序、表决方式违反法律、行政法规或者公司章程,或者决议内容违反公司章程的,股东可以自决议作出之日起六十日内,请求人民法院撤销。"据此产生的公司合并决议可撤销。

3）《最高人民法院关于审理与企业改制相关的民事纠纷案件若干问题的规定》第三十条规定:"企业兼并协议自当事人签字盖章之日起生效。需经政府主管部门批准的,兼并协议自批准之日起生效;未经批准的,企业兼并协议不生效。但当事人在一审法庭辩论终结前补办报批手续的,人民法院应当确认该兼并协议有效。"据此,若需经政府主管部门批准方能生效的公司合并,未经批准不生效。同时,若导致公司合并无效的原因能够在人民法院判决前予以补正,则该合并应当确认有效。这也是保护交易安全,稳定社会关系的需要。

4）公司合并确认无效或者被撤销后,在吸收合并中解散的公司应从存续公司中分离,存续公司进行变更;在新设合并中,新设公司解散,恢复解散的公司。

5）公司合并确认无效或者被撤销后,无效或者撤销判决没有溯及力,该判决只对将来有效,不影响此前存续公司或新设公司以合并有效为前提所参与的法律关系。

6）公司合并被确认无效或者被撤销后,应当及时予以公告。第三人倘若对公司合并无效或者撤销判决提出异议,应当在该判决公告后的合理期限内提出。

十三、公司合并与《反垄断法》的冲突适用

公司合并往往会涉及市场竞争主体之间的整合,对市场竞争既可能产生积极的促进作用,也可能产生消极的抑制作用。当公司合并行为的结果形成对市场的垄断局面时,就可能会触发《反垄断法》的适用。《反垄断法》的立法宗旨是"为了预防和制止垄断行为,保护市场公平竞争"。因此,公司合并与《反垄断法》有时会发生冲突。

《反垄断法》规范的垄断行为包括具有竞争关系的经营者达成垄断协议、具有市场支配地位的经营者从事滥用市场支配地位的行为、经营者集中和滥用行政权力排除、限制竞争。该法第二十条规定:"经营者集中是指下列情形:（一）经营者合并;（二）经营者通过取得股权或者资产的方式取得对其他经营者的控制权;（三）经营者通过合同等方式取得对其他经营者的控制权或者能够对其他经营者施加决定性影响。"据此,因公司合并而出现经营者集中的情形是《反垄断法》予以规范的对象。该法第二十一条规定:"经营者集中达到国务院规定的申报标准的,经营者应当事先向国务院反垄断执法机构申报,未申报的不得实施集中。"该法第二十二条规定:"经营者集中有下列情形之一的,可以不向国务院反垄断执法机构申报:（一）参与集中的一个经营者拥有其他每个经营者百分之五十以上有表决权的股份或者资产的;（二）参与集中的每个经营者百分之五十以上有表决权的股份或者资产被同一个未参与集中的经营者拥有的。"该法第二十三条规定:"经营者向国务院反垄断执法机构申报集中,应当提交下列文件、资料:（一）申报书;（二）集中对相关市场竞争状况影响的说明;（三）集中协议;（四）参与集中的经营者经会计师事务所审计的上一会计年度财务会计

报告;(五)国务院反垄断执法机构规定的其他文件、资料。申报书应当载明参与集中的经营者的名称、住所、经营范围、预定实施集中的日期和国务院反垄断执法机构规定的其他事项。"

第三节　公司分立

一、公司分立的概念

公司分立,是指一个公司通过权力机构决议,依照《公司法》等有关法律、行政法规的规定,分成两个以上公司的法律行为。

二、公司分立的法律特征

公司分立具有以下法律特征。

(1)公司分立是一个公司分设为两个以上的公司,是一个公司以权力机构决议的形式而产生的。一个公司不但可以分立为两个以上的相同组织形式的公司。比如,一个有限责任公司分立为两个以上的有限责任公司;而且一个公司也可以分立为两个以上不同组织形式的公司。比如,一个有限责任公司分立为一个一人有限责任公司和一个普通有限责任公司。

(2)公司分立必须依法定程序进行。公司分立一般是公司自主进行的分立,但这种自主的前提必须是遵守法律,有些公司的分立还要经过有关部门的批准。比如,有限责任公司的分立由公司股东会会议作出决议,并须经代表三分之二以上表决权的股东通过(《公司法》第四十三条第二款);国有独资公司的分立必须由国有资产监督管理机构决定(《公司法》第六十六条第一款);重要的国有独资公司的分立应当由国有资产监督管理机构审核后,报本级人民政府批准(《公司法》第六十六条第一款);股份有限公司的分立由股东大会作出决议,并须经出席会议的股东所持表决权的三分之二以上通过(《公司法》第一百零三条第二款)。

(3)公司分立前后的股东一般不发生变化。一个公司分立为两个以上公司的,分立前的公司股东在分立后一般还是公司的股东。比如,A公司有股东甲、乙、丙、丁。现A公司分立为B公司和C公司,甲和乙成为B公司的股东,丙和丁成为C公司的股东;或者A公司分立出B公司,甲和乙仍为A公司的股东,丙和丁成为B公司的股东。当然,这里也不排除有股东因反对公司分立,行使异议股东股权(份)回购请求权而选择主动退出公司(《公司法》第七十四条、第一百四十二条)。

(4)公司分立无须清算。《公司法》第一百八十条规定了公司解散的五大原因。①公司章程规定的营业期限届满或者公司章程规定的其他解散事由出现;②股东会或者股东大会决议解散;③因公司合并或者分立需要解散;④依法被吊销营业执照、责令关闭或者被撤销;⑤人民法院依照《公司法》第一百八十二条的规定予以解散。对于清算问题,《公司法》第一百八十三条规定因第①、②、④、⑤这四种原因导致的公司解散均需履行清算程序,但唯有因第③种原因,即公司合并或者分立原因导致的公司解散无须清算。

三、公司分立的形式

公司分立的形式,是指公司分立过程中以什么形式分为两个以上的公司。《公司法》中没有提到公司分立的形式,商务部 2015 年 10 月 28 日修改的《外商投资企业合并与分立的规定》第四条规定:"公司分立可以采取存续分立和解散分立两种形式。"

(一)存续分立

存续分立,又称派生分立,是指一个公司分立成两个以上公司,本公司继续存在并设立一个以上新的公司。本公司法人资格继续存在,但应当依法向公司登记机关办理变更登记;新设立的公司应当办理公司设立登记。比如,A 公司有股东甲、乙、丙、丁。现 A 公司分立出 B 公司,甲和乙仍为 A 公司股东,丙和丁成为 B 公司股东,A 公司向公司登记机关办理变更登记,B 公司则办理公司设立登记。

(二)解散分立

解散分立,又称新设分立,是指一个公司分解为两个以上公司,本公司解散并设立两个以上新的公司。本公司法人资格消灭,应当向公司登记机关办理公司注销登记;新设立的公司应当办理公司设立登记。比如,A 公司有股东甲、乙、丙、丁。现 A 公司分立为 B 公司和 C 公司,甲和乙成为 B 公司的股东,丙和丁成为 C 公司的股东,A 公司向公司登记机关办理注销登记,B、C 公司则办理公司设立登记。

四、公司分立的程序

根据《公司法》第三十七条、第四十六条、第六十六条、第九十九条、第一百零八条、第一百七十五条、第一百七十九条,《公司登记管理条例》第三十八条的规定,公司分立应当按照以下程序进行。

(一)董事会制订公司分立方案

董事会作为公司的执行机构,依法行使包括"制订公司分立的方案"在内的法定职权。

(二)公司财产作相应分割

这里的"财产",是指广义的财产,既包括积极财产,比如债权;也包括消极财产,比如债务。既包括有形财产,比如设备,也包括无形财产,比如知识产权。

(三)编制资产负债表和财产清单

资产负债表是反映公司资产及负债状况、股东权益的公司主要的会计报表,是公司分立中必须编制的报表。公司应当真实、全面地编制此表,以反映公司的财产情况,不得隐瞒公司的债权债务。此外,公司还要编制财产清单,清晰地反映公司的财产状况。财产清单应当翔实、准确。

(四)股东(大)会作出分立决议

股东会或者股东大会作为公司的权力机构,依法行使包括"对公司分立作出决议"在内的法定职权;国有独资公司则必须由国有资产监督管理机构决定,其中,重要的国有独资公司分立应当由国有资产监督管理机构审核后,报本级人民政府批准。

(五)通知和公告债权人

公司应当自作出分立决议之日起十日内通知债权人,并于三十日内在报纸上公告。一般来说,对所有的已知债权人应当采用通知的方式告知,只有对那些未知的,或者不能通过普通的通知方式告知的债权人才可以采取公告的方式。通知和公告的目的主要是将分立信息告知公司债权人,以便让他们决定对公司的分立是否提出异议,此外,公告也可以起到通知未参加股东会或者股东大会的股东的作用。

需要注意的是,根据《公司法》第二百零四条、《公司登记管理条例》第六十九条的规定,公司在分立时,不按照规定通知或者公告债权人的,由公司登记机关责令改正,处以一万元以上十万元以下的罚款。

(六)报经批准

法律、行政法规或者国务院决定规定公司分立必须报经批准的,还应当报经批准。

(七)分立登记

分立登记包括变更登记、注销登记和设立登记。因分立而存续的公司,登记事项发生变更的,应当自公告之日起四十五日后向公司登记机关办理变更登记;因分立而解散的公司,应当自公告之日起四十五日后向公司登记机关办理公司注销登记;因分立而新设立的公司,应当自公告之日起四十五日后向公司登记机关办理公司设立登记。公司分立只有进行登记后,才能得到法律上的承认。

申请登记应当提交以下文件:①分立决议或者决定;②公司在报纸上登载公司分立公告的有关证明;③法律、行政法规或者国务院决定规定公司分立必须报经批准的,还应当提交有关批准文件。

五、公司分立的法律后果

公司分立产生如下法律后果。

(一)公司的变更

在派生分立的情况下,存续的公司须办理变更登记。

(二)公司的注销

在新设分立的情况下,原公司解散,须办理公司注销登记。

(三)公司的设立

在新设分立的情况下,新设立公司须办理公司设立登记;在派生分立的情况下,新设立的公司须办理公司设立登记。

(四)债权债务的承继

《公司法》第一百七十六条规定:"公司分立前的债务由分立后的公司承担连带责任。但是,公司在分立前与债权人就债务清偿达成的书面协议另有约定的除外。"在新设分立的情况下,比如 A 公司分立为 B、C 公司,A 公司解散,B、C 公司对于 A 公司的债务承担连带责任;在派生分立的情况下,比如 A 公司派生分立出 B 公司,则 B 公司对于 A 公司的债务承担连带责任。

(五)股东身份的转换

公司分立为两个以上公司的,在新设分立中,股东对原公司的股权因原公司消灭而消灭,但相应地获得对新公司的股权。比如,A 公司注册资本 100 万元,股东甲认缴出资 60 万元,股东乙认缴出资 40 万元。现 A 公司分立为 B 公司和 C 公司,其中 B 公司注册资本 60 万元,C 公司注册资本 40 万元。甲认缴 B 公司的出资额为 36 万元(60 万元×60 万元÷100 万元);乙认缴 B 公司的出资额为 24 万元(60 万元×40 万元÷100 万元);甲认缴 C 公司出资额则为 24 万元(40 万元×60 万元÷100 万元);乙认缴 C 公司出资额则为 16 万元(40 万元×40 万元÷100 万元)。

在派生分立中,原公司的股东可以减少对原公司的股权,而相应地获得对新公司的股权。仍如前例,现 A 公司决定分离部分资产设立 D 公司,A 公司注册资本变为 60 万元,D 公司注册资本 40 万元,则甲认缴 A 公司的出资额为 36 万元(60 万元×60 万元÷100 万元);乙认缴 A 公司的出资额为 24 万元(60 万元×40 万元÷100 万元);甲认缴 D 公司出资额则为 24 万元(40 万元×60 万元÷100 万元);乙认缴 D 公司出资额则为 16 万元(40 万元×40 万元÷100 万元)。

在派生分立中,原公司的股东也可以从原公司中分立出来,成为新公司的股东。比如,A 公司注册资本 100 万元,有四个股东,甲认缴出资 40 万元,乙认缴出资 30 万元,丙认缴出资 20 万元,丁认缴出资 10 万元。A 公司派生分立出 B 公司,A 公司注册资本 60 万元,B 公司注册资本 40 万元,甲和丙可以选择留在 A 公司为股东,甲、丙的认缴出资仍各为 40 万元和 20 万元,乙和丁可以选择成为 B 公司的股东,乙、丁的认缴出资仍各为 30 万元和 10 万元。

六、公司分立的诉讼

(1)案由。案由名称为"公司分立纠纷"。(《民事案件案由规定》第二百八十条)

(2)管辖。《最高人民法院关于适用〈中华人民共和国民事诉讼法〉的解释》第二十二条规定:"因股东名册记载、请求变更公司登记、股东知情权、公司决议、公司合并、公司分立、公司减资、公司增资等纠纷提起的诉讼,依照民事诉讼法第二十七条规定确定管辖。"《民事诉讼法》第二十七条规定:"因公司设立、确认股东资格、分配利润、解散等纠纷提起的诉讼,由公司住所地人民法院管辖。"据此,公司分立纠纷"由公司住所地人民法院管辖。"而公司住所地的确定则依据《最高人民法院关于适用〈中华人民共和国民事诉讼法〉的解释》第三条的规定"法人或者其他组织的住所地是指法人或者其他组织的主要办事机构所在地。法人或者其他组织的主要办事机构所在地不能确定的,法人或者其他组织的注册地或者登记地为住所地。"

七、公司分立与资产转让的区别

(一)对公司资产的影响不同

公司分立中的派生分立与资产转让虽然都是公司将一部分资产分离出去,原公司或者转让公司继续存续。但是,在资产转让中,转让公司将一部分资产转让出去的同时,转让公司因此获得对价,所以,转让公司的资产总额不变;而在公司派生分立中,原公司将一部分资产分离出去后,原公司不会因此获得对价,所以,原公司的资产总额减少了。

(二)对公司股东的影响不同

在资产转让中,转让公司的股东的地位不会受到影响,一切照旧;而在公司分立中,原公司股东的地位会受到影响,比如,在新设分立中,原公司的股东对原公司的股权因原公司的消灭而消灭,相应地获得分立出来的公司的股权;在派生分立中,原公司的股东对原公司的股权将减少,相应地获得分立出来的公司的股权。

(三)法律性质不同

资产转让的法律性质属于买卖合同关系,转让公司是卖方,资产转让对象是买方,转让的资产是标的物,相应的资产转让应当主要适用民法典的相关规定;而公司分立的法律性质属于公司法人人格的变化,相应的应当主要适用《公司法》的相关规定。

八、公司派生分立与公司转投资的区别

（一）对公司资产的影响不同

在转投资中,公司将部分资产作为出资投入另一家公司,资产形态改变,但资产总额不变;而在派生分立中,公司将部分资产分离出去成立了新公司,原公司的资产总额减少了。

（二）对公司股东的影响不同

在转投资中,公司将部分资产作为出资投入另一家公司,原公司成为另一家公司的股东,但原公司的股东不受影响。比如,A公司注册资本100万元,股东甲认缴60万元,股东乙认缴40万元。现A公司转投资B公司,A公司成为B公司的股东,但甲和乙的股权不受影响;而在派生分立中,公司将部分资产分离出去成立了新公司,原公司的股东对原公司的股权减少,同时相应获得新公司的股权。仍如前例,现A公司决定分离部分资产设立C公司,A公司注册资本变为60万元,C公司注册资本40万元,则甲认缴A公司的出资额为36万元(60万元×60万元÷100万元);乙认缴A公司的出资额为24万元(60万元×40万元÷100万元);甲认缴C公司出资额则为24万元(40万元×60万元÷100万元);乙认缴C公司出资额则为16万元(40万元×40万元÷100万元)。

九、公司异议股东权益的保护

根据《公司法》第四十三条的规定,有限责任公司的分立须由股东会决议,且须经代表三分之二以上表决权的股东通过;根据《公司法》第一百零三条的规定,股份有限公司的分立须由股东大会决议,且须经出席会议的股东所持表决权的三分之二以上通过。那么对公司分立持异议的股东的权益该如何保护呢?

(1)在有限责任公司中,根据《公司法》第七十四条的规定,对股东会有关公司分立的决议投反对票的股东,可以请求公司按照合理的价格收购其股权。自股东会会议决议通过之日起六十日内,股东与公司不能达成股权收购协议的,股东可以自股东会会议决议通过之日起九十日内向人民法院提起诉讼。

(2)在股份有限公司中,根据《公司法》第一百四十二条的规定,股东因对股东大会作出的公司分立决议持异议的,可以要求公司收购其股份。公司收购的股份应当在六个月内转让或者注销。

十、公司债权人权益的保护

无论派生分立,还是新设分立,都会对公司债权人造成一定的影响。因此,为了保护公司债权人的权益,《公司法》第一百七十五条、第一百七十六条作出了如下规定。

（一）公司应当通知和公告债权人

公司应当自作出分立决议之日起十日内通知债权人,并于三十日内在报纸上公告。

（二）公司在分立前可以与债权人就债务清偿达成书面协议

公司在分立前与债权人就债务清偿达成书面协议的,按照协议处理。《最高人民法院关于审理与企业改制相关的民事纠纷案件若干问题的规定》第十二条也规定:"债权人向分

立后的企业主张债权,企业分立时对原企业的债务承担有约定,并经债权人认可的,按照当事人的约定处理。"

（三）分立后的公司对公司分立前的债务承担连带责任

公司在分立前与债权人就债务清偿未达成书面协议的,由分立后的公司承担连带责任。《最高人民法院关于审理与企业改制相关的民事纠纷案件若干问题的规定》第十二条规定:"企业分立时对原企业债务承担没有约定或者约定不明,或者虽然有约定但债权人不予认可的,分立后的企业应当承担连带责任。"第十三条规定:"分立的企业在承担连带责任后,各分立的企业间对原企业债务承担有约定的,按照约定处理;没有约定或者约定不明的,根据企业分立时的资产比例分担。"

十一、利害关系人可否提起公司分立无效之诉,或者撤销公司分立之诉

1）公司分立作为一种民事行为,如果具备法律规定的无效民事行为的法律特征,利害关系人当然可以提起确认无效之诉。如果具备法律规定的可撤销民事行为的法律特征,利害关系人当然也可以提起撤销之诉。这里的利害关系人应当包括但不限于分立各方公司、分立各方公司股东、分立各方公司员工、分立各方公司债权人等。

2）公司分立无效或者撤销公司分立的原因有以下方面。

（1）公司分立协议无效或者被撤销。

根据《民法典》第一百四十四条、第一百四十五条、第一百四十六条、第一百五十三条、第一百五十四条的规定,以下民事法律行为无效:①无民事行为能力人实施的民事法律行为;②限制民事行为能力人实施的,未经法定代理人同意或者追认的民事法律行为;③行为人与相对人以虚假的意思表示实施的民事法律行为;④违反法律、行政法规的强制性规定的民事法律行为;⑤违背公序良俗的民事法律行为;⑥行为人与相对人恶意串通,损害他人合法权益的民事法律行为。基于这些原因形成的公司分立协议无效。

根据《民法典》第一百四十五条、第一百四十七条、第一百四十八条、第一百四十九条、第一百五十条、第一百五十一条的规定,以下民事法律行为可撤销:①限制民事行为能力人实施的民事法律行为的善意相对人有权通知撤销;②基于重大误解实施的民事法律行为,行为人有权请求撤销;③一方以欺诈手段,使对方在违背真实意思的情况下实施的民事法律行为,受欺诈方有权请求撤销;④第三人实施欺诈行为,使一方在违背真实意思的情况下实施的民事法律行为,对方知道或者应当知道该欺诈行为的,受欺诈方有权请求撤销;⑤一方或者第三人以胁迫手段,使对方在违背真实意思的情况下实施的民事法律行为,受胁迫方有权请求撤销;⑥一方利用对方处于危困状态、缺乏判断能力等情形,致使民事法律行为成立时显失公平的,受损害方有权请求撤销。基于这些原因形成的公司分立协议可撤销。

（2）公司分立决议无效或者被撤销。

《公司法》第二十二条第一款规定:"公司股东会或者股东大会、董事会的决议内容违反法律、行政法规的无效。"据此产生的公司分立决议无效。

《公司法》第二十二条第二款规定:"股东会或者股东大会、董事会的会议召集程序、表决方式违反法律、行政法规或者公司章程,或者决议内容违反公司章程的,股东可以自决议作出之日起六十日内,请求人民法院撤销。"据此产生的公司分立决议可撤销。

3）公司分立确认无效或者被撤销后,在派生分立中,新设立的公司应当解散,重新并入

存续公司;在新设分立中,新设立公司解散,恢复解散的公司。

4)公司分立确认无效或者被撤销后,无效或者撤销判决没有溯及力,该判决只对将来有效,不影响此前存续公司或新设公司以分立有效为前提所参与的法律关系。

5)公司分立被确认无效或者被撤销后,应当及时予以公告。第三人倘若对公司分立无效判决提出异议,应当在该判决公告后的合理期限内提出。

第四节 资产买卖

一、什么是公司资产

公司资产,是指公司实际拥有的全部财产,包括有形财产和无形财产。公司资产的来源有公司资本,即股东的出资;公司负债;公司的资产收益与经营收益。

二、公司资产与公司资本的关系

公司资本,是指公司章程确定并载明的股东的出资总额,来源于股东的出资,是公司自有的财产,公司以此对公司的债务承担责任。资本与资产的关系表现为:公司刚成立时,公司资产与公司资本是一致的;随着公司的成立,公司经营状况的变化,公司资产会高于公司资本,也会低于公司资本。

三、资产买卖的概念

资产买卖,包括资产的买入和卖出。资产的买入,是指一家公司购买另外一家公司的全部或者部分资产的民事法律行为。资产的卖出,是指一家公司将其全部或者部分资产出售给另一家公司的民事法律行为。

四、资产买卖的法律特征

(1)资产买卖的出卖人与买受人是作为买卖双方的两家公司,即出卖人是出售资产的公司,买受人是购入资产的公司,这两家公司的股东并非资产买卖行为的当事人。

(2)资产买卖的标的物是卖方公司所有的某一特定资产,这里的资产既可以是有形资产,比如设备,也可以是无形资产,比如知识产权;既可以是动产,比如汽车,也可以是不动产,比如房屋。

(3)资产买卖行为完成后,卖方公司与买方公司的独立法人人格不受影响,继续存在。

五、资产买卖的程序

资产买卖应当按照以下程序进行。

(一)公司内部决策

(1)有限责任公司的内部决策。有限责任公司的资产买卖事宜究竟应由股东会决定,还是董事会决定,《公司法》并未作出具体明确的规定,《公司法》第三十七条将"决定公司的投资计划"规定为股东会的职权;《公司法》第四十六条将"决定公司的投资方案"规定为董事会的职权。一般认为"投资计划",是指公司对外的长期投资规划,具有长期性、稳定性特征;而"投资方案",是指公司对外的具体投资行为,具有临时性、灵活性特征。投资计划给公司的对外投资行为明确了方向,对投资方案的制订具有指导性意义;投资方案则是投资计划的具体落实,必须遵循投资计划,反映投资计划,贯彻投资计划。

笔者建议,公司章程应明确"投资计划"与"投资方案"的法律内涵;以及资产买卖是否属于公司的"投资计划"或者"投资方案",以便于实践中的操作。同时还应当明确,比如,资产买卖超过公司资产总额百分之三十的应当由股东会作出决议,并经代表三分之二以上表决权的股东通过;资产买卖不超过公司资产总额百分之三十的由董事会作出决议,并经半数以上董事通过等。当然,具体的决策权限如何划分,完全取决于公司股东的自决。

(2)股份有限公司的内部决策。相较于有限责任公司的模糊规定,上市公司的规定则非常明确。根据《公司法》第一百二十一条的规定,上市公司在一年内购买、出售重大资产超过公司资产总额百分之三十的,应当由股东大会作出决议,并经出席会议的股东所持表决权的三分之二以上通过。

(二)签订买卖合同

无论卖方公司,还是买方公司,均须履行内部的决策程序,决策后,双方公司依据民事合同的一般原则签订资产买卖合同。

(三)办理交接手续

买卖协议签订后,买卖双方应依法办理资产的交接手续。

(1)不动产物权的转让,经依法登记,发生效力;未经登记,不发生效力。(《民法典》第二百零九条)

(2)动产物权的转让,自交付时发生效力。(《民法典》第二百二十四条)

(3)船舶、航空器和机动车等的物权的转让,未经登记,不得对抗善意第三人。(《民法典》第二百二十五条)

六、公司异议股东权益的保护

(1)对于有限责任公司来讲,根据《公司法》第七十四条的规定,对股东会有关转让主要财产的决议投反对票的股东,可以请求公司按照合理的价格收购其股权。但是,《公司法》并未明确规定,何为"主要财产"?笔者建议,公司章程应对此予以明确。

(2)对于股份有限公司来讲,《公司法》并未赋予反对转让主要财产的股东享有请求公司回购其股份的权利。但由于股份有限公司,特别是上市公司的股份,其流通性远强于有限责任公司的股权,因此,股份有限公司的反对股东完全可以通过转让股份方式退出公司。

(3)如果公司的控股股东、董事、监事、高级管理人员等利用自己的角色与地位,违反规定,擅自转让公司主要财产,给公司造成损失的,反对股东还可以对其提起代表诉讼,追究其赔偿责任。

第五节　变更公司形式

一、变更公司形式的概念

公司形式变更,是指不同形式的公司之间在不影响公司人格存续的情况下进行的形式转换活动。包括有限责任公司与股份有限公司之间的相互转换,比如,有限责任公司变更为股份有限公司或者股份有限公司变更为有限责任公司;也包括普通有限责任公司与一人有限责任公司之间的相互转换,比如,普通有限责任公司变更为一人有限责任公司或者一人有限责任公司变更为普通有限责任公司。实践中,有些上市公司因为各种原因退市成为非上市股份有限公司,也属于公司形式的变更。

二、变更公司形式的法律特征

(一)公司法人人格保持不变

变更公司形式仅发生公司组织形式的变化,并不导致新公司的产生或者旧公司的消灭,因此无须进行公司清算,公司法人人格保持不变。

(二)变更公司形式必须依法定程序进行

变更公司形式一般是公司自主决定的行为,但这种自主的前提必须是遵守法律。比如,有限责任公司变更公司形式由公司股东会会议作出决议,并须经代表三分之二以上表决权的股东通过(《公司法》第四十三条第二款);股份有限公司变更公司形式由股东大会作出决议,并须经出席会议的股东所持表决权的三分之二以上通过(《公司法》第一百零三条第二款)。

(三)变更公司形式的必须满足变更后的公司的条件

根据《公司法》第九条的规定,有限责任公司变更为股份有限公司,应当符合公司法规定的股份有限公司的条件;股份有限公司变更为有限责任公司,应当符合公司法规定的有限责任公司的条件。同理,普通有限责任公司变更为一人有限责任公司,应当符合公司法规定的一人有限责任公司的条件;一人有限责任公司变更为普通有限责任公司,应当符合公司法规定的普通有限责任公司的条件。

(四)变更公司形式前的公司债权债务由变更后的公司承继

根据《公司法》第九条的规定,有限责任公司变更为股份有限公司的,或者股份有限公司变更为有限责任公司的,公司变更前的债权、债务由变更后的公司承继。同理,普通有限责任公司变更为一人有限责任公司的,或者一人有限责任公司变更为普通有限责任公司的,公司变更前的债权、债务由变更后的公司承继。

三、变更公司形式的程序

(一)董事会制订变更公司形式的方案

董事会作为公司的执行机构,依法行使包括"制订变更公司形式的方案"在内的法定职权。

(二)股东(大)会作出变更公司形式的决议

股东会或者股东大会作为公司的权力机构,依法行使包括"对变更公司形式作出决议"在内的法定职权。

(三)修改公司章程

公司形式变更将导致公司名称、注册资本、股东权益、组织机构等诸多事项发生变化,修改公司章程成为必然。

（四）向公司登记机关办理变更登记

根据《公司登记管理条例》第三十三条的规定,公司变更类型的,应当按照拟变更的公司类型的设立条件,在规定的期限内向公司登记机关申请变更登记,并提交有关文件。

四、变更公司形式的决议只能由股东(大)会作出吗

（1）根据《公司法》第三十七条、第四十三条、第九十九条和第一百零三条的规定,变更公司形式只能由股东会或者股东大会决议。

（2）根据《公司法》第三十七条的规定,股东会行使的包括"对变更公司形式作出决议"在内的职权均系股东会的法定职权,不得变更;公司章程只可以在法定职权之外增加规定其他职权,不允许对法定职权进行删减。

（3）既然《公司法》第三十七条规定的是股东会的法定职权,只能增添,不能删减,因此,也不允许股东会将本属于自己的职权委托给其他机构,比如董事会来行使。

（4）根据《公司法》第四十三条、第一百零三条的规定,有限责任公司变更公司形式的决议必须经代表三分之二以上表决权的股东通过,股份有限公司变更公司形式的决议必须经出席会议的股东所持表决权的三分之二以上通过。公司章程不得对决议通过的门槛作出不同于《公司法》的规定。

五、变更公司形式是否应当通知公司债权人

（1）如果仅是公司形式的变更,未涉及公司合并、分立、减资的,则无须通知公司债权人。公司形式变更前的债务由变更后的公司承继。

（2）一般情况下,公司形式的变更往往会伴有公司合并、分立、减资情形,在这种情况下,则应当根据《公司法》第一百七十三条、第一百七十五条、第一百七十七条的规定,通知公司债权人。

第六节　债　转　股

一、债转股的概念

债转股是"债权转为股权"的简称,是指公司债权人将其依法享有的对公司的债权,转为公司股权的民事法律行为。债转股,从向公司履行出资义务的角度来看,是出资人以债权作为出资方式向公司履行出资义务的行为;从公司重组的角度来讲,公司债权人变更为公司股东,减少了公司债务,扩大了公司资本,改变了公司资产负债结构,实现了重组公司的目的。

二、债转股的种类

基于债权人的角度,债转股可以分为以下两种情形。

第一种情形是债权人将其对债务人的债权转为对债务人的股权。比如,A 公司是债权人,B 公司是债务人,B 公司欠 A 公司 100 万元货款,现 A、B 双方协商,A 公司不再向 B 公司要求支付货款,而是将 100 万元货款作为 A 公司向 B 公司的出资,从而 A 公司成为 B 公司的股东。此种情形的债转股往往成为公司重组的手段。

第二种情形是债权人将其对债务人的债权作为债权人向第三方公司的出资。比如，A公司是债权人，B公司是债务人，B公司欠A公司100万元货款，现A公司欲与赵某、钱某共同出资设立C公司，A公司对C公司出资100万元，经A、B、赵某、钱某协商，同意A公司将其对B公司享有的100万元债权作为其向C公司的出资，从而A公司成为C公司的股东，C公司则取代A公司成为B公司的债权人。此种情形的债转股往往成为设立公司的出资方式。

三、债转股的法律特征

（一）债转股须得到关联各方的认可

（1）如前所述第一种债转股情形，债转股仅有债权人愿意是不够的，还要得到债务人、债务人股东以及债权人股东的认可。

仍如前例，A公司有股东甲和乙，B公司有股东丙和丁。A公司要将其对B公司的债权转为对B公司的股权，则首先A公司要认可，其次是B公司要认可，再次是B公司的股东丙和丁要认可，最后是A公司的股东甲和乙要认可。

（2）如前所述第二种债转股情形，债转股不但要得到债权人、债权人股东、债务人、债务人股东的认可，还要得到拟出资对象公司及其股东认可。

再仍如前例，A公司要将其对B公司的债权转为对C公司的出资，则不但A公司、A公司股东甲和乙、B公司、B公司的股东丙和丁要认可，还要得到C公司股东赵某、钱某的认可。

（二）债转股能降低债务人的资产负债率

在债转股的第一种情形中，仍如前例，A公司对B公司的债权转为股权，从而B公司的债务消失，资产负债率下降，甚至没有，B公司负担减少，以前需要的偿债，现在改为税后利润的分配，能让B公司卸下包袱，轻装上阵，对B公司的扭亏为盈，乃至后期发展将起到极大的助力作用。

（三）债转股适用债权转让的法律规范

在债转股的第二种情形中，A公司对B公司的债权被A公司作为出资注入C公司，实际上，C公司就成了债权人。A公司的债权转让给了C公司，作为债务人的B公司不用再向A公司履行偿还货款的义务，改向C公司履行还款义务。《民法典》第五百四十五条规定："债权人可以将债权的全部或者部分转让给第三人，但是有下列情形之一的除外：（一）根据债权性质不得转让；（二）按照当事人约定不得转让；（三）依照法律规定不得转让。当事人约定非金钱债权不得转让的，不得对抗善意第三人。当事人约定金钱债权不得转让的，不得对抗第三人。"甲公司向丙公司出资的债权就应当符合该法律规范。

（四）债转股对债权人也有积极作用

债转股后，对于债权人来讲，短时间内可能无法实现债权，这是不利之处。但债转股方案的采用，往往是债务人已经丧失了偿债能力，这种情况下，债权人的债权实际上已没有实现的可能。与其眼看着债权不保，不如通过债转股给债务人一个机会。一旦债务人经济好转，具备偿债能力，债权人还可以通过股权转让、资产重组、股权回购等方式从而实现曾经濒临死亡的债权。当然这一切还要基于在实施债转股时的制度安排。

（五）债转股的，公司应当增加注册资本

对于公司而言，注册资本是其对外承担债务额度的限度，若进行债转股过程中，不增加公司注册资本,则会损害公司其他债权人的利益,引起其他纠纷。

根据《公司法》的相关规定,对公司增加注册资本事项需由股东会或者股东大会作出决议,且增资属于特别事项,有限责任公司须经代表三分之二以上表决权的股东通过,股份有限公司须经出席会议的股东所持表决权的三分之二以上通过。

(六)拟转为股权的债权应进行评估作价

《公司法》第二十七条第二款规定:"对作为出资的非货币财产应当评估作价,核实财产,不得高估或者低估作价",债转股法律关系中的债权属于非货币财产,债权人应当委托具有合法资质的评估机构对该债权进行评估作价。

第九章
股权的特殊安排

在现实的公司形态中，由于种种原因，会出现一些特殊的股权安排，这些股权安排有的是出于对法律的规避，但也有的是为了实现公司治理的一些特殊目的，它们往往起到一般公司治理结构所无法达到的效果。

第一节　代 持 股

一、代持股的概念

(一)什么是代持股

代持股,是指实际出资人与名义出资人订立合同,约定由实际出资人出资并享有投资权益,以名义出资人为名义股东的股权代持方式。

(二)什么是实际出资人

实际出资人,又称"隐名股东",是指出资人虽然实际向公司认缴或者实缴了出资,但出于某种原因,不愿意将自己的姓名或者名称记载在公司章程、股东名册以及公司登记机关登记材料中,而以他人的姓名或者名称登记在公司章程、股东名册和公司登记机关登记材料中。

(三)什么是名义出资人

名义出资人,又称"名义股东""显名股东",是指虽然没有实际向公司认缴或者实缴出资,但出于某种原因,自己的姓名或者名称被记载于公司章程、股东名册以及公司登记机关登记资料中。一般情况下,名义出资人对于自己被登记为公司股东是明知的,并且是自愿的。这也是区别于冒名出资中被冒名股东的重要特征。

实际出资人与名义出资人(名义股东)是一组相对概念,两者往往同时出现在同一个法律关系中,有此即有彼,有彼即有此。

二、代持股的法律特征

(一)代持股存在的前提是合法行为

实际出资人与名义出资人签订的代持股协议,应当满足《民法典》第一百四十三条规定的民事法律行为有效应当具备的三个条件:①行为人具有相应的民事行为能力;②意思表示真实;③不违反法律、行政法规的强制性规定,不违背公序良俗。实践中,当事人往往出于各种目的选择代持股方式进行投资活动。其中不乏违反法律、行政法规的强制性规定的情形。

比如,公务员与名义出资人签订代持股协议,约定由公务员出资并享有投资权益,以名义出资人为名义股东。由于该协议违反了《公务员法》第五十九条"公务员应当遵纪守法,不得有下列行为:(十六)违反有关规定从事或者参与营利性活动,在企业或者其他营利性组织中兼任职务"的规定,导致该代持股协议无效;又如,法官与名义出资人签订代持股协议,约定由法官出资并享有投资权益,以名义出资人为名义股东。由于该协议违反了《法官法》第四十六条"法官有下列行为之一的,应当给予处分;构成犯罪的,依法追究刑事责任:(九)违反有关规定从事或者参与营利性活动,在企业或者其他营利性组织中兼任职务的"规定,导致该代持股协议无效;再如,检察官与名义出资人签订代持股协议,约定由检察官出资并享有投资权益,以名义出资人为名义股东。由于该协议违反了《检察官法》第四十七条"检察官有下列行为之一的,应当给予处分;构成犯罪的,依法追究刑事责任:(九)违反有关规定从事或者参与营利性活动,在企业或者其他营利性组织中兼任职务的"规定,导致该代持股协议无效;还如,人民警察与名义出资人签订代持股协议,约定由人民警察出资并享有投资权益,以名义出资人为名义股东。由于该协议违反了《人民警察法》第二十二条"人民警察不得有下列行为:(十)从事营利性的经营活动或者受雇于任何个人或者组织"的规定,导致该代持股协议无效。

(二)实际出资人与名义出资人之间的权利义务关系依代持股协议确定

代持股协议属于不要式合同①,实际出资人与名义出资人也并不存在法定权利义务。故此,对于实际出资人与名义出资人权利义务的确定完全依据代持股协议的内容。这些权利义务包括:投资权益的归属、股东资格的取得、股权的处分、未履行出资义务的责任承担、公司经营风险的承担、公司事务的处理以及法律责任的追偿等。

另外,并非签订有代持股协议就一定存在代持股关系,也并非没有书面的代持股协议就一定不存在代持股关系。一切还是应以事实认定。人民法院报于 2016 年 7 月 7 日刊登的《江苏省高级人民法院关于公司纠纷案件的调研报告》中也提出:"法律并未规定构建隐名出资关系必须有书面合同;签有代持股协议并不等同于建立了隐名出资关系,还应根据约定据实认定","应审查有无隐名出资的真实意思表示,以排除借款等其他法律关系"。

(三)代持股法律关系的处理遵循"内外有别"的原则

所谓"内外有别",是指在代持股状态下,确认对外法律关系的以公示信息为主要依据;确认对内法律关系的以内部信息为主要依据。这主要体现在以下七个方面。

(1)实际出资人与名义股东对代持股合同效力发生争议,这属于内部法律关系,以代持股合同是否具有法律规定的导致合同无效的法定情形为处理依据。根据《民法典》第一百四十四条、第一百四十五条、第一百四十六条、第一百五十三条、第一百五十四条的规定,以下民事法律行为无效:①无民事行为能力人实施的民事法律行为;②限制民事行为能力人实施的,未经法定代理人同意或者追认的民事法律行为;③行为人与相对人以虚假的意思表示实施的民事法律行为;④违反法律、行政法规的强制性规定的民事法律行为;⑤违背公序良俗的民事法律行为;⑥行为人与相对人恶意串通,损害他人合法权益的民事法律行为。

法律依据:

《最高人民法院关于适用〈中华人民共和国公司法〉若干问题的规定(三)》第二十四条第一款:"有限责任公司的实际出资人与名义出资人订立合同,约定由实际出资人出资并享有投资权益,以名义出资人为名义股东,实际出资人与名义股东对该合同效力发生争议的,如无法律规定的无效情形,人民法院应当认定该合同有效。"

(2)实际出资人与名义股东因投资权益的归属发生争议,这属于内部法律关系,以内部信息,比如代持股合同作为处理依据。

法律依据:

《最高人民法院关于适用〈中华人民共和国公司法〉若干问题的规定(三)》第二十四条第二款:"前款规定的实际出资人与名义股东因投资权益的归属发生争议,实际出资人以其实际履行了出资义务为由向名义股东主张权利的,人民法院应予支持。名义股东以公司股东名册记载、公司登记机关登记为由否认实际出资人权利的,人民法院不予支持。"

---

① 不要式合同,是与要式合同相对的概念,是指当事人订立的合同依法不需要采取特定的形式,当事人可以采取口头方式,也可以采取书面方式。

（3）实际出资人未经公司其他股东半数以上同意，请求公司变更股东信息，这属于内部法律关系，以公司其他股东意见为处理依据。

法律依据：

《最高人民法院关于适用〈中华人民共和国公司法〉若干问题的规定（三）》第二十四条第三款："实际出资人未经公司其他股东半数以上同意，请求公司变更股东、签发出资证明书、记载于股东名册、记载于公司章程并办理公司登记机关登记的，人民法院不予支持。"

（4）名义股东将名下股权转让、质押或者以其他方式处分，这属于外部法律关系，以当事人取得股权是否善意为处理依据。根据《民法典》第三百一十一条的规定，符合下列情形的，受让人取得该不动产或者动产的所有权：①受让人受让该不动产或者动产时是善意；②以合理的价格转让；③转让的不动产或者动产依照法律规定应当登记的已经登记，不需要登记的已经交付给受让人。当事人善意取得其他物权，包括股权的，参照适用该规定。

法律依据：

《最高人民法院关于适用〈中华人民共和国公司法〉若干问题的规定（三）》第二十五条第一款："名义股东将登记于其名下的股权转让、质押或者以其他方式处分，实际出资人以其对于股权享有实际权利为由，请求认定处分股权行为无效的，人民法院可以参照民法典第三百一十一条的规定处理。"

（5）名义股东处分股权造成实际出资人损失，这属于内部法律关系，以内部信息，比如代持股合同作为处理依据。

法律依据：

《最高人民法院关于适用〈中华人民共和国公司法〉若干问题的规定（三）》第二十五条第二款："名义股东处分股权造成实际出资人损失，实际出资人请求名义股东承担赔偿责任的，人民法院应予支持。"

（6）公司债权人请求名义股东承担法律责任，这属于外部法律关系，以公示信息为处理依据。

法律依据：

《最高人民法院关于适用〈中华人民共和国公司法〉若干问题的规定（三）》第二十六条第一款："公司债权人以登记于公司登记机关的股东未履行出资义务为由，请求其对公司债务不能清偿的部分在未出资本息范围内承担补充赔偿责任，股东以其仅为名义股东而非实际出资人为由进行抗辩的，人民法院不予支持。"

（7）名义股东向实际出资人追偿，这属于内部法律关系，以内部信息，比如代持股合同作为处理依据。

法律依据：

《最高人民法院关于适用〈中华人民共和国公司法〉若干问题的规定（三）》第二十六条第二款："名义股东根据前款规定承担赔偿责任后，向实际出资人追偿的，人民法院应予支持。"

三、代持股中实际出资人的显名化

实际出资人的显名化，通俗称之为"隐转显"，是指实际出资人，也就是隐名股东请求登记成为显名股东，也就是从外观上成为公司真正的股东。这里需要注意以下五个问题。

（1）实际出资人与名义股东对代持股事实没有争议的，则实际出资人可以在征得公司其他股东半数以上同意后，请求公司变更股东、签发出资证明书、记载于股东名册、记载于公司章程并办理公司登记机关变更登记。

（2）实际出资人与名义股东对代持股事实发生争议的，则实际出资人可以向人民法院提起诉讼，请求确认代持股合同的效力。

（3）代持股合同的效力得到人民法院确认的，则实际出资人可以在征得公司其他股东半数以上同意后，请求公司变更股东、签发出资证明书、记载于股东名册、记载于公司章程并办理公司登记机关变更登记。

（4）实际出资人如果无法得到公司其他股东半数以上同意的，则无法显名化。实际出资人还可以依据《全国法院民商事审判工作会议纪要》第二十八条的规定，向人民法院提供证据证明有限责任公司过半数的其他股东知道其实际出资的事实，且对其实际行使股东权利未曾提出异议，则人民法院对实际出资人提出的登记为公司股东的请求予以支持。公司以实际出资人的请求不符合公司法司法解释（三）第二十四条的规定为由抗辩的，人民法院不予支持。

（5）关于其他股东的同意方式，公司法并无明确规定，《江苏省高级人民法院关于公司纠纷案件的调研报告》指出："除代持股协议、实际出资情况之外，股东名册、公司章程、股东会会议记录、红利分配情况等可能反映其他股东意思表示的证据，均可作为判定因素。"

四、隐名股东能否主张股东知情权

《公司法》第三十二条第二款规定："记载于股东名册的股东，可以依股东名册主张行使股东权利。"可见，虽然隐名股东向公司实际出资，但如果不具备股东资格的形式要件，例如未记载于股东名册，则无权行使包括股东知情权在内的股东权利。北京市高级人民法院《关于审理公司纠纷案件若干问题的指导意见》第十六条规定："公司的实际出资人在其股东身份未显名化之前，不具备股东知情权诉讼的原告主体资格，其已诉至法院的，应裁定驳回起诉。"

隐名股东作为公司实践中的一种现实存在，并非公司立法所支持或鼓励的对象，正如《公司注册资本登记管理规定》第八条规定的："股东或者发起人应当以自己的名义出资。"对其权益提供保护也并非公司立法所追求的价值取向，仅是对现实存在的一种回应。尤其是当隐名股东与名义股东所签合同具有法律规定的无效情形的，则更应该成为公司立法否认的对象。因此，在投资人决定向公司投资时，一定不能轻易把隐名股东作为自己的选项，以免为自己带来不必要的麻烦。

五、公司职工持股会与其成员之间的代持股关系

职工持股会与其成员之间一般认为属于代持股关系，实践中，二者之间发生争议的情况屡屡出现，对于二者之间争议的处理，应当遵循以下原则。

（1）职工持股会成员起诉请求确认股东资格的，一般不予支持。比如，山东省高级人民法院《关于审理公司纠纷案件若干问题的意见（试行）》第三十七条规定："职工持股会已经办理社团法人登记的，可以代表职工作为投资主体行使股东权利。职工请求确认股东资格，或者向公司请求收回出资的，人民法院不予支持。"江西省高级人民法院《关于审理公司

纠纷案件若干问题的指导意见》第三十一条也作了同样的规定。广西壮族自治区高级人民法院民二庭《关于审理公司纠纷案件若干问题的裁判指引》第三十三条也规定:"故企业职工应当依据相关公司章程或内部规约行使其权利,其直接以其股东资格请求人民法院依据一般公司法规定判令公司为其显名登记的,人民法院不予支持。"据此,职工持股会成员请求确认股东资格进行显名登记的,人民法院不予支持。

(2)职工持股会成员起诉请求行使股东权利的,不予支持。公司股东依据公司法的规定享有自益权与共益权,但无论自益权还是共益权,其行使的主体一定是公司的股东,这里的"股东"当指"显名股东",即根据《公司法》第三十二条的规定记载于股东名册的股东。在职工持股会记载于股东名册的情况下,只有职工持股会才能以股东身份行使股东权利,而职工持股会的成员因为未记载于股东名册,虽然其属于实际出资人,但仍不具有公司股东的形式要件,因此无权行使股东权利。

(3)职工持股会与其成员之间的关系应当依据持股会的有关规章制度处理。职工持股会的成员作为公司的实际出资人,其权利义务只能依据持股会的有关规章制度处理。广西壮族自治区高级人民法院民二庭《关于审理公司纠纷案件若干问题的裁判指引》第三十三条规定:"这类公司的章程或内部规约往往会对股东共益权或自益权的行使与实现予以一定限制或特别规定,这类规定在公司内部具有法律约束力,故企业职工应当依据相关公司章程或内部规约行使其权利。"

(4)职工持股会成员要想显名登记为公司股东,根据《最高人民法院关于适用〈中华人民共和国公司法〉若干问题的规定(三)》第二十四条第三款的规定,应当经公司其他股东半数以上同意。《江苏省高级人民法院关于公司纠纷案件的调研报告》中也提出:"实际出资人并不因出资当然获得股东身份,能否成为股东还有赖于有无半数以上其他股东同意。"

第二节　冒名出资

一、冒名出资的概念

冒名出资,是指以根本不存在的人(如去世者或者虚构者)的名义出资登记,或者盗用真实人的名义出资登记的投资行为。包括两种情形:①以根本不存在的人的名义出资并登记;②盗用真实的人的名义出资并登记。冒名者被称之为冒名股东,被冒名者可被称之为被冒名股东。

二、冒名出资的法律特征

(1)冒名者向公司履行出资义务,参与公司的经营管理,享有股东权利,承担股东义务,公司股东名册、公司章程及公司登记机关的登记所载明的股东却是被冒名者。

(2)被冒名者不向公司履行出资义务,也不参与公司的经营管理,不享有股东权利,不承担股东义务,公司股东名册、公司章程及公司登记机关的登记却将其载明为股东。

(3)被冒名者非但没有出资设立公司,参与公司经营管理,享有股东权利,承担股东义务的意思表示,更没有与公司其他股东就设立公司达成合意,甚至根本不知道自己的名义被他人冒用。

三、冒名股东与隐名股东的联系与区别

从外观上看,冒名股东与隐名股东有相似之处,但从实质上看,冒名股东与隐名股东还是存在明显不同。

(一)冒名股东与隐名股东的联系

(1)冒名股东与隐名股东都是向公司实际履行出资义务,参与公司经营管理,享有股东权利,承担股东义务的人。

(2)冒名股东与隐名股东都不是以自己的名义,都是以他人的名义向公司履行出资义务。

(3)冒名股东与隐名股东往往都是为了规避法律的某些强制性规定,而采取的持股方式。

(二)冒名股东与隐名股东的区别

1. 是否明知不同

被冒名者与冒名股东之间并不存在冒名投资的合意,被冒名者要么是根本不存在的人(如去世者或者虚构者),要么是对于自己被冒名登记为股东的事实是毫不知晓的;隐名股东与名义股东之间存在隐名投资的合意,名义股东具有完全民事行为能力,名义股东对隐名出资的事实是明知的。

2. 权利义务的确定不同

由于被冒名者要么是根本不存在的人,要么是根本不知道自己的名义被盗用的人,因此,股东的权利义务实际上是由冒名股东完全享有或承担的;隐名股东的股东权利义务处于不完全确定状态,需要根据其与名义股东的约定来确定。

3. 主观恶意的大小不同

都是出于对法律的规避,冒名股东的主观恶意往往远大于隐名股东的主观恶意。冒用他人名义注册公司往往会发生逃避债务、举债潜逃,甚至违法犯罪等行为;都是出于对法律的规避,隐名股东的主观恶意往往要小于冒名股东。

四、在冒名出资中,谁该承担股东的法律责任

根据《最高人民法院关于适用〈中华人民共和国公司法〉若干问题的规定(三)》第二十八条的规定,冒名出资情形下的股东责任的承担应遵循以下原则。

(一)被冒名者不应承担股东的责任

公司、其他股东或者公司债权人无权以未履行出资义务为由,请求被冒名登记为股东的人承担补足出资责任或者对公司债务不能清偿部分的赔偿责任。

江苏省高级人民法院《关于审理适用公司法案件若干问题的意见(试行)》第二十六条规定:"公司或其股东(包括挂名股东、隐名股东和实际股东)与公司以外的第三人就股东资格发生争议的,应根据工商登记文件的记载确定有关当事人的股东资格,但被冒名登记的除外。"

上海市高级人民法院于2003年12月18日发布的《关于审理涉及公司诉讼案件若干问题的处理意见(二)》"(二)处理股权确认纠纷的相关问题"第三条规定:"名义股东有充分证据证明自己系被他人冒名为股东的,不予承担责任。"

山东省高级人民法院《关于审理公司纠纷案件若干问题的意见（试行）》第三十八条第一款规定："盗用他人名义出资的，被盗名者不具有股东资格。"第三十九条第二款规定："工商登记所记载之股东不得以其实际不具备股东资格为由对抗第三人，但被冒名登记的除外。"

江西省高级人民法院《关于审理公司纠纷案件若干问题的指导意见》第三十二条规定："盗用他人名义或以不存在的人的名义出资的，被盗名者或实际出资人均不具有股东资格。"第三十三条规定："工商登记所记载之股东不得以其实际不具备股东资格为由对抗第三人，但被冒名登记的除外。"

（二）冒名者应承担相应责任

冒用他人名义出资并将该他人作为股东在公司登记机关登记的，冒名登记行为人应当承担相应责任。

江苏省高级人民法院《关于审理适用公司法案件若干问题的意见（试行）》第三十二条规定："以根本不存在的人的名义或盗用他人的名义出资并登记为股东设立公司的，应认定实际出资人为股东；因此导致出现一人公司的，应当由冒名人对公司债务承担无限责任。"

山东省高级人民法院《关于审理公司纠纷案件若干问题的意见（试行）》第三十八条第二款规定："盗用他人名义或以根本不存在的人的名义出资的，由实际出资人或直接责任人承担相应民事责任。"

江西省高级人民法院《关于审理公司纠纷案件若干问题的指导意见》第三十二条规定："由实际出资人或直接责任人承担相应民事责任。"

第三节　干　　股

一、干股的概念

干股，一般是指因公司或者公司股东的赠与行为而由受赠人获得的股权或者股份，受赠人被称为"干股股东"。

《公司法》中并无干股的概念，但 2007 年 7 月 8 日，最高人民法院、最高人民检察院颁布的《关于办理受贿刑事案件适用法律若干问题的意见》第二条"关于收受干股问题"，将干股定义为未出资而获得的股份。

通常情况下，干股股东不参与公司经营管理和决策，只是分取公司红利。从这个角度上来理解，也可以将干股作为对员工实施股权激励的手段，不过在实践中，受赠干股并成为干股股东的并非仅限于公司员工。

二、干股存在的原因

干股的存在一般认为有两个原因。

第一个原因是干股股东的某些特殊资源、特殊技能、特殊渠道等获得了公司或者公司股东的认可，但囿于这些特殊资源、特殊技能、特殊渠道等无法成为向公司的合法出资。公司或者公司股东向该特殊资源、特殊技能、特殊渠道等的拥有者提供干股就成为一个不错的选择，这种意义上的干股股东的合法权益应当受到法律的保护。

第二个原因是某些国家机关工作人员拥有的职务便利成为公司或者公司股东认可的行政资源,公司或者公司股东为了谋取非法利益,通过赠送干股的方式,向该类国家机关工作人员输送利益,这种意义上的干股实际上已经成为行贿受贿的犯罪手段,必将受到法律的否定,直至追究利益输送双方的刑事责任。2007年7月8日,最高人民法院、最高人民检察院颁布的《关于办理受贿刑事案件适用法律若干问题的意见》第二条"关于收受干股问题",就是针对此类犯罪作出的相应规定。

本节所论述的是基于第一个原因而产生的干股。

三、干股的法律特征

一般认为,干股具有以下法律特征。

(1)干股的出现往往是出于对法律的规避,《公司法》并没有干股的概念。干股的称谓主要存在于民间,是民间对这一类不用实际出资,即可获得的股份的俗称。即使《关于办理受贿刑事案件适用法律若干问题的意见》中提到了干股的概念,也仅是司法机关对现实存在的法律事实的一种回应。

(2)干股的取得并非源于股东的出资,而是依据协议。我们知道,股权的获得一般分为两种情形,一种是原始取得;一种是继受取得。原始取得,是指以认缴出资或者认购股份的方式取得股东资格,包括在公司设立时取得和在公司发行新股时取得;继受取得,是指因买卖、继承、执行等方式取得股东资格。这两种原因无一例外都是源于对公司的出资,但干股的获得从表象上看并非源于出资,而是源于股权的赠与协议。因此,干股股东的股权获得只能依据其与实际出资股东签订的协议。

但是需要指出的是,虽然干股股东获得股权并未实际出资,但赠与人在实施赠与股权行为时,其必然拥有合法的股权处分权,而既已存在的股权,则必然仍是源于对公司的出资。因此,虽然表象上看干股似乎与出资无关,但追根溯源,干股依然依赖于向公司的出资行为。

(3)干股具有赠与的法律性质。干股股东的股权取得,在法律层面上表现为实际出资股东将其部分股权通过赠与的方式转让给干股股东,因此,往往要受到《民法典》的调整,并要符合赠与合同的法律特征。

(4)干股股东的权利义务要受制于赠与协议的约定。干股股东的权利义务并不当然地来源于《公司法》或公司章程,而是来源于赠与协议,因此,干股股东的权利义务范围取决于赠与协议的约定。

四、干股股东与代持股中显名股东的联系与区别

干股股东与显名股东既存在一定的联系,也存在明显的区别。

(1)通常情况下,干股股东与显名股东均无须向公司履行出资义务,但是干股股东往往还需要承担一些其他义务,这是公司能够给予其干股通常会考虑的因素。比如,需要干股股东向公司贡献其掌握的特殊资源、特殊技能、特殊渠道等;但显名股东往往无须承担任何义务,只是挂名记载为股东而已。

(2)干股股东通常与显名股东均被登记为公司股东,干股股东虽然存在不被显名化的情况,但多数情况下,还都是被登记为公司股东的,因为,多数干股股东想得到的是真正的

股东身份,从而才可能去履行自己承诺的义务。比如,干股股东只有获得真正的股东身份后,才会向公司贡献其掌握的特殊资源、特殊技能、特殊渠道等。

(3)干股的出现往往基于赠与协议,而显名股东的存在则与赠与无关,往往是基于代持股协议。

五、干股股东与代持股中隐名股东的联系与区别

干股股东与隐名股东的联系与区别主要体现在以下四个方面。

(1)一般来讲,隐名股东须承担向公司实际出资的义务;干股股东往往无须向公司实际出资,仅凭自身的一技之长而为其他股东或者公司所青睐,其他股东或者公司愿意为其出资或向其赠送股权。

(2)一般来讲,隐名股东在公司章程、出资证明书、公司登记机关登记信息中没有记载;而干股股东通常是记载于公司章程、出资证明书、公司登记机关登记信息中的。

(3)隐名股东往往是依与显名股东的代持股协议而产生;干股股东则往往是因与股权赠与人的股权赠与协议而产生。

(4)在处理隐名股东与显名股东的纠纷时应首先尊重隐名股东与显名股东之间的代持股协议;处理因干股股东引起的纠纷时应尊重并承认干股持有者的股东资格,同时应尽可能维护赠与干股股权的协议。

六、干股股东与冒名出资中的被冒名股东的联系与区别

(一)干股股东与冒名出资中的被冒名股东的联系

(1)干股股东与冒名出资中的被冒名股东均无须向公司承担认缴出资的义务。

(2)干股股东与被冒名股东往往都被记载于公司章程、股东名册,都签发有出资证明书,都在公司登记机关登记备案。

(二)干股股东与冒名出资中的被冒名股东的区别

(1)干股股东对自己成为公司股东是明知且愿意的;被冒名股东对自己成为公司股东是一无所知的,也是不愿意的。

(2)公司债权人主张公司股东就公司债务承担责任时,干股股东往往需要承担股东责任;被冒名股东则往往无须承担股东责任。

(3)干股股东的股东身份一般源于股权赠与行为;被冒名股东的股东身份源于本人身份的被他人冒用。

七、干股与股权赠与的联系与区别

干股与股权赠与都是基于赠与行为而产生的,二者均无须受赠人出资,均仅通过赠与协议即可无偿获得股权。但二者的区别在于,股权赠与中,受赠人无偿获得股权是受赠人确实无须支付任何对价,与其他民事法律行为中的赠与行为无异;而干股的赠与,虽然表面上看也无须受赠人支付对价,但该无偿的背后实际上受赠人还是要承担其他义务的。比如向公司提供自己掌握的特殊资源、特殊技能、特殊渠道等。

八、干股股东的法律风险

干股从表面上来看还是很有诱惑力的,尤其是无须出资就能获得股份,享有分红权。

但"理想很丰满,现实很骨感",干股股东所面临的风险也是很现实的,干股股东所面临的法律风险主要体现在以下三个方面。

（1）在公司向干股股东签发出资证明书,记载于公司股东名册,甚至载入公司章程,并登记于公司登记机关的登记信息的情况下,此时的干股股东与公司其他股东身份无异。其他股东所面临的法律风险,干股股东一概面临。

（2）在公司未向干股股东签发出资证明书,未记载于公司股东名册,未载入公司章程,未登记于公司登记机关的登记信息的情况下,此时的干股股东的身份仅体现在干股赠与协议中,则其他股东所能享有的权利,干股股东一概无法享有,直至不能保护自己的分红权的顺利实现,则此时很有可能,干股股东已经按照赠与协议的约定履行了自己的合同义务,却无法拿到公司分红。比如,在公司符合分红条件的情况下,公司股东会决议不分红,干股股东分红的目标落空,甚至连表达反对意见的机会都没有。

（3）由于干股往往是公司无偿赠与干股股东的,一旦干股股东所掌握的特殊资源、特殊技能、特殊渠道不存在了,公司通常会终止其股东身份;在干股股东是公司员工的情况下,一旦该员工离职,公司通常也会选择终止其股东身份。这些内容往往体现在干股赠与协议中,这对公司是一种保护,但对干股股东来讲就是一种风险,值得警惕。

九、干股的赠与人反悔的,能否撤销赠与

此时,应当适用有关赠与行为的法律规定。笔者认为,应区别以下情况分别认定。

（1）如果公司未向干股股东签发出资证明书,未记载于公司股东名册,未载入公司章程,未登记于公司登记机关的登记信息,则赠与人可以依据《民法典》第六百五十八条"赠与人在赠与财产的权利转移之前可以撤销赠与"的规定,撤销赠与干股的行为。

（2）如果公司已经向干股股东签发了出资证明书,记载于公司股东名册,甚至载入公司章程,登记于公司登记机关的登记信息。则应当视为赠与行为已经完成,赠与人反悔也不能撤销赠与。

第十章

股东如何退出公司

创业者在经历了创业过程中诸多成功与失败,喜悦与困苦之后,可能因为各种原因想要退出公司。由于本书主要针对有限责任公司展开论述,因此,对于股份有限公司,尤其是上市公司的股东退出方式,这里不予介绍。一般认为有限责任公司,包括非上市股份有限公司存在以下五种股东退出方式,即股权转让、公司减资、公司回购、公司解散和公司破产。由于公司解散与公司破产均是以消灭公司法人人格作为代价而实现了股东退出,往往并非出于股东的自主选择,而是被迫采取的行为。而且股东选择公司解散或者公司破产,其主观目的通常不是为了退出公司,而是通过清算活动,清偿公司的债权债务,进而注销公司,消灭公司法人人格,终止公司活动。在多数情况下,公司解散与公司破产也是创业者创业活动失败的标志。因此,本书不针对公司解散和公司破产展开介绍,只介绍股权转让、公司减资、公司回购这三种股东退出方式。这三种方式均属于公司存续不受影响,公司法人人格不遭受破坏的情况,往往也是股东主动选择的结果。

第一节　股权转让

股权转让是股东退出公司最常见到的方式。不但有限责任公司如此,非上市股份有限公司、上市公司同样如此。只是在股份有限公司中称之为"股份转让"。由于本书主要针对有限责任公司展开论述,因此,对于股份有限公司,尤其是上市公司的股份转让,这里不予介绍。

一、股权转让的概念

股权转让,是指公司股东将自己持有的股权转让给其他人,其他人接受转让股权的行为。

二、股权转让的分类

按照不同的标准,可以将股权转让作不同的分类。

(一)根据转让的原因不同,可以将股权转让分为狭义的股权转让和广义的股权转让

(1)狭义的股权转让,是指当事人之间因合同关系而发生的股权转让。

(2)广义的股权转让,是指除了狭义的股权转让之外,还包括因人民法院司法强制措施而引发的股权转让;因公司合并、分立而引发的股权转让;因继承、离婚等而引发的股权转让。

(二)从受让人角度来看,根据转让的范围不同,可以将股权转让分为内部转让、外部转让和混合转让

(1)内部转让,是指将股权转让于公司股东。根据《公司法》第七十一条的规定,有限责任公司的股东之间可以相互转让其全部或者部分股权。股权的内部转让,其他股东不享有优先购买权。

(2)外部转让,是指将股权转让于公司股东以外的人。根据《公司法》第七十一条的规定,股东向股东以外的人转让股权,应当经其他股东过半数同意。经股东同意转让的股权,在同等条件下,其他股东有优先购买权。

(3)混合转让,是指将股权部分转让于公司股东以外的人,部分转让于公司股东。

(三)根据转让的依据不同,可以将股权转让分为协议转让和非协议转让

(1)协议转让,是指依据股权转让合同而引发的股权转让,也就是狭义的股权转让,也可称为"约定原因转让"。

(2)非协议转让,是指因发生法律规定的特定事由而引发的股权转让,也可称为"法定原因转让"。一般包括以下情形。

①人民法院司法强制措施引发的股权转让,又可以分为,民事执行引发的转让和刑事处罚引发的转让。民事执行引发的股权转让主要是指对债务人持有的公司股权进行拍卖、变卖或以其他方式转让;刑事处罚引发的股权转让主要是指刑事案件被告人被判处罚金[①]

[①] 《刑法》第五十三条:罚金在判决指定的期限内一次或者分期缴纳。期满不缴纳的,强制缴纳。对于不能全部缴纳罚金的,人民法院在任何时候发现被执行人有可以执行的财产,应当随时追缴。

或者没收财产①的，被告人持有的股权因此转让。

②股权质押引发的股权转让。这是指出质人与质权人为了实现质权而进行的股权转让。

③公司合并引发的股权转让。公司合并往往伴随着公司股权的转让。

④公司分立引发的股权转让。公司分立往往伴随着公司股权的转让。

⑤继承引发的股权转让。这是指作为公司股东的被继承人死亡，继承人继承其公司股权，而引发的公司股权在被继承人与继承人之间的转让。

⑥离婚引发的夫妻共有股权的转让。财产共有，是与财产单独所有相对的概念，单独所有，是指财产所有权的主体是单一的，即一个人单独享有对某项财产的所有权；共有，是指财产所有权的主体是多个的，即两个以上的人共同享有对某项财产的所有权。共有又分为按份共有和共同共有。按份共有，又称分别共有，是指两个以上的共有人按照各自的份额分别对共有财产享有权利和承担义务；共同共有，是指两个以上的共有人，根据某种共同关系对某项财产不分份额的共同享有权利并承担义务。共同共有的最主要形式就是夫妻共有和家庭共有。夫妻共有股权的转让，就是原本由夫妻一方持有的公司股权，因离婚予以分割而引发的在二人之间的转让。

⑦析产引发的家庭共有股权的转让。家庭共有股权的转让，就是因对家庭共有的公司股权，在家庭成员之间进行分割而引发的转让。

⑧合伙关系解散引发的股权转让。这是指因合伙关系解散，在合伙人之间对作为合伙财产的公司股权进行分割而引发的转让。

需要注意的是，协议转让与非协议转让的区别是针对股权转让的基础原因而言的，即股权转让的基础原因是当事人自由签订的股权转让合同，还是法律规定的特定事由？因为在非协议转让的情况下，当事人也可能通过签订协议的方式来解决股权转让问题，比如离婚中涉及股权分割的离婚协议等。

（四）根据转让的对价不同，可以将股权转让分为有偿转让和无偿转让

（1）有偿转让，是指受让人需要向转让人支付对价的股权转让。

（2）无偿转让，是指受让人无须向转让人支付对价的股权转让。

（五）根据转让的股权对公司的控制程度不同，可以将股权转让分为控制权股权转让和非控制权股权转让

（1）控制权股权转让，是指转让人将足以控制公司的股权进行转让，受让人成为公司的控股股东。控制权股权一般是指出资额占有限责任公司资本总额50%以上，或者出资额的比例虽然不足50%，但依出资额所享有的表决权已足以对股东会的决议产生重大影响的股权。

（2）非控制权股权转让，是指转让人转让的股权不足以控制公司，受让人不会成为公司的控股股东。非控制权股权一般是指出资额占有限责任公司资本总额不足50%，依出资额所享有的表决权不足以对股东会的决议产生重大影响的股权。

通常来讲，控制权股权因包含控制公司的利益，其转让价格会比非控制权股权的转让

---

① 《刑法》第五十九条：没收财产是没收犯罪分子个人所有财产的一部或者全部。没收全部财产的，应当对犯罪分子个人及其扶养的家属保留必需的生活费用。

价格要高一些,转让条件也会有所不同。

(六)根据转让的对象不同,可以将股权转让分为向他人转让股权和向公司转让股权

(1)向他人转让股权,是指转让人将股权转让给其他人,这是股权转让的通常情形。

(2)向公司转让股权,是指转让人将股权转让给所在公司,这就是常说的股权回购。

(七)从转让人的角度来看,根据转让的内容不同,可以将股权转让分为全部转让和部分转让

(1)全部转让,是指转让人将其持有的全部股权转让,转让股东彻底退出公司。

(2)部分转让,是指转让人将其持有的部分股权转让,转让股东仍继续留在公司。

三、股权转让的法律特征

(一)股权转让是一种股权买卖行为

股权转让是将股权作为买卖合同的标的物,是将股权作为商品的买卖行为。转让方交付股权,受让方支付对价。

(二)股权转让不改变公司的法人资格

股权转让后,公司的股东发生变化,公司登记机关的登记信息须作相应的变更,但公司的法人资格没有任何变化。

(三)股权转让是要式行为

股权转让需要完成法定程序。比如,股权转让须完成公司股东名册的变更,公司登记机关登记信息的变更。

(四)股东向股东以外的人转让股权,应当经其他股东过半数同意

这里的"过半数同意",是指其他股东的人数的"过半数同意",而不是其他股东所代表的表决权数"过半数同意",也不是其他股东所代表的出资比例"过半数同意"。还需要注意的是,这里的"过半数同意"是指须经"其他"股东的过半数同意,而不是"全体"股东的过半数同意,这就排除了转让股东的表决权。

为了更加直观的理解,现举例如下:

A 公司有 5 名股东,股东甲持股 40%,股东乙持股 25%,股东丙持股 15%,股东丁持股 10%,股东戊持股 10%。现甲拟将其 40% 股权转让给赵某,则甲应向乙、丙、丁、戊 4 人征得同意,乙、丙、丁、戊 4 人中有任意 3 人同意的,该次股权转让就能成行。这里不考虑乙、丙、丁、戊 4 人的持股比例,也不考虑甲的意见。

另外还需要注意的是,所谓"过半数同意"一定是指超过"半数",不包括"半数"本身。仍如前例,甲的对外转让股权行为一定须征得乙、丙、丁、戊 4 人中的至少 3 人同意方可,如果仅有 2 人同意,则仅为"半数"同意,并非"过半数"同意,不满足法定条件。

(五)股东向股东以外的人转让股权,其他股东半数以上不同意转让的,不同意的股东应当购买该转让的股权;不购买的,视为同意转让

仍如前例,如果甲征求其他股东意见的结果是,乙、丙、丁不同意甲将股权转让给赵某,则乙、丙、丁应当购买该转让的股权;如果乙、丙、丁不同意甲将股权转让给赵某,但又拒绝购买该转让的股权,则视为乙、丙、丁同意甲将股权转让给赵某。

四、股权转让的限制——股东优先购买权

在有限责任公司股权转让中,不可回避的一个问题就是股东优先购买权。股东优先购

买权是优先购买权的一种,要了解股东优先购买权,就要先了解优先购买权。

（一）优先购买权的适用

优先购买权在其他法律规定中也存在,比如以下法条中便有详细规定。

(1)《民法典》第三百零五条规定:"按份共有人可以转让其享有的共有的不动产或者动产份额。其他共有人在同等条件下享有优先购买的权利。"

(2)《民法典》第七百二十六条规定:"出租人出卖租赁房屋的,应当在出卖之前的合理期限内通知承租人,承租人享有以同等条件优先购买的权利。"

(3)《民法典》第八百四十七条规定:"职务技术成果的使用权、转让权属于法人或者非法人组织的,法人或者非法人组织可以就该项职务技术成果订立技术合同。法人或者非法人组织订立技术合同转让职务技术成果时,职务技术成果的完成人享有以同等条件优先受让的权利。"

(4)《民法典》第八百五十九条规定:"委托开发完成的发明创造,除法律另有规定或者当事人另有约定外,申请专利的权利属于研究开发人。研究开发人取得专利权的,委托人可以依法实施该专利。研究开发人转让专利申请权的,委托人享有以同等条件优先受让的权利。"

(5)《民法典》第八百六十条规定:"合作开发完成的发明创造,申请专利的权利属于合作开发的当事人共有;当事人一方转让其共有的专利申请权的,其他各方享有以同等条件优先受让的权利。但是,当事人另有约定的除外。"

(6)《合伙企业法》第二十三条规定:"合伙人向合伙人以外的人转让其在合伙企业中的财产份额的,在同等条件下,其他合伙人有优先购买权;但是,合伙协议另有约定的除外。"

(7)《农村土地承包法》第三十八条规定:"土地经营权流转应当遵循以下原则:(五)在同等条件下,本集体经济组织成员享有优先权。"

(8)《文物保护法》第五十八条规定:"文物行政部门在审核拟拍卖的文物时,可以指定国有文物收藏单位优先购买其中的珍贵文物。购买价格由文物收藏单位的代表与文物的委托人协商确定。"

（二）股东优先购买权的概念

股东优先购买权,是指公司股东向股东以外的人转让股权时,在同等条件下,其他股东享有优先购买拟转让股权的权利。《公司法》之所以在股东对外转让股权时赋予公司其他股东优先购买权,目的在于保护有限责任公司的人合性。人合性是有限责任公司的特质,正是因为人合性,《公司法》才允许公司股东内部相互之间转让股权无须适用优先购买权,而只有在股东向非股东转让股权时才适用优先购买权,甚至在人民法院执行案件时也必须尊重与保护股东的优先购买权。也正是因为人合性,《公司法》才规定股东对外转让股权须征求其他股东过半数同意,而不是征求其他股东所持表决权过半数同意。

（三）股东优先购买权的法律特征

(1)股东优先购买权适用于公司股东向股东以外的人转让股权的情形。

股东优先购买权仅适用于公司股东向股东以外的人转让股权的情形,股东之间相互转让股权的,其他股东并不享有"优先购买权"。

(2)股东优先购买权适用的前提是"在同等条件下"。

股东优先购买权适用的前提是"在同等条件下"。根据《最高人民法院关于适用〈中华人民共和国公司法〉若干问题的规定（四）》第十八条的规定，人民法院在判断"同等条件"时，应当考虑转让股权的数量、价格、支付方式及期限等因素。在以上全部内容相同的情况下，其他股东有优先购买权。如果仅是部分条件相同，则不能视为"同等条件"。

（3）股东优先购买权的适用是针对"拟转让的全部股权"。

主张优先购买权的股东必须对"全部拟转让股权"行使购买权，而不能只对其中"部分拟转让股权"行使购买权。

（四）公司章程能否对股权转让以及股东优先购买权作出不同于《公司法》的规定

（1）《公司法》第七十一条第四款规定："公司章程对股权转让另有规定的，从其规定。"据此，公司章程就股权转让问题作出不同于《公司法》的规定是完全可以的。

（2）公司章程可以就股权转让设定条件，但设定的条件不能造成事实上的"股权转让不能"，更不能直接禁止股权转让，不能剥夺了股东的股权转让权。

（3）公司章程可以就股权转让中的股东优先购买权设定具体的适用情形、适用条件、适用方式等。甚至，公司章程否定股东优先购买权都应有效，前提是公司章程获得了全体股东的一致同意。

（4）如果公司章程有关股东优先购买权的限制，甚至禁止的规定并没有获得全体股东的一致同意，则反对股东有权通过司法途径，寻求不受该规定的约束。

（五）能否在公司章程中对股权的内部转让也设定其他股东优先购买权

笔者认为可以，因为虽然股权的内部转让不会产生新的股东，只是原有股东之间的持股比例发生变化，不影响有限责任公司的人合性特质。但是，股东之间的股权转让，可能会打破股东间原有的权益平衡，持股比例的变化可能导致在公司居于控制地位的股东易位，进而使公司的董事、监事、高级管理人员也随之发生变化，影响股东利益。为避免此种局面的发生，股东可以在公司章程中对股权的内部转让作出其他规定。比如，公司章程规定，股东之间相互转让股权的，在同等条件下，其他股东享有按照持股比例，与受让股东同比例受让拟转让股权的权利。

为了直观理解，举例如下：

A 公司有股东甲持股 40%，股东乙持股 30%，股东丙持股 20%，股东丁持股 10%。现在股东甲拟将持有的 30% 股权转让给股东乙，在其他股东没有优先购买权的情况下，股权转让后的 A 公司持股比例情况是：股东甲持股 10%，股东乙持股 60%，股东丙持股 20%，股东丁持股 10%；在其他股东有优先购买权的情况下，丙和丁就有权要求按持股比例同比例受让拟转让股权，转让前的乙、丙、丁三人的持股比例是 3∶2∶1，则股东甲拟转让的 30% 股权在乙、丙、丁三人间的分配比例就应是：乙有权受让 15% 股权，丙有权受让 10% 股权，丁有权受让 5% 股权。这样，股权转让后的 A 公司持股比例情况是：股东甲持股 10%，股东乙持股 45%，股东丙持股 30%，股东丁持股 15%。

（六）执行程序中其他股东的优先购买权的保障

根据《公司法》第七十二条，《最高人民法院关于人民法院执行工作若干问题的规定（试行）》第三十九条，《最高人民法院关于人民法院民事执行中拍卖、变卖财产的规定》第十一条、第十三条的规定，当有限责任公司股东在民事诉讼中成为被执行人，其股权被人民法院依法执行时，应遵循以下原则来保障其他股东的优先购买权。

1. 依法通知

人民法院强制执行转让股东的股权的,应当通知公司及全体股东,其他股东在同等条件下,自通知之日起二十日内有权行使优先购买权,自通知之日起满二十日不行使优先购买权的,视为放弃优先购买权。

2. 征得同意

人民法院在拍卖、变卖或以其他方式转让被执行股权时,应当经全体股东过半数的同意。征得全体股东过半数同意后,予以拍卖、变卖或以其他方式转让。不同意转让的股东,应当购买该转让的股权,不购买的,视为同意转让,不影响执行。

3. 拍卖通知

人民法院在拍卖被执行股权时,应当在拍卖五日前以书面或者其他能够确认收悉的适当方式,通知优先购买权人于拍卖日到场。优先购买权人经通知未到场的,视为放弃优先购买权。

4. 拍卖过程

拍卖过程中,有最高应价时,优先购买权人可以表示以该最高价买受,如无更高应价,则拍归优先购买权人;如有更高应价,而优先购买权人不作表示的,则拍归该应价最高的竞买人。顺序相同的多个优先购买权人同时表示买受的,以抽签方式决定买受人。

(七)股东优先购买权的行使期间

股东优先购买权的行使期间,是指享有优先购买权的股东在收到股权转让事项书面通知后,须在一定期间内提出购买请求,未在该期间内提出购买请求的,视为放弃优先购买权。该"一定期间"即为"行使期间"。

根据《最高人民法院关于适用〈中华人民共和国公司法〉若干问题的规定(四)》第十九条的规定,股东优先购买权的行使期间按以下原则次序确定。

(1)以公司章程的规定为准。有限责任公司的股东主张优先购买转让股权的,应当在收到通知后,在公司章程规定的行使期间内提出购买请求。

(2)以通知确定的为准。有限责任公司章程没有规定行使期间或者规定不明确的,以通知确定的为准。

(3)以三十日为准。通知确定的行使期间短于三十日或者未明确的,行使期间为三十日。

(八)股东向股东以外的人转让股权,受让人能否以侵犯其他股东优先购买权为由主张该股权转让合同无效

股东向股东以外的人转让股权,受让人无权以侵犯其他股东优先购买权为由主张该股权转让合同无效,理由如下:

(1)股东优先购买权是与公司股东身份密不可分的,在股权转让中,股东优先购买权遭到侵犯的受害人只能是公司其他股东,并非股权受让人,受让人不是,也不可能是优先购买权被侵害的对象。因此,受让人不能以优先购买权被侵害为由主张股权转让合同无效。

(2)股权转让中,受让人主张股权转让合同无效的,其依据一定是股权转让合同本身具有导致合同无效的法定情形。比如,合同是由无民事行为能力人签订的[①];合同是由限制民

---

① 《中华人民共和国民法典》第一百四十四条:无民事行为能力人实施的民事法律行为无效。

事行为能力人签订,未经法定代理人同意的或者未获法定代理人追认的①;合同双方以虚假的意思表示签订的②;合同违反法律、行政法规的强制性规定的③;合同违背公序良俗的④;合同涉及恶意串通,损害他人合法权益的⑤。

(3)《最高人民法院关于审理外商投资企业纠纷案件若干问题的规定(一)》第十二条明确规定,在外商投资企业纠纷中,股权转让方、受让方均不得以侵害其他股东优先购买权为由请求认定股权转让合同无效。该原则应当适用于涉及股东优先购买权的所有纠纷。

五、股权转让的具体步骤

(一)签订《股权转让意向书》

在股权转让中,签订股权转让意向书的法律意义在于保障公司其他股东的优先购买权,《股权转让意向书》应当就股权转让的主要条款进行约定,包括但不限于转让股权的数量、转让股权的价格、转让股权价款的支付方式、转让股权价款的支付期限等。

(二)征求公司其他股东意见

转让股东征求公司其他股东意见的,在公司章程未就征求意见的行使作出规定的情况下,应当采用书面通知形式。实践中,为了避免不必要的纷争,笔者建议公司章程应当就征求意见的形式,意见反馈的时间,意见反馈的方式以及同意转让或者不同意转让该如何处理等作出明确规定。

(三)签订《股权转让合同》

在公司其他股东放弃优先购买权的情况下,转让股东就可以与受让人签订《股权转让合同》。《股权转让合同》的主要条款应与《股权转让意向书》的主要条款保持一致,否则可能需要重新征求公司其他股东对于此次股权转让的意见。

(四)支付/收取股权转让价款

《股权转让合同》签订后,股权转让方与受让方应按照合同约定办理股权转让价款的支付与收取。

(五)缴纳税款

比如,自然人股东转让股权后应当缴纳个人所得税;法人股东转让股权后应当缴纳企业所得税。

(六)进行股权变更登记

这里的股权变更登记既包括公司内部的变更登记,比如,公司给新股东签发出资证明书,注销原股东的出资证明书;进行股东名册的变更登记,将原股东注销,将新股东载入名册;进行公司章程的变更;也包括公司登记机关的变更登记。

至此,一个完整的股权转让程序才完结。

---

① 《中华人民共和国民法典》第一百四十五条第一款:限制民事行为能力人实施的纯获利益的民事法律行为或者与其年龄、智力、精神健康状况相适应的民事法律行为有效;实施的其他民事法律行为经法定代理人同意或者追认后有效。

② 《中华人民共和国民法典》第一百四十六条第一款:行为人与相对人以虚假的意思表示实施的民事法律行为无效。

③ 《中华人民共和国民法典》第一百五十三条第一款:违反法律、行政法规的强制性规定的民事法律行为无效。但是,该强制性规定不导致该民事法律行为无效的除外。

④ 《中华人民共和国民法典》第一百五十三条第二款:违背公序良俗的民事法律行为无效。

⑤ 《中华人民共和国民法典》第一百五十四条:行为人与相对人恶意串通,损害他人合法权益的民事法律行为无效。

六、股权转让后有限责任公司股东人数超过了五十人怎么办

《公司法》第二十四条规定："有限责任公司由五十个以下股东出资设立。"这是否意味着有限责任公司的股东人数不能超过五十人？对此，笔者认为，应作如下理解。

（1）股权转让后有限责任公司的股东人数超过五十人的，不影响股权转让合同的效力。

实践中，有的法官将股权转让后有限责任公司股东人数超过五十人的股权转让合同认定为无效合同。笔者认为这是错误的。该类股权转让合同不符合无效合同的情形。根据《民法典》第一百五十三条的规定，违反法律、行政法规的强制性规定的民事法律行为无效。也就是说，认定股权转让合同无效，必须是该合同违反了法律、行政法规的强制性规定。《公司法》第二十四条关于股东人数的规定的表述是"有限责任公司由五十个以下股东出资设立"，也就是说，该规定只是强调了"五十个以下股东出资设立"，并没有强调公司在存续期间也必须始终保持五十个以下股东，更没有规定可以据此否认股权转让合同的效力。公司股东人数超过五十人的事实不属于违反《公司法》第二十四条的规定，更不属于违反法律、行政法规的强制性规定。

正是基于此原因，江苏省高级人民法院民二庭《关于有限责任公司内部治理结构纠纷案件法律问题的报告》四、"审理有限责任公司治理结构案件中的三个基本问题"提出："需要说明的问题是，如果按照相关规则认定了公司的实际股东，但却导致公司的股东人数超过了公司法对有限责任公司股东人数的限制，应如何处理？我们认为，股东资格的认定与超过股东人数限制之间并非一个非此即彼的问题，即便认定的实际股东人数超过了五十人，那么当事人亦可通过公司收购后减资、股东之间的股权转让、公司分立、甚至公司解散等方法自行处理后续事项。"

（2）股权转让后有限责任公司的股东人数超过五十人的，可以将有限责任公司改制为股份有限公司。

（3）股权转让后有限责任公司的股东人数超过五十人的，也可以通过再次股权转让将股东人数调整为五十人以下。

（4）股权转让后有限责任公司的股东人数超过五十人的，还可以通过股权代持方式将股东人数调整为五十人以下。

（5）因股权继承、赠与等其他方式造成股权转让的事实，导致股东人数超过五十人的，同样应依据以上原则处理。

七、股权转让后有限责任公司股东只剩一人怎么办

（1）股权转让后有限责任公司股东只剩一人的，可以将普通有限责任公司变更登记为一人有限责任公司。

（2）股权转让后有限责任公司股东只剩一人的，可以通过再次股权转让将股东人数调整为二人以上，五十人以下。

八、公司章程就股权转让所作的限制性或者禁止性规定是否有效

公司章程关于股权转让的禁止性约定当属无效约定，但限制性约定属于有效约定。

（1）股权自由转让原则是公司法的基本原则之一，是现代公司制度的灵魂。我国《公司

法》的条款包括强制性规范和任意性规范。《公司法》第七十一条第一款规定：股东之间可以相互转让其全部或者部分股权。因此，股权的自由转让是《公司法》的强制性规定，公司章程不得禁止股权的转让，禁止股权转让的公司章程规定是无效的。

另外，公司章程虽然没有禁止股权转让，但是对股权转让的限制造成了股权转让在实质上成为不可能。比如，公司章程规定，股权的转让应经其他所有股东同意；其他不同意的股东可以拒绝购买拟转让的股权。这样的公司章程规定亦属于无效。

（2）《公司法》第七十一条第二款、第三款虽然针对股东向股东以外的人转让股权规定了其他股东的优先购买权，但这仅是在股权转让的对象上赋予了公司股东的优先地位，并不是禁止股权转让，也没有造成事实上的股权转让不能。

（3）根据《公司法》第七十一条第四款的规定，公司章程对股权转让另有规定的，从其规定。公司章程虽然不能作出股权转让的禁止性规定，但是公司章程在《公司法》规定的股权转让条件之外另行设定特定条件的，符合合同自由原则，属于有效规定。如果股权转让合同违反该规定，将导致该股权转让合同无效。

公司章程为股权转让设定公司法规定之外的其他特定条件，体现了当事人意思自治原则在《公司法》领域的适用，是对有限责任公司人合性的尊重与保护。比如，公司章程可以对股权在公司股东之间的转让作出合理的限制；可以在多个优先购买权人同时主张优先购买权时确定相应的购买比例。

另外，公司章程仅对股权转让作出限制，并非禁止股权的转让，因此也并不违背股权自由转让的《公司法》基本原则。

九、股权转让的诉讼

根据《民事诉讼法》第二十四条，《最高人民法院关于适用〈中华人民共和国民事诉讼法〉的解释》第三条、第十八条，《民事案件案由规定》第二百六十九条的规定，股权转让纠纷案件有关事项如下：

1）案由。案由名称："股权转让纠纷"。

2）管辖。

（1）股权转让纠纷案件的地域管辖不适用《民事诉讼法》第二十七条和《最高人民法院关于适用〈中华人民共和国民事诉讼法〉的解释》第二十二条的规定。

（2）股权转让纠纷属于合同纠纷，因合同纠纷提起的诉讼，由被告住所地或者合同履行地人民法院管辖。被告是公民的，住所地是指公民的户籍所在地；被告是法人或者其他组织的，住所地是指法人或者其他组织的主要办事机构所在地。法人或者其他组织的主要办事机构所在地不能确定的，法人或者其他组织的注册地或者登记地为住所地。合同履行地按照以下原则确定：①合同约定履行地点的，以约定的履行地点为合同履行地；②合同对履行地点没有约定或者约定不明确，履行义务一方所在地为合同履行地；③合同没有实际履行，当事人双方住所地都不在合同约定的履行地的，由被告住所地人民法院管辖。

（3）由于股权转让合同的履行往往涉及公司登记机关登记信息的变更，甚至公司登记机关的登记信息变更完成视为股权转让行为履行完毕的指标，因此，在实践中，公司住所地往往被视为股权转让合同的履行地。

十、股权转让中,受让人未支付的股权转让价款的数额达到全部价款的五分之一的,转让人可否解除合同

《民法典》第六百三十四条规定:"分期付款的买受人未支付到期价款的数额达到全部价款的五分之一,经催告后在合理期限内仍未支付到期价款的,出卖人可以请求买受人支付全部价款或者解除合同。出卖人解除合同的,可以向买受人请求支付该标的物的使用费。"那么,在股权转让中,分期支付转让款的情况下,若受让人支付股权转让款的情形符合该条规定,股权转让人能否解除股权转让合同?

最高人民法院于2016年9月19日发布指导案例67号"汤某龙诉周某海股权转让纠纷案"的裁判要点:有限责任公司的股权分期支付转让款中发生股权受让人延迟或者拒付等违约情形,股权转让人要求解除双方签订的股权转让合同的,不适用《中华人民共和国合同法》第一百六十七条关于分期付款买卖中出卖人在买受人未支付到期价款的金额达到合同全部价款的五分之一时即可解除合同的规定。

最高人民法院之所以作出如此解释,笔者认为主要还是因为股权转让合同不同于一般的买卖合同,具体原因如下:

(1)标的物的性质不同。股权转让合同从法律性质上来讲当属于买卖合同,理应适用《民法典》第六百三十四条的规定,但是,毕竟股权转让合同的标的物不同于一般买卖合同中的标的物。股权转让合同的标的物——股权,具有与一般物品,特别是生活消费品完全不同的法律内涵。比如买卖电视机的,电视机体现的是其特定的使用价值,股权却体现了股东参与公司治理以及获取经济利益等综合性的权能。因此,不能简单地将股权转让合同等同于一般的买卖合同。

(2)标的物的使用费不同。《民法典》第六百三十四条中规定的"出卖人解除合同的,可以向买受人请求支付该标的物的使用费。"一般的买卖合同都会涉及标的物的使用问题。比如,分期付款购买电视机的,买受人在支付了第一笔价款后,就可以将电视机搬回家,如果后期合同解除,自然会涉及买受人在使用期间的费用;对于股权转让合同却不一样,不存在股权使用期间的使用费问题。

(3)标的物的占有不同。一般的买卖合同虽然价款采取分期支付的,但标的物通常会于买受人支付第一笔价款时即由买受人占有。比如,分期付款购买电视机的,买受人在支付了第一笔价款后,就可以将电视机搬回家;而股权转让合同则不然,虽然也有可能在受让人支付第一笔股权转让价款后,股权就变更登记至受让人名下,但无论在转让人名下,还是受让人名下,股权一直存在于公司这一点是始终未变的,这与电视机的转移占有完全不同。

十一、股权转让的特殊形式——股权赠与

(一)股权赠与的法律含义

赠与是赠与人将自己的财产无偿给予受赠人,受赠人表示接受的民事行为。股权赠与就是赠与股东将自己的股权无偿给予受赠股东,受赠股东表示接受的民事行为。我国法律虽然没有股权赠与的相关规定,但股权作为公民财产形态之一,本着"法无禁止即可为"的原则,股权不但允许赠与,而且作为股东的民事权利,还应当受到法律的保护。

换一个角度来看,股权赠与也属于股权转让,也是股东的一种退出方式。只是我们一般提到的股权转让系有偿转让,而股权赠与则是一种无偿转让,当然这并不排除赠与股东与受赠股东之间约定其他的民事权利义务。

（二）股权赠与中的股东优先购买权

根据受赠人的不同,可以将股权赠与分为对内赠与和对外赠与。股权的对内赠与是指赠与人将股权赠与公司的其他股东;股权的对外赠与是指赠与人将股权赠与公司以外的其他人。对内赠与与股权的内部转让一样,并不会导致股东的人员变化,唯一变化的是股东的股权比例,但不存在新股东的加入,不破坏有限责任公司的人合性,因此,不存在其他股东的优先购买权。但股权的对外赠与,由于涉及新股东的加入,必然破坏有限责任公司的人合性,因此,笔者认为,股权赠与中的股东优先购买权的处理应当遵循以下原则。

（1）公司股东在制订公司章程时,应针对股权赠与问题作出明确的规范。

（2）在公司章程未对股权赠与作出规定的情况下,应当保护公司的人合性,即尊重其他股东的优先购买权。

（3）由于股权所包含的内容涉及人身权利和财产权利,我们可以将股权赠与分拆成两个部分,即股东资格的赠与和股权价值的赠与。而股东资格的赠与才是破坏公司人合性的原因,股权价值的赠与并不影响公司的人合性。因此,可以在保障受赠人的股权价值的同时,实现对股东优先购买权的尊重。

（4）赠与股东对外赠与股权时,首先应征求其他股东的意见,其他股东同意的,受赠人加入公司成为股东;其他股东不同意的,由不同意的股东向受赠人支付相当于赠与股权价值的对价,由不同意股东受让赠与股权。

（5）如果在股权赠与中不允许其他股东享有优先购买权,赠与股东完全可以假借股权赠与之名,行有偿转让股权之实。这将在实质上损害股东优先购买权,造成股东优先购买权形同虚设,破坏公司的人合性。

十二、股权转让的特殊形式——离婚涉及的股权分割

这里的离婚涉及的股权分割是指夫妻离婚时,待分割的夫妻共同财产涉及以一方名义在有限责任公司的出资额,而另一方不是该公司股东的情形。根据《最高人民法院关于适用〈中华人民共和国民法典〉婚姻家庭编的解释（一）》第七十三条的规定,此情形下的股权分割应依据以下原则处理。

（1）夫妻双方协商一致将出资额部分或者全部转让给该股东的配偶,其他股东过半数同意,并且其他股东均明确表示放弃优先购买权的,该股东的配偶可以成为该公司股东。

（2）夫妻双方就出资额转让份额和转让价格等事项协商一致后,其他股东半数以上不同意转让,但愿意以同等条件购买该出资额的,人民法院可以对转让出资所得财产进行分割。

（3）其他股东半数以上不同意转让,也不愿意以同等条件购买该出资额的,视为其同意转让,该股东的配偶可以成为该公司股东。

需要注意的是,用于证明股东同意的证据,可以是股东会议材料,也可以是当事人通过其他合法途径取得的股东的书面声明材料。

第二节 公司减资

一、公司减资的概念

公司减资,就是公司注册资本减少,是指公司出于某种原因,对已经注册的资本依法通过一定的程序进行减少的法律行为。依公司净资产流出与否,公司减资可以分为实质性减资和形式性减资。实质性减资是指减少注册资本的同时,将一定金额返还给股东,从而也减少了公司净资产的减资形式;形式性减资是指只减少注册资本,并不向股东返还金额,公司净资产没有减少的减资形式。

公司减资虽然可能危及社会交易安全,却有其合理性:一方面,公司运营过程中可能存在预定资本过多的情况,从而造成资本过剩,闲置过多的资本显然有悖于效率的原则,因此,如果允许减少注册资本,投资者就有机会将有限的资源转入产生更多利润的领域,从而能够避免资源的浪费,这是实质性减资的合理性所在;另一方面,公司的营业可能出现严重亏损,公司资本已经不能真实反映公司的实际资产,公司注销部分股份,而不返还股东,由股东承担公司的亏损,使得公司的注册资本与净资产水准相符,有利于昭示公司的真正信用状况,反而有利于交易的安全,这是形式性减资的合理性所在。

二、公司减资的诉讼

(1)案由。案由名称为"公司减资纠纷"。(《民事案件案由规定》第二百八十一条)

(2)管辖。《最高人民法院关于适用〈中华人民共和国民事诉讼法〉的解释》第二十二条规定:"因股东名册记载、请求变更公司登记、股东知情权、公司决议、公司合并、公司分立、公司减资、公司增资等纠纷提起的诉讼,依照民事诉讼法第二十七条规定确定管辖。"《民事诉讼法》第二十七条规定:"因公司设立、确认股东资格、分配利润、解散等纠纷提起的诉讼,由公司住所地人民法院管辖。"据此,公司减资纠纷"由公司住所地人民法院管辖。"而公司住所地的确定则依据《最高人民法院关于适用〈中华人民共和国民事诉讼法〉的解释》第三条的规定:"法人或者其他组织的住所地是指法人或者其他组织的主要办事机构所在地。法人或者其他组织的主要办事机构所在地不能确定的,法人或者其他组织的注册地或者登记地为住所地。"

三、公司减资的原因

公司减资,一般基于以下六个原因。

(1)缩小经营规模,或停止经营项目。有些公司出于发展考虑,有意识的收缩经营规模,主动减少一些经营项目,符合其自身利益需要。在这种情况下,过高的公司资本反而成为其经营负担,因此,公司可以进行减资,以将公司资本规模控制在合理范围内。

(2)减少资本过剩,提高资产效用。有些公司的发展与创业者最初对于公司资本规模的设定,二者之间存在较大差距。在这种情况下,只要公司资本规模能够满足公司的发展,就完全可以将过剩的资本释放出来,投入到其他领域,发挥更高的资产效用。

(3)实现股利分配,保证股东利益。由于公司分配股利的前提是公司有可分配的税后利润,如果公司存在亏损,税后利润应首先用于对亏损的弥补。这样可能无法调动股东的积极性,也无法增强股东的凝聚力。在这种情况下,通过减资,可以尽快扭转公司的亏损状态,尽早实现分配股利的条件。

(4)缩小资本与净资产的差距,真实反映公司的资本信用状况。公司资本与公司净资产保持一致,是公司资本信用状况的最好体现。但在实践中,公司资本与公司净资产往往是脱节的,甚至相去甚远。尤其是在公司严重亏损的情况下,公司资本更无法反映公司的资本信用状况。因此,通过减资,可以缩小资本与净资产之间的差距,使公司的资本信用状况得到更真实的反映。

(5)公司分立。在公司派生分立的情况下,一家公司裂变成两家公司,其中保留下来的公司必然发生资产减少。在这种情况下,一般就需要对保留下来的公司进行减资。

(6)实现股东退出。公司发展过程中,如果有某个股东想退出公司,但又无法通过股权转让的方式退出,此时,如果其他股东同意,就可以通过减资的方式,将拟退出股东的出资从公司注册资本中抽出退还该股东,从而实现股东退出。本节所谈到的公司减资就是基于其作为股东的退出方式。

四、公司减资的方式

(一)同比减资与不同比减资

(1)同比减资,是指各股东按原持股比例同步减少出资,减资后各股东的持股比例不变。

(2)不同比减资,是指各股东通过改变原持股比例而减少出资,也可能有的股东不减少出资,减资后各股东的持股比例将发生变化。

(二)返还出资的减资、免除出资义务的减资与注销股权或股份的减资

(1)返还出资的减资,是指对已缴足出资额的股权或股份,将部分出资款返还给股东,此种减资的结果既减少公司的资本,也减少公司的资产或运营资金,这就是实质性减资。

(2)免除出资义务的减资,是指对尚未缴足出资额的股权或股份,免除股东全部或部分缴纳出资的义务。

(3)注销股权或股份的减资,是指在公司因亏损而减资时,直接取消部分股权或股份,或者直接减少每一股份的金额,并抵销本应弥补的公司亏损。

第(2)、(3)种减资的结果只是改变公司资产的性质和结构,而不改变其总的价值金额,只减少公司的资本总额,而不减少公司的资产总量,这就是形式性减资。

(三)减少股份数额与减少股份金额

(1)减少股份数额,即每股金额并不减少,而只是减少股份总数。其具体方法又分为注销股份和合并股份。

①注销股份是指取消一部分或特定的股份,依是否需要征得股东的同意,又分为强制注销和任意注销。

②合并股份是指合并两股或两股以上的股份为一股。

(2)减少股份金额,即不改变股份总数,只减少每股的金额。公司可以同时采用两种方式减资,既减少股份的数额,又减少每股的金额。

五、公司减资的程序

(一)股东(大)会作出减资决议

公司减资,往往伴随着股权结构的变动和股东利益的调整,在公司不依股东持股比例减资尤其是在注销股份的情况下,更是如此,因此公司减资直接引发公司股东之间的利益冲突。为了保证公司减资能够体现绝大多数股东的意志,根据《公司法》第四十三条、第六十六条和第一百零三条的规定,就有限责任公司而言,应当由股东会作出特别决议,即经代表三分之二以上表决权的股东通过才能进行;就股份有限公司而言,应当由公司的股东大会作出特别决议,即必须经出席会议的股东所持表决权三分之二以上决议通过才能进行;就国有独资公司而言,必须由国有资产监督管理机构决定。

(二)编制资产负债表及财产清单

公司减资无论是对公司股东还是公司债权人,影响都很大,《公司法》赋予了股东和债权人在公司减资过程中进行自我保护的方法。但是,无论是股东进行投票,还是公司债权人要求公司清偿债务或者提供担保,前提都是对公司的经营状况尤其是财务状况有一定了解才可作出理智的决定,因此,《公司法》第一百七十七条第一款规定,公司需要减少注册资本时,必须编制资产负债表及财产清单。

(三)通知或者公告债权人

《公司法》第一百七十七条第二款规定,公司应当自作出减少注册资本决议之日起十日内通知债权人,并于三十日内在报纸上公告。

(四)清偿债务或者提供担保

《公司法》第一百七十七条第二款规定,债权人自接到通知书之日起三十日内,未接到通知书的自第一次公告之日起四十五日内,有权要求公司清偿债务或者提供相应的担保。需要注意的是,这里的债务不仅仅指已到期债务,还包括未到期的,但实际上必然存在的债务。若公司未能清偿或提供担保,而且这里的担保也须是债权人认可的担保,则不得减资。

(五)变更登记

根据《公司登记管理条例》第三十一条的规定,公司减少注册资本的,应当自公告之日起四十五日后申请变更登记,并应当提交公司在报纸上登载公司减少注册资本公告的有关证明和公司债务清偿或者债务担保情况的说明。

六、如何利用公司减资实现股东退出

为了便于理解,下面举例说明。

某公司注册资本 100 万元,其中甲股东出资 40 万元,乙股东出资 30 万元,丙股东出资 20 万元,丁股东出资 10 万元。现在丙股东想退出公司,其他股东均同意,但又都不愿意受让丙股东的股权,也没有公司以外的其他人愿意受让该股权。在这种情况下,该公司就可以选择通过减资,实现丙股东的退出。

第一步,编制资产负债表及财产清单。

第二步,股东会决议。公司召开股东会,就减资事宜作出决议,将公司注册资本从 100 万元减至 80 万元。

第三步,通知或公告债权人。公司应当自作出减少注册资本决议之日起十日内通知债权人,并于三十日内在报纸上公告。债权人自接到通知书之日起三十日内,未接到通知书的自公告之日起四十五日内,有权要求公司清偿债务或者提供相应的担保。

第四步,变更登记。将公司注册资本由 100 万元变更登记为 80 万元。

第五步,退还丙股东的入资。将丙股东已入资的 20 万元退还,丙股东正式退出公司。

第三节　股权(份)回购

一、股权(份)回购的法律规定

根据《公司法》的规定,有限责任公司与股份有限公司均存在股权或者股份回购。

有限责任公司的股权回购体现在《公司法》第七十四条的规定:"有下列情形之一的,对股东会该项决议投反对票的股东可以请求公司按照合理的价格收购其股权:

(一)公司连续五年不向股东分配利润,而公司该五年连续盈利,并且符合本法规定的分配利润条件的;

(二)公司合并、分立、转让主要财产的;

(三)公司章程规定的营业期限届满或者章程规定的其他解散事由出现,股东会会议通过决议修改章程使公司存续的。

自股东会会议决议通过之日起六十日内,股东与公司不能达成股权收购协议的,股东可以自股东会会议决议通过之日起九十日内向人民法院提起诉讼。"

股份有限公司的股份回购体现在《公司法》第一百四十二条的规定:"公司不得收购本公司股份。但是,有下列情形之一的除外:

(一)减少公司注册资本;

(二)与持有本公司股份的其他公司合并;

(三)将股份用于员工持股计划或者股权激励;

(四)股东因对股东大会作出的公司合并、分立决议持异议,要求公司收购其股份;

(五)将股份用于转换上市公司发行的可转换为股票的公司债券;

(六)上市公司为维护公司价值及股东权益所必需。

公司因前款第(一)项、第(二)项规定的情形收购本公司股份的,应当经股东大会决议;公司因前款第(三)项、第(五)项、第(六)项规定的情形收购本公司股份的,可以依照公司章程的规定或者股东大会的授权,经三分之二以上董事出席的董事会会议决议。

公司依照本条第一款规定收购本公司股份后,属于第(一)项情形的,应当自收购之日起十日内注销;属于第(二)项、第(四)项情形的,应当在六个月内转让或者注销;属于第(三)项、第(五)项、第(六)项情形的,公司合计持有的本公司股份数不得超过本公司已发行股份总额的百分之十,并应当在三年内转让或者注销。

上市公司收购本公司股份的,应当依照《中华人民共和国证券法》的规定履行信息披露义务。上市公司因本条第一款第(三)项、第(五)项、第(六)项规定的情形收购本公司股份的,应当通过公开的集中交易方式进行。

公司不得接受本公司的股票作为质押权的标的。"

二、异议股东的股权(份)回购请求权

异议股东的股权(份)回购是公司股权(份)回购的情形之一。根据公司类型不同,可以分为有限责任公司异议股东股权回购和股份有限公司异议股东股份回购。异议股东股权(份)回购请求权是股东自益权的一种,是指在特定情形下,对公司股东会或者股东大会会议决议持反对意见的股东可以要求公司收购自己所持股权(份)的权利,同样也可以分为两种:有限责任公司异议股东股权回购请求权和股份有限公司异议股东股份回购请求权。

三、有限责任公司异议股东股权回购请求权的行使条件

根据《公司法》第七十四条第一款的规定,有限责任公司异议股东股权回购请求权的行使须至少满足以下三个条件中的一个。

(1)公司连续五年不向股东分配利润,而公司该五年连续盈利,并且符合《公司法》规定的分配利润条件。这个条件含有三个要素:一是"连续五年不分配利润";二是"该五年连续盈利";三是"符合《公司法》规定的分配利润条件"。这三个要素同时具备,视为满足本条件。

(2)公司合并、分立、转让主要财产。这个条件也含有三个要素:一是"公司合并";二是"公司分立";三是"公司转让主要财产"。这三个要素具备其一,视为满足本条件。

(3)公司章程规定的营业期限届满或者章程规定的其他解散事由出现,股东会会议通过决议修改章程使公司存续。这个条件也含有三个要素:一是"公司章程规定的营业期限届满";二是"公司章程规定的解散事由出现";三是"股东会会议决议修改章程使公司存续"。这三个要素同时具备"一""三",或者同时具备"二""三"的,视为满足本条件。

有以上情形之一的,对股东会该项决议投反对票的股东可以请求公司按照合理的价格收购其股权。

四、股份有限公司异议股东股份回购请求权的行使条件

根据《公司法》第一百四十二条第一款第(四)项的规定,股份有限公司异议股东股份回购请求权的行使须满足以下条件。

股东大会作出公司合并、分立决议。这个条件含有两个要素:一是"公司合并";二是"公司分立"。这两个要素具备其一,视为满足本条件。

对股东大会作出的公司合并决议或者公司分立决议持异议的股东可以要求公司收购其股份。

五、异议股东股权(份)回购请求权的行使程序

(一)公司召开股东会或者股东大会,并就有关事项作出决议

有限责任公司召开股东会,作出"不分配利润"的决议;或者"公司合并"的决议;或者"公司分立"的决议;或者"转让主要财产"的决议;或者"营业期限届满,公司存续"的决议;或者"解散事由出现,公司存续"的决议等。

股份有限公司召开股东大会,作出"公司合并"的决议;或者"公司分立"的决议。

(二)有限责任公司股东出席股东会会议并对有关决议投反对票,或者股份有限公司股东对股东大会作出的有关决议持异议

有限责任公司股东应当出席股东会会议,并就前述相关决议投反对票;有限责任公司股东也可以委托其他人代为出席股东会会议,并依据明确的授权范围,就有关决议投反对票。

鉴于股份有限公司,尤其是上市公司的特殊性,股东可以不出席股东大会会议,也可以不委托其他人出席股东大会会议,只要对有关决议明确表示反对即可。

(三)股东向公司提出回购股权(份)的请求

异议股东股权(份)回购请求权的保护分为两个层次,其中第一个层次就是异议股东有权向公司申请回购,公司有义务予以接受,并积极行为,以完成回购,实现异议股东股权(份)回购请求权。需要注意的是,有限责任公司股东与公司达成股权收购协议的期间是"自股东会会议决议通过之日起六十日内"。此期间的起算日是"股东会会议决议通过之日",并非异议股东向公司申请回购之日。当然,如果股东与公司在"自股东会会议决议通过之日起六十日后"达成股权收购协议,也是合法有效,受法律保护的。

(四)公司拒绝回购的,股东可以向人民法院提起诉讼

异议股东股权(份)回购请求权保护的第二个层次就是,当异议股东申请公司回购股权(份)遭到公司拒绝;或者"自股东会会议决议通过之日起六十日内",股东与公司不能达成股权收购协议,则股东可以"自股东会会议决议通过之日起九十日内",向人民法院提起诉讼。这里需要注意的是,如果股东未在"自股东会会议决议通过之日起九十日内"向人民法院提起诉讼,则丧失诉权。而且该"九十日"系除斥期间,不适用诉讼时效中止、中断、延长等规定。

六、股权(份)回购的诉讼

(1)案由。案由名称为"请求公司收购股份纠纷"。(《民事案件案由规定》第二百六十八条)

(2)管辖。《民事诉讼法》第二十二条第二款规定:"对法人或者其他组织提起的民事诉讼,由被告住所地人民法院管辖。"据此,请求公司收购股份纠纷应"由公司住所地人民法院管辖"。而公司住所地的确定则依据《最高人民法院关于适用〈中华人民共和国民事诉讼法〉的解释》第三条的规定"法人或者其他组织的住所地是指法人或者其他组织的主要办事机构所在地。法人或者其他组织的主要办事机构所在地不能确定的,法人或者其他组织的注册地或者登记地为住所地。"

(3)当事人。原告当为异议股东,被告为公司。

七、有限责任公司对税后利润仅作象征性分配的,异议股东能否行使股权回购请求权

《公司法》第七十四条规定的"公司连续五年不向股东分配利润,而公司该五年连续盈利,并且符合本法规定的分配利润条件的",异议股东有权请求股权回购。实践中,有的公司为了规避该条的适用,采取对税后利润仅作象征性分配的做法,从而在形式上造成"不向股东分配利润"的情形不成就,异议股东似乎也只能吃哑巴亏,无法主张股权回购。事实果

真如此吗？笔者认为,在此种情况下,确定异议股东能否行使股权回购请求权,应当掌握以下原则。

(1)一般情况下,只要公司税后利润进行了分配,异议股东就不能行使股权回购请求权。因为对于税后利润是否应该分配,以及应该分配多少,公司与股东可能存在不同的认识。比如,公司可能认为应当"多提留,少分配";但股东可能认为应当"少提留,多分配"。因此,公司的税后利润分配是否仅具有象征性意义,人民法院无从判断。人民法院应当坚持的原则是,只要公司进行了税后利润分配,无论分配的多与少,异议股东行使股权回购请求权的前提就不存在,异议股东就不能行使股权回购请求权。

(2)如果异议股东坚持认为公司的税后利润分配,仅是公司为了变相剥夺异议股东的股权回购请求权,而采取的象征性行为,异议股东应当对此进行举证。也就是说,公司无须就税后利润分配的合理性进行举证,而应由股东就分配的不合理性进行举证。举证应当围绕诸如是否存在股东权利的滥用行为？分配利润占可分配利润的比例是多少？股东对税后利润分配方案接受与否的情况？利润分配的发生时间等内容进行。人民法院据此进行必要判断,以确定公司的税后利润分配行为是否是为了变相剥夺异议股东的股权回购请求权而采取的象征性行为。

(3)为了避免公司与股东就税后利润的分配产生分歧,引发不必要的争议,给公司正常运转造成困难,在可能的情况下,建议公司章程就此问题作出相应的明确规定,保障公司的稳定发展。比如,公司章程可以规定,每年用于分配的税后利润不得低于可分配利润的50%。

八、如何确定股权(份)回购的价格

《公司法》第七十四条规定的"对股东会该项决议投反对票的股东可以请求公司按照合理的价格收购其股权"中的"合理的价格"该如何确定呢？

(1)股份有限公司,尤其是上市公司,其股份的价格可以由证券交易所的交易价格确定,实践中一般不存在争议。

(2)有限责任公司的股权回购价格,通常并无市场价格可供参考,因此对股权回购价格的确定,首先尊重参与回购各方的平等协商,以协商价格作为交易价格。

(3)在参与股权回购各方无法通过协商确定价格的情况下,由人民法院确定。人民法院应当依据讼争时该回购股权所代表的对应比例的公司净资产来确定股权回购价格。

九、公司回购后的股权(份)该如何处理

(1)有限责任公司回购股权后应当及时作如下处理。

①办理公司减资。依据《公司法》有关公司减资的规定,办理公司减资。

②转让股权。不办理减资的,应当及时将回购的股权对外转让,可以转让给公司股东,也可以转让给公司股东以外的其他人。

③办理变更登记。公司减资的,或者转让股权的,均涉及公司登记信息的变化,应当依法办理变更登记。

(2)股份有限公司回购异议股东的股份后应当在六个月内转让或者注销。

十、非因自身原因未能出席股东会会议并对决议投反对票的股东能否行使异议股权股权回购请求权

根据《公司法》第七十四条的规定，对股东会决议投反对票的股东才有权行使异议股东股权回购请求权。那么这就要求股东必须出席股东会会议才有可能行使该权利，因此，反对股东出席股东会会议并对决议投反对票，就成为行使股权回购请求权的前提。如果反对股东经公司通知，拒绝出席会议，则应当视为其放弃对决议投反对票的权利，也就放弃了股权回购请求权的行使。但是，实践中，股东有可能并非自身原因导致其未能出席股东会会议。比如，公司故意不依《公司法》或者公司章程的规定，或者全体股东的约定将召开股东会会议的信息通知反对股东，造成反对股东未能出席会议，在此情形下，如果否认反对股东行使股权回购请求权的权利，则对反对股东明显不公。

最高人民法院公报 2016 年第 1 期裁判文书选登"袁某晖与长江置业（湖南）发展有限公司请求公司收购股份纠纷案"的裁判摘要指出："根据《中华人民共和国公司法》第七十四条之规定，对股东会决议转让公司主要财产投反对票的股东有权请求公司以合理价格回购其股权。非因自身过错未能参加股东会的股东，虽未对股东会决议投反对票，但对公司转让主要财产明确提出反对意见的，其请求公司以公平价格收购其股权，法院应予支持。"

十一、公司章程能否针对异议股东股权（份）回购请求权作出与《公司法》不一样的规定

（1）公司章程不能剥夺异议股东的股权（份）回购请求权。异议股东股权（份）回购请求权是公司股东固有权利，不得剥夺。无论是《公司法》第七十四条，还是《公司法》第一百四十二条，均没有赋予公司章程可以作出禁止股权（份）回购的规定的权利。

（2）公司章程也不能对异议股东行使股权（份）回购请求权的条件、程序，作出不同于《公司法》的规定。无论是《公司法》第七十四条，还是《公司法》第一百四十二条，其中规定的异议股东行使股权（份）回购请求权的条件、程序都是法定的，不得变更。

十二、公司章程能否规定其他可以适用异议股东股权（份）回购请求权的情形

（1）《公司法》第一百四十二条规定："（股份有限）公司不得收购本公司股份，但是，有下列情形之一的除外。"据此，《公司法》是不允许股份有限公司在《公司法》第一百四十二条规定的法定情形外，另行规定其他可以适用股份回购的情形的。

（2）根据《最高人民法院关于适用〈中华人民共和国公司法〉若干问题的规定（五）》第五条的规定，人民法院审理解散公司诉讼案件，应当注重调解。当事人协商同意由"公司回购部分股东股份"，且不违反法律、行政法规强制性规定的，人民法院应予支持。这实际上是在《公司法》第七十四条规定的情形之外，另行规定了股东可以向公司请求收购其股权的情形。需要注意的是，在公司进行股权回购时，要特别强调对于公司、公司其他股东的利益的保护，尤其是公司债权人利益的保护。

（3）《全国法院民商事审判工作会议纪要》第五条规定："投资方与目标公司订立的'对赌协议'在不存在法定无效事由的情况下，目标公司仅以存在股权回购或者金钱补偿约定为由，主张'对赌协议'无效的，人民法院不予支持"。该条实际上也是在《公司法》

第七十四条规定的情形之外,另行规定了股东可以向公司请求收购其股权的情形。

(4)基于有限责任公司的人合性特质,和对公司自治、股东自治的尊重,有限责任公司章程在《公司法》第七十四条、《最高人民法院关于适用〈中华人民共和国公司法〉若干问题的规定(五)》第五条、《全国法院民商事审判工作会议纪要》第五条规定的情形之外,可以另行规定股东有权请求公司收购其股权的其他情形。

十三、公司章程能否规定公司可以行使股权(份)回购请求权

《公司法》第七十四条和第一百四十二条分别规定了有限责任公司异议股东和股份有限公司异议股东可以行使股权(份)回购请求权的情形。那么公司章程能否规定公司也可以行使股权(份)回购请求权呢?

(1)根据《公司法》第一百四十二条的规定,股份有限公司可以收购本公司股份的情形除了异议股东要求公司收购的以外,尚有以下五种情形:①减少公司注册资本;②与持有本公司股份的其他公司合并;③将股份用于员工持股计划或者股权激励;④将股份用于转换上市公司发行的可转换为股票的公司债券;⑤上市公司为维护公司价值及股东权益所必需。股份有限公司不得在以上六种情形外,再设定其他公司可以收购本公司股份的情形。

(2)根据《最高人民法院关于适用〈中华人民共和国公司法〉若干问题的规定(五)》第五条的规定,人民法院审理解散公司诉讼案件,应当注重调解。当事人协商同意由"公司回购部分股东股份",且不违反法律、行政法规强制性规定的,人民法院应予支持。这不但是赋予了股东可以向公司请求收购其股权的权利,也是赋予了公司向股东请求收购其股权的权利。

(3)基于有限责任公司的人合性特质,和对公司自治、股东自治的尊重,有限责任公司章程在《最高人民法院关于适用〈中华人民共和国公司法〉若干问题的规定(五)》第五条规定的情形之外,可以另行规定公司有权请求股东收购其股权的其他情形。比如,因股权激励等获得股权的公司员工,在其离职时,按照约定应当由公司收购其股权,但员工拒绝公司收购的,一般认为,公司有权向人民法院起诉要求其履行义务。

第四节 股份合作制企业的股东退出

根据国家经济体制改革委员会于 1997 年 8 月 6 日印发的《关于发展城市股份合作制企业的指导意见》的规定,股份合作制,是指采取了股份制一些做法的合作经济,是社会主义市场经济中集体经济的一种新的组织形式。在股份合作制企业中,劳动合作和资本合作有机结合。劳动合作是基础,职工共同劳动,共同占有和使用生产资料,利益共享,风险共担,实行民主管理,企业决策体现多数职工的意愿;资本合作采取了股份的形式,是职工共同为劳动合作提供的条件,职工既是劳动者,又是企业出资人。

上海市高级人民法院于 2006 年 6 月 20 日印发的《关于审理与股份合作制企业相关的公司纠纷案件若干问题的解答》针对股份合作制企业的股东退出作出了如下规定。

一、股份合作制企业的股东转让股权

《上海市高级人民法院关于审理与股份合作制企业相关的公司纠纷案件若干问题的解答》"三、关于持股职工请求向企业以外的单位或个人出让股权应如何处理的问题。

鉴于股份合作制企业具有劳动合作与资本合作相结合的特征,股份合作制企业章程一般均对持股职工向企业以外的单位或个人出让股权予以限制。法院在审理中,应当尊重章程对股权转让事项所作的限制性约定,不能以该约定侵犯股东对股权的自由处分权为由而认定其无效。股份合作制企业持股职工要求出让其持有的股权,应当按照章程约定进行处理。持股职工的股权转让请求违反章程约定的,法院依法不予支持。"

二、股份合作制企业的股东要求退股

《上海市高级人民法院关于审理与股份合作制企业相关的公司纠纷案件若干问题的解答》"四、关于股份合作制企业在职职工要求退股应如何处理的问题。

鉴于股份合作制企业的本质特征之一是资本合作与劳动合作相结合,职工既是在企业工作的劳动者,又是企业的股东,具有双重身份,职工作为企业股东的身份与职工本人在企业劳动紧密联系在一起。为保持企业资本金充足,章程一般约定职工股东在职期间不得退股。因此,企业职工要求退股并返还股本金的,因该请求违反企业章程的约定,法院依法不予支持。"

三、股份合作制企业的股东拒绝退股

(1)《上海市高级人民法院关于审理与股份合作制企业相关的公司纠纷案件若干问题的解答》,"七、关于持股职工在章程约定的退股事由出现后不同意退股,提起股权确权诉讼应如何处理的问题。

鉴于股份合作制企业具有劳动合作与资本合作相结合的特征,企业职工因退休、调离、辞职或被除名等情形离开企业,参照国家体改委指导意见和市政府暂行办法的规定,其不再具有企业劳动者的身份,相应也不再享有企业股东的资格,故其原持有的股权应当按照章程约定予以退让,由企业或其他职工受让。对原持股职工在离开公司后提起诉讼,请求确认其为原企业股东并享有股权的,法院依法不予支持。"

(2)《上海市高级人民法院关于审理与股份合作制企业相关的公司纠纷案件若干问题的解答》,"八、关于持股职工在章程约定的退股事由出现后,拒不办理相关退股手续应如何处理的问题。

依据企业章程的约定,持股职工因退休、调离、辞职或被除名等情形离开企业,不再符合持股条件,应将其所持有的股权转让给企业或企业指定的受让人,并办理相关出资证明或股权证缴销手续。企业应当依据股东变更的事实,对企业章程和股东名册进行变更登记。持股职工拒绝办理股权转让手续或交回出资证明、股权证的,企业可按照章程约定或股东大会决议,取消该持股职工的股东资格,并可请求对其持有的股权予以收购。企业章程对股权收购价格有约定的,从约定;未约定的,可按照本解答第六条规定予以处理。"

该解答的第六条:"关于股份合作制企业股权转让的价格应如何确定的问题。

股份合作制企业章程对股权转让价格有约定的,按照章程的约定处理。章程未作约定的,股权转让价格可由出让方与受让方协商确定。协商不成的,法院可按照企业上一年度向工商行政管理部门登记备案的资产负债表或其他会计报表中所列的'企业净资产额'确定每股价格后予以处理。"

第十一章
股权如何继承

　　创业者在创业之初,考虑更多的是如何将公司设立起来,如何将生意开展起来,如何让事业发达起来。事业真正发展起来后,创业者们就会自然而然考虑如何将自己的事业传承下去。在公司状态下,也就是公司的股权能否继承的问题,以及如何继承的问题。

第一节 自然人股东的股权继承

自然人股东股权继承的法律规定集中体现在《公司法》第七十五条：“自然人股东死亡后，其合法继承人可以继承股东资格；但是，公司章程另有规定的除外。”

一、自然人股东股权的可继承性

股权作为民事权利的一种，同时具备人身属性和财产属性，股权的财产属性，决定了其在股东死亡后成为可被继承的遗产的可能①。一般认为，股权的以下几个法律特征决定了其能够成为可被继承的遗产。

第一，股权具备的财产性。公司股东因其出资行为，以货币、实物或其他财产性权利为载体，将其出资转化为公司的注册资本。公司注册资本是股权财产性的集中体现。当股权发生价格变动，尤其是体现在股权转让时，受让人支付的对价无不以金钱的形式量化并表现出来，如此种种，都在证明股权具备的财产性。

第二，股权具备的可分割性。股东在对外转让自己所持有的股权时，不但可以将自己持有的全部股权转让，也可将其中的部分股权转让；既可以将自己持有的股权部分转让给某甲，也可以将部分转让给某乙。

第三，股权具备的可转让性。无论是有限责任公司的股权，还是股份有限公司的股份，都具有可转让性。有限责任公司的股权在股东内部的转让是不受限制的，在向股东以外的其他人转让时，也仅是需要尊重其他股东的优先购买权；而股份有限公司股份的转让，尤其是在证券交易所交易的股票的转让，其可转让性则更强。

二、自然人股东股权继承的法律特征

（一）自然人股东的股权继承具有一般继承的共同特征

（1）自然人股东有权按照自己的意愿处理股权继承问题。比如，股东可以选择遗嘱继承，即股东可以自主决定自己的股权由继承人中的某一个，或者某几个继承；并可以确定某个继承人，或者某几个继承人有权继承股权的份额。

（2）自然人股东也可以选择遗赠自己的股权，即股东可以将自己的股权遗赠给法定继承人之外的其他人继承；或者遗赠给国家；或者遗赠给集体。

（3）只有在没有遗嘱继承，也没有遗赠的情况下；或者遗嘱继承、遗赠均不产生法律效力的情况下，死亡股东的股权才按照法定继承处理。

（二）自然人股东死亡后，其继承人继承的是其股东资格

《公司法》第七十五条规定：“自然人股东死亡后，其合法继承人可以继承股东资格”。也就是说，股东死亡的，其继承人将成为公司新股东，并依法享受股东权利，承担股东义务。需要注意的是，继承人享有的股东权利是以死亡股东的权利界限为界限的。比如，死亡股东因未履行或者未全面履行出资义务或者抽逃出资，公司根据公司章程或者股东会决议对其利润分配请求权、新股优先认购权、剩余财产分配请求权等股东权利作出了相应的合理

---

① 《中华人民共和国民法典》第一千一百二十二条第一款：遗产是自然人死亡时遗留的个人合法财产。

限制,继承股东也要受到这种限制的约束。当然,法律赋予死亡股东自我救济的权利,继承股东也能享有。

(三)公司章程可以就股权继承作出不同的规定

在公司章程没有对股东死亡后的遗留股东资格继承问题作出规定的情况下,死亡股东的继承人当然继承股东资格;但是,如果公司章程就股东死亡后股东资格的继承问题作出了规定,就应当按照章程的规定处理。比如,公司章程可以规定,股东死亡的,由其他股东按比例,以公允价格购买其遗留的股权,并将对价支付给死亡股东的继承人。但需要指出的是,如果公司章程规定,股东死亡后,由其他股东无偿受让其遗留的出资份额,无须向继承人支付对价,这样的规定的效力就很值得怀疑了。尤其是,如果死亡股东的出资还可能涉及夫妻共同财产等情况时,这样的规定就更缺乏合理性。

三、自然人股东的继承人如何继承股东资格

(1)根据《公司法》第七十五条的规定,自然人股东死亡后,除公司章程另有规定外,其合法继承人可以当然继承股东资格,无须公司或者其他股东的同意或者确认。

正如,广东省高级人民法院民二庭《民商事审判实践中有关疑难法律问题的解答意见》"三、适用公司、企业法律疑难问题"第(八)条规定:"《中华人民共和国公司法》第七十六条明确规定,股东资格可以继承。除公司章程规定另有规定外,继承人有权当然继承股东资格。"

上海市第二中级人民法院发布的《2013—2017 年公司决议案件审判白皮书》提出:"公司法规定,自然人股东死亡后,其合法继承人可以继承股东资格。故公司召开股东会会议时,应通知该自然人股东的全部继承人参会。有一件案件反映,公司召开股东会会议未通知其他已知或应知法定继承人,判决认定会议召集程序违反法律规定。"

(2)根据《公司登记管理条例》第三十四条的规定,有限责任公司的自然人股东死亡后,其合法继承人继承股东资格的,公司应当申请变更登记。申请变更登记的期间应为,自变更之日起 30 日内。笔者认为,这里所谓"变更"之日,当是指自然人股东死亡之日。不过在现实中,自然人股东死亡信息公司不一定能在第一时间掌握;即使能在第一时间掌握,也无法在短时间内确定合法继承人;如果继承人之间就股权继承问题发生争议;或者有的继承人放弃继承等,这些情况的存在将造成公司无法在 30 日内完成变更登记申请。

(3)如果公司拒绝申请变更登记,合法继承人可以起诉公司,要求确认股东资格。正如,陕西省高级人民法院民二庭《关于审理公司纠纷案件若干问题的意见》第六条规定:"自然人股东死亡,当事人为合法继承人的,如法律对股东资格没有特殊规定,公司章程对于股权继承没有相反规定的,当事人起诉请求确认股东资格的,人民法院应予支持。"

四、公司章程能否剥夺自然人股东继承人对股东资格的继承权

(1)根据《公司法》第七十五条中"但是,公司章程另有规定的除外"的规定,公司章程可以作出禁止股东资格的继承的规定。

(2)公司章程虽然可以禁止股东资格的继承,但股权中的财产性权利不能剥夺。股权作为兼具财产性和人身性的权利结合,公司章程可以不允许死亡股东的继承人继承股东身份,剥夺人身权利,这也是符合有限责任公司人合性的特征的;但公司章程不可以剥夺死亡

股东遗留股权中的财产性权利。更直白一点的说法就是,在公司章程未对股权继承作出明确规定的情况下,依《公司法》的规定处理,即死亡股东的继承人继承股东资格,依法享有股权所具有的财产权和人身权;如果公司章程对股权问题作出了不同于《公司法》的规定,则公司章程可以剥夺股权中的人身权利,但不得剥夺其中的财产权利,即继承人可以不成为公司股东,但死亡股东遗留股权的价值应当得到继承。公司章程可以限制股东资格继承,但不能剥夺继承人获得与股权价值相适应的财产对价的权利。

正如,广东省高级人民法院民二庭《民商事审判实践中有关疑难法律问题的解答意见》"三、适用公司、企业法律疑难问题"第(八)条规定:"但在公司章程另有规定或继承人不愿继承股东资格等情形下,继承人仅享有股权中的财产权,由股权价款中得到补偿。"

(3)通过修改公司章程剥夺股东资格的继承不当然有效。如果公司通过修改公司章程剥夺自然人股东继承人对股东资格的继承权,但未获全体股东一致同意的,该项决议不产生法律效力,公司股东均不受此约束。

五、公司以章程之外的其他方式就股东资格继承问题作出规定是否有效

根据《公司法》第七十五条的规定,有权对公司股东资格继承问题作出规定的只有公司章程,在公司章程未作规定或者规定不明确的情况下,以《公司法》的规定为准。那么在《公司法》与公司章程之外,公司能否以其他方式就股东资格继承问题作出规定呢? 比如:股东协议、股东会决议等。

(1)股东协议能否就股东资格继承问题作出约定,关键在于股东协议的签约方是否是公司全体股东。如果公司全体股东参与了协议的签署,则该协议对公司全体股东产生约束力。此时的股东协议与公司章程在约束对象上都包含了公司全体股东。这样的股东协议就股东资格继承问题作出的约定当然有效。

(2)股东会决议能否就股东资格继承问题作出规定,同样也取决于该决议是否是公司全体股东一致通过。如果公司全体股东一致支持该决议,这样的股东会决议就股东资格继承问题作出的规定当然有效。

(3)在股东会决议或者公司章程修正案就有关股东资格继承问题既有赞成股东,也有反对股东的情况下,反对股东当然不受其约束,但是赞成股东应否受其约束呢? 笔者认为,赞成股东也不应受其约束。因为,按照《公司法》第七十五条的立法本意,股东资格继承问题应以公司全体股东一致意见为准,只要有一个股东反对,就不能作出产生法律效力的决议。故此,无论赞成股东存在与否,只要有反对股东,该决议就无法产生法律效力。法律效力不存在,对赞成股东当然也就不存在约束力。

六、自然人股东的继承人放弃继承股东资格的该如何处理

(1)首先要明确的是,股东的继承人有权放弃继承股东资格。这是因为《公司法》第七十五条中的"可以"二字,既然是"可以"继承,那也就"可以"不继承。这也符合一般继承的法律特征。

(2)公司章程对继承人放弃继承股东资格有规定的,应当按照公司章程的规定处理。

(3)公司章程没有规定的,如果其他股东愿意收购该股权,则应当按照《公司法》有关股权转让的规定处理;如果其他股东不愿意收购该股权,则应当通过引入新股东、减资等方式

解决。

（4）如果遗留的股权存在瑕疵，还可以不允许放弃继承。比如，遗留股权存在出资义务未履行或者未全面履行，或者出资被抽逃的情况，被公司债权人主张权利的，则可以援引《最高人民法院关于适用〈中华人民共和国民法典〉继承编的解释（一）》第三十二条的规定"继承人因放弃继承权，致其不能履行法定义务的，放弃继承权的行为无效。"禁止对股东资格继承的放弃。

七、股权继承中的股东优先购买权

股权继承从某种意义上来讲也属于股权转让，是公司股权从由被继承人持有转为由继承人持有，根据本书第十章第一节的内容，这属于广义的股权转让。那么此时是否适用《公司法》第七十一条第三款的规定，赋予其他股东优先购买权呢？

（1）基于公司自治、股东自治的角度，允许公司章程可以就股权继承问题作出规定，也允许全体股东就股权继承问题作出约定，赋予其他股东享有优先购买权。

（2）基于有限责任公司人合性特征，公司章程在规定，或者全体股东在约定股权继承中其他股东优先购买权时，可以剥夺继承人继承股东资格的权利，即可以禁止继承人对股权中人身权利的继承，但应当保障继承人对于股权中财产权利的继承，即应当保障继承人获得与继承股权相对应的财产权益。

（3）《最高人民法院关于适用〈中华人民共和国公司法〉若干问题的规定（四）》第十六条规定："有限责任公司的自然人股东因继承发生变化时，其他股东主张依据公司法第七十一条第三款规定行使优先购买权的，人民法院不予支持，但公司章程另有规定或者全体股东另有约定的除外。"据此，在公司章程没有对股权继承作出规定，或者全体股东没有对股权继承作出约定的情况下，对于股东资格的继承，其他股东不享有优先购买权。

八、股份合作制企业的股东资格继承

《公司法》第七十五条规定了有限责任公司的股东资格继承，那么，其他形态的企业，比如股份合作制企业的股东资格继承是否也可以适用《公司法》第七十五条的规定呢？

上海市高级人民法院《关于审理与股份合作制企业相关的公司纠纷案件若干问题的解答》"十、关于持股职工死亡后，其继承人提出要求继承该持股职工股权的，应如何处理的问题。

虽然2006年1月1日起施行的《中华人民共和国公司法》第七十六条规定：自然人股东死亡后，其合法继承人可以继承股东资格。但是，股份合作制企业不同于有限责任公司和股份有限公司，企业的职工既是企业的劳动者，又是企业的股东，职工的企业股东身份与其本人的劳动关系紧密联系、不可分离，这也是股份合作制企业的本质特征之一。已故持股职工的继承人并非企业的劳动者，其不具备作为企业股东的主体资格，故不能依照上述公司法的规定继承该已故持股职工生前所持有的企业股权。已故持股职工的合法继承人请求继承股权的，法院应予以释明，要求其变更诉请为主张对该部分股权的财产权利。法院应判决企业收购该部分股权，并将股权收购价款作为已故持股职工的遗产予以处理。已故持股职工的继承人不变更诉请的，法院依法不予支持。"

九、股权继承的法律意义

（1）股东可以自主确定最有利于公司发展的继承方案。

公司股东可以根据自己的判断，选择自己认为最适合的继承人继承自己的股权，将自己的事业交给最信赖的接班人，从而保证公司的长远发展。

（2）继承人依法继承股权，可以避免不必要的纷争。

股东的继承人依法继承股权，保证了公司的平稳过渡，减少了因股东死亡而给公司带来的震荡与不确定，同样对公司长远发展有利。

（3）股权继承问题解决好了，有利于公司稳定，有利于社会稳定。

股权继承问题解决好了，公司也就稳定了。这对公司员工、公司债权人、公司的商业伙伴无不是百利无一害的，对社会的稳定也是有力的支撑。

十、继承的法律规定

为了让读者对股权继承有更全面地了解，下面介绍一下继承的相关法律规定。

（一）继承方式

根据《民法典》第六编的规定，继承方式有以下三种。

（1）法定继承。是指由法律直接规定继承人的范围、继承顺序、遗产分配的原则的继承方式。

（2）遗嘱继承。是指被继承人以遗嘱的方式将个人财产指定由法定继承人中的一人或者数人继承。（《民法典》第一千一百三十三条第二款）

（3）遗赠。是指被继承人以遗嘱的方式将个人财产赠与国家、集体或者法定继承人以外的组织、个人。（《民法典》第一千一百三十三条第三款）

（二）法定继承的继承人范围

根据《民法典》第一千一百二十七条、第一千一百二十九条的规定，遗产按照下列顺序继承。

（1）第一顺序：配偶、子女、父母、对公婆尽了主要赡养义务的丧偶儿媳、对岳父母尽了主要赡养义务的丧偶女婿。

（2）第二顺序：兄弟姐妹、祖父母、外祖父母。

继承开始后，由第一顺序继承人继承，第二顺序继承人不继承；没有第一顺序继承人继承的，由第二顺序继承人继承。

（三）法定继承的法律特征

（1）继承开始后，由第一顺序继承人继承，第二顺序继承人不继承；没有第一顺序继承人继承的，由第二顺序继承人继承。

（2）同一顺序继承人继承遗产的份额，一般应当均等。继承人协商同意的，也可以不均等。

（3）对生活有特殊困难又缺乏劳动能力的继承人，分配遗产时，应当予以照顾。

（4）对被继承人尽了主要扶养义务或者与被继承人共同生活的继承人，分配遗产时，可以多分。

（5）有扶养能力和有扶养条件的继承人，不尽扶养义务的，分配遗产时，应当不分或者少分。

(四)子女的法律含义

这里的"子女",包括四种情形。

(1)婚生子女。

(2)非婚生子女。

(3)养子女。

(4)有扶养关系的继子女。

(五)父母的法律含义

这里的"父母",包括三种情形。

(1)生父母。

(2)养父母。

(3)有扶养关系的继父母。

(六)兄弟姐妹的法律含义

这里的"兄弟姐妹",包括四种情形。

(1)同父母的兄弟姐妹。

(2)同父异母或者同母异父的兄弟姐妹。

(3)养兄弟姐妹。

(4)有扶养关系的继兄弟姐妹。

(七)代位继承

1. 代位继承的概念

代位继承,是指被继承人的子女先于被继承人死亡,由被继承人的子女的晚辈直系血亲代位继承;或者被继承人的兄弟姐妹先于被继承人死亡,由被继承人的兄弟姐妹的子女代位继承。

2. 代位继承的种类

根据《民法典》第一千一百二十八条的规定,代位继承包含以下两种情形。

(1)被继承人的子女先于被继承人死亡的,由被继承人的子女的直系晚辈血亲代位继承。

(2)被继承人的兄弟姐妹先于被继承人死亡的,由被继承人的兄弟姐妹的子女代位继承。

3 代位继承的法律特征

(1)第一种情形的代位继承的法律特征。

①适用于被继承人的"子女"先于被继承人死亡的情况。如果是被继承人的父母或者配偶先于被继承人死亡,不发生代位继承。

②适用于被继承人的子女"先于"被继承人死亡的情况。如果被继承人的子女"后于"被继承人死亡,则不发生代位继承,但可能发生转继承。

③代位继承人须是"被继承人的子女的直系晚辈血亲"。所谓"直系晚辈血亲",是指子女、孙子女、外孙子女等。

④代位继承人一般只能继承被代位继承人有权继承的遗产份额。

(2)第二种情形的代位继承的法律特征。

①适用于被继承人的"兄弟姐妹"先于被继承人死亡的情况。如果是被继承人的祖父

母或者外祖父母先于被继承人死亡,不发生代位继承。

②适用于被继承人的兄弟姐妹"先于"被继承人死亡的情况。如果被继承人的兄弟姐妹"后于"被继承人死亡,则不发生代位继承,但可能发生转继承。

③代位继承人须是"被继承人的兄弟姐妹的子女"。被继承人的兄弟姐妹的其他继承人不享有代位继承权。

④代位继承人一般只能继承被代位继承人有权继承的遗产份额。

4. 举例说明

(1)针对第一种情形。甲于2021年1月1日死亡,留有遗产100万元。其妻乙,其父丁,其母戊尚在,但其子丙早于甲死亡,丙有妻己,有子庚。一般情况下,乙、丙、丁、戊应当分别继承25万元,但由于丙早于甲死亡,因此丙应当继承的25万元遗产由丙子庚代位继承,如下图所示。

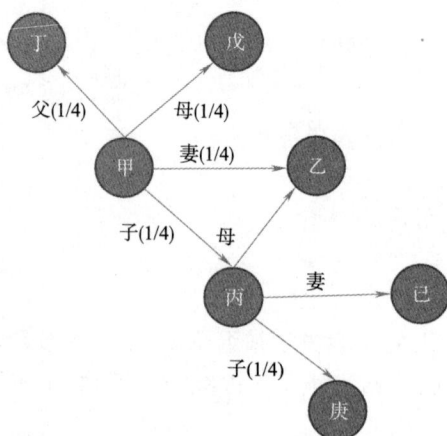

(2)针对第二种情形。甲于2021年1月1日死亡,留有遗产100万元。甲无父母,无配偶,无子女,无祖父母,无外祖父母,但有弟辛。辛已早于甲死亡,辛有妻壬,有子癸。由于甲没有第一顺序继承人,因此,其遗产应由第二顺序继承人辛继承,但第二顺序继承人辛也已死亡。甲弟辛的儿子癸就有权代位继承甲的遗产100万元,如下图所示。

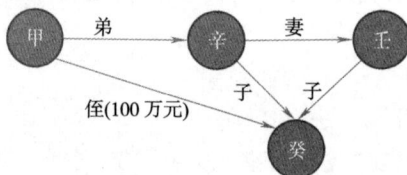

(八)转继承

1. 转继承的概念

根据《民法典》第一千一百五十二条的规定,转继承,是指继承开始后,继承人于遗产分割前死亡,并没有放弃继承的,该继承人应当继承的遗产转给其继承人,但是遗嘱另有安排的除外。

2. 转继承的法律特征

(1)发生在"继承开始后,遗产分割前"。

(2)继承人在"继承开始后,遗产分割前"死亡。

（3）继承人没有放弃继承。

（4）死亡继承人没有立遗嘱，或者遗嘱未作其他安排。

（5）死亡继承人应当继承的遗产转给其继承人。

3. 转继承与代位继承的区别

（1）代位继承是指继承人先于被继承人死亡，即继承人死于继承开始之前；转继承则是指继承人死于被继承人之后，即继承人死于继承开始之后，遗产分割之前。

（2）代位继承是指继承人的直系晚辈血亲或者继承人的兄弟姐妹的子女直接参与对被继承遗产的分配；转继承则是指继承人在被继承人死亡之后，遗产分割之前死亡的，该继承人的继承人是对该继承人遗产的继承，而并非直接参与对被继承遗产的分配。

（3）代位继承的只能是继承人的直系晚辈血亲或者继承人的兄弟姐妹的子女；转继承的则是继承人的，包括子女在内的所有继承人。

4. 举例说明

甲于 2021 年 1 月 1 日死亡，留有遗产 100 万元。其妻乙，其子丙，其父丁，其母戊尚在。一般情况下，乙、丙、丁、戊应当分别继承 25 万元。但在尚未对甲的遗产 100 万元进行分割前，2021 年 1 月 2 日，丙死亡。丙有妻己，有子庚。这样，在对甲的 100 万元遗产分割时，乙、丁、戊分别继承 25 万元，己、庚与乙作为丙的继承人，有权转继承丙的继承份额 25 万元，如下图所示。

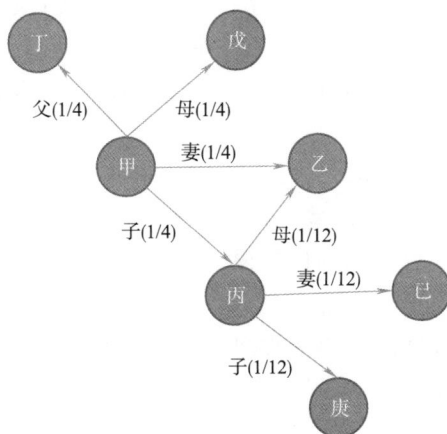

第二节　法人股东的股权如何"继承"

公司股东既可以是自然人，也可以是法人。自然人股东死亡，包括自然死亡和宣告死亡[①]，将导致其持有的股权发生继承；而法人股东也可能出现"死亡"，也会引发其持有的股

---

① 《中华人民共和国民法典》第四十六条：自然人有下列情形之一的，利害关系人可以向人民法院申请宣告该自然人死亡：

（一）下落不明满四年；

（二）因意外事件，下落不明满二年。

因意外事件下落不明，经有关机关证明该自然人不可能生存的，申请宣告死亡不受二年时间的限制。

权的"继承"问题。

一、什么是法人股东的"死亡"

法人股东的"死亡",法律上称之为"公司终止"。根据《民法典》第六十八条,《公司法》第一百八十八条,《企业破产法》第一百二十一条的规定,公司终止的情形有解散并清算、注销而终止;破产并清算、注销而终止。以下分别介绍。

(一)解散并清算、注销而终止

1. 公司解散的概念

公司解散,是指公司因公司章程的规定或者法定事由的出现而停止公司的经营活动,开始进行公司清算,以使公司法人人格消灭的法律行为。

2. 公司解散的法律特征

(1)公司解散是一个时间过程。公司解散的结果导致公司法人资格消灭,公司法人资格的最终消灭也需要经历解散这么一个时间过程。

(2)公司解散由一系列法律程序和法律行为构成。包括清算、了结债权债务、分配公司剩余财产、办理注销登记、缴销营业执照等。

(3)公司解散期间公司法人资格依然存在。公司解散期间公司的法人资格尚未消灭,仍具有民事行为能力,仍可以参与民事活动。

(4)公司解散期间公司民事行为能力受限。根据《公司法》第一百八十六条的规定,清算期间,公司存续,法人资格依然存在,但公司行为能力受到限制,只能进行与清算有关的活动,不得开展与清算无关的经营活动。也可以说,此时公司的法人资格就是为清算而存在的。

3. 公司解散的原因

根据《公司法》第一百八十条的规定,公司因下列原因解散。

(1)公司章程规定的营业期限届满。

公司的营业期限是公司存续的时间界限,公司营业执照签发日期为公司成立日期,公司营业期限从公司成立之日开始计算,公司营业期限届满的,应当停止经营活动,进入解散阶段。当然公司也可以通过修改公司章程而存续。需要注意的是,修改公司章程的决议,有限责任公司须经持有三分之二以上表决权的股东通过;股份有限公司须经出席股东大会会议的股东所持表决权的三分之二以上通过。公司变更经营期限的,还须向公司登记机关办理变更登记。

(2)公司章程规定的其他解散事由出现。

《公司法》允许公司章程根据公司具体情况,规定某些特定事由作为公司解散的原因,一旦公司出现了这些原因,公司就应当停止经营活动,进入公司解散程序。

(3)股东会或者股东大会决议解散。

股东会作为有限责任公司的权力机构,股东大会作为股份有限公司的权力机构,有权决定公司的重大事务,股东会或者股东大会作出决议解散公司,有限责任公司须经持有三分之二以上表决权的股东通过;股份有限公司须经出席股东大会会议的股东所持表决权的三分之二以上通过。

(4)因公司合并需要解散。

公司合并包括吸收合并和新设合并,吸收合并中的被吸收公司需要解散;新设合并中的合并各方均需要解散。股东会或者股东大会作出公司合并决议,有限责任公司须经持有三分之二以上表决权的股东通过;股份有限公司须经出席股东大会会议的股东所持表决权的三分之二以上通过。

（5）因公司分立需要解散。

公司分立包括派生分立和新设分立,其中新设分立中的原公司需要解散。股东会或者股东大会作出公司分立决议,有限责任公司须经持有三分之二以上表决权的股东通过;股份有限公司须经出席股东大会会议的股东所持表决权的三分之二以上通过。

（6）依法被吊销营业执照。

吊销营业执照,是指将公司的营业执照予以剥夺,使其丧失继续从事经营活动的资格。

《公司法》规定的吊销营业执照的情形有以下几种。

①虚报注册资本、提交虚假材料或者采取其他欺诈手段隐瞒重要事实取得公司登记的,由公司登记机关责令改正,对虚报注册资本的公司,处以虚报注册资本金额百分之五以上百分之十五以下的罚款;对提交虚假材料或者采取其他欺诈手段隐瞒重要事实的公司,处以五万元以上五十万元以下的罚款;情节严重的,撤销公司登记或者吊销营业执照。(《公司法》第一百九十八条)

②承担资产评估、验资或者验证的机构提供虚假材料的,由公司登记机关没收违法所得,处以违法所得一倍以上五倍以下的罚款,并可以由有关主管部门依法责令该机构停业、吊销直接责任人员的资格证书,吊销营业执照。(《公司法》第二百零七条第一款)

③承担资产评估、验资或者验证的机构因过失提供有重大遗漏的报告的,由公司登记机关责令改正,情节较重的,处以所得收入一倍以上五倍以下的罚款,并可以由有关主管部门依法责令该机构停业、吊销直接责任人员的资格证书,吊销营业执照。(《公司法》第二百零七条第二款)

④公司成立后无正当理由超过六个月未开业的,或者开业后自行停业连续六个月以上的,可以由公司登记机关吊销营业执照。(《公司法》第二百一十一条第一款)

⑤利用公司名义从事危害国家安全、社会公共利益的严重违法行为的,吊销营业执照。(《公司法》第二百一十三条)

《公司登记管理条例》规定的吊销营业执照的情形有以下几种。

①虚报注册资本,取得公司登记的,由公司登记机关责令改正,处以虚报注册资本金额百分之五以上百分之十五以下的罚款;情节严重的,撤销公司登记或者吊销营业执照。(《公司登记管理条例》第六十三条)

②提交虚假材料或者采取其他欺诈手段隐瞒重要事实,取得公司登记的,由公司登记机关责令改正,处以五万元以上五十万元以下的罚款;情节严重的,撤销公司登记或者吊销营业执照。(《公司登记管理条例》第六十四条)

③公司成立后无正当理由超过六个月未开业的,或者开业后自行停业连续六个月以上的,可以由公司登记机关吊销营业执照。(《公司登记管理条例》第六十七条)

④公司登记事项发生变更时,未依照本条例规定办理有关变更登记的,由公司登记机关责令限期登记;逾期不登记的,处以一万元以上十万元以下的罚款。其中,变更经营范围涉及法律、行政法规或者国务院决定规定须经批准的项目而未取得批准,擅自从事相关经营活动,情节严重的,吊销营业执照。(《公司登记管理条例》第六十八条第一款)

⑤伪造、涂改、出租、出借、转让营业执照的,由公司登记机关处以一万元以上十万元以下的罚款;情节严重的,吊销营业执照。(《公司登记管理条例》第七十一条)

⑥承担资产评估、验资或者验证的机构提供虚假材料的,由公司登记机关没收违法所得,处以违法所得一倍以上五倍以下的罚款,并可以由有关主管部门依法责令该机构停业、吊销直接责任人员的资格证书,吊销营业执照。(《公司登记管理条例》第七十三条第一款)

⑦承担资产评估、验资或者验证的机构因过失提供有重大遗漏的报告的,由公司登记机关责令改正,情节较重的,处以所得收入一倍以上五倍以下的罚款,并可以由有关主管部门依法责令该机构停业、吊销直接责任人员的资格证书,吊销营业执照。(《公司登记管理条例》第七十三条第二款)

⑧利用公司名义从事危害国家安全、社会公共利益的严重违法行为的,吊销营业执照。(《公司登记管理条例》第七十八条)

(7)依法被责令关闭。

责令关闭,是指公司违反了法律、行政法规的规定,行政机关对其作出停止经营活动的处罚。

(8)依法被撤销。

撤销,是指行政机关对有瑕疵的公司登记予以撤销。

(9)人民法院依照《公司法》第一百八十二条的规定予以解散。

公司经营管理发生严重困难,继续存续会使股东利益受到重大损失,通过其他途径不能解决的,持有公司全部股东表决权百分之十以上的股东,可以请求人民法院解散公司。

4. 清算

除了"因公司合并或者分立需要解散"的情形无须清算外,其他情形的公司解散都应当依法清算。清算工作掌握如下原则。

(1)清算开始时间。

应当在解散事由出现之日起十五日内成立清算组,开始清算。

(2)清算组的组成。

①有限责任公司的清算组由股东组成。(《公司法》第一百八十三条)

②股份有限公司的清算组由董事或者股东大会确定的人员组成。(《公司法》第一百八十三条)

③在由人民法院指定组成清算组的情况下,清算组成员可以从下列人员或者机构中产生:a. 公司股东、董事、监事、高级管理人员;b. 依法设立的律师事务所、会计师事务所、破产清算事务所等社会中介机构;c. 依法设立的律师事务所、会计师事务所、破产清算事务所等社会中介机构中具备相关专业知识并取得执业资格的人员。(《最高人民法院关于适用〈中华人民共和国公司法〉若干问题的规定(二)》第八条)

④人民法院指定的清算组成员有下列情形之一的,人民法院可以根据债权人、股东的申请,或者依职权更换清算组成员:a. 有违反法律或者行政法规的行为;b. 丧失执业能力或者民事行为能力;c. 有严重损害公司或者债权人利益的行为。(《最高人民法院关于适用〈中华人民共和国公司法〉若干问题的规定(二)》第九条)

(3)清算组的职权。

《公司法》第一百八十四条规定了清算组在清算期间行使下列职权:①清理公司财产,

分别编制资产负债表和财产清单;②通知、公告债权人;③处理与清算有关的公司未了结的业务;④清缴所欠税款以及清算过程中产生的税款;⑤清理债权、债务;⑥处理公司清偿债务后的剩余财产;⑦代表公司参与民事诉讼活动。

(4)清算期间公司债权人权益的保护。

根据《公司法》第一百八十五条的规定,为充分保障公司债权人的权益,清算组应当履行如下工作。

①清算组应当自成立之日起十日内通知债权人,债权人自接到通知书之日起三十日内向清算组申报其债权。

②清算组应当自成立之日起六十日内在报纸上公告,债权人自公告之日起四十五日内向清算组申报其债权。

③清算组应当对债权进行登记。债权人申报债权,应当说明债权的有关事项,并提供证明材料。

④清算组在申报债权期间不得对债权人进行清偿。

(5)清算方案的确认。

根据《公司法》第一百八十六条的规定,清算组在清理公司财产、编制资产负债表和财产清单后,应当制订清算方案。自行组织清算的,清算方案须报有限责任公司股东会,或者股份有限公司股东大会确认;人民法院组织清算的,清算方案须报人民法院确认。

(6)清算的结果。

公司经清算可能出现以下三种结果。

①申请宣告破产。根据《公司法》第一百八十七条的规定,清算组在清理公司财产、编制资产负债表和财产清单后,发现公司财产不足清偿债务的,应当依法向人民法院申请宣告破产。公司经人民法院裁定宣告破产后,清算组应当将清算事务移交给人民法院。

②协商清偿债务。根据《最高人民法院关于适用〈中华人民共和国公司法〉若干问题的规定(二)》第十七条的规定,人民法院指定的清算组在清理公司财产、编制资产负债表和财产清单时,发现公司财产不足清偿债务的,可以与债权人协商制作有关债务清偿方案。债务清偿方案经全体债权人确认且不损害其他利害关系人利益的,人民法院可依清算组的申请裁定予以认可。清算组依据该清偿方案清偿债务后,应当向人民法院申请裁定终结清算程序。债权人对债务清偿方案不予确认或者人民法院不予认可的,清算组应当依法向人民法院申请宣告破产。

③申请注销登记。根据《公司法》第一百八十八条的规定,公司清算结束后,清算组应当制作清算报告,报股东会、股东大会或者人民法院确认,并报送公司登记机关,申请注销公司登记,公告公司终止。

(二)破产并清算、注销而终止

1.公司破产的概念

公司破产,分为狭义的破产和广义的破产。狭义的破产,是指破产清算,即在企业法人不能清偿到期债务,并且资产不足以清偿全部债务或者明显缺乏清偿能力时,为满足债权人正当合理的清偿要求,在人民法院的指挥和监督之下,就债务人的财产实行的以分配为目的的清偿程序;广义的破产,是指包括破产重整、破产和解和破产清算在内的破产法律体系。本节所谈到的破产系狭义的破产,即破产清算。

2. 公司破产的法律特征

(1)公司破产是债权人实现债权的一种特殊形式,是债权实现和债权消灭的终极途径。

(2)破产清算的基本功能和主要目的是公平清偿公司所欠债权人的债务,同时对公司提供一定的救济。

(3)破产清算是在人民法院的指挥和监督之下,由特定机构或者人员参与的债务清偿程序。

(4)破产清算具有总括强制执行程序的特征,是对公司全部债务的一次性清算。

3. 公司破产的原因

根据《最高人民法院关于适用〈中华人民共和国企业破产法〉若干问题的规定(一)》第一条的规定,公司破产的原因有以下两个。

(1)企业法人不能清偿到期债务,并且资产不足以清偿全部债务。

下列情形同时存在的,人民法院应当认定债务人不能清偿到期债务:①债权债务关系依法成立;②债务履行期限已经届满;③债务人未完全清偿债务。(《最高人民法院关于适用〈中华人民共和国企业破产法〉若干问题的规定(一)》第二条)

债务人的资产负债表,或者审计报告、资产评估报告等显示其全部资产不足以偿付全部负债的,人民法院应当认定债务人资产不足以清偿全部债务,但有相反证据足以证明债务人资产能够偿付全部负债的除外。(《最高人民法院关于适用〈中华人民共和国企业破产法〉若干问题的规定(一)》第三条)

(2)企业法人不能清偿到期债务,并且明显缺乏清偿能力。

债务人账面资产虽大于负债,但存在下列情形之一的,人民法院应当认定其明显缺乏清偿能力:①因资金严重不足或者财产不能变现等原因,无法清偿债务;②法定代表人下落不明且无其他人员负责管理财产,无法清偿债务;③经人民法院强制执行,无法清偿债务;④长期亏损且经营扭亏困难,无法清偿债务;⑤导致债务人丧失清偿能力的其他情形。(《最高人民法院关于适用〈中华人民共和国企业破产法〉若干问题的规定(一)》第四条)

(三)清算、注销登记是公司终止的必经程序

根据《公司登记管理条例》第四十四条的规定,公司经公司登记机关注销登记,公司终止。因此,法人股东的"死亡"以公司注销登记为必要条件。换句话说,"注销"导致公司的"死亡"。而解散、破产等,均只是导致公司死亡的原因,但并不是公司死亡的标志。

从实践来看,公司解散与公司破产均导致公司经清算并注销登记后"终止",也就是公司"死亡"。该"死亡"既是公司股东退出的方式,也是引发股权"继承"的原因。比如,A公司有三个股东:甲公司持股40%、乙自然人持股30%、丙自然人持股30%。A公司的解散或破产,可以理解为甲、乙、丙三个股东退出A公司的方式;而甲公司的解散或破产将引发甲公司所持A公司40%的股权的"继承"问题。

二、公司注销

(一)公司注销的概念

公司注销,是指公司因解散、宣告破产等原因,经依法清算结束后,向公司登记机关办理注销登记,以消灭公司法人人格。

（二）公司注销的原因

根据《公司登记管理条例》第四十二条的规定，有下列情形之一的，公司清算组应当自公司清算结束之日起三十日内向原公司登记机关申请注销登记。

（1）公司被依法宣告破产。

（2）公司章程规定的营业期限届满或者公司章程规定的其他解散事由出现，但公司通过修改公司章程而存续的除外。

（3）股东会、股东大会决议解散或者一人有限责任公司的股东、外商投资的公司董事会决议解散。

（4）依法被吊销营业执照、责令关闭或者被撤销。

（5）人民法院依法予以解散。

（6）法律、行政法规规定的其他解散情形。

（三）申请注销登记应当提交的文件

根据《公司登记管理条例》第四十三条的规定，公司申请注销登记，应当提交下列文件。

（1）公司清算组负责人签署的注销登记申请书。

（2）人民法院的破产裁定、解散裁判文书，公司依照《公司法》作出的决议或者决定，行政机关责令关闭或者公司被撤销的文件。

（3）股东会、股东大会、一人有限责任公司的股东、外商投资的公司董事会或者人民法院、公司批准机关备案、确认的清算报告。

（4）《企业法人营业执照》。

（5）法律、行政法规规定应当提交的其他文件。

国有独资公司申请注销登记，还应当提交国有资产监督管理机构的决定，其中，国务院确定的重要的国有独资公司，还应当提交本级人民政府的批准文件。

有分公司的公司申请注销登记，还应当提交分公司的注销登记证明。

三、法人股东注销后所持股权的处理

（一）公司解散的，其所持其他公司股权的处理

公司解散的，清算组负责清理公司财产，公司所持其他公司股权应当作为公司财产的一部分进行清理。实践中依据不同情况，可以作如下不同的处理。

（1）清算组在清理公司财产、编制资产负债表和财产清单后，应当制订清算方案，并报股东会、股东大会或者人民法院确认。公司财产在分别支付清算费用、职工的工资、社会保险费用和法定补偿金，缴纳所欠税款，清偿公司债务后的剩余财产，有限责任公司按照股东的出资比例分配，股份有限公司按照股东持有的股份比例分配。公司财产中的股权，通常通过转让，包括拍卖等形式变现后按照以上次序进行分配。

（2）清算组在清理公司财产、编制资产负债表和财产清单后，发现公司财产不足清偿债务的，应当依法向人民法院申请宣告破产，公司被依法宣告破产的，依照有关企业破产的法律实施破产清算。

（二）公司破产的，其所持其他公司股权的处理

根据《企业破产法》第三十条的规定，破产申请受理时属于债务人的全部财产，以及破产申请受理后至破产程序终结前债务人取得的财产，为债务人财产。因此，公司持有的其他

公司股权当然属于债务人财产,应当按照企业破产法的有关规定变价和分配。

破产财产的变价,是指在破产清算程序中,将拟用于分配的破产财产中的非货币性财产,以拍卖或者债权人会议决定的其他方式,转变为货币财产,以便于进行破产分配的行为。这当然也包括破产财产中的股权的变价问题。

破产财产的分配,是指在破产清算程序中,将破产财产,包括非货币性财产和货币财产在债权人之间进行分配的行为。破产财产的分配包括其中股权的分配问题。破产财产中的股权分配问题,通常的做法是通过转让,包括拍卖等形式变现后进行分配。

四、公司注销后,公司股东发现尚有未经清算的公司财产应如何处理

为了保护包括股东在内的公司各参与方的合法利益,公司只有在依法清算完毕后方可注销。然而,由于各种主客观原因,公司注销后可能仍然存在未经清算的财产。此时,该未经清算的公司财产应如何处理呢?

(1)由于依法清算后的公司剩余财产,由公司股东依法进行分配后归股东所有,因此,股东在公司注销后,发现公司对外尚有债权或者其他财产权益的,可以以自己的名义依法提起诉讼,主张权利。

比如,上海市高级人民法院《关于公司被依法注销后其享有的财产权益应如何处理的若干问题的解答》第一条规定:"根据《中华人民共和国公司法》相关规定,公司解散后,股东应当对公司进行清算,清算完毕并办理注销登记后,公司归于消灭。由于经合法清算后的公司剩余财产,由股东依法进行分配后归股东所有,因此,股东在公司注销后,发现公司对外尚有债权或其他财产权益的,可以自己的名义依法提起诉讼,主张权利。"

又如,上海市高级人民法院《关于公司被依法注销后其享有的财产权益应如何处理的若干问题的解答》第五条规定:"根据公司法规定,股东自行对公司进行的清算不具有免除公司债务的功能。如果股东未经合法清算而注销公司,导致公司债权人利益受到损失的,应当对公司债权人承担相应的民事责任。但在公司注销后,公司的财产权益应归股东所享有,股东可对外主张原公司的债权或财产权益。"

(2)股东以自己的名义依法提起诉讼时,是否应由全体股东作为共同原告。

上海市高级人民法院《关于公司被依法注销后其享有的财产权益应如何处理的若干问题的解答》第二条规定:"鉴于股东主张原公司对外享有的债权或财产权益,与股东之间就公司剩余财产进行分配属于不同的法律关系,因此,除非原公司全体股东愿意作为共同原告提起诉讼外,法院一般无需追加全体股东作为共同原告提起诉讼。如多个股东就同一笔债权或财产权益分别提起诉讼,法院可合并审理。"

(3)股东在公司注销后取得公司在清算中遗漏的债权或财产权益,其他股东提起诉讼要求对该财产权益进行分配,法院又该如何处理?

上海市高级人民法院《关于公司被依法注销后其享有的财产权益应如何处理的若干问题的解答》第三条规定:"股东在公司注销后,取得公司在清算中遗漏的债权或财产权益,该债权或财产权益原属于公司财产,应当归属于全体股东,由全体股东按照公司章程或法律的规定进行分配。因此,股东在公司注销后,取得公司在清算中遗漏的债权或财产权益,其他股东有权提起诉讼,要求获得财产利益的股东对该财产进行分配。"

五、公司注销后，公司债权人发现尚有未经清算的公司财产应如何处理

实践中，公司债权人发现作为债务人的公司注销后，尚有财产可供清偿，但此时，公司已然注销，债权人无法再向公司主张清偿，此时的债权人的权益该如何保护呢？

公司在未向债权人足额清偿债务的情形下注销后，股东取得公司在清算中遗漏的债权或财产权益，公司债权人有权要求获得利益的股东在所获财产利益的范围内清偿债务。

上海市高级人民法院《关于公司被依法注销后其享有的财产权益应如何处理的若干问题的解答》第四条规定："根据公司法规定，公司解散应当进行清算。在清算过程中发现公司财产不足以清偿债务的，应当依法向法院申请宣告破产。因此，股东自行对公司清算完毕应当以公司全部债务清偿完毕为条件。股东自行对公司进行的清算不具有债务免除的效果。因此，公司在未足额清偿债务的情况下注销，股东又在公司注销后获得公司债权或财产权益，债权人有权要求获益股东在所获财产利益的范围内清偿公司债务。"

六、公司债权人逾期向清算组申报债权的该如何处理

根据《公司法》第一百八十五条的规定，清算组应当自成立之日起十日内通知债权人，并于六十日内在报纸上公告。债权人应当自接到通知书之日起三十日内，未接到通知书的自公告之日起四十五日内，向清算组申报其债权。但在实践中，债权人基于各种主客观因素，可能未按期申报其债权。对于逾期申报债权应当作如下理解和处理。

（1）公司债权人应于"接到通知书之日起三十日内"，"未接到通知书的自公告之日起四十五日内"，向清算组申报债权，逾期的，视为债权人主动放弃债权，产生类似于除斥期间的法律后果。

（2）如果清算组出于恶意逃避债务的动机，故意不通知、虚假通知债权人的，则不产生前述法律后果。

（3）根据《最高人民法院关于适用〈中华人民共和国公司法〉若干问题的规定（二）》第十一条的规定，清算组未按照规定履行通知和公告义务，导致债权人未及时申报债权而未获清偿，债权人有权主张清算组成员对因此造成的损失承担赔偿责任。

（4）根据《最高人民法院关于适用〈中华人民共和国公司法〉若干问题的规定（二）》第十三条的规定，债权人在规定的期限内未申报债权，在公司清算程序终结前还可以补充申报。这里的"公司清算程序终结"，是指清算报告经股东会、股东大会或者人民法院确认完毕。

（5）根据《最高人民法院关于适用〈中华人民共和国公司法〉若干问题的规定（二）》第十四条第一款的规定，债权人补充申报的债权，可以在公司尚未分配财产中依法清偿。公司尚未分配财产不能全额清偿，债权人有权主张股东以其在剩余财产分配中已经取得的财产予以清偿，但债权人因重大过错未在规定期限内申报债权的除外。

（6）根据《最高人民法院关于适用〈中华人民共和国公司法〉若干问题的规定（二）》第十四条第二款的规定，债权人或者清算组，无权以公司尚未分配财产和股东在剩余财产分配中已经取得的财产，不能全额清偿补充申报的债权为由，向人民法院提出破产清算申请。

（7）根据《最高人民法院关于适用〈中华人民共和国公司法〉若干问题的规定（二）》第

二十三条第一款的规定,债权人有权以清算组成员从事清算事务时,违反法律、行政法规或者公司章程给债权人造成损失为由,主张清算组成员承担赔偿责任。

七、公司债权人申报债权,清算组拒绝登记的该如何处理

根据《公司法》第一百八十五条第二款的规定,对于公司债权人申报的债权,清算组应当进行登记。但在实践中,出于各种主客观的因素,清算组可能未对申报债权予以登记,对此,债权人可以采取以下方式进行救济。

(一)尚在清算程序中的,债权人可以采取以下措施

(1)要求重新核定债权。根据《最高人民法院关于适用〈中华人民共和国公司法〉若干问题的规定(二)》第十二条的规定,公司清算时,债权人对清算组核定的债权有异议的,可以要求清算组重新核定。

(2)起诉请求确认债权。根据《最高人民法院关于适用〈中华人民共和国公司法〉若干问题的规定(二)》第十二条的规定,清算组不予重新核定,或者债权人对重新核定的债权仍有异议,债权人可以以公司为被告向人民法院提起诉讼请求确认。

(二)清算程序已然结束的,债权人可以采取以下措施

(1)主张以公司尚未分配财产清偿。债权人可以根据《最高人民法院关于适用〈中华人民共和国公司法〉若干问题的规定(二)》第十四条第一款的规定,主张在公司尚未分配财产中依法清偿。

(2)主张股东以其在剩余财产分配中已经取得的财产清偿。公司尚未分配财产不能全额清偿的,债权人可以根据《最高人民法院关于适用〈中华人民共和国公司法〉若干问题的规定(二)》第十四条第一款的规定,主张股东以其在剩余财产分配中已经取得的财产予以清偿。

(3)主张清算组成员承担赔偿责任。根据《最高人民法院关于适用〈中华人民共和国公司法〉若干问题的规定(二)》第二十三条第一款的规定,债权人有权以清算组成员从事清算事务时,违反法律、行政法规或者公司章程给债权人造成损失为由,主张清算组成员承担赔偿责任。

参 考 文 献

[1]曹富国.少数股东保护与公司治理[M].北京:社会科学文献出版社,2006.

[2]刘俊海.新公司法的制度创新:立法争点与解释难点[M].北京:法律出版社,2006.

[3]董慧凝.公司章程自由及其法律限制[M].北京:法律出版社,2007.

[4]蒋建湘.公司诉讼研究[M].北京:法律出版社,2008.

[5]周友苏.公司法学理与判例研究[M].北京:法律出版社,2008.

[6]罗培新.公司法的法律经济学研究[M].北京:北京大学出版社,2008.

[7]王艳华.反思公司债权人保护制度[M].北京:法律出版社,2008.

[8]赵万一,吴晓锋.商事思维下的公司法实务研究[M].北京:中国法制出版社,2009.

[9]朱慈蕴.公司法人格否认制度理论与实践[M].北京:人民法院出版社,2009.

[10]蒋大兴.公司法的观念与解释[M].北京:法律出版社,2009.

[11]林承铎.有限责任公司股东退出机制研究[M].北京:中国政法大学出版社,2009.

[12]谢文哲.公司法上的纠纷之特殊诉讼机制研究[M].北京:法律出版社,2009.

[13]刘敏.公司解散清算制度[M].北京:北京大学出版社,2010.

[14]王东光.股东退出法律制度研究[M].北京:北京大学出版社,2010.

[15]王继远.控制股东对公司和股东的信义义务[M].北京:法律出版社,2010.

[16]彭春莲.股东权利救济机制研究:以司法救济为视角[M].北京:法律出版社,2010.

[17]范世乾.控制股东滥用控制权行为的法律规制:中国公司法相关制度的构建[M].北京:法律出版社,2010.

[18]唐青阳.公司法精要与依据指引(增订本)[M].北京:北京大学出版社,2011.

[19]石纪虎.股东大会制度法理研究[M].北京:知识产权出版社,2011.

[20]何尧德.现代公司民事责任制度研究:以股东和经营管理者为重心[M].北京:法律出版社,2011.

[21]沈贵明.股东资格研究[M].北京:北京大学出版社,2011.

[22]白莉.公司清算制度法律问题研究:以债权人利益保护为中心[M].北京:法律出版社,2011.

[23]张学文.有限责任公司股东压制问题研究[M].北京:法律出版社,2011.

[24]李志刚.公司股东大会决议问题研究:团体法的视角[M].北京:中国法制出版社,2012.

[25]黄来纪.公司法律制度比较研究[M].北京:法律出版社,2012.

[26]王永强.公司司法干预机理研究:以法经济学为视角[M].北京:北京大学出版社,2012.

[27]孙英.公司章程效力研究[M].北京:法律出版社,2013.

[28]石纪虎,孙创前.有限责任公司法原论[M].北京:知识产权出版社,2014.

[29]罗芳.股东协议制度研究[M].北京:中国政法大学出版社,2014.

[30]俞智渊.公司僵局的预防与破解[M].北京:法律出版社,2014.

[31]钱玉林.公司法实施问题研究[M].北京:法律出版社,2014.

[32]陈雪娇,王继远.非上市公司立法构成:以股东权和控制权为中心[M].北京:知识产权出版社,2014.

[33]赵旭东.公司法学(第四版)[M].北京:高等教育出版社,2015.

[34]刘俊海.现代公司法(第三版)[M].北京:法律出版社,2015.

[35]最高人民法院民事审判第二庭.最高人民法院关于公司法司法解释(一)、(二)理解与适用[M].北京:人民法院出版社,2015.

[36]最高人民法院民事审判第二庭.最高人民法院关于公司法司法解释(三)、清算纪要 理解与适用(注释版)[M].北京:人民法院出版社,2016.

[37]胡宜奎.股东代表诉讼中的公司参与[M].北京:知识产权出版社,2017.

[38]最高人民法院民事审判第二庭.最高人民法院公司法司法解释(四)理解与适用[M].北京:人民法院
出版社,2017.

[39]苏继成.认缴制下公司债权人对待缴股东的请求权研究[M].北京:中国政法大学出版社,2018.

[40]张雪娥.公司股东大会决议效力研究[M].北京:法律出版社,2018.

[41]宋燕妮,赵旭东.中华人民共和国公司法释义[M].北京:法律出版社,2019.

[42]李美云,刘亚天.有限责任公司股东利润分配请求权法律问题研究[M].北京:中国政法大学出版
社,2019.

[43]吴高臣.有限责任公司法论(第2版)[M].北京:中国民主法制出版社,2019.

[44]最高人民法院民事审判第二庭.〈全国法院民商事审判工作会议纪要〉理解与适用[M].北京:人民法
院出版社,2019.

[45]丁勇.公司决议瑕疵诉讼 历史、功能与规则改进[M].上海:上海人民出版社,2020.

[46]黄薇.中华人民共和国民法典释义[M].北京:法律出版社,2020.

后　记

市场经济中最活跃的民事主体是公司，公司中最核心的问题是股权，因此，任何一个创业者，在创业过程中遇到的第一个问题就是如何合法有效地安排股权。解决好股权安排问题，将使创业活动有了一个好的开端，也为创业活动的顺利进行奠定了一个好的基础。

笔者作为长期致力于股权研究与实践的专业律师，接触过大量有关股权问题的案例，也接触了大量的创业公司，目睹了此起彼伏的创业者的成功与失败。在为创业者的成功喝彩的同时，也为创业者的失败而唏嘘不已。

"千里之行，始于足下"，如果把创业活动比作"千里之行"的话，"始于足下"就是"始于股权"，创业者应该在着手创业之前，先行考虑股权的安排，做到"未雨绸缪"，不能等到出了问题，再去"头疼医头，脚疼医脚"，虽说"亡羊补牢，未为晚矣"，但付出的成本与代价一定是高昂的。

笔者深知，律师的工作不是仅靠嘴上功夫，手上的功夫也是必不可少的。所以才潜心凝神，将自己二十年律师执业生涯的经验，化作一个一个方正的汉字，希望这些文字能够给所有致力于创业的创业者，带来更多成功的喜悦，避免更多失败的痛苦。希望这本书能够成为每一个创业者的好伙伴、好助手、好工具。

笔者的三十八世祖程颐（1033—1107 年）先生有言："外物之味，久则可厌；读书之味，愈久愈深。"书永远是我们的忠实伴侣。现将此祖训与各位读者分享，共同体味读书的乐趣。

笔者感谢为这本书的撰写、编辑、校对、出版提供过帮助的每一个人，正是由于你们的付出，才使得这本书的出版如此顺理成章、水到渠成。

由于笔者认知上的局限性，无论是理论上的，还是实务上的，必然不可避免地在本书中存在错误与不足，希望广大读者能给予批评指正，笔者也愿意与广大读者就相关问题沟通交流、共同进步。

最后，以这首七绝《登山》与诸位共勉！

仰望山头树蔽天，
俯察谷底雾遮田。
登临绝顶通途尽，
砍断荆棘更向前。